CLASSIQUES JAUNES

Littératures francophones

Histoire de la guerre de 1741

Réimpression de l'édition de Paris, 1971.

Voltaire

Histoire de la guerre de 1741

Édition critique par Jacques Maurens

PARIS
CLASSIQUES GARNIER
2020

Jacques Maurens a consacré ses travaux à l'œuvre de Corneille, dont il a édité le théâtre complet. Il est également l'éditeur scientifique d'œuvres de Voltaire.

Couverture :
« Bataille de Fontenoy Lord Charles Hay et Comte d'Enteroches :
Messieurs les anglais tirez les premiers »
Félix Henri Emmanuel Philippoteaux, 1873
Collection : Victoria and Albert Museum

© 2020. Classiques Garnier, Paris.

ISBN 978-2-8124-1861-7
ISSN 2417-6400

NOTE LIMINAIRE

« **O**N se gâte à Potsdam », observait perfidement La Beaumelle dans son commentaire du *Siècle de Louis XIV*. Ce « jeune homme » oubliait que Voltaire, avant d'être chambellan du roi de Prusse, occupa « une place véritablement honorable pour un écrivain », celle d'historiographe de France : « Que ne me fait-il un crime d'avoir laissé à mon roi et à ma patrie ce monument qui ne doit paraître qu'après ma mort, et que j'ai achevé dans une terre étrangère? J'ai fait mon devoir. » Mais les éditeurs des *Œuvres complètes* n'ont pas fait le leur. Ils n'ont pas tenu compte des manuscrits de l'*Histoire de la guerre de 1741*, dont certaines parties seulement avaient été insérées dans le *Précis du siècle de Louis XV*. C'est tout récemment que M. R. Pomeau, à qui nous devons l'idée de ce travail et la connaissance des documents essentiels, a donné, dans son édition des *Œuvres historiques*, la plupart des développements qu'omet le *Précis*.

L'ouvrage n'est donc pas inédit, à proprement parler; mais il restait à faire apparaître ses rédactions successives, ce qui pourrait fournir à une étude sur l'art de Voltaire. Elle n'était pas dans les ambitions de cette édition critique. Il a suffi d'examiner ce que les circonstances et le progrès de la création apprennent sur l'esprit de l'historien.

Il existe trois manuscrits de l'*Histoire de la guerre de 1741*, et le brouillon d'un chapitre. Voici leur description et les sigles qui les désigneront :

L. — *Histoire de la guerre de 1741 avec une addition touchant l'affaire de Gênes*, bibliothèque de Leningrad, manuscrit de 190 pages, auquel est joint un cahier de format moindre, dont les dernières pages ont été égarées.

A. — *Histoire de la guerre de 1741*, bibliothèque de l'Arsenal, manuscrit de 711 pages, envoyé par Voltaire au comte d'Argenson. En tête, un petit cahier contenant les remarques du marquis de Paulmy, neveu du ministre.

P. — *Histoire de la guerre de 1741*, bibliothèque Méjanes d'Aix-en-Provence, manuscrit de 492 pages, envoyé par Voltaire à Mme de Pompadour. Copie de A.

Br. — Première rédaction du chapitre XXII (ici chapitre XX), bibliothèque de Leningrad, 23 pages avec de nombreuses corrections et additions.

INTRODUCTION

I – VOLTAIRE, HISTORIOGRAPHE DE FRANCE

LE 27 mars 1745, le roi accordait à Voltaire la place d'historiographe de France avec deux mille livres d'appointements. Voltaire se hâtait d'en sourire : « Me voilà engagé d'honneur à écrire des anecdotes; mais je n'écrirai rien et je ne gagnerai pas mes gages [1]. » Cinq mois plus tard, enfermé dans les bureaux du ministère de la guerre, il affirme au même d'Argental : « Je resterai ici jusqu'à ce que j'aie recueilli toutes mes anecdotes sur les campagnes du roi [2] »; et il assure de son zèle le ministre de Louis XV : « Il n'y a pas de soin que je ne prenne pour faire une histoire complète des campagnes glorieuses du roi et des années qui les ont précédées [3]. » La promesse fut tenue. Comment peut-on être historiographe?

En commençant par en rêver : ce que fit Voltaire le 8 janvier 1740, après la saisie par le pouvoir royal des premiers chapitres du *Siècle de Louis XIV*. « J'ose dire, écrivait-il au marquis d'Argenson, que dans tout autre temps une pareille entreprise serait encouragée par le gouvernement. Louis XIV donnait six mille livres de pension aux Valincour, aux Pellisson, aux Racine et aux Despréaux pour faire son histoire qu'ils ne firent point; et moi je suis persécuté pour avoir fait ce qu'ils devaient faire [4]. » Plainte, mais aussi acte de candi-

---

1. *Best.* 2871 à d'Argental, 5 avril 1745.
2. *Best.* 2978, 5 octobre 1745.
3. *Best.* 2991 au marquis d'Argenson, 20 octobre 1745.
4. *Best.* 2019.

dature à une succession. Car des ambitions pindariques subsistent chez l'ancien élève des Jésuites : « Ne s'est-il pas fait de belles et inconnues prouesses qui sont perdues, *carent quia vate sacro* [5] ? »

Mais en 1740 les prouesses étaient encore à venir. Dans les fonctions de chantre officiel, Voltaire, historien de l'Europe moderne [6], trouvait moins un but qu'un moyen : « Messieurs de la Croze et Jordan, de grâce, prêtez-moi vos vieux livres et vos lumières nouvelles pour les antiques vérités que je cherche; mais quand je serai arrivé au siècle illustré par Frédéric, permettez-moi d'avoir recours directement à notre héros [7]. » Le plus intellectuel mais le moins livresque des hommes, Voltaire situe la vérité historique au niveau de l'observation directe et du témoignage vécu. Comment ne souhaiterait-il pas cette place d'historiographe qui facilite l'accès aux documents et la connaissance vraie de ceux qui font l'histoire? Elle satisferait aussi son goût du journalisme; Voltaire vit intensément dans son temps, en épouse la curiosité : « Voilà la Suède, de menaçante qu'elle était autrefois, devenue mesurée, la voilà embarrassée de sa liberté, et indécise entre l'argent d'Angleterre et celui de France, comme l'âne de Buridan entre deux mesures d'avoine [8]. »

Mais la comparaison vaut pour Voltaire. Dans sa lettre à l'abbé Dubos, il venait d'affirmer son indépendance d'homme « qui ne cherche à écrire l'histoire ni en flatteur, ni en panégyriste, ni en gazetier [9] ». Même fierté dans la lettre à lord Hervey : « Pellisson eût écrit plus éloquemment que moi; mais il était courtisan et il était payé. Je ne suis ni l'un ni l'autre; c'est à moi qu'il appartient de dire la vérité [10]. » Comment dire cette vérité, si l'on devient historiographe? De plus, cette

---

5. *Best.* 2915 au comte de Tressan, 17 juin 1745.
6. Voir l'*Avant-Propos.*
7. *Best.* 2348 à Frédéric, 29 juin 1741.
8. *Best.* 2076 à Frédéric, 1er mai 1740.
9. 30 octobre 1738 (*Œuvres Historiques*, Gallimard, p. 607).
10. *Œuvres historiques*, p. 612.

nature si mobile éprouvait des dégoûts soudains devant l'histoire, telle qu'elle se fait. Voltaire n'aime pas ce qui dérange les intérêts du commerce mondial et les siens propres; à la nouvelle du pillage de Porto-Bello, il s'écrie : « Je ne sais quand finira cette guerre de pirates [11]. »

Plus noblement, le philosophe se rétracte devant l'absurdité de la politique européenne : « Les affaires me paraissent bien brouillées en Allemagne et partout, et je crois qu'il n'y a que le conseil de la Trinité qui sache ce qui arrivera dans la petite partie de notre petit tas de boue qu'on appelle Europe... Débrouille qui voudra ces fusées; moi je cultive en paix les arts [12] ».

Cette généreuse résolution n'avait pas à se garder contre les séductions d'un choix royal. Timide, nonchalant et orgueilleux, Louis XV ne pouvait avoir qu'aversion pour la pétulance voltairienne; quant au cardinal de Fleury, la récente saisie avait manifesté sa défiance ou sa rancune [13]. Il ne restait plus à Voltaire qu'à oublier un rêve, qui en ce début de 1740 rencontrait trop d'obstacles en lui-même comme dans les autres.

Pouvait-il prévoir, en effet, la poussée d'ambition — certains disent d'arrivisme — qui va, fort laborieusement, le rapprocher du pouvoir et diminuer ses scrupules? Le 2 novembre 1740, avant son départ pour Berlin, il adresse à Fleury une lettre flatteuse, où la demande d'autorisation

---

11. *Best.* 2066 à J. B. Nicolas Formont, 1er avril 1740. Voltaire avait des intérêts dans le commerce que Cadix faisait avec l'Amérique espagnole.

12. *Best.* 2109 au marquis d'Argenson, 18 juin 1740.

13. « Voltaire vient de m'avouer le motif de la défaveur où il est près du cardinal de Fleury et de M. Hénault. Ces messieurs, le sachant prévenu contre les Jansénistes et ami du Père Tournemine, l'engagèrent à écrire pour la cause, contre les Jansénistes. Il avait déjà commencé quelque chose dans le goût des *lettres anti-provinciales;* un jour, il vint chez M. Hénault et lui dit qu'il ne saurait continuer, qu'il se déshonorerait ainsi, qu'il serait regardé comme un écrivain mercenaire » (*Journal et Mémoires* du marquis d'Argenson, éd. Rathery, 1862, tome I, p. 102).

d'absence s'accompagne de protestations de patriotisme [14]. L'ambassadeur de France à Bruxelles transmettait des offres de service plus explicites : « Il m'a demandé de le représenter comme quelqu'un qui portera à Berlin un cœur véritablement français et passionné d'en donner des preuves [15] ». Il ne put les donner. Frédéric ne révéla rien de ses projets à l'aspirant diplomate; et Voltaire confiait quelques mois plus tard à Thiriot : « Quand les particuliers raisonnent de ce que font et pensent les rois, ils ressemblent aux métaphysiciens qui parlent de premiers principes [16]. » Il ne renonce pas, pourtant, à son rôle de Pangloss de la politique. En septembre 1742, au moment des difficultés de Bohême, il s'offre pour sonder les intentions de Frédéric et le ramener dans l'alliance française [17]; il part pour Aix-la-Chapelle. Mutisme ironique de Frédéric; Voltaire assure à tout hasard le cardinal de la considération du roi de Prusse : « Son goût l'attache personnellement à vous; la manière dont ce monarque m'a fait l'honneur de me parler ne me permet pas d'en douter [18]. »

Troisième tentative en 1743, mais dans un autre style. La mort de Fleury faisait place à la jeune génération politique, où Voltaire comptait des connaissances comme le comte d'Argenson, et un ami, le duc de Richelieu. Les « appas » de la favorite, la future Mme de Châteauroux, ne lui ouvraient pas les portes de l'Académie, mais contribuaient à sa promotion diplomatique [19]. Cette fois la mise en scène comblait l'imagination romanesque de Voltaire. Il feint de partir de lui seul, ulcéré par les attaques de la prêtraille et

---

14. *Best.* 2219.
15. *Best.* 2209, le marquis de Fénelon à Fleury.
16. *Best.* 2334, 28 mai 1741.
17. *Best.* 2482 et 2485.
18. *Best.* 2489, Bruxelles, 24 septembre 1742.
19. Dans *Frédéric II et Louis XV*, le duc de Broglie fait un récit détaillé des circonstances et des péripéties de la mission de Voltaire (tome II, pp. 32-124).

par les persécutions du pouvoir; l'interdiction subite de la *Mort de César* ajoutait à la vraisemblance de l'exode. Il fait un crochet par La Haye, où pendant deux mois il joue avec délices un rôle d'agent secret : « On me parle familièrement..., écrit-il au ministre Amelot; si mes liaisons, et le bonheur que j'ai d'être reçu partout avec bonté et sans défiance peuvent être de la moindre utilité, il n'y a rien que je ne sois prêt de faire [20]. » Et il fit tout, jusqu'à adresser des rapports chiffrés sur les préparatifs militaires des Etats Généraux [21]. Mais Voltaire n'était bon acteur que sur les planches; l'ambassadeur de France prévint le ministère : « Je ne dois pas vous dissimuler que le motif de son voyage auprès du roi de Prusse n'est plus un secret [22]. » Non seulement l'objectif final, persuader Frédéric de reprendre les armes, ne fut pas atteint; mais le roi de Prusse, après avoir vainement tenté de « brouiller Voltaire en France [23] », lui fit subir, au cours de son séjour à Berlin et à Bayreuth, en septembre-octobre, les rebuffades bien connues. A son retour, déçu mais non découragé, Voltaire use vainement de la mise en condition psychologique : ses vantardises patriotiques sur les soldats français, « chiens de chasse qu'on a peine à retenir », se heurtent aux grosses ironies de Frédéric : « Vous voilà plus enthousiasmé que jamais de quinze cents gâteux de Français, qui se sont placés sur une île du Rhin, et d'où ils n'ont pas le cœur de sortir [24]. » Cette mission fut-elle un échec total? On l'a souvent dit, et peut-être trop vite, avec une sorte de satisfaction jalouse. Voltaire ne se sentait-il pas le droit, en 1745, de rappeler à Louis XV, le service rendu en

---

20. *Best.* 2608.
21. *Best.* 2614, 2615 et 2617.
22. Cité par Emile Henriot, *Voltaire et Frédéric II*, p. 49.
23. *Best.* 2626, Frédéric à von Rothenbourg, 17 août 1743. Frédéric divulguait une épigramme sur l'évêque de Mirepoix, Boyer, où Voltaire disait sa satisfaction de s'éloigner « du plus stupide des rois ».
24. *Best.* 2695, 4 décembre.

Prusse [25]? Mais il l'avait rendu en sacrifiant en partie son amitié avec Frédéric, en se livrant sans répugnance apparente aux besognes d'espion [26].

Que diable allait-il faire dans cette galère? Qui l'y poussait? André Delattre pose la question et indique des réponses [27]. L'*activisme* de son tempérament d'abord. Dès 1739, il était las de sa studieuse retraite dans le vallon de Cirey; de fréquents déplacements à Bruxelles où l'appelle le procès de Mme de Châtelet, à Paris où l'accueillent amis et ennemis, provoquent en lui une effervescence qui tend à s'échapper en activité pratique. Or, si quelque chose lui tient à cœur, c'est de damer le pion à la plèbe littéraire qui ne l'aime pas. Une réussite diplomatique lui vaudrait la toute-puissante protection de Versailles, réduirait à jamais au silence tous les folliculaires de Paris. Elle soulagerait aussi son patriotisme, exaspéré par l'inertie de la politique royale.

Voltaire mauvais Français, la légende est tenace. Elle mérite qu'on s'y arrête, puisqu'elle se fonde essentiellement sur « la lettre de félicitations » adressée à Frédéric, le 30 juin 1742 [28], après la conclusion de la paix séparée à Breslau, un des multiples coups de poignard dans le dos que nous reçûmes dans notre histoire. M. Gaxotte le ressent encore, et s'indigne de cette lettre : « Il n'y eut qu'un Français pour se réjouir, Français d'esprit sans doute, mais non de cœur [29]. » De joie, aucune marque dans ce qu'écrit Voltaire. Sans illusion sur l'auteur de *l'Anti-Machiavel*, il n'ignore pas la duplicité ouatée de Fleury : le bruit n'avait-il pas couru

---

25. *Best.* 2995 à d'Argenson, 23 octobre 1745.
26. En janvier et février 1744, bien que retiré « à Cirey, en félicité », Voltaire continue à transmettre à Amelot les documents secrets qu'il obtenait de ses amis de Hollande; un rapport confidentiel de l'ambassadeur Van Hoey (*Best.* 2791) divertit fort le conseil de Louis XV.
27. *Voltaire l'impétueux*, pp. 48-51.
28. *Best.* 2452.
29. *Le Siècle de Louis XV*, p. 222.

de contacts secrets avec Marie-Thérèse [30] ? Il constate simplement que Frédéric a « gagné de vitesse le bon vieillard »;
et il place son espoir dans une paix générale : « Vous n'êtes
donc plus notre allié, sire; mais vous serez celui du genre
humain. » Pouvait-il dire plus ? Politique [31] et lucide, Voltaire
a l'imagination des raisons de l'autre et le souci du possible.
Patriote pudique, il ne veut pas donner l'avantage à son
adversaire par une indignation ou une jérémiade inutile. Que
la flatterie se mêle à ces sentiments purs, c'est indéniable;
mais elle ménageait l'avenir. Plus indulgent que M. Gaxotte,
le gouvernement français fut loin de lui en tenir rigueur.

Patriotisme, soif de considération, « bougeotte naturelle »,
tout cela est vrai. Mais il faut situer plus haut que ces satis-
factions la raison suffisante de son activité diplomatique.
La fiction de Zadig, devenu premier ministre et assurant
justice et prospérité au royaume, correspond à une image
secrète de Voltaire. Le désir d'engagement, l'impatience
de la gratuité sont très humains, et communs à bon nombre
de nos écrivains, n'en déplaise à ceux qui taisent les ambitions politiques du nonchalant Montaigne ou du bavard
Guez de Balzac. Les origines en sont toujours troubles :
plaisir de sentir le « parfum de l'homme ployé [32] », volonté
de participer à la distribution des biens de ce monde. Et
Voltaire n'échappe pas à la règle : ce libéral n'hésite
pas à user des facilités de la puissance contre ses adversaires;
ce pacifiste sait réclamer sa part dans les marchés de fournitures de guerre [33]. Mais la justification essentielle reste de
prolonger l'écrit par l'action, de faire profiter de ses lumières

---

30. Dans une lettre du 25 juillet 1742, Frédéric explique sa défection
par les « galanteries de sa femme », en l'occurrence de Fleury (*Best.* 2457).
Ces galanteries ne sont pas prouvées, alors que la mauvaise foi de Frédéric
est bien établie. Mais Voltaire pouvait-il savoir que Fleury, affaibli par
l'âge et affolé par les défaites, était devenu incapable de toute initiative?

31. *Ibid.* : « Vous êtes assez politique pour le sentir. »

32. Julien Gracq : *Le Rivage des Syrtes*, p. 337.

33. *Cf.* le duc de Broglie, *op. cit.*, pp. 32 *sqq.*

un monde abandonné aux médiocres. Il n'est que d'en entrevoir la possibilité. Quand Frédéric devient roi en 1740, le bruit court en France et en Europe que Voltaire sera son premier ministre. N'est-ce pas à ce moment que l'espoir s'est glissé dans son cœur? Non pas d'aller gouverner la lointaine et petite Prusse — Voltaire a le sens de la hiérarchie des nations — mais d'être le conseiller écouté du Siècle de Louis XV. Son zèle de réformateur ne subit pas une éclipse jusqu'en 1749, comme l'estime André Delattre; il vise plus haut.

Bien sûr, il dut se courber pour entrer dans le sanctuaire de la politique française; les humbles besognes obligent aux humbles demandes : « Je vous supplie en attendant, écrivait-il à Amelot, de daigner vous souvenir de la bonté que vous deviez avoir de parler au roi des petits services que j'ai rendus ou voulu rendre [34]. » Mais il ne se renia ou ne s'oublia jamais. Le philosophe veille en lui et juge le courtisan, « baladin des rois [35] ».

L'historien surtout demeure; il élabore depuis 1741 le futur *Essai sur les Mœurs*. Voltaire, il est vrai, veut une histoire des hommes [36], mais il faut faire aussi celle des rois de ce siècle. Qui le pourrait mieux maintenant que lui? En 1744, en raison même de son expérience politique, resurgit avec plus de force le rêve de 1740 : « Il faut des hommes qui connaissent autre chose que les livres. Il faut qu'ils soient encouragés par le gouvernement, autant au moins pour ce qu'ils feront, que le furent les Boileau, les Racine, les Valincour, pour ce qu'ils ne firent point [37]. »

Chez Voltaire, tout commence par des poèmes. Ce fut le

34. *Best.* 2758, 20 avril 1744.
35. *Best. Lettres d'amour de Voltaire à sa nièce*, Paris 1952, lettre 9.
36. *Best.* 2778 à Jacob Vernet, 1er juin 1744 : « Je ne vois presque que des histoires de rois, je veux celle des hommes. »
37. *Nouvelles Considérations sur l'Histoire (Œuvres historiques*, p. 49).

Discours en vers sur les événements de l'année 1744 [38]. La matière était devenue moins inféconde : départ de Louis XV aux armées, tombé malade alors qu'il volait au secours de l'Alsace menacée. Le pathétique s'y mêlait à l'héroïque; le glorieux était apporté par les succès de Frédéric rentré dans le bercail de l'alliance française. Etait-ce le prélude à une histoire officielle du siècle de Louis XV? Il manquait le titre d'historiographe; Voltaire le demanda et l'obtint au début de 1745 [39], non par la vertu de son *Discours* — les raisons de cour sont frivoles — mais grâce à sa *Princesse de Navarre,* et à la protection de la future marquise de Pompadour; le roi daigne même lui parler « avec les bontés les plus touchantes [40] ». Mais il manquait encore à Voltaire le désir de gagner ses gages. Le poète est chose légère; il chante par jeu, sans se soucier de la qualité ou de la dignité de ses sujets. La Muse historique, celle de Voltaire du moins, a d'autres exigences. Elle veut être assurée que les événements qu'elle choisit de rapporter n'iront pas s'engloutir dans l'immensité des faits inutiles et ennuyeux [41], et que les hommes, qu'elle célèbre, ont été guidés par des motifs de justice et de grandeur véritable, qu'ils ont tout tenté pour le bonheur des hommes [42]. Voltaire va acquérir cette double certitude.

Le 28 novembre 1744, un ancien condisciple de Voltaire, le marquis d'Argenson, était devenu ministre des Affaires étrangères. Rien de plus dissemblable en apparence que les deux hommes : l'un spontané, insinuant et souple, l'autre dog-

---

38. L'approbation est datée du 12 octobre 1744.
39. Le 8 février 1745, il écrit à d'Argenson : « M. Racine fut moins protégé par MM. Colbert et Seignelay que je ne le suis par vous... La charge de gentilhomme ordinaire ne vaquant presque jamais... on peut y ajouter la petite place d'historiographe » *(Best.* 2856).
40. *Best.* 2870 à Mme Denis, 1er avril 1745.
41. Idée chère à Voltaire, *cf. Best.* 4291 (au duc de Richelieu).
42. Voir *l'Avant-Propos.*

matique et facilement aigri ou défiant. Mais une « tendre [43] »
amitié les unissait depuis le collège. Elle se fondait sur un commun amour de la philosophie [44], au sens du siècle. En mai 1739,
lisant le manuscrit des *Considérations sur le gouvernement
ancien et présent de la France* [45], Voltaire s'exclamait : « Je
trouve la plupart de mes idées dans votre livre. » Tout y était
en effet : critique des corps intermédiaires, éloge d'une
monarchie toute-puissante pour faire le bien, et projet d'un
système d'équilibre européen. Pacifiste par spiritualisme et
par nature [46], d'Argenson demandait à la France de renoncer
à tout agrandissement et de contenir les puissances belli-
queuses — Autriche, Espagne, Russie et Angleterre — par
la constitution de puissantes fédérations en Allemagne, en
Italie, et dans la Baltique. Après quoi, la vraie politique serait
possible, « qui irait à faire bien nourrir et bien vêtir le
paysan ».

Enfin un ministre capable d'assurer par « la balance » le
bonheur et la grandeur de cette nouvelle Grèce classique que
constitue l'Europe [47]. On comprend la satisfaction de Voltaire
au lendemain de la nomination de M. d'Argenson l'aîné :
« Le cadet fera la guerre, après quoi il faut que l'aîné fasse

---

43. A la mort du marquis, Voltaire écrivit à Cideville : « J'ai tendrement regretté le marquis d'Argenson, notre vieux camarade » (*Best.* 6456,
9 février 1757).

44. Lettre citée *Best.* 6456 : « Il était philosophe et on l'appelait à
Versailles d'Argenson la bête. »

45. Ecrit par d'Argenson en 1737. Dans *Voltaire's Politics. The Poet
as Realist* (Princeton, New Jersey 1959), M. Peter Gay note la conformité des idées politiques de Voltaire et de d'Argenson (p. 103 *sqq.*).

46. « Je suis par nature ennemi de toute violence, et, comme l'Eglise,
j'abhorre le sang. » Sa nature se montra à Fontenoy où, moins courageux
que Candide, il ne put supporter la vue du champ de bataille : « J'ai
remarqué une habitude trop tôt acquise de voir tranquillement sur le champ
de bataille des morts nus, des ennemis agonisants, des spectacles affreux,
des plaies fumantes. Pour moi j'avouerai que le cœur me manqua et
j'eus besoin du flacon » *(Best.* 2890*).*

47. René Pomeau : *Voltaire européen*, dans *La Table Ronde*, n° 122,
février 1958, p. 40.

la paix [48]. » Mais pour la faire il devait triompher de l'opposition de Maurepas, de Maurice de Saxe et de son propre
frère, plus sensibles à la gloire et aux profits des combats.
Si la campagne de Flandre fut décidée contre ses vues,
l'appui de Louis XV lui permettait, en avril-mai 1745, de
développer sa manœuvre diplomatique en direction de l'Allemagne. Voltaire est là, lui apportant le secours de ses
conseils et de son style [49], l'aiguillonnant de ses exhortations : « Guérissez la maladie épidémique de l'Europe [50]. »
Simple griserie d'approcher les puissants de tout près?
L'explication par le bas n'est pas toujours la plus juste. Le
cœur et les idées de Voltaire sont engagés dans la politique
de d'Argenson. La meilleure preuve, c'est que l'historien se
laisse maintenant séduire : « Si cela continue, le bel emploi
que celui d'historiographe [51]. » Et quatre jours plus tard,
confiant à Valori son espoir de voir d'Argenson « revenir
bien vite avec le rameau d'olivier », il conclut : « Je voudrais
bien que l'historiographe pût dire : les princes furent sages
en 1745 [52]. »

Il va pouvoir dire autre chose. Un rayon de la gloire est
venu caresser le froid visage de Louis XV : il assiste, le
11 mai, à la victoire de Fontenoy. Dès la nouvelle reçue, à
onze heures du soir, Voltaire écrit à d'Argenson : « Ah! le
bel emploi pour votre historien! il y a trois cents ans que
les rois de France n'ont rien fait de si glorieux. Je suis fou
de joie [53]. » Comment tant de joie peut-elle entrer dans
l'âme d'un pacifiste? Voltaire est à Paris, et il dira lui-même

---

48. *Best.* 2831 à Podewils, 19 novembre 1744.
49. Le 29 avril, il lui propose une réforme de ses services de propagande : « Un bon Allemand, qui déplorerait de tout son cœur les calamités
de sa pesante patrie, ferait une impression tout autre sur les esprits »
(*Best.* 2880). Le 9 mai, il rédige la réponse de Louis XV à la tsarine
Elisabeth (*Best.* 2887).
50. *Best.* 2878, 16 avril 1745.
51. *Best.* 2880 à d'Argenson, 29 avril 1745.
52. *Best.* 2885 à Valori.
53. *Best.* 2889, 13 mai 1745.

« le goût que le peuple et surtout les Parisiens ont pour l'exagération [54] ». Honnête homme, il est sensible à cette poésie qu'apportait à la vie des nations la grandeur militaire. Un « chauvinisme inavoué » l'anime même [55] : l'occasion est belle de prouver à Frédéric que les Français ne sont pas seulement « gentils et efféminés [56] », que les mœurs se sont adoucies sans faire tort au courage [57]. Mais ce qui domine, c'est la satisfaction de l'historiographe, qui juge cette guerre, jusqu'alors insipide, digne d'entrer avec éclat dans les annales de l'Europe; la paix, mais dans la gloire.

Comme toujours, le poète prélude. « Je viens de donner bataille aussi [58] », écrit-il, le 20 mai, au soir, à d'Argenson. Il vient de faire son ode sur la prise de Namur : le *Poème de Fontenoy*. Les éditions se multiplient; moins éclectique qu'Homère, « il loue depuis Noailles jusqu'au moindre petit morveux portant talon rouge à Versailles [59] », car il a découvert les vertus des anecdotes : « Tous les héros que j'ai chantés m'ont fait des remerciements [60]. » Tous sauf MM. de Castelmoron et Aubeterre : « Peut-être n'ont-ils pas reçu les exemplaires? » Mais c'est moins désir de se faire bien voir qu'obligeance naturelle, besoin de faire plaisir; et l'humour voltairien demeure : « On me traite comme un ministre, je fais des mécontents [61]. »

L'attitude flatteuse envers les puissants semble moins désintéressée. « Seriez-vous mal reçu, monseigneur — il

---

54. *Œuvres historiques*, p. 717.

55. René Pomeau, *La Table Ronde*, article cité, p. 35.

56. *Best.* 2520 et 2598.

57. *Œuvres historiques*, p. 980. Cette phrase du *Siècle de Louis XIV* définit l'homme idéal selon Voltaire : civilisé, mais gardant le goût du risque, l'énergie vitale. Voltaire n'a jamais fait l'apologie des « petits-maîtres », non plus que du « pacifisme bêlant ».

58. *Best.* 2893.

59. Vers d'une satire de Jean-Henri Marchand, attribuée par Voltaire au poète Roi. *Best.* 2914 à Moncrif, 16 juin 1745.

60. *Best.* 2910 à Hénault.

61. *Best.* 2899 à de Cideville.

s'adresse à d'Argenson — à dire au roi qu'en dix jours de temps, il y a eu cinq éditions de sa gloire? N'oubliez pas, je vous prie, cette petite manœuvre de cour [62]. » Après le Pape, le roi d'Espagne lui-même est requis : « J'ai envoyé des *Fontenoy...* Il serait fort doux que je dusse encore à votre protection quelques petites marques des bontés de leurs majestés catholiques [63]. » L'objectif est de s'ouvrir la route de l'Académie en neutralisant dévots et folliculaires : « Les médailles papales, l'impression du Louvre, et quelque marque de magnificence espagnole seront une belle réponse aux Desfontaines. » Dans son ascension, Voltaire ne perd jamais de vue la république des lettres.

Il ne perd pas de vue, non plus, son rêve d'autrefois, faire ce que n'ont fait ni les Boileau, ni les Racine, ni les Pellisson. Aucun obstacle maintenant de sa part; n'est-il pas en possession de son héros, Louis XV, de son grand homme, d'Argenson, et de son idée philosophique, la paix par l'équilibre européen? Il reste à obtenir les moyens de son œuvre : accès aux archives du ministère, liberté « d'interviewer » diplomates et militaires. Malgré ses bontés et l'encens qui lui est prodigué, Louis XV demeure réticent. Le 17 août, Voltaire charge le marquis d'Argenson de triompher de sa défiance :

« J'ai envie de ne point jouir du bénéfice d'historiographe sans le desservir. Voici une belle occasion. Les deux campagnes du roi méritent d'être chantées, mais encore plus d'être écrites. Il y a d'ailleurs en Hollande tant de mauvais Français qui inondent l'Allemagne d'écrits scandaleux, qui déguisent les faits avec tant d'impudence, qui, par leurs satires continuelles, aigrissent tellement les esprits, qu'il est nécessaire d'opposer à tous ces mensonges la vérité représentée avec cette simplicité et cette force qui triomphent tôt ou tard de l'imposture. Mon idée ne serait pas que vous demandassiez pour moi la

---

62. *Best.* 2898, 29 mai.
63. *Best.* 2954 à d'Argenson, 19 août.

permission d'écrire les campagnes du roi : peut-être sa modestie en serait alarmée; et d'ailleurs je présume que cette permission est attachée à mon brevet; mais j'imagine que si vous disiez au roi que les impostures qu'on débite en Hollande doivent être réfutées, que je travaille à écrire ses campagnes, et qu'en cela je remplis mon devoir; que mon ouvrage sera achevé sous vos yeux et sous votre protection; enfin si vous lui représentez ce que j'ai l'honneur de vous dire, avec la persuasion que je vous connais, le roi m'en saura quelque gré, et je me procurerai une occupation qui me plaira, et qui vous amusera. Je remets le tout à votre bonté [64]. »

Grâce à la bonté, secondée par la vanité, de d'Argenson, Voltaire obtint la permission de travailler à une œuvre où il croyait pouvoir concilier les obligations de sa charge avec son devoir de vérité, son goût des récits militaires avec son aspiration philosophique à la paix.

---

64. *Best.* 2948.

II — UNE VIOLENTE PASSION CONTRARIEE

Le 20 août, il reçoit une semonce de Maurepas : « Les merveilles de la campagne, depuis la bataille de Fontenoy, la prise d'Ostende et l'heureux retour du roi, méritaient de votre part mieux que quelques vers ajoutés [1] ». Ces aigres reproches s'adressent au poète, mais avertissent l'historiographe des inconvénients de la vérité simple, au moment précis où ses élans épiques retombent. « La paix, la paix ! écrit-il à Hénault. Je suis las de chanter les horreurs de la destruction. Oh ! que les hommes sont fous, et que vous êtes charmant [2] ! »

Pour mettre un terme à cette folie, Voltaire tentera, deux mois plus tard, une nouvelle incursion dans la diplomatie secrète. Entré en correspondance avec sir Falkener, son ancienne connaissance de Londres, il croit discerner chez cet Anglais une lassitude sincère de la guerre [3]; son imagination se renflamme; il soumet à d'Argenson un projet de mission secrète en Angleterre : « Si le roi jugeait... je peux aisément, et en peu de temps, savoir bien des choses [4]. »

---

1. *Best.* 2957.
2. *Best.* 2961, 25 août.
3. *Best.* 2977. Voltaire avait écrit à un Falkener, secrétaire du duc de Cumberland, sans imaginer que ce fût la même personne que l'ambassadeur bien connu.
4. *Best.* 2991, 20 octobre.

Et il rédige une lettre à lire au conseil du roi [5]. Mais Louis XV n'aime pas le mélange des genres; Voltaire le sent; il revient, non sans regret, sur sa demande : « Il se peut faire de plus que le roi trouve en moi trop d'empressement... donc je crois qu'il n'en faut point effaroucher les oreilles du maître, sauf votre meilleur avis [6]. » Il les effarouchera d'ailleurs, le 27 novembre, par son malencontreux : « Trajan est-il content? » Ici s'interrompent les vaines incursions de Voltaire dans la politique active; il n'inscrira pas son nom dans l'Histoire de la guerre de 1741. Il ne lui reste plus qu'à poursuivre la rédaction de l'œuvre avec les précautions d'un historiographe mais avec la conscience d'un historien.

Voltaire s'était mis à la tâche, comme toujours, avec passion [7]. Le 28 septembre, il écrit à d'Argenson : « Je reçois, monseigneur, votre lettre à dix heures du soir, après avoir travaillé toute la journée à certain plan de l'Europe pour en venir aux campagnes du roi [8]. » Ce chapitre, conservé dans le manuscrit L, retraçait l'évolution de la politique européenne depuis le début du dix-septième siècle [9]. Voltaire progresse rapidement. « Je vais quitter les traités d'Hanovre et de Séville [10] »; plus de la moitié de l'introduction était déjà rédigée ou préparée. Le 5 octobre, il peut partir pour Versailles afin d'y dépouiller les fatras des bureaux : « Il est absolument nécessaire que je commence par ce travail pour avoir des notions qui ne soient point exposées à des contradictions devant le ministre et le roi... Il faut que mon ouvrage soit approuvé par M. d'Argenson; il est mon chan-

---

5. *Best.* 2991.

6. *Best.* 2995, 23 octobre.

7. *Best.* 2978 à d'Argental, 5 octobre : « J'y travaille, comme j'ai toujours travaillé, avec passion. Je ne m'en porte pas mieux. »

8. *Best.* 2974.

9. Voir l'*Appendice*.

10. *Ibid.* Ces traités (1725 et 1729) ne sont même pas cités dans L. Il est probable que Voltaire, suivant son habitude, resserra cette première rédaction.

celier et M. de Crémilles mon examinateur [11]. » Il restera à
Versailles presque continûment jusqu'au 8 janvier 1746 [12],
assistant parfois aux répétitions du *Temple de la Gloire*, le
plus souvent dans les bureaux du ministère, « se tuant » [13] à
la tâche par scrupule d'historien; c'est ainsi qu'il demande,
dans le même temps, à sir Falkener des mémoires sur les
batailles de Dettingen et de Fontenoy, ainsi que les journaux
anglais des trois dernières années [14].

Le 7 janvier, alors que Voltaire a porté son ouvrage jusqu'à la fin de la campagne de 1745, sa détestable santé
l'oblige, dit-il, de tout interrompre [15]. Elle ne l'empêche pas
de solliciter avec impatience l'avis des premiers lecteurs de
son œuvre : lecteur officiel comme le comte d'Argenson,
habituel comme d'Argental, « extraordinaire » comme le
cardinal de Tencin ou le duc de Noailles [16]. Mais voici que,
sans attendre, Voltaire demande à d'Argenson de lui renvoyer le manuscrit dans la minute : « J'ai cent corrections
qu'il faut que je porte sur cet exemplaire. Je suis honteux
que vous et le M. le cardinal du Tencin vous ayez lu quelque
chose dans l'état où il est. Cet ouvrage est pour moi une
passion violente, et il faut avoir pitié des passions [17]. »

---

11. *Best.* 2985, à d'Argental.

12. Sa lettre à de Cideville du 7 janvier (*Best.* 3015) est écrite de Versailles; celle du 8 janvier à d'Argenson (*Best.* 3016) de Paris.

13. *Best. Lettres à Mme Denis*, n° 24, 18 décembre 1745. « J'ai ici
beaucoup de besogne et je me tue toujours pour cette histoire. »

14. *Best.* 2977 et 2992. « I entreat you to send me the London
magazines of these three last years. »

15. *Best.* 3015 à de Cideville.

16. Le manuscrit est donné au cardinal de Tencin, qui doit le trans-
mettre à d'Argenson (*Best.* 3017). Il est ensuite envoyé au duc de
Noailles qui promet de répondre avec une franchise toute militaire
(*Best.* 3024). Pour d'Argental, *cf. Best.* 3029.

17. *Best.* 3019, 19 janvier 1746, Voltaire ajoute : « Ne pourrai-je
point avoir l'honneur de venir dîner à Marly chez vous ou chez M. le cardinal de Tencin? Ce serait une belle partie de plaisir... »

Un mois plus tard, il est installé de nouveau à Versailles, en « vrai commis du bureau de la guerre [18] ».

Voltaire crée toujours dans la fièvre et dans l'insatisfaction. On peut, néanmoins, s'interroger sur les raisons de cette hâte à parfaire son œuvre. Elle coïncide d'abord avec une grande illusion de l'ami et de l'admirateur de d'Argenson. Après ses échecs en Allemagne et la nouvelle défection de Frédéric, l'ingénieux ministre avait reporté les efforts de sa diplomatie secrète sur la réalisation du grand dessein italien. Le 26 décembre 1745, il signait avec le roi de Sardaigne un projet de traité ; puis, dans l'attente d'une ratification très incertaine, préparait un armistice. Instruit de la paix de Turin, Voltaire estime qu'elle était « le plus beau projet, le plus utile depuis cinq cents ans [19] ». Le 14 janvier, l'espoir renaît et grandit : « On dit que nous devrons la paix à M. le marquis d'Argenson... Ah, le beau jour que celui-là, monseigneur !... Que j'aurai de plaisir de finir cette histoire par la signature du traité de paix [20] ! » Le 17 février, à la nouvelle de la signature de préliminaires secrets, il se félicite de sa lucidité passée : « Souvenez-vous, monseigneur, que vous ne pensiez pas à être ministre quand je vous disais qu'il fallait que vous le fussiez pour le bien public. Vous nous donnez la paix en détail... Il faut que j'aille passer une quinzaine de jours à Versailles ; je ne serai point surpris si au bout de la quinzaine, j'y entends chanter un petit bout de *Te Deum* pour la paix [21]. »

Nul doute que la hâte de Voltaire et sa fièvre de travail ne s'expliquent en grande partie par sa foi dans l'imminence de la paix et par son désir de célébrer au plus tôt le ministre auteur de cette paix : « Lisez, je vous en prie, l'article qui vous regarde [22]. » L nous a conservé cette amorce de pané-

---

18. *Best.* 3029.
19. *Best.* 3016 à d'Argenson, 8 janvier 1746.
20. *Best.* 3017.
21. *Best.* 3030.
22. *Best.* 3017, *cf. variantes* au début du chapitre XIV.

gyrique. Voltaire historiographe de d'Argenson? Mais cette flatterie était avouée par l'historien et jugée utile par le philosophe : « Il faut boire ce calice. Je ne crois pas avoir dit un seul mot, dans cette histoire, que les personnes sages, instruites et justes ne signent. Vous me direz qu'il y aura peu de signatures; mais c'est ce peu qui gouverne en tout le grand nombre, et qui dirige à la longue la manière de penser de tout le monde. » Les premières signatures, d'ailleurs, étaient déjà sollicitées; Voltaire avait bien voulu promettre son histoire à l'Académie de Marseille; elle attendait avec impatience [23].

Cette impatience sera déçue. Le 18 mars, après avoir donné au roi le manuscrit, Voltaire confie à Thiriot : « C'est pour sa petite bibliothèque. Le public n'aura pas sitôt cet ouvrage, auquel je veux travailler une année entière [24]. » Scrupule d'écrivain sans doute; mais Louis XV n'avait-il pas lui-même conseillé ou ordonné la patience au trop optimiste admirateur de d'Argenson? Les projets italiens du ministre venaient d'échouer par suite de la volte-face de Charles-Emmanuel; le 7 mars, une offensive austro-sarde avait surpris et mis en déroute les Français. La paix s'éloignait, et avec elle l'opportunité de l'œuvre. Le labeur de Voltaire n'en trouva pas moins une récompense immédiate. Toujours un peu d'ambition se mêle aux philosophiques desseins : satisfaits de l'historiographe [25], Mme de Pompadour et le roi le firent élire à l'Académie française.

Voltaire est un émotif, qui passe de l'exaltation à l'abattement [26]. On retrouve dans son activité intellectuelle le rythme

---

23. *Best.* 3070, lettre du secrétaire, Antoine Louis de Chalamond de la Visclède : « Elle attend avec impatience l'histoire des campagnes du roi que vous avez bien voulu lui promettre. »

24. *Best.* 3037. L'histoire allait jusqu'à la prise de Gand (15 juillet 1745).

25. *Best.* 3017 : « En attendant, dites donc au roi, dites à Mme de Pompadour que vous êtes content de l'historiographe. Mettez cela, je vous en supplie, dans vos capitulaires. »

26. René Pomeau : *La Religion de Voltaire*, pp. 254 *sqq.*

de sa vie. Son esprit s'attache à l'instant tout entier à l'œuvre projetée; les lettres fourmillent d'allusions à l'objet de sa passion; la création fuse. Un obstacle ou un divertissement se présente-t-il? L'élan retombe : le silence se fait. Après le 18 mars, Voltaire est diverti par sa réception à l'Académie, par les démêlés et les procès qui s'ensuivent. Son enthousiasme pour l'histoire des campagnes et de la paix du roi bute sur les échecs répétés de d'Argenson, âprement combattu dans le conseil même par Noailles, et le clan espagnol. Certes, le ministre n'est jamais à court d'un plan de paix : il dresse, avec Voltaire, un projet de protocole à présenter aux Anglais [27]. Mais il désabuse lui-même son collaborateur : « Je vous remercie de votre travail, Monsieur. Je sais bien que c'est vous bouillir du lait, cependant n'allez pas croire que ce soit affaire prête... Après ce qui vient de manquer en Italie, il faut regarder la paix comme le carnaval et la folie, ou comme le chien de Jean de Nivelle qui s'en va quand on l'appelle [28]. » Ce désenchantement gagne Voltaire; ses lettres sont moins des encouragements que des appels à la postérité contre les sots qui ont surnommé le ministre « d'Argenson la bête [29] ».

Des travaux de l'historiographe, peu de nouvelles désormais dans la correspondance. La fleur du désir était passée. Mais, de caractère moins « primaire » qu'on ne le dit,

---

27. *Best.* 3050 et 3051.
28. *Best.* 3054, 16 avril.
29. *Best.* 3119, 22 juillet 1746 : « Eh bien, monseigneur, il faut marier notre dauphin à Eléonore Marie-Thérèse, princesse de Savoie, née le 28 février 1728; et madame Henriette à Victor Amédée, duc de Savoie, renouer ainsi par ces beaux nœuds votre traité de Turin, dont je serai l'éternel admirateur, rendre la France heureuse par une belle paix, et votre nom immortel malgré les sots. » A ce moment déjà, comme le note le duc de Luynes, on fait circuler à Versailles des parodies du style volontiers familier du ministre : « Ne pouvait-on pas, Messieurs, regarder le prétendu empereur comme un étron dans une lanterne? » (*Mémoires du duc de Luynes*, Paris, Didot 1860, tome VII, jeudi 7 juillet). Le samedi 9, Luynes note que les bruits de disgrâce continuent à se fortifier.

Voltaire, s'il ne rédige rien, continue à rassembler les documents. Instruit de la bataille de Rocoux par les rapports officiels, il réclame des compléments d'information à ses correspondants bénévoles aux armées [30]. Cette conscience contribue à lui assurer les faveurs de la cour — il est nommé, le 22 novembre, gentilhomme ordinaire de la chambre du roi — mais elle inquiète Frédéric, qui aimerait fort détourner sur les siècles passés l'esprit critique de son ami : « Je voudrais que vous n'écrivissiez point la campagne de 41, et que vous missiez la dernière main au *Siècle de Louis XIV*. C'est aux hommes d'à présent à faire de grandes choses, et à la postérité impartiale à prononcer sur eux et sur leurs actions [31]. » Dans sa réponse du 9 février 1747, Voltaire le rassure : « Ce sont de ces fruits que le temps seul peut mûrir »; se justifie : « Sur quels fondements bâtirait-on l'histoire, si les contemporains ne laissent pas de quoi élever l'édifice? » Mais il confie sa lassitude : « Il faut que la guerre soit par elle-même quelque chose de bien vilain, puisque les détails en sont si ennuyeux. J'ai tâché de considérer cette folie humaine un peu en philosophe [32]. »

La disgrâce de d'Argenson, survenue le 10 janvier, n'est pas étrangère à cette mélancolie [33], non plus qu'aux mouvements d'humeur, qui vont suivre, contre la cour. Ils ne sont pas chose nouvelle chez Voltaire; en décembre 1745, il

---

30. Un certain D. lui envoie à deux reprises, le 7 septembre et le 13 octobre 1746, des relations détaillées sur la campagne du maréchal de Saxe.

31. *Best.* 3157, 18 décembre 1746.

32. *Best.* 3172.

33. Dans son introduction à *Zadig* (Droz, p. XII), Verdun L. Saulnier écrit : « Comment ne pas voir que ce que Voltaire exhale ici, c'est sa déception de n'avoir pas su réussir à la cour de Versailles, où il parade depuis 1744? » La première version de *Zadig (Memnon, histoire orientale)* a été imprimée en Hollande en juin 1747, donc rédigée dans les premiers mois de l'année, au moment où la faveur de Voltaire était au plus haut. S'il faut faire une hypothèse sur l'occasion de *Zadig*, cherchons-la dans le renvoi du ministre ami plutôt que dans l'échec personnel de Voltaire.

confiait à Mme Denis : « Je ne sais pas encore quand mes affaires me permettront de quitter un pays que j'abhorre. La cour, le monde, les grands m'ennuient [34]. » Mais ces envies de sécession ne sont plus combattues par l'idée de la tâche à accomplir en étroite complicité avec le ministre philosophe. Voltaire va faire retraite de plus en plus fréquemment et longuement : en octobre 1747, fuite à Sceaux, après l'incident au jeu de la reine; en 1748, repos à Cirey et longs séjours à Lunéville. Dans le même temps son dégoût de la guerre grandit; la victoire de Laufeld ne réveille pas le chantre de Fontenoy [35]; l'*Eloge funèbre des officiers qui sont morts dans la guerre de 1741* ébauchera les thèmes de *Candide* et du *Dictionnaire philosophique* [36].

Cependant, si Voltaire détend ses liens avec la cour, il ne les rompt pas; les apparences de la faveur sont sauves [37]. L'historiographe se remet à rédiger; en février 1748, à Lunéville, « il emploie presque toutes ses matinées à écrire les campagnes de Louis XV en Flandre [38] » : vraisemblable-

---

34. *Best. Lettres à Mme Denis*, n° 23.

35. *Best.* 3202.

36. « Cependant quelle voix, chargée d'annoncer la vertu, s'est jamais élevée contre ce crime si grand et si universel... Des bords du Pô jusqu'à ceux du Danube, on bénit de tous côtés, au nom du même Dieu, ces drapeaux sous lesquels marchent des milliers de meurtriers mercenaires, à qui l'esprit de débauche, de libertinage et de rapine a fait quitter leurs campagnes... Considérés tous ensemble, marchant avec ordre sous un grand capitaine, ils forment le spectacle le plus fier et le plus imposant qui soit dans l'univers : pris chacun à part, dans l'enivrement de leurs frénésies brutales (si on en excepte un petit nombre), c'est la lie des nations » (Beuchot, t. XXXIX, pp. 29 et 30).

37. Le 30 décembre 1747, on joue à Versailles *l'Enfant prodigue*. Le 1er mars 1748, Voltaire écrit de Lunéville à Mme Denis : « Les gens qui seraient bien aises que je fusse exilé, seront donc bien fâchés quand ils apprendront que le roi vient de me faire une nouvelle grâce en me faisant don d'une année des appointements de ma charge... » (*Best. Lettres à Mme Denis*, n° 97).

38. *Mémoires sur Voltaire et sur ses ouvrages*, par Longchamp et Wagnière, tome second, p. 173.

ment le chapitre XX et la plus grande partie du chapitre XXIV de l'œuvre définitive. C'était l'espoir d'une paix prochaine, rendu possible par la supériorité militaire de la France et la désunion de ses adversaires, qui ranimait son zèle. Du roi il passe à ses lieutenants et au récit de leurs malheurs en Italie dans les années 1746 et 1747. Le 19 juillet, en effet, il prie le marquis de Paulmy de remettre un gros paquet, « du ressort de l'historiographerie », au comte de Maillebois : « Il me paraît, par tous les mémoires qui me sont passés par les mains, que M. le maréchal de Maillebois s'est toujours très bien conduit, quoiqu'il n'ait pas été heureux. Je crois que le premier devoir de l'historien est de faire voir combien la fortune a souvent tort [39]. » C'était demander son consentement à la publication, de nouveau projetée par Voltaire.

En octobre, il accueille avec un courageux soulagement la signature d'une paix « très glorieuse puisqu'elle assure la tranquillité publique [40] ». L'image de Louis XV, roi désintéressé et pacificateur de l'Europe, satisfait le philosophe, comme l'historiographe. Longchamp rapporte qu'à Lunéville, où il retrouve Mme du Châtelet, dans les bras de Saint-Lambert il est vrai, il travaille continûment à son ouvrage : « Quand il avait terminé quelques nouveaux chapitres, il allait en faire lecture devant le roi et une compagnie choisie [41]. » Est-ce pour satisfaire ce public mondain et féminin qu'il a développé l'épisode des malheurs du prince Charles-Edouard ? « M. de Voltaire le lut avec une profonde sensibilité; et quand il en vint aux détails relatifs à l'infortune du Prétendant, il arracha des larmes à toute l'assemblée [42]. »

---

39. *Best.* 3269.
40. *Best.* 3333 à Cideville. La lettre est du 24 décembre, mais les sentiments de Voltaire n'ont pas varié sur ce point.
41. *Op. cit.*, p. 224.
42. *Ibid.* Longchamp déclare que ce morceau venait d'être achevé. Or dans l'œuvre définitive, ces deux chapitres, XVIII et XIX, précèdent les chapitres rédigés au début de l'année. Il semble que Voltaire ait composé

M. de Voltaire avait d'autres raisons : sa nostalgie bien humaniste des équipées chevaleresques en ces temps de guerre « scientifique »; sa connaissance d'anecdotes inédites grâce à un homme qui avait accompagné longtemps Charles-Edouard. L'opinion française, enfin, trouvait dans ce prince étranger de quoi satisfaire sa passion du romanesque et un besoin d'idolâtrie qui se détournait du roi de France; l'épisode contribuerait au succès du livre.

On connaît la suite du récit de Longchamp : la nouvelle de l'arrestation du prince Edouard parvenant la lecture à peine finie; l'indignation de Voltaire contre le gouvernement français; son geste de dépit, quand il jette ses cahiers dans un coin, et sa décision de renoncer à ce travail « qu'il oublia pendant plusieurs années et ne reprit qu'à Berlin, à la demande du roi de Prusse [43] ». Tout n'est pas invraisemblable dans cette scène mélodramatique. Seulement, loin de jeter ses cahiers, Voltaire les emporte à Paris pour montrer à Cideville l'histoire presque achevée de cette maudite guerre [44]. Quant au roi de Prusse, on peut juger de la conviction de ses encouragements futurs aux précautions que prend Voltaire, le 10 janvier 1749, pour lui soutirer les corrections nécessaires : « Je donne une vingtaine de batailles qui m'ennuient beaucoup; et quand tout cela sera fait, je n'en ferai rien paraître... Si Votre Majesté était curieuse de voir le commencement de ma bavarderie historique, j'aurais l'honneur de le lui envoyer en la suppliant très humblement de daigner corriger l'ouvrage de cette main qui écrit comme elle combat. Les maux continuels, auxquels je suis condamné pour ma vie, ne

---

la fin de son *Histoire de la guerre de 1741* par « centres d'intérêt » : d'abord les campagnes du roi en Flandre, puis celles d'Italie, enfin les épisodes romanesques ou instructifs (Charles-Edouard, le voyage de l'amiral Anson). Il les range ensuite selon les exigences de la chronologie mais aussi de la variété de l'œuvre. L'examen de A le prouve.

43. *Ibid.*, p. 225.

44. *Best.* 3333, 24 décembre 1748.

m'ont pas permis d'avancer beaucoup ma besogne [45]. »

Les maux, du moins, ne sont pas feints; pendant deux mois — l'erreur de Longchamp vient-elle de là? — Voltaire fut obligé d'interrompre son travail, comme il le confie, le 29 mars, à sir Falkener [46]. Mais dans la même lettre il prie Falkener de lui envoyer le livre de Richard Walter sur le voyage de l'amiral Anson ainsi que tous les ouvrages anglais qui traitent du commerce et des expéditions maritimes [47]. Il s'apprête donc à rédiger les derniers chapitres, destinés à satisfaire un public curieux d'explorations planétaires. Du côté de Louis XV il ne prévoit aucun obstacle : son maître, il le sait, aime la vérité [48]. Et une lettre du 9 avril le montre soucieux de contrôler cette vérité par la lecture des *Mémoires* de l'abbé de Montgon [49].

Brusquement les échos de « l'historiographerie » s'interrompent. Pourquoi n'a-t-il pas terminé un travail « presque achevé [50] »? Le moment ne se prêtait guère, il est vrai, à l'éloge du traité d'Aix-la-Chapelle ni à l'apologie de Louis XV. « Tu es bête comme la paix », avait dit une femme des halles; et les chansons, les vers, les estampes satiriques pleuvaient sur le roi « esclave d'un ministre et d'une femme avare [51] ». On assistait à la conjonction, si fréquente, de

45. *Best.* 3342.

46. *Best.* 3378. « I have been disturbed these two months and kept from writting my history. »

47. *A Voyage round the world in the years 1740/41/42/43/44 by George Anson* (London 1748). Une traduction française était sur le point de paraître, précise Besterman. Au début de la lettre, Voltaire remercie des envois précédents qui lui ont été utiles malgré leurs nombreuses erreurs : *The annals of Europe* (1739-1744), *The History of the late insurrection in Scotland.*

48. *Ibid..* : « I think truth may be told when it is wisely told and I know my master loves it. »

49. *Best.* 3381, à Bernouilli.

50. *Best.* 4244, à d'Argental, 1ᵉʳ avril 1752 : « Je suis bien aise de ne perdre ni mon temps, ni le travail que j'avais presque achevé sur les mémoires du cabinet. »

51. D'Argenson, *op. cit.*, tome V, pp. 362 et 402. Il décrit, p. 403

l'esprit critique le plus · naïf et du conservatisme le plus cynique ; l'Etat se proposant de lutter contre les droits acquis de certaines castes, il était « du bel air », comme l'observera Mme du Deffand, d'être dans ce qu'on appelait l'opposition. Mais Voltaire avait dans l'âme un courage digne de Turenne, selon l'expression de son ami d'Argenson, quand ses idées politiques se trouvaient en jeu. Le 16 mai 1749, par une lettre destinée à l'opinion, il prenait parti pour Machault d'Arnouville, dont la personne lui déplaisait, mais dont l'édit, créant un impôt sur une base égalitaire, lui plaisait. Voltaire n'est opportuniste qu'en surface ; il faut chercher ailleurs.

On songe à la maladie ; mais c'est en 1748 qu'il eut « le diable dans les entrailles » ; et n'a-t-il pas toujours écrit un pied dans la tombe ? Retardé tout au plus par la maladie, son travail fut vraisemblablement interrompu pour des motifs plus graves. Bien des explications ont été proposées du départ pour Berlin ! échecs au théâtre, persécution des dévots, inconstance « littéraire » de Mme de Pompadour, besoin d'affection et d'admiration qu'il alla, paradoxalement, chercher auprès de Frédéric. Dans les confidences qu'il fit à Richelieu en août 1750, Voltaire donne lui-même une dernière raison, peut-être décisive : « Malgré mes travaux, Moncrif eut ses entrées chez le roi, et moi je ne les eus pas [52]. » Moncrif était l'autre historiographe, l'historiographe fainéant. Ne peut-on imaginer un Voltaire découragé depuis quelque temps par l'indifférence du roi pour un « monument élevé à sa gloire » ? Car, Louis XV n'aimait pas la vérité dite par Voltaire ; il le prouvera quelques années plus tard. La préférence donnée à Moncrif fut le signe d'une défiance sourde, qui se manifesta avec éclat, quand le roi exigea

----

(1er mars 1749), une estampe : « Elle représente le roi lié, garrotté, déculotté, la reine de Hongrie le fouettant, l'Angleterre disant : « Frappez fort ! », la Hollande disant avec un rouleau : « Il vendra tout » ; cela s'appelle l'estampe des quatre nations. »

52. *Best.* 3635.

qu'il se démît, avant son départ, de la seule charge d'historiographe.

Parti de Compiègne le 25 juin, Voltaire se donna le plaisir d'une brève *Tristesse d'Olympio* historique : « J'allai voir en passant les champs de Fontenoy, de Rocoux et de Laufeld. Il n'y paraissait pas. Tout cela était couvert des plus beaux blés du monde [53]. » Mais il était bien décidé maintenant à laisser dormir dans l'ombre le souvenir des campagnes royales. Le 1er août, installé à Potsdam, il écrivait à Richard Rolt : « Je publierai mon histoire aussi tard que possible [54]. » Toute idée de publication semble même écartée un an plus tard, quand il imagine de pousser « l'histoire du *Siècle* [*de Louis XIV*] jusqu'au temps présent, dans un tableau raccourci de l'Europe depuis la paix d'Utrecht jusqu'à 1750 [55] ». Pour faire ce tableau, il emprunte à son *Histoire de la guerre de 1741* le chapitre d'introduction presque dans son entier et les principaux passages du portrait du cardinal de Fleury. Le reste « est à vue d'oiseau, presque point de détails », puisqu'il ne peut puiser, sans l'aveu du roi de France, dans les travaux officiels de l'historiographe.

Songe-t-il à obtenir un jour cet aveu? Le tableau est-il une habile publicité? Le 7 septembre il écrit à Hénault : « Pour M. d'Argenson, s'il n'aime pas mon *Siècle,* qui paraîtra dans quelques mois, et mon *Histoire de la guerre de 1741* qui n'est pas si mûre, c'est un ingrat [56]. » Mais c'est une excuse plus qu'une promesse; le projet est rejeté dans le lointain. Comment le réaliser, d'ailleurs, en restant à Berlin, en terre étrangère?

Mais voici que quelques mois à peine après l'impression du *Siècle de Louis XIV,* deux lettres, parties de Potsdam le 14 mars 1752, montrent Voltaire occupé à terminer, « éclaircir » et compléter son *Histoire de la guerre de 1741.*

53. *Best.* 3600 à Mme Denis, 9 juillet 1750.
54. *Best.* 3607.
55. *Best.* 3975 au duc de Richelieu, 31 août 1751.
56. *Best.* 3980.

Il demande au duc de Richelieu un petit précis en deux pages de ce qu'il a fait à Gênes; il y intéresse sa vanité : « Je dis hardiment qu'on vous doit en très grande partie le gain de la bataille de Fontenoy »; il conclut par une profession de patriotisme : « Vous voyez que je suis toujours bon citoyen. On m'a ôté la place d'historiographe de France, mais on devrait me donner celle de trompette des rois de France [57]. » Mêmes expressions dans la lettre à d'Herbigny : « Il me paraît que je mériterais assez une charge de trompette des rois de France... Il est assez plaisant que je fasse mon métier d'historiographe avec tant de constance, quand je n'ai plus d'honneur de l'être [58]. » C'est plaisant, mais dangereux; c'est ce que lui rappelle le fidèle d'Argental, alerté par Mᵐᵉ Denis : « Vous songez à livrer à l'impression l'histoire des campagnes du roi : ce projet renferme tous les inconvénients possibles. Sans être obligé d'entrer dans les détails je me bornerai à celui qui est fait pour vous frapper davantage, c'est l'imprudence de donner au public une portion aussi essentielle de l'histoire du roi sans son attache. Vous n'en useriez pas ainsi à l'égard du plus petit particulier. Renoncez, mon cher ami, à une entreprise qui serait inexcusable [59]. »

Voltaire est aimablement attentif aux conseils de ses amis; mais ils ne peuvent rien contre ses passions du moment; au besoin il ruse avec lui-même. Dans sa réponse à d'Argental, il commence par renoncer : « Je suis bien loin, mon cher ange, de songer à faire imprimer sitôt la guerre de 1741. » La fin de la lettre est moins nette : « Je me hâte de travailler, de corriger, mais je ne me hâte point d'imprimer [60]. » En réalité, une fois achevés le travail et les corrections dont A a conservé

---

57. *Best.* 4227.
58. *Best.* 4228.
59. *Best.* 4233, 19 mars 1752.
60. *Best.* 4244, 1ᵉʳ avril 1752. On apprend par cette lettre que Voltaire avait demandé à sa nièce le plan de la bataille de Fontenoy.

la trace, il se hâtera de promettre le manuscrit à l'éditeur Walther en vue d'une impression immédiate [61].

Pourquoi cette passion renouvelée? « Je suis bien aise de ne perdre ni mon temps ni le travail que j'avais presque achevé sur les mémoires du cabinet »; la première raison qu'il donne à d'Argental, n'est pas sans vraisemblance. Hormis pendant les soupers du roi, le séjour de Potsdam est austère; il invite aux travaux de longue haleine; comment Voltaire ne rêverait-il pas de s'affirmer comme le grand historien de l'Europe moderne en achevant et en publiant une œuvre faite « avec d'aussi bons matériaux [62] »? La seconde raison est sans doute plus importante : « Il m'a paru d'ailleurs assez nécessaire qu'on sût que j'avais rempli ce qui était autrefois du devoir de ma place, et ce qui est toujours du devoir de mon cœur, de tâcher d'élever quelques petits monuments à la gloire de ma patrie. » La patrie est partout où l'on se trouve bien; Voltaire commence à se trouver terriblement mal en Prusse. Ne songerait-il pas à préparer son retour en France, peut-être même à recouvrer la faveur du roi?

Encore faut-il obtenir dès maintenant son consentement à l'impression du travail de l'historiographe. Voltaire va d'abord engager à son service les vanités particulières. Secouant sa paresse, le duc de Richelieu lui a adressé un mémoire de trente-deux pages sur ses exploits et développé ses vues sur la manière de faire la paix et la guerre; Voltaire approuve : « Je suis très persuadé qu'avec vous la France n'a pas besoin d'étrangers pour faire l'une et l'autre [63]. » Le 28 juillet, il écrit au maréchal de Noailles : « Si j'ai quelques lettres originales à rapporter dans l'*Histoire de la guerre de 1741*, ce sera assurément celle que vous écrivîtes au roi, le 8 juillet 1743, après votre entrevue avec l'empereur. Je la regarde comme un chef-d'œuvre d'éloquence, de raison supé-

61. *Best.* 4371, 25 août 1752.
62. C'est ce qu'il affirmait dans la lettre à Richard Rolt (*Best.* 3607).
63. *Best.* 4291, 10 juin 1752.

rieure, de courage, d'esprit, et de politique [64]. » Le 4 août, c'est au tour du maréchal de Belle-Isle : « Il n'y a aucune de vos dépêches que je n'aie étudiée, et dans laquelle je n'aie remarqué l'homme de guerre, l'homme d'Etat et le bon citoyen... Cette histoire est achevée tout entière; mais vous sentez que c'est un fruit qu'il n'est pas encore temps de cueillir, et que la vérité est· toujours faite pour attendre [65]. »

Voltaire s'emploie à abréger cette attente. Le 25 et le 26 août, après avoir alerté Walther, il charge François de Chennevières et Hénault de sonder les dispositions du ministre de la guerre : « Si M. le comte d'Argenson le veut, je lui enverrai l'*Histoire de la guerre de 1741* en manuscrit [66]. » Le 3 octobre, il annonce l'envoi à d'Argenson : « J'ai mis en marge les titres des événements principaux, afin que vous puissiez choisir. » Il termine par un rappel des années de collège : « Qui eût dit, dans le temps que nous étions ensemble *dans l'allée noire,* qu'un jour je serais votre historien, et que je le serais de si loin [67]? » Après le ministre, la toute-puissante favorite : au milieu de novembre, Voltaire fait partir une copie de son œuvre à l'adresse de Mme de Pompadour [68]. Un paragraphe a été ajouté où l'on apprend avec surprise que la paix « fut le fruit des conseils pressants d'une jeune dame d'un haut rang célèbre par ses charmes, par des talents singuliers, par son esprit et une place enviée ». Quant au favori, le héros de Fontenoy, Richelieu, il attendait la copie,

---

64. *Best.* 4339. Aucune mention de cette lettre dans l'ouvrage.

65. *Best.* 4345.

66. *Best.* 4369 et 4373.

67. *Best.* 4405. La défiance de Voltaire pour les capacités d'attention et de lecture du comte d'Argenson était justifiée; le ministre chargea son neveu, le marquis de Paulmy, de lire et de juger l'ouvrage. Les remarques du marquis sont réunies dans un petit cahier placé en tête de A.

68. *Best.* 4453 au chevalier Charles Nicolas de Latouche, 19 novembre 1752. Voltaire a peur d'avoir fait une faute en mettant l'adresse : « Je suis si ignorant des choses de ce monde que je ne sais pas encore si elle est duchesse ou non. »

et, ajoutait-il, « l'impression, car je crois qu'elle sera aussitôt faite [69] ».

Mais le « très énorme paquet » à lui destiné se perdit [70]. Et l'impression ne fut pas faite. Le 16 décembre, en effet, Voltaire confie à Richelieu : « Je suis honteux d'avoir barbouillé plus de papier sur huit ans d'une guerre inutile que sur le siècle de Louis XIV. [...] Malheur aux gros livres! Je m'occupe à rendre celui-ci plus petit et meilleur [71]. » Le 18 décembre, il demande à Hénault de faire parvenir ses remords au comte d'Argenson : « J'ai à vous avouer que j'ai été, moi, beaucoup trop verbiageux sur l'histoire de la dernière guerre. [...] J'en fais à présent un édifice plus régulier et plus agréable [72]. »

Même au plus fort de la campagne de présentation, les scrupules de Voltaire étaient manifestes : avait-il réussi à réduire à l'unité d'action « cette complication et ce fracas de tant d'intérêts divers, de tant de desseins avortés [73] »? Il était entré dans les détails, *quia erat hic locus;* mais ces détails ne se perdront-ils pas dans l'océan de l'histoire [74]? L'œuvre historique de Voltaire est le lieu d'un conflit entre son goût, goût classique du grand sujet et de la vraisemblance, et sa vision philosophique du monde, monde dérisoire du hasard et du petit fait. Ici l'artiste lui semblait avoir été par trop vaincu.

Mais ce ne sont pas les scrupules artistiques qui motivent l'abandon subit du projet d'impression. Voltaire veut faire

---

69. *Best.* 4422, 27 octobre 1752.

70. Voltaire envoie une copie le 25 novembre 1752 (*Best.* 4457). Le 16 décembre, il rappelle à Richelieu qu'il a dû recevoir un très énorme paquet (*Best.* 4483). Richelieu ne l'a pas reçu, mais ne s'en inquiète guère. C'est en août 1755 que Voltaire apprendra la perte du manuscrit (*Best.* 5747).

71. *Best.* 4483.

72. *Best.* 4487.

73. *Best.* 4228.

74. *Best.* 4373. *Cf.* aussi 4369 : « Au reste ce n'est point un morceau d'histoire dans le goût du Siècle de Louis XIV. Il a fallu ici entrer dans de grands détails. »

de nécessité vertu. La véritable raison, il la dira, trois ans plus tard, à Malesherbes et à d'Argental : le comte d'Argenson et Mme de Pompadour lui avaient recommandé de ne pas donner son histoire au public [75]. Raison d'Etat? Malgré la mission de Kaunitz à Versailles, ni le ministère ni « le secret du roi » ne songeaient au renversement des alliances et au désaveu de la guerre passée. Amour-propre d'Etat peut-être, en raison des fautes commises dans ce passé. L'interdiction s'explique surtout par l'hostilité de Louis XV; il n'avait jamais subi qu'à contrecœur, par désir d'émulation avec Louis-le-Grand, la présence à sa cour de l'écrivain célèbre; à la défiance s'ajoutait maintenant la rancune. Il ne pardonnait pas le départ pour la Prusse : « C'est un fou de plus à la cour de Berlin, et un de moins à la mienne [76]. »

Ne pardonnerait-il pas, un jour, au fou, revenu à la raison, c'est-à-dire en France? Voltaire l'espérait, laissant faire le temps, sa patience et ses amis [77]. Voilà pourquoi, loin d'abandonner l'ouvrage, il songeait à le rendre plus régulier et plus agréable. Il y songeait, mais il ne le fit pas [78]. Et l'ancien objet de sa violente passion lui réservait une dernière contrariété.

---

75. *Best.* 5827 et 5838; et Mme Denis, écrivant à la Marquise de Pompadour, rappelle : « C'est par votre conseil même que mon oncle n'a pas mis encore au jour cet ouvrage » (*Best.* 5782).

76. Emile Henriot, *op. cit.*, p. 73.

77. Dans le *Supplément au Siècle de Louis XIV*, publié en 1753, Voltaire présente son histoire comme « un monument qui ne doit paraître qu'après ma mort, et que j'ai achevé dans une terre étrangère » (O. H., p. 1244). Quand Voltaire parodie à l'avance Chateaubriand, défions-nous.

78. Le 27 septembre 1755, il écrit à Richelieu : « D'ailleurs je n'avais point revu cette histoire » (*Best.* 5853).

III — UN BRIGANDAGE DE LA LIBRAIRIE

En 1755, arrivé aux Délices, Voltaire se dispose à cultiver sa terre — « O jardins d'Epicure! » —, satisfait et tranquille. Satisfait, son secrétaire Collini ne l'est pas : « Nous voilà donc Genevois : j'en suis fâché; ce n'est pas là le Paris qu'on m'avait promis [1]. » Après sa fuite de Prusse, en effet, l'ancien historiographe avait vainement multiplié offres de service et communications de renseignements secrets; ses ennemis avaient profité de l'édition frauduleuse d'un *Abrégé de l'histoire universelle* pour accréditer la légende, qui finira par devenir réalité, des « friponneries littéraires » de Voltaire, protestant publiquement contre des éditions faites avec son aveu par des « âmes damnées [2] ». En 1754 il fut prévenu par Mme de Pompadour que le roi ne voulait pas qu'il allât à Paris [3]. Le voilà donc installé près de Genève, guère plus satisfait que son secrétaire peut-être,

---

1. Cité par Desnoiresterres dans *Voltaire aux Délices*, p. 72.

2. Friponneries littéraires, âmes damnées, on retrouve les deux expressions dans les rapports de police de l'époque (*cf. Best.* 5793). Elles correspondent à une vision du monde assez simpliste. M. Pierre Grosclaude semble bien l'adopter dans son *Malesherbes, témoin et interprète de son temps* (Paris 1961). Dans l'affaire qui nous intéresse, celle des éditions subreptices de l'*Histoire de la guerre de 1741*, il attribue à une méfiance légitime de Malesherbes pour Voltaire ce qui n'était, chez ce « haut fonctionnaire », que prévention et refus de connaître son erreur (pp. 194 *sqq.*).

3. *Best.* au marquis de Paulmy, 20 février 1754.

mais tranquille pour la première fois depuis deux ans. Du moins il le croyait.

Sa félicité, troublée en mai par l'affaire de *La Pucelle,* le fut encore, et plus gravement, fin juillet : « Je rouvre ma lettre, écrit-il à d'Argental. J'apprends dans l'instant qu'on a encore volé le manuscrit de la guerre de 1741, qui était dans les mains de M. d'Argenson, de M. de Richelieu et de Mme de Pompadour. On a porté tout simplement le manuscrit à M. de Malesherbes qui donne aussi tout simplement un privilège [4]. » Ses informateurs parisiens ne s'étaient pas trompés : un spécialiste du marché noir de la librairie, le chevalier de La Morlière, avait vendu à un nommé Prieur, qui « avait envie de l'ouvrage », un mémoire sur la guerre dernière [5]. L'alarme, rapporte Collini, fut aux Délices : « On décida que je me rendrais à Paris, muni de lettres et de pouvoirs pour agir efficacement auprès du syndicat de la librairie [6]. »

L'émoi se justifiait. Cette édition anonyme apparaîtrait comme une nouvelle friponnerie. Le roi serait d'autant plus irrité de voir transgresser l'interdiction faite en 1752, que l'ouvrage « était donné au public dans les circonstances où était l'Europe », entendons au moment du renversement des alliances. Si le texte était falsifié, quelques interpolations agressives perdraient Voltaire à jamais. Même si le texte était respecté, sa dignité en souffrait : « J'aurais passé pour l'avoir publié moi-même, et pour avoir voulu m'attirer quelque grâce par des louanges. » Enfin les scrupules de l'écri-

----

4. *Best.* 5704, 31 juillet.

5. *Best.* 5793, rapport de police du 30 août 1755. L'intermédiaire avait été un sieur Richer. Une quittance avait été donnée à Prieur : « Je cède et transporte au sieur Prieur, libraire, un manuscrit, en forme de mémoire, sur la guerre dernière, pour le prix de six cents livres. A Paris, le 18 juillet 1755. » Elle était signée « de Vénozan », mais écrite par La Morlière.

6. *Mon séjour auprès de Voltaire,* p. 150.

vain demeuraient : le manuscrit, qu'il n'avait point revu, ne contenait que des « mémoires informes [7] ».

Mais ces mémoires étaient plus informes que ne le supposait Voltaire. Dès le début, Mme Denis avait mis au service des intérêts de son oncle le zèle de la mauvaise conscience; elle se jetait aux pieds de Mme de Pompadour, adjurait Malesherbes d'agir. C'est qu'elle avait appris, par une confidence faite à d'Argental, le nom du « voleur » : M. de Chymène, c'est-à-dire le marquis de Ximénès, un de ses anciens amants [8]. Puisant dans ses souvenirs, elle propose à Collini cette reconstitution du vol; c'était à la veille de son départ pour l'Allemagne à la rencontre de son oncle : « Il restait dans son cabinet de vieux brouillons sans suite, sans aucun ordre... Je sortis ces brouillons de ce cabinet, mes femmes me proposèrent de s'en servir pour emballer mes caisses. Il faut donc que ce c... en ait attrapé quelque cahier [9]. »

Elle donne, avec moins d'énergie mais plus d'abondance, la même version des faits dans sa lettre à Malesherbes [10]. Elle disculpe aisément son oncle : « S'il voulait agir contre votre volonté, ne lui est-il pas libre de faire imprimer en pays étranger? » Elle se défend — moins bien — d'avoir fait cadeau d'un manuscrit au marquis; « Et m'avez-vous fait l'injustice de me croire assez folle pour confier un ouvrage aussi important que celui-là à Chymène ». Elle tâche d'expliquer sa conduite envers Voltaire : « Il croit que c'est son véri-

---

7. Pour cette analyse, nous nous sommes fondés sur les lettres de Voltaire à Malesherbes, à Richelieu et à la sœur de Mme Denis : *Best.* 5774, 5786, 5827 et 5853; *cf.* aussi *Best.* 5790 aux syndics de la librairie : « Je déclare que ces mémoires informes, qui ont été volés dans les dépôts respectables où je les avais laissés, ne sont point faits pour voir le jour. »

8. Malesherbes essaya de « rattraper » son indiscrétion : « Je sais encore moins la part que M. de Chymène aurait pu y avoir. On m'a dit assez vaguement... j'ai rendu ce propos à M. d'Argental... Depuis ce temps-là M. de Chymène m'a assuré qu'il n'y avait aucune part » (*Best.* 5794 à Mme Denis, 30 août).

9. *Best.* 5750, 13 août.

10. *Best.* 5781, 25 août.

table ouvrage que l'on imprime et ne doute pas qu'il n'ait été volé à Mme de Pompadour ou à M. le comte d'Argenson. Il leur en a écrit aussi bien qu'à vous. Comme je n'ai su le vrai qu'après que les lettres ont été parties, je lui cache encore ce que l'on vient de me mander, dans la crainte de le désespérer tout à fait, et dans l'espérance que tout sera réparé avant qu'il en soit informé [11]. »

Au début de septembre, tout sembla réparé, grâce à l'intervention de Mme de Pompadour [12]. Malesherbes dut agir : il se fit remettre le manuscrit volé et interdit la sortie de l'édition dont les seize cents exemplaires furent, le 17 novembre, saisis et déposés à la Bastille. Le 6 septembre, Voltaire écrivait à Mme Fontaine : « Votre sœur ne m'a avoué qu'aujourd'hui sa tracasserie avec Chymène. Cette nouvelle horreur d'elle me plonge dans un embarras dont je ne peux plus me tirer. Je suis trop malade et trop accablé pour travailler à notre *Orphelin*. » Mais l'oncle, ou l'amant, va pardonner; quatre jours plus tard il affirme à d'Argental : « Il me paraît qu'elle s'est conduite avec le zèle et la fermeté de l'amitié »; il épouse même ses querelles : « Et que pensez-vous de la belle lettre de Chymène à Mme Denis?... Je ne conçois pas M. de Malesherbes. Il est fâché contre ma nièce. Pourquoi [13] ? » Et il prend lui-même la défense de cette nièce auprès du directeur de la librairie [14].

La réconciliation dura, mais non le succès remporté sur les brigands de la librairie. La tentation était trop forte. « Il rôde dans Paris, rapporte Thiriot, un exemplaire échappé de l'*Histoire de la guerre de 1741*. On dit qu'il est sale et

---

11. Voltaire a d'abord écrit à Richelieu (*Best.* 5747). C'est le 23 août qu'il écrit à d'Argenson et à la marquise de Pompadour (*Best.* 5774). Or Mme Denis savait le vrai depuis le 13 août (lettre à Collini).

12. *Best.* 5799 à Voltaire, 2 septembre. « Je me suis informé de celui (le manuscrit) qu'on a imprimé; il sera totalement supprimé; ainsi soyez tranquille pour ce moment. »

13. *Best.* 5814, 10 septembre.

14. *Best.* 5827 à Malesherbes, 12 septembre.

noir comme s'il avait passé par les mains de tous les
savoyards [15]. » Le succès des « brouillons informes » étant
assuré, les éditions frauduleuses vont se multiplier en France
et en Europe. D'après un rapport adressé à Malesherbes [16],
il était possible de se procurer, dès fin novembre, à Paris,
les exemplaires de trois éditions nouvelles : celle de Rouen,
où La Morlière était allé vendre une seconde fois son texte;
celle du libraire hollandais Gosse; enfin l'édition faite en
anglais à Londres par Jean Nourse. La saisie des exemplaires
de Prieur ne se justifiait plus; ils lui seront restitués, le
14 janvier 1756, avec l'accord du roi [17].

« Tout ce que je peux faire, constate Voltaire le
28 novembre, est désapprouver ce brigandage de la
librairie [18]. » Le 21 décembre, il adresse à l'Académie
française une lettre de désaveu destinée au public; et il
demande à Cramer, Tronchin et Walther de la faire imprimer dans tous les journaux de Hollande et d'Allemagne [19] :

« L'histoire prétendue de la guerre de 1741, qui paraît
sous mon nom, est non seulement un outrage à la vérité défi-
gurée en plusieurs endroits, mais un manque de respect à
notre nation, dont la gloire qu'elle a acquise dans cette guerre
méritait une histoire imprimée avec plus de soin. Mon véritable ouvrage, composé à Versailles sur les mémoires des
ministres et des généraux, est depuis plusieurs années entre
les mains de M. le comte d'Argenson et n'en est point sorti.
Ce ministre sait à quel point l'histoire que j'ai écrite
diffère de celle qu'on m'attribue. La mienne finit au traité
d'Aix-la-Chapelle, et celle qu'on débite sous mon nom ne
va que jusqu'à la bataille de Fontenoy. C'est un tissu informe
de quelques-unes de mes minutes, dérobées et imprimées par
des hommes également ignorants. Les interpolations, les

---

15. *Best.* 5866, 1ᵉʳ octobre.
16. *Best.* 5935, de Charles Saillant, 24 novembre.
17. *Best.* 6012 et 6021.
18. *Best.* 5940.
19. *Best.* 5976, et *Best.* 5977, 5979 et 6001.

omissions, les méprises, les mensonges y sont sans nombre. L'éditeur ne sait seulement pas le nom des personnes et des pays dont il parle; et pour remplir les vides du manuscrit, il a copié, presque mot à mot, près de trente pages du *Siècle de Louis XIV*. »

Dans l'art de persuader voltairien les petits faits vrais sont destinés à donner du crédit à la vérité; ici ils sont au service d'une passion de désaveu. Il est bien vrai que les éditions de 1755-1756 contiennent des erreurs sans nombre et parfois des absurdités [20], que l'histoire, interrompue brusquement après la bataille de Fontenoy, est artificiellement prolongée par un récit des événements de Gênes, postérieurs de près de deux ans. Mais il faut l'aveuglement ou la complaisance de Thiriot pour déclarer : « j'ai lu enfin l'*Histoire de la guerre de 1741*. On y voit des membres épars qui ne peuvent être que de vous; mais on n'y trouve point votre individu [21]. » Que les éditions reproduisent non des membres épars mais une première rédaction continue, et souvent définitive, de Voltaire, Beuchot le soupçonnait. La comparaison avec P, le manuscrit envoyé à Mme de Pompadour, permit à M. Pomeau de l'affirmer [22]. La lecture de A, manuscrit de travail de Voltaire à Potsdam, le confirme : les suppressions, les corrections et les additions sont faites sur un texte dans l'ensemble identique à celui des éditions de 1755-1756.

Il reste que ces éditions « défigurent » dans le détail le texte authentique, que Mme Denis fut, par leur faute, passablement émue, et Voltaire sincèrement indigné. C'est ce qu'il est possible d'expliquer grâce à la découverte faite par M. Pomeau, à la bibliothèque de Leningrad, du document capital : le manuscrit volé par Ximénès et vendu par La Morlière [23].

---

20. *Cf.* les erreurs sur « Thésée » et « rallier » au chapitre XV.

21. *Best.* 6027, 19 janvier 1756.

22. *Œuvres historiques,* p. 1665.

23. Les marques des protes y sont visibles; elles correspondent exactement à la mise en page de l'édition Prieur. Le manuscrit ne fut donc

Ce manuscrit contient, après le tableau de l'Europe, un ensemble de treize chapitres [24], disposés dans l'ordre même de A, et transcrits par trois copistes différents, l'un appliqué mais inexpérimenté, les deux autres visiblement pressés et négligents. A la fin est accolé un petit cahier renfermant le récit de l'« Affaire de Gênes » : le numéro du chapitre (XXII dans A) est illisible; quelques pages ont été égarées. On se trouve manifestement en présence d'une copie qui n'a pas été faite sous la dictée ou sous la surveillance de Voltaire, mais « par lambeaux », à la sauvette.

Il ne peut s'agir du manuscrit volé en août 1749 à Lunéville : il contenait l'histoire presque complète de la dernière guerre depuis 1741 jusqu'en 1747 [25], il fut certainement rendu à Voltaire et emporté par lui en Prusse [26]. On songe immédiatement aux manuscrits que son ancien secrétaire Longchamp dut restituer, après perquisition, en mai 1751 [27]. Mme Denis parle improprement des « papiers volés à M. de Voltaire » ou des « papiers de mon oncle »; Longchamp était

---

pas restitué à Prieur en même temps que les exemplaires imprimés, mais conservé à la Bastille. Ce qui explique sa présence dans la collection constituée par Doubrovsky avec les dépouilles de la Bastille en 1789.

24. Quinze chapitres dans A et P, Voltaire ayant dédoublé deux chapitres.

25. Le 31 octobre 1749, Voltaire écrit au lieutenant de police : « On m'a volé les manuscrits de la tragédie de Sémiramis, de la petite comédie de Nanine, et ce qui est plus cruel, l'histoire de la guerre dernière que j'avais commencée et presque finie par ordre du roi. La tragédie de Sémiramis, la petite comédie de Nanine sont déjà imprimées... » (*Best.* 3495; cf. aussi *Best.* 3500). On ne connaît aucune édition frauduleuse de *Sémiramis*. Le pouvoir royal, encore bien disposé pour Voltaire, a-t-il fait diligence? Quant à l'histoire de la dernière guerre, elle ne fut pas imprimée; dès le 10 novembre, Voltaire semble rassuré sur son sort (*Best.* 3503).

26. *Best.* 5750, Mme Denis à Collini : « Vous savez que je n'ai jamais eu les campagnes du roi en ma disposition. Mon oncle les emporta lorsqu'il partit de Paris pour la Prusse. »

27. *Best.* 3893 : « Il avait exactement tous les papiers de mon oncle, c'est-à-dire son Histoire universelle, celle du Siècle de Louis XIV, les campagnes de Louis XV... »

trop habile pour se mettre dans ce mauvais cas; aurait-il pu, d'ailleurs, dérober des écrits aussi importants sans éveiller, dès le début, l'attention? Il copiait ou, plus prudemment, faisait copier par des tiers les œuvres de son maître [28]. Il le confirme, le 30 mars 1752, dans sa lettre d'excuse à Voltaire : « Pour ce qui est de vos ouvrages, je n'ai jamais soustrait aucun manuscrit ni aucun livre. J'avais copié et fait copier par le portier l'Histoire universelle et quelques lambeaux des campagnes et quelques autres fragments, la Pucelle que j'avais copiée à Cirey sur le manuscrit de madame [29]... » Ne peut-on supposer que L fut l'œuvre des auxiliaires de Longchamp et que cette besogne fut brusquement interrompue par l'alerte de novembre 1749?

Longchamp ajoute, il est vrai : « J'ai tout représenté à Mme votre nièce et tout a été brûlé. » C'était la volonté de Voltaire; mais Mme Denis n'a-t-elle pas été négligente d'abord, puis complaisante envers son amant, le marquis? Car enfin Malhesberbes soupçonna une complicité; et l'oncle pardonna une horreur.

L'indignation de Voltaire, la violence de son désaveu commencent à s'expliquer. Il a toujours trouvé fort désagréable d'être défiguré; il le fut particulièrement dans ces éditions par suite de l'ignorance et de la hâte des copistes improvisés : fautes, omissions de lignes entières abondent. Il fut aussi corrigé. Par l'éditeur ou par le marquis de Ximénès lui-même, comme le prétend Mme Denis [30]? On ne sait; mais, dix, vingt fois par chapitre, on s'est efforcé de ramener l'irré-

---

28. *Ibid.* : « M. le maréchal de Richelieu s'était chargé de faire faire celle (la déposition) de l'homme qui avait copié chez moi pendant mon absence. »

29. *Best.* 4243.

30. *Best.* 5782 : « des brouillons... qui sont corrigés par M. de Chymène » et *Best.* 5783 : « celui corrigé par Chymène ». Il existe, à la bibliothèque de l'Arsenal, une lettre autographe de Ximénès à Voltaire, celle où il l'invite à retrouver une « nièce unique » (13 octobre 1751). La comparaison entre les écritures est peu probante; il est, d'ailleurs, difficile de comparer l'écriture courante et l'écriture appliquée d'un correcteur.

gularité du style voltairien au goût commun du temps. Ces leçons de style durent être aussi fort désagréables. Ajoutons que Voltaire songe, dès le mois de décembre 1755, à publier son *Histoire de la guerre de 1741*, après l'avoir mise en ordre, et qu'il ne saurait trop faire pour détourner le public de toutes ces éditions multipliées qui le dégoûtent de l'histoire véritable [31].

Tous les événements ne sont-ils pas enchaînés dans le meilleur des mondes possibles? Car enfin si Longchamp n'avait pas fait copier par le portier les campagnes du roi, si le marquis de Ximénès n'avait pas eu besoin de vingt-cinq louis, si les seize cents exemplaires n'avaient pas été restitués à Prieur avec l'accord du roi, Voltaire n'aurait eu ni la liberté ni l'idée d'utiliser dans le *Précis* l'essentiel de son travail d'historiographe; et nous ne pourrions nous aider de la première rédaction de ce travail pour essayer de comprendre sa pensée et son art.

31. *Best.* 5969 à Gabriel et Philibert Cramer, 18 décembre 1755.

IV – VOLTAIRE HISTORIEN

Commencé dans l'allégresse, le travail de l'historiographe se termine sur des plaintes et sur des doutes : « Si je croyais pouvoir jeter quelque intérêt sur cet amas et sur cette complication de faits, je me vanterais d'être venu au bout du plus difficile de mes ouvrages [1] ». Pour la première fois Voltaire se trouve contraint à l'histoire pure. Qu'est l'*Histoire de Charles XII* ? une biographie romanesque. *Le Siècle de Louis XIV* ? une suite de tableaux militaires, mondains, littéraires, entremêlés de satires et de bilans. Voltaire aime les survols, il ne s'attache qu'aux événements ou aux personnages qui se désignent d'eux-mêmes à l'attention. Il lui faut maintenant faire vivre le banal, présenter les faits dans leur épaisseur et leur durée, avec leur emballage. Il est assez significatif que la tâche lui paraisse difficile, presque impossible. Dès qu'il aborde l'histoire véritable, celui que l'on présente, non sans paradoxe, comme un historien-né, comme l'inventeur d'un genre découvre — et nous les découvrons avec lui — ses incompatibilités d'humeur avec le genre.

On s'est écarté vers l'étude des institutions ou de l'économie; mais l'histoire, comme le rappelle Raymond Aron [2], reste fondamentalement l'histoire des guerres. Or Voltaire n'aime pas la guerre. Il appartient bien à la nation qu'il cari-

---

1. *Best.* 4291 au duc de Richelieu, 10 juin 1752.
2. *Dimensions de la conscience historique,* p. 124.

caturait dans sa lettre à d'Argenson : « Ils chantent et dan-
sent la première campagne, la seconde ils bâillent, et la troisième, ils enragent [3]. » Qu'il se soit beaucoup ennuyé en
démolissant les villes de la barrière hollandaise, il l'avouait à
Frédéric de Prusse [4]. Mais il enrage ouvertement en faisant
le récit de ces boucheries héroïques : « Ce qui est vrai, c'est
que cette bataille ne fut que du sang inutilement répandu, et
une calamité de plus pour tous les partis [5]. » Il confie au
lecteur : « Qu'il soit permis d'adoucir par ces petites
circonstances la tristesse d'une histoire qui n'est qu'un récit de
huit années de meurtres et de calamités [6]. » Le ton et les
thèmes de *Candide* s'affirment; et l'on se plaît à imaginer,
symétrique du combat entre les Abares et les Bulgares,
une bataille navale où « le fruit d'un grand appareil et d'une
longue action est de tuer du monde de part et d'autre et de
démâter des vaisseaux [7] ».

On peut condamner la guerre et admirer l'intelligence sous
sa forme militaire; Jaurès tenait la campagne d'Alsace de
Turenne pour aussi belle qu'une tragédie de Racine par
l'économie des moyens et la domination de l'esprit. Tel n'est
pas le cas de Voltaire. « Je suis du sentiment, lui écrivait
Frédéric, que grands faits de guerre écrits avec concision
et vérité, où on s'applique principalement à développer les
raisons qu'un chef d'armée a eues en les faisant, et ce qui a été
l'âme de ses opérations, je dis que de pareils écrits doivent
servir d'instruction à tous ceux qui font profession des
armes [8]. » Félicitons Voltaire de ne pas avoir transformé
son ouvrage en manuel de service en campagne. Il n'empêche
que, sous prétexte de ne pas fournir à « l'entretien d'un

---

3. *Best.* 2363, 10 août 1741.
4. *Best.* 3172 et 3342.
5. Chap. XX, p. 220.
6. Chap. XXV, p. 273.
7. Chap. VIII, p. 91.
8. *Best.* 3175, 22 février 1747.

vieux major et d'un lieutenant-colonel retiré dans sa province [9] », il laisse dans le flou la marche des Français en
Bohême, il prive le lecteur moderne de curieux détails sur
l'espionnage et l'art du camouflage. « On fit, selon l'usage,
tous les mouvements qui devaient tromper l'armée ennemie,
retirée vers Bruxelles » : c'est peu sur l'une des plus célèbres
parmi les marches et contremarches du maréchal de Saxe.
Voltaire abuse de la permission qu'il se donne de « supprimer
beaucoup de détails inutiles et odieux [10] ».

Faut-il aller plus loin, et parler d'anti-militarisme, du vrai,
celui qui décharge insidieusement les généraux de la respon-
sabilité de la victoire ou de la défaite? On sait comment,
dans le *Siècle de Louis XIV*, il anéantit le prodige du passage
du Rhin; l'esprit critique semble un déguisement du mauvais esprit. La tentative de démystification de la gloire
militaire se découvre davantage dans le récit de la bataille de
Fontenoy. Voltaire marque la supériorité de l'armée française, « plus forte de soixante bataillons et de quatre-vingt-
deux escadrons [11] »; et après avoir loué, non sans réticence,
les dispositions prises par le maréchal de Saxe, il le présente
comme constamment dépassé par les événements : « Il
changea de sentiment lorsqu'il en fallait changer [12] ». Et
c'est ainsi que la bataille « fut gagnée lorsque le général
expirant ne pouvait plus agir et désespérait du succès [13]. »
Comme pour ne laisser aucun doute, Voltaire précise quelques
pages plus loin, à propos du combat de Mêle : « Ce qui
caractérise encore cette journée, c'est que tout y fut fait par
la présence d'esprit et par la valeur des officiers français, ainsi
que la bataille de Fontenoy fut gagnée [14]. » L'éloge exalte
moins qu'il ne rabaisse. Un scepticisme systématique à

---

9. *Best.* 3172, 9 février 1747.
10. *Best.* 4339, 28 juillet 1752.
11. Chap. XV, p. 133.
12. *Ibid.*, p. 151.
13. *Ibid.*, p. 153.
14. Chap. XVI, p. 164.

l'égard de la gloire militaire affleure, à maintes reprises et à point nommé, dans toute l'*Histoire de la guerre de 1741*. Le maréchal de Noailles n'est excusé de sa défaite de Dettingen qu'en vertu de la même dérision de l'art de la guerre. Et le plus grand général du siècle, Frédéric II, est complaisamment décrit en train de fuir du champ de bataille de Molvitz, tandis que l'infanterie prussienne obtenait la victoire.

Hénault objectait à Voltaire : « Cela peut se dire au coin du feu, mais ne s'écrit pas [15]. » Sur la guerre il ne fait peut-être qu'écrire avec autorité ce que ses contemporains disaient au coin du feu, dans cette France du XVIIIᵉ siècle, où décroît le prestige des armes, même parmi la noblesse, sauf dans cette caste remuante qui avait entraîné le pays dans un conflit inutile et ruineux [16]. Mais Voltaire dépasse cet antimilitarisme de circonstance et de convenance; il l'intègre dans la vision générale d'un monde, où tout est désordre, incohérence, où les affaires humaines ne dépendent pas de la volonté des hommes.

Montesquieu, dont *l'Esprit des lois* paraît l'année même de la paix d'Aix-la-Chapelle, découvrait les harmonies de la politique. Voltaire, dès les premiers chapitres, se plaît à marquer la distance entre l'événement et notre logique : l'invasion de la Silésie « confondit la politique humaine [17] »; on se trompait en imaginant un accord secret entre la Prusse et la France, « comme il arrive presque toujours en devinant ce qui est vraisemblable [18] ». L'élan est donné à la démonstration voltairienne de l'imprévu de l'histoire : redressement miraculeux de l'Autriche, défection subite de Frédéric II.

---

15. G. Lanson, *Voltaire*, p. 110.

16. Le maréchal de Noailles déplorait, en 1743, le mauvais esprit de la nation. Ce qui est confirmé par l'étude récente d'André Corvisier : il note le « recul des armes » dans la considération publique (*L'Armée française de la fin du XVIIᵉ siècle au ministère de Choiseul*, 1964, tome I, p. 132).

17. Chap. I, p. 8.

18. Chap. II, p. 13.

L'intelligence et la sagesse n'ont plus de prise sur les événements. D'Argenson décide-t-il de forcer la paix par un accord avec le roi de Sardaigne? « Quelques jours d'indécision perdirent tout [19]. » L'*Histoire de la guerre de 1741* tend à s'éparpiller en une poussière de batailles inutiles, d'espérances déçues, de revirements inattendus. Car Voltaire filtre les politiques nationales de leurs justifications profondes : souci prussien de contenir la France par une entente secrète avec les puissances maritimes, difficultés économiques et financières du gouvernement anglais. Il omet de signaler que George II avait annoncé, dès le 10 novembre 1747, dans le discours du trône, son désir de négocier; ce qui lui permet d'attribuer sans trop d'invraisemblance la pacification soudaine de l'Europe à la gracieuse intervention de Mme de Pompadour. C'est bien une marotte de l'historien que cette volonté de donner en tout une importance décisive au hasard ou au « petit fait ».

Il est d'usage de relier cette philosophie de la contingence à la polémique contre l'idée chrétienne de la providence; et il est vrai que la malice anticléricale anime parfois le récit : « ... de sorte qu'après un *Te deum* les Espagnols avaient été poursuivis sur les terres du pape [20]. » Elle s'explique mieux par une polémique secrète, à l'intérieur même de Voltaire. Son idée newtonienne de Dieu l'incline à affirmer, malgré lui, le déterminisme [21]; la triste évidence de la monotonie des affaires humaines le saisit parfois : « L'histoire, constate-t-il au chapitre XIII, n'est guère qu'une suite des mêmes événements renouvelés et variés [22]. » L'explication de l'énigme du monde ne serait-elle pas dans un déterminisme fondamental que diversifie le hasard? Et par une réaction saine, excessive comme toujours, Voltaire privilégie le rôle

---

19. Chap. XXI, p. 230.
20. Chap. VIII, p. 84.
21. « Cette notion du divin implique le déterminisme; mais Voltaire veut être libre » (R. Pomeau, *La Religion de Voltaire*, p. 245).
22. Chap. XIII, p. 118.

du hasard, pour exorciser le déterminisme, visage laïque de la prédestination.

N'était-il pas influencé d'ailleurs, comme le suppose M. Pomeau [23], par son expérience même de la guerre de 1741 ? C'est en homme de cabinet, du point de vue de Sirius, que Montesquieu avait étudié la politique de Rome comme un problème de la mécanique des forces. Son activité d'agent secret, sa charge d'historiographe ont permis à Voltaire de remonter jusqu'aux infiniment petits de la politique et de constater la toute-puissance de ce lutin assez cocasse, le hasard : « les mesures les plus justes, les meilleures intentions, les services les plus réels ont souvent une destinée désagréable [24]. »

Mais la mythologie voltairienne du hasard transcende les parti pris de l'intelligence et les conclusions de l'expérience. Il faut ici faire la part de l'humeur de l'homme et des habitudes de l'écrivain. « Il a le diable au corps, s'effraie Jean Prévost ; il secoue le monde comme une épave, d'où son esprit fuit avec le vol prompt et le rire aigu de la mouette [25]. » Nous sommes trop près du « hideux sourire » ; disons que l'esprit gavroche de Voltaire se plaît aux explications qui dénoncent la prétention humaine. Sa prose moqueuse tend spontanément au récit burlesque : « Jamais on ne vit combien la destinée d'une grande entreprise et celle d'une province dépendent d'un moment, d'un mauvais avis, d'une terreur panique, d'une méprise [26]. » Et quand il veut rester grave, le « tour d'esprit journalistique [27] » l'emporte. Depuis les *Lettres philosophiques* Voltaire n'ignore plus l'art de mettre au niveau du lecteur les sujets les plus abstraits grâce au « petit fait » vécu ; ainsi l'anecdote de la pomme de Newton.

---

23. « Cette guerre de 1741, que Voltaire a suivie de près, accentue son inclination à considérer l'histoire politique comme un chaos d'événements » (*Œuvres historiques*, p. 18).

24. *Best.* 3269 au comte d'Argenson, 19 juillet 1748.

25. *La création chez Stendhal*, p. 387.

26. Chap. XXII, p. 240.

27. R. Pomeau, *Voltaire par lui-même*, p. 70.

Méthode d'exposition qui se transforme facilement en principe d'explication : un verre d'eau renversé sur une robe, une comparaison intempestive [28], il n'en faut pas plus pour changer le destin des empires.

Une telle vision du monde conduit tout droit au conte voltairien, suite arbitraire et prompte, où péripéties, faits, silhouettes se succèdent au profit d'une leçon morale ou d'une sorte d'insouciance qui la surpasse. L'histoire, au contraire, doit « communiquer à l'étude du passé l'anxiété et les ressorts d'attente qui nous définissent le présent [29] ». Elle exige une force appesantie de sympathie et de raison, qui recrée des sentiments, enchaîne les actions, tempère le hasard par la nécessité. Voltaire fut-il incapable d'un tel effort? On le prétend souvent dans les milieux exempts des habitudes universitaires de respect; M. Cioran le choisit pour première victime d'une nécessaire Saint-Barthélemy des gens de lettres : « Premier littérateur à ériger son incompétence en procédé, en méthode... profondément superficiel, sans aucune sensibilité pour l'intrinsèque, pour l'intérêt qu'une réalité présente en elle-même [30]. » L'*Histoire de la guerre de 1741* montre pourtant qu'il sut dépasser l'auteur de contes qu'il portait en lui.

La guerre est quelque chose de bien vilain et de bien ennuyeux; mais, conscient des devoirs de l'historien, Voltaire fait effort pour parler avec compétence de ce qu'il n'aime pas. L'honnête homme n'est-il pas celui qui se pique de tout? On trouve une étude précise de la disposition des armées à Dettingen et à Fontenoy, le récit en deux pages denses, au chapitre XX, de manœuvres du maréchal de Saxe, une admirable présentation, au chapitre XXI, des champs de bataille de l'Italie du Nord, où se lit la future stratégie napoléonienne. Mais qu'on n'accuse pas Voltaire d'un goût

---

28. *Appendice*, note 5.
29. P. Valéry, *Variété IV*, p. 135.
30. *La Tentation d'exister*, pp. 99 et 100.

refoulé pour la chose militaire; il ne donne ces détails qu'à titre d'échantillon. Il s'acquitte du pensum de Rocoux en recopiant le rapport du maréchal de Saxe, moins par prudence peut-être que par lassitude [31]. Les suppressions, dans A et P, portent presque toujours sur cette algèbre de la guerre : bilan des opérations en Europe au chapitre VII; renseignements sur la tactique navale au chapitre VIII. Ce n'est pas ainsi qu'il entend assurer la liaison de la vie avec l'histoire, et « remuer les passions [32] ».

En bon humaniste, fort d'une tradition qui remonte à Homère, Voltaire s'intéresse moins aux événements qu'aux hommes. Concis sur la pensée stratégique ou tactique, il abonde en détails sur le comportement des combattants : souffrances lors du siège de Prague, mots héroïques, actes de générosité. C'était dans ses devoirs : l'historiographe est chargé des oraisons funèbres et des citations à l'ordre de la nation. Mais il est remarquable qu'il reste soigneux, quand rien ne l'y oblige, d'enrichir son chapitre XXII de la réponse mémorable d'Augustin Adorno, exemple concret, précis de la vertu républicaine de tout un peuple [33]. Ce qui explique l'aptitude de Voltaire à vivre et à faire vivre une bataille comme celle de Fontenoy au niveau des acteurs. La narration est faite d'un défilé varié de petits épisodes vrais, ou inventés comme le dialogue entre Richelieu et Noailles, mais toujours savamment disposés pour transmettre au lecteur un sentiment direct de la bataille. « Ces détails demandent un très grand art », confie-t-il à Richelieu [34]. Et M. Pomeau a pu comparer cet art à celui de Maupassant [35].

C'est en marquer la perfection, et les limites. Notre curiosité est éveillée, et même notre sympathie, comme dans ce récit des aventures de Charles-Edouard, jugé « poétique » par

---

31. Note 6 du chapitre XX.
32. *Best.* 2030, au marquis d'Argenson, 26 janvier 1740.
33. Note 8 du chapitre XXII.
34. *Best.* 4291, 10 juin 1752.
35. *Voltaire par lui-même*, p. 68.

le marquis de Paulmy. Mais il s'agit de la poésie telle que l'entend et la goûte le XVIIIe siècle. Voltaire prétend en vain remuer les passions; il ne nous fait pas participer « à ce suspens devant l'incertain, en quoi consiste la sensation des grandes vies, celle des nations pendant la bataille où leur destin est en jeu[36] ». Est-ce faute d'imagination psychologique comme chez Maupassant? Sans doute, mais l'histoire ne s'embarrasse guère de ce luxe-là. Ne faut-il pas incriminer la qualité même de sa prose? Prose admirablement dépouillée, qui prodigue les faits et les jugements, les raccourcis et au besoin les familiarités, dont le rythme toujours courant refuse l'arrondissement rhétorique, paresse du style et de la pensée[37]; prose de citadin qui procure une ivresse légère de l'intelligence. Elle triomphe dans l'exposé, la polémique. Elle excelle à entraîner dans une action vive — l'assaut de Berg-op-Zom — où des phrases courtes, alertes dessinent et miment l'événement. Elle sait animer un récit dramatique, mais lui communique souvent l'accélération et la discontinuité qui définissent le romanesque. Elle échoue dans le pathétique. Politesse envers le lecteur dont on n'ose violenter les sentiments. Permanence de l'esprit critique surtout, qui contrôle et paralyse l'élan de Voltaire. Le plus souvent, selon l'observation d'Alain, il brise la résonance : « L'écrivain n'a plus alors ce respect de ce qu'il dit qui le jetterait dans un genre de logique et d'éloquence. Au contraire, instruit à se moquer en très sérieux langage, il précipite le point[38]. » Ainsi lors de l'évocation des souffrances des assiégés de Prague : « Quand on voit par les mémoires du siège à quelles extrémités on était réduit, à quels murmures les troupes se livraient, quelles divisions régnaient dans les esprits, combien la disette les aigrissait, combien une si longue misère les décourageait, on s'étonne qu'il y ait eu tant de res-

---

36. P. Valéry, *op. cit.*, p. 135.
37. *Cf.* les corrections des éditions 1755-1756 *(Appendice)*.
38. *Stendhal*, p. 113.

sources [39]. » La platitude finale marque le retour de la pudeur. C'était un mérite de Voltaire que ce refus de la complaisance et de la facilité; mais on se prend à regretter parfois qu'il n'ait pas découvert une voie moyenne entre la rhétorique et la sécheresse.

Mais n'est-ce pas juger d'après un idéal bien romantique de plénitude artistique? Contentons-nous de ce que Voltaire a su nous donner dans presque tous ses chapitres, en dépit des impatiences de sa pensée et de son humeur : des analyses précises, des récits vivement menés. A-t-il réussi, par contre, à enchaîner toutes ces actions, à assurer l'unité de l'ouvrage? C'était son ambition, quand il se mit à rédiger *Le Siècle de Louis XIV* [40]; ambition vaine, si l'on en croit Jean Prévost : « Il sait composer chaque chapitre, mais non point l'ensemble de l'œuvre [41]. » Et la tâche était ici plus difficile. Indécision et contradictions de la politique française, crises gouvernementales en Angleterre, changement de souverain en Espagne, jeu subtil de Frédéric II : comment définir les buts de guerre et les intérêts en présence? On était loin de la classique simplicité des guerres du XVIIe siècle. Quand Voltaire se mit, avec allégresse, au travail, il croyait tenir son dénouement, la bataille de Fontenoy, ainsi que la péripétie, la nomination du ministre philosophe, d'Argenson. Mais les années passent; et obligé d'ajouter chapitre sur chapitre, il ne cache pas sa déception, et son irritation devant ce « chaos d'intérêts divers qui se croisent à tout moment; ce qui était vrai au printemps, devenu faux en automne [42] ».

Voltaire, pourtant, débrouille ce chaos. Dans l'article *Goût* de son dictionnaire, il tient pour la principale beauté d'une tragédie cet art « qui concentre des intérêts divers dans un seul ». C'est de la même manière qu'il met au premier plan la guerre d'Allemagne et de Flandre; au second les opérations

---

39. Chap. V, p. 45.
40. R. Pomeau, *Œuvres historiques*, p. 10.
41. *Op. cit.*, p. 387.
42. *Best.* 3172, à Frédéric, 9 février 1747.

en Italie. Les affaires d'Ecosse, les luttes coloniales servent de récits intercalaires. Et les querelles du Nord, entre Russie et Suède, sont, en fait, passées sous silence. Pour renforcer cette unité d'action il n'hésite pas à préférer parfois « l'ordre des matières à l'ordre des temps [43] ». Il omet même de parler dans l'exposition d'une des causes importantes de la guerre, la rivalité commerciale entre Anglais et Espagnols, qui s'exaspéra en conflit armé dès 1739, obligeant la France à s'engager aux côtés de l'Espagne. Voltaire rendra compte, et assez longuement, de cette rivalité, mais au chapitre VI, en minimisant sa portée. C'est, sans doute, par préjugé : le futur auteur de *Candide,* à l'époque du capitalisme naissant et euphorique, ne veut pas croire que le commerce porte la guerre comme la nuée l'orage; et ce préjugé, d'ailleurs, pourrait être bon sens, selon M. Raymond Aron [44]. Mais c'est surtout par souci de tout subordonner à l'action principale, et de conserver à l'histoire sa noblesse. « Apprenez, réplique-t-il à La Beaumelle, que c'est le comble de l'impertinence de dire que toutes les guerres d'aujourd'hui sont des guerres de commerce... les guerres pour les successions de l'Espagne et de l'Autriche étaient d'un genre un peu supérieur [45]. »

Ce genre un peu supérieur n'est-il pas celui de la tragédie? La vocation de Voltaire pour l'histoire s'explique, à l'origine, par une volonté littéraire. Et c'est dans les règles, les usages du théâtre qu'il continue à chercher un recours contre son propre sentiment de l'histoire, contre sa tendance au morcellement des événements. Certains procédés se décèlent aisément. Voltaire n'ignore pas l'art de susciter l'anxiété du lecteur par les vieux thèmes tragiques : « On l'aurait cru au comble de sa gloire et du bonheur; mais la fortune chan-

---

43. Chap. XVIII, p. 186.
44. « Le désir de domination est aussi spontané et primitif que le désir de richesse » (*Dimensions de la conscience historique,* Plon, 1961, p. 144).
45. *Œuvres historiques,* p. 1252.

geait et il devint un des plus infortunés princes de la terre
par son élévation même [46]. » Il s'efforce de rendre très nécessaire, selon le mot de Racine, sa digression sur le voyage de
l'amiral Anson : « les Anglais avaient attaqué les possessions
de la France en Amérique et en Asie [47] ». C'est en dramaturge qu'il use des liaisons par contraste entre les chapitres,
et à l'intérieur même des chapitres [48], ou qu'il ménage des
« suspensions ». Il serait, malgré tout, arbitraire d'essayer de
discerner une exposition, un nœud et un dénouement, comme
Voltaire invitait à le faire. Ici la péripétie seule apparaît nettement, la bataille de Fontenoy, qui balança « la destinée
de l'Europe [49] ». On ne retrouve pas ailleurs le mécanisme
exact de l'action dramatique; car elle se fonde sur une
stylisation de la réalité, interdite à l'histoire.

Mais le théâtre est aussi grandissement des héros. Et
c'est ce dernier moyen qu'utilise avec prédilection Voltaire
pour donner unité et intérêt à ses œuvres historiques. Il l'a
confié à d'Argenson : il prétend « tenir continuellement les
yeux du lecteur attachés sur les principaux personnages [50] ».
Sa théorie des grands hommes est une correction « philosophique » apportée à son sentiment du hasard, une projec-
tion dans la fiction ou dans le passé de ses rêves d'action.
Mais elle est aussi — et peut être surtout — un besoin de
son esthétique de dramaturge, comme l'observe M. Pomeau :
« Le drame de l'histoire ne se conçoit pas sans prota-
gonistes [51]. » Ces premiers rôles se désignaient d'eux-mêmes
à l'attention de Voltaire dans *Le Siècle de Louis XIV*; quel
temps fut plus fertile en héros? Il lui suffisait de choisir et
d'agrandir; c'est ainsi que Louis XIV devient symbole vivant

---

46. Chap. II, p. 22.
47. Chap. XXIV, p. 269.
48. Par exemple entre les chapitres XII et XIII.
49. Chap. XV, p. 154.
50. *Œuvres historiques*, p. 10.
51. *Ibid.*, p. 11.

d'un pays et principe d'unité de l'œuvre. De telles promotions étaient difficiles dans l'*Histoire de la guerre de 1741,* à cause de la proximité des événements — « *major e longinquo reverentia* » — et par suite de la médiocrité réelle, ou sentie, des hommes.

Personnage épisodique que le roi de Prusse, et peu digne d'être érigé en champion d'une cause. L'empereur, bien falot, se présente en pure victime. Walpole disparaît rapidement de la scène politique. A défaut de héros, en ce début de la guerre, il y avait une héroïne, Marie-Thérèse d'Autriche; Voltaire se complaît à faire d'elle le type de la souveraine, en qui s'unissent humanité et grandeur de courage, affabilité et prestige. En sollicitant au besoin les faits et les documents [52]; car le souci de vérité, chez lui, trouve toujours ses limites dans les exigences littéraires. En face de la reine de Hongrie, il ne découvrait, pour symboliser la politique française, que le sénile Fleury, constamment débordé par les événements, au surplus peu aimé de lui; il l'honore, toutefois, en raison du passé et par symétrie, d'un portrait long et brillant. C'est fin 1743 seulement que l'histoire de cette guerre rencontre son héros : « A peine le cardinal de Fleury fut-il mort, que le roi, qui s'était instruit de toutes les parties du gouvernement dans un grand détail, prit en main les rênes du royaume [53]. » Désormais Voltaire va s'efforcer de tenir les yeux du lecteur attachés sur Louis XV, qui, tout aussi désireux de la gloire que son bisaïeul, mais plus modeste, voulut arriver avec simplicité à un but utile : la pacification de l'Europe.

Il faut le dire : cette organisation des faits par des procédés dramatiques reste peu persuasive. L'unité ne s'ajoute pas, elle se conquiert par une sympathie continue, dont Voltaire semble le plus souvent incapable : « Il n'est pas peintre, constate Raymond Naves... Il ne se prend pas au sérieux,

---

52. Note 6 du chap. II.
53. Chap. VII, p. 69.

ni les autres hommes, estimant, et c'est là sa pensée profonde, qu'aucun n'en vaut la peine. Il a donc eu tort, les
jugeant ainsi, de leur présenter de grandes fresques, où son
génie devait se guinder et mettre perruque [54]. » L'œuvre
historique, heureusement, rachète l'affabulation noble par
une vérité de détail où triomphe un des esprits les plus
lucides qui furent jamais. Il suffit de gratter la fresque.

Ne demandons pas à Voltaire de dire toutes les vérités.
Que les guerres enrichissent les « marchands de canons »
ou plutôt de fournitures militaires, il le sait et l'écrit [55], en
tire parti à l'occasion. Mais l'historien le tait, car il a mieux
à faire : dénoncer la guerre elle-même. Quant à l'historiographe il est tenu de louer. Ainsi s'expliquent le silence
sur les erreurs de la politique française comme l'indulgence
pour les fautes du commandement : il attribue à la mal-
chance seule l'échec des projets de Belle-Isle; il découvre
de « belles actions [56] » dans les retraites du maréchal de
Broglie. Ces réhabilitations sont parfois sincères : il est
beaucoup pardonné au maréchal de Noailles, comme dans
Le Siècle de Louis XIV à Mme de Maintenon, pour son
amour des lettres : « il n'avait cessé de cultiver la littérature,
exemple autrefois commun chez les Grecs et chez les Romains,
mais rare aujourd'hui dans l'Europe [57] ». Ailleurs elles peuvent s'accorder avec une idée de la vraisemblance : « Les
opinions moyennes, remarque M. Pomeau, lui paraissent les
plus probables, car l'excès dans le bien ou le mal, qui plaît
tant à l'imagination populaire, se rencontre rarement dans la
réalité [58]. » Mais le plus souvent le lecteur honnête homme, à
la faveur d'une litote ou d'une dénégation subtile, n'a aucune
peine à rétablir la vérité. « ... le service n'en souffrit pas beau-

---

54. *Voltaire, l'homme et l'œuvre*, p. 104.
55. *Best.* 6882, à Tronchin, 13 janvier 1758, *cf.* note 1 du chap. X.
56. Chap. IV, p. 30.
57. Chap. VII, p. 72.
58. *Œuvres historiques*, p. 16.

coup [59] », écrit Voltaire en parlant des dissentiments entre Belle-Isle et de Broglie. C'est par cette vérité « habilement dite [60] » qu'il évite de tomber dans « la fatuité de la flatterie ».

Frédéric II redoutait davantage qu'il ne tombât dans « les aigreurs de la satire [61] ». C'était une tentation de son tempérament, une facilité de son art, et presque un devoir pour l'historiographe. Or l'œuvre frappe par son objectivité. Il suggère le cynisme de Frédéric II : « Cependant ce prince ne passait pas pour être entré en Silésie par un pur zèle pour la cause des protestants [62]. » Il en montre les effets : « Sa paix de Breslau avait fait perdre la Bohême. Sa paix de Dresde fit perdre l'Italie [63]. » Mais il se garde de toute indignation : « Ses aïeux avaient renoncé... parce qu'ils étaient faibles; il se trouva puissant, et il les réclama [64]. » Aucun réflexe nationaliste ou vertueux devant la paix de Breslau : « Le seul moyen pour conserver son allié, c'est d'être assez fort pour se passer de lui [65]. » Est-ce adresse de la part de l'actuel chambellan de Sa Majesté prussienne, comme le suppose le marquis de Paulmy? Mais ces commentaires précèdent le voyage à Berlin; et l'on retrouve la même modération quand il décrit les actes de piraterie des Anglais et leur sauvage répression du soulèvement d'Ecosse [66]. Respect de la dignité de l'histoire? Sans doute, et aussi volonté de n'être l'homme d'aucun temps ni d'aucun pays. Mais l'impartialité ne s'atteint pas par méthode; elle est le produit spontané d'une sagesse qui accepte le monde comme il va et l'homme tel qu'il est. Si le scepticisme de Voltaire, son refus de s'engager profondément dans l'histoire sont responsables de certaines

---

59. Chap. IV, p. 32.
60. « Wisely told », *Best.* 3378 à Falkener, 29 mars 1749.
61. *Best.* 3157, de Frédéric, 18 décembre 1746.
62. Chap. II, p. 21.
63. Chap. XXI, p. 227.
64. Chap. I, p. 9.
65. Chap. IV, p. 29.
66. Note 12 du chap. XIX.

faiblesses de son art, ils sont la condition même de l'équité des jugements qu'il porte sur les hommes et les faits de son temps.

Ils sont aussi la condition d'une lucidité qui va au-delà de la vérité immédiate. Parmi les enseignements de l'histoire voltairienne retenons le matérialisme militaire. Dans la controverse sur le feu et le mouvement, qui naît et se développe au XVIIIe siècle, le maréchal de Saxe avait pris spontanément parti, avec la plupart des professionnels, pour le mouvement et le choc; dans ses *Rêveries* il présentait la baïonnette, ou même la pique, comme la raison première et dernière des batailles : « Tirez les premiers, Messieurs les Anglais [67]. » Voltaire, qui a toujours marqué sa préférence pour les « artistes » de l'artillerie, constate, après la bataille de Fontenoy, « qu'on attaque aujourd'hui une armée à peu près comme une place, avec de l'artillerie; que le feu décide de tout, que l'épée est entièrement inutile, que la baïonnette au bout du fusil, comme on l'a remarqué dans *Le Siècle de Louis XIV*, est même de peu de service [68] ». Aux idées reçues sur les qualités du guerrier, il oppose l'évolution d'une technique qui disqualifie « la force du corps qui n'est aujourd'hui d'aucun avantage [69] ». La tentative de Charles-Édouard était anachronique, ses premiers succès anormaux : « Voilà où aboutit une aventure qui eût réussi dans les temps de la chevalerie, mais qui ne pouvait avoir de succès dans un temps où la discipline militaire, l'artillerie et surtout l'argent décident de tout à la longue [70]. » Quand Voltaire soumettait au ministère français, en 1756, un projet de chars blindés, ce n'était que l'application hasardeuse d'une idée fort lucide de l'évolution militaire, un effort raisonnable pour ramener les problèmes de la guerre à leurs données techniques, au

---

67. Note 9 du chap. XV.
68. Chap. XV, p. 154.
69. Chap. XVIII, p. 183.
70. Chap. XIX, p. 206.

détriment de la mythologie traditionnelle. Vue singuliè-rement moderne.

On s'étonne davantage encore de ses craintes presque pro-phétiques pour l'avenir de cette Europe, dont il se dit avec fierté le citoyen [71]. Le premier chapitre de L explicitait la profession de foi : « J'ai toujours considéré l'Europe chré-tienne comme une grande république dont toutes les parties se correspondent [72]. » Le thème n'est pas neuf; c'est au Moyen Age qu'apparaît l'idée d'une solidarité de tous les peuples baptisés; elle est affirmée avec force par Erasme, Rabelais; puis elle devient lieu commun repris sans grande conviction. Ce qu'apporte Voltaire, c'est la conviction grâce au contenu nouveau qu'il donne à l'idée européenne : elle ne se fonde plus sur la communauté de religion mais sur un idéal de civi-lisation inconnu du reste du monde; elle prend sa force dans la conscience d'une réussite exceptionnelle : « On n'est pas assez étonné peut-être de voir sortir des ports de quelques petites provinces, inconnues autrefois aux anciennes nations civilisées, des flottes dont un seul vaisseau eût détruit tous les navires des anciens [73]. » Voltaire admire, mais il craint pour l'Europe l'effet des qualités mêmes dont procèdent tous ses succès. Son génie inquiet et jaloux ne l'a-t-il pas plongée, depuis 1600, dans « quarante guerres considérables »? L'appa-rition de nouveaux « corps formidables » la menacent de conflits plus monstrueux encore : « ... au fond le résultat de la guerre était de rendre l'Allemagne plus opulente et par consé-quent plus puissante un jour si elle peut être réunie [74]. » Et au loin, en réserve, se trouvent les masses « d'esclaves disciplinés » par Pierre le Grand. Voltaire n'entrevoit pas sans frisson les guerres futures, auxquelles préludent les excès des pandours autrichiens. Sans doute ne peut-il imaginer, comme le fit Grimm

---

71. P. 4, *cf.* René Pomeau : *Voltaire européen*, dans *La Table Ronde*, février 1958, pp. 28 à 42.

72. *Appendice*, p. 301.

73. Chap. XXV, p. 270.

74. Chap. XIII, p. 117.

après l'indépendance des Etats-Unis d'Amérique, une Europe avilie, écrasée entre les deux empires d'Orient et d'Occident [75] ; mais il redoute pour elle, si elle ne cesse de se déchirer, la concurrence de « pays beaucoup plus vastes, plus peuplés et plus riches », la grande Tartarie, la Chine et les Indes. Il faudrait que l'Europe eût la politique de sa civilisation. Et, comme pour Voltaire tout écrit est un combat, c'est à définir, à imposer aux esprits cette politique qu'il s'emploie, indirectement ou ouvertement, dans son *Histoire de la guerre de 1741.*

Sa foi européenne ne débouche pas sur un rêve d'unité. Il est trop réaliste et trop progressiste à la fois pour supposer, comme l'abbé de Saint-Pierre, que le salut se trouve dans la création d'une sorte de parlement européen, exutoire d'ambitions ou de nostalgies contradictoires [76]. L'unité n'aurait pu se faire que par la force. Il n'est pas impossible que Voltaire, admirateur de l'empire romain [77], ait parfois songé à une France organisant le continent, comme sa puissance et sa culture lui en donnaient la possibilité, sinon ses gouvernants. Mais « aujourd'hui il est dangereux d'être conquérant [78] ». Dangereux pour soi — Louis XIV l'a éprouvé — et funeste pour tous — c'est le postulat même de la politique de Voltaire. Il accepte donc la désunion de l'Europe, et d'autant plus facilement qu'en bon humaniste, il a,

---

75. « Deux empires se partageront (le monde) : la Russie du côté de l'Orient, et l'Amérique, devenue libre de nos jours, du côté de l'Occident ; et nous autres, peuples du noyau, nous serons trop dégradés, trop avilis, pour savoir autrement que par une vague et stupide tradition, ce que nous avons été » (cité par Denis de Rougemont, *La Table Ronde*, février 1963, p. 155).

76. Le chapitre VI contient une description des mœurs parlementaires anglaises : propagande partisane qui tend au « bourrage de crâne »; factions qui déchirent l'Etat. Le chapitre XXIV analyse la corruption de la république hollandaise. On comprend mieux les convictions monarchistes de Voltaire.

77. Allusion à « l'esprit des anciens Romains » au chapitre I, p. 11 ; au chapitre XXVI, p. 285, il parle de « l'imitation glorieuse de l'usage qu'avaient les Romains ».

78. Chap. XVII, p. 170.

comme Montaigne, le sentiment de la fragilité de toutes les constructions humaines. Pourquoi bouleverser cette forme procurée à l'Europe actuelle par un concours de hasards heureux, par l'action de quelques grands hommes? Ce serait risquer un retour à l'anarchie et à la barbarie de base. Voltaire n'est certes pas un homme d'ordre, mais il est un homme d'équilibre, soucieux de ne jamais compromettre par des chimères le précaire acquis humain. Dans l'immédiat il ne voit de salut que dans une paix armée, garantie par la France : « L'Europe est aujourd'hui sur un tel pied que la force et la modération sont devenues également nécessaires [79]. »

L'activité de chaque citoyen de l'Europe aussi; les missions auprès de Frédéric II trouvent là leur justification car « cette puissance singulière, élevée au milieu de l'empire, n'en détruisit pas l'harmonie, et sembla même en assurer la liberté [80] ». Et c'est le même souci de préserver la « balance » qui le fait intervenir de nouveau, malgré ses rancunes, pendant la guerre de Sept Ans : « Il craint que, Frédéric venant à être écrasé, l'Autriche ne règne sur l'Allemagne sans opposition [81]. » Les déclarations cyniques ne peuvent tromper que les esprits hâtifs ou prévenus [82]; aux pires moments, Voltaire n'a jamais cessé d'espérer et d'agir, confirmant ainsi sa vocation et sa leçon. « Le jugement le plus pessimiste sur l'homme, et les choses, et la vie et sa valeur, s'accorde merveilleusement avec l'action et l'optimisme qu'elle exige » : ceci est européen, affirme Paul Valéry [83]. Ceci est du moins voltairien.

J. Maurens

---

79. Chap. XXVIII, p. 294.

80. Chap. XXVIII, p. 297.

81. René Pomeau, *La Table Ronde,* février 1958, p. 40.

82. « Écoutons-le encore; 14 octobre 1758 : « Que la guerre continue, que les hommes s'égorgent ou se trompent, vivamus et bibamus! La politique de Voltaire, les réformes qu'il aurait proposées, son effort pour quelque progrès. Zéro » (Henri Guillemin, *La Table Ronde,* février 1958, p. 104).

83. *Regards sur le monde actuel,* Stock, 1931, p. 102.

PRINCIPES DE L'EDITION

Nous reproduisons le texte de A, dernier manuscrit revu par Voltaire. L'orthographe variait d'un manuscrit à l'autre; nous l'avons modernisée, en tenant compte, pour les noms propres, des usages du XVIIIe siècle.

Il fallait faire un choix parmi les variantes, innombrables, du texte; nous n'avons retenu que celles qui présentaient un intérêt historique ou esthétique. Il était impossible de reléguer dans cet apparat critique le premier chapitre de L; il a été donné en appendice. Quant aux titres mis par Voltaire dans les marges de A, il a paru préférable de les transporter dans la table des matières.

Les éditions de 1755-1756 reproduisent toutes l'édition Prieur (Amsterdam, 1755) désavouée par Voltaire. Les corrections, faites, vraisemblablement par Prieur lui-même, sur le manuscrit L, tendent à affadir le style nerveux et parfois familier de l'original. Il nous a paru intéressant de donner le relevé intégral de ces variantes pour le premier chapitre de L; nous indiquons, pour les chapitres suivants, les corrections les plus significatives et les erreurs de lecture les plus cocasses.

CHRONOLOGIE DE VOLTAIRE

1694. Naissance à Paris, le 21 novembre, de François-Marie Arouet, qui prendra en 1718 le nom de Voltaire.

1704. Il entre au collège des Jésuites de Louis-le-Grand. Il a pour camarades et amis d'Argental, les frères d'Argenson, Armand de Richelieu.

1711. Il quitte le collège et commence ses études de droit.

1713. Paix d'Utrecht. En septembre, Voltaire se rend à La Haye en qualité de secrétaire de l'ambassadeur de France; il est renvoyé en décembre.

1714. Il entre dans l'étude de Mᵉ Alain, et rencontre Thiriot.

1716. Voltaire est exilé par le Régent à Sully-sur-Loire.

1717. En mai il est enfermé pour onze mois à la Bastille.

1718. Le 18 novembre, *Œdipe* est joué avec grand succès.

1720. Séjours à Richelieu, chez le duc, et à La Source, chez lord Bolingbroke.

1722. Voyage à Cambrai, Bruxelles, La Haye en compagnie de Mᵐᵉ de Rupelmonde.

1723. Première édition de *la Henriade* (sous le titre de *la Ligue*).

1726. Bâtonné par ordre du chevalier de Rohan, il est emprisonné à la Bastille, puis exilé en Angleterre.

1728. Voltaire publie *la Henriade*, dédiée à la reine d'Angleterre. En octobre, vraisemblablement, il rentre en France.

1731. Il publie l'*Histoire de Charles XII*.

1732. Succès triomphal de *Zaïre*.

1733. Voltaire se lie avec Mᵐᵉ du Châtelet.

1734. Publication des *Lettres philosophiques*. Menacé d'arrestation, Voltaire se réfugie à Cirey, en Champagne, chez Mᵐᵉ du Châtelet.

1735. Voltaire travaille à *la Pucelle* et au *Siècle de Louis XIV*.

1736. Début de la correspondance avec Frédéric de Prusse. Des copies du *Mondain* circulent; Voltaire se réfugie aux Pays-Bas.

1738. Les *Eléments de la philosophie de Newton*, imprimés en Hollande, ont un grand succès. Desfontaines écrit *la Voltairomanie*.

1739. Voyages en Belgique en compagnie de Mme du Châtelet. Le 24 novembre, l'édition des premiers chapitres du *Siècle de Louis XIV* est saisie.

1740. Lettre à milord Hervey sur *le Siècle de Louis XIV*. En septembre, première rencontre avec Frédéric II près de Clèves; en novembre, voyage à Berlin. Invasion de la Silésie par Frédéric II en décembre.

1741. Guerre de Succession d'Autriche. Par le comte d'Argenson, Voltaire a un intérêt dans les fournitures de viande et de munitions.

1742. Mission officieuse de Voltaire auprès de Frédéric II, à Aix-la-Chapelle.

1743. Mort de Fleury. Mission secrète de Voltaire à Berlin.

1744. En novembre, le marquis d'Argenson devient ministre des Affaires étrangères.

1745. Première de *la Princesse de Navarre*, le 25 février. Voltaire est nommé historiographe, le 27 mars. Le 11 mai, victoire de Fontenoy; Voltaire compose le *Poème de Fontenoy*. Le 17 août, il dédie *Mahomet* au pape, qui lui envoie des médailles. En novembre, *le Temple de la Gloire* est joué à Versailles : « Trajan est-il content? »

1746. Voltaire est élu à l'Académie française. Procès de Voltaire contre Travenol.

1747. Renvoi du marquis d'Argenson. Voltaire fait imprimer en Hollande *Memnon*, première version de *Zadig*. Octobre : incident du jeu de la reine; Voltaire à Mme du Châtelet : « Vous jouez avec des filous. » Départ pour Sceaux.

1748. En février, séjour à Lunéville, à la cour du roi Stanislas. En août, échec de *Sémiramis*. Paix d'Aix-la-Chapelle.

1749. Mort de Mme du Châtelet. Voltaire revient à Paris.

1750. Le 28 juin, Voltaire, nommé chambellan de Frédéric II, part pour Berlin. Octobre : début de l'affaire Hirschell.

1751. Son secrétaire, Longchamp, restitue les copies de l'*Histoire générale*, du *Siècle de Louis XIV* et de la *Guerre de 1741*. Publication à Berlin du *Siècle de Louis XIV*.

1752. Edition de *Micromégas*. Envoi des manuscrits de la *Guerre de 1741*. Octobre-novembre : querelle avec Maupertuis, brouille avec Frédéric II.

1753. Voltaire quitte la Prusse, en mars, et séjourne, en mai, à Gotha chez le duc et la duchesse. En juin, il est retenu de force à Francfort par le résident du roi de Prusse. Octobre : Voltaire à Colmar. En décembre, publication frauduleuse de l'*Histoire universelle.*

1755. Voltaire aux Délices, près de Genève. Rééditions de *la Pucelle.* Editions frauduleuses de l'*Histoire de la guerre de 1741.* Novembre : tremblement de terre à Lisbonne.

1756. Début de la guerre de Sept Ans. Intervention de Voltaire en faveur de l'amiral anglais Byng. Publication de l'*Essai sur les mœurs et l'esprit des nations.*

1757. Voltaire accepte d'écrire l'Histoire de Pierre le Grand. Il intervient en faveur de Frédéric II, en mauvaise position. Novembre : désastre français de Rossbach. L'article *Genève* fait scandale. Campagne à Paris contre les philosophes.

1758. Voltaire, à Schwetzingen chez l'électeur palatin, écrit *Candide.* Octobre : il achète Ferney, en territoire français près de Genève.

1759. Publication de *Candide* en janvier. Voltaire sert de nouveau d'intermédiaire entre Frédéric II et la France. Mai : *Les philosophes,* comédie de Palissot.

1760. Lettre de Rousseau à Voltaire. Adoption de Mlle Corneille. *Tancrède.*

1761. *Lettres sur la Nouvelle Héloïse,* mises sur le compte du marquis de Ximénès. Début du procès des Jésuites au Parlement de Paris.

1762. Diffusion de l'*Extrait de Meslier* et du *Sermon des cinquante.* Début de l'affaire Calas.

1763. Fin de la guerre de Sept Ans. Voltaire publie le *Traité sur la tolérance.*

1764. Publication des *Contes de Guillaume Vadé* et du *Dictionnaire philosophique.* Voltaire écrit *le Sentiment des citoyens* contre Rousseau.

1765. Réhabilitation de Calas. *Pot-pourri.*

1766. Impression du *Philosophe ignorant.* Juillet : supplice du chevalier de La Barre.

1767. Affaire Sirven. Publication des *Questions de Zapata,* de *la Défense de mon oncle,* de *l'Ingénu.*

1768. Publication de *la Princesse de Babylone*. Nouvelle édition du *Siècle de Louis XIV*, suivi du *Précis du Siècle de Louis XV*.

1770. Voltaire commence à publier les *Questions sur l'Encyclopédie* (9 volumes). Il réfute le *Système de la nature* de d'Holbach.

1771. Voltaire approuve la création des Parlements Maupeou. Acquittement définitif de Sirven.

1773. Voltaire est gravement malade.

1774. Publication du *Taureau blanc*. Avènement de Louis XVI; ministère de Turgot, dont Voltaire appuie les réformes.

1775. L'éditeur Cramer publie les *Œuvres complètes,* édition dite « encadrée ».

1776. En avril, paraît *la Bible enfin expliquée.*

1778. Voltaire arrive à Paris, le 10 février. Apothéose : séance de l'Académie, représentation d'*Irène*. Mort le 30 mai 1778.

BIBLIOGRAPHIE

I. TEXTES DU XVIIIᵉ SIECLE

ARGENSON (marquis d') : *Journal et Mémoires*, édition Rathery, Paris, 1862, tomes IV et V.

BARBIER : *Chronique de la Régence et du règne de Louis XV (1718-1763) ou Journal de Barbier*, édition Charpentier, Paris, 1858, tomes III et IV.

BREQUIGNY (G. de) : *Histoire des révolutions de Gênes depuis son établissement jusqu'à la conclusion de la paix de 1748*, Paris, 1750.

Campagne de M. le maréchal duc de Noailles en Allemagne, Amsterdam, 1760, tome I.

COLLINI (Alexandre) : *Mon séjour auprès de Voltaire*, Paris, Léopold Collin, 1807.

Correspondance littéraire, philosophique et critique, publiée par M. Tourneux, Paris, 1877-1882, tomes I et II.

FREDERIC II de Prusse : *Œuvres historiques*, Paris, Hachette, 1872, tome I.

LONGCHAMP et WAGNIERE : *Mémoires sur Voltaire et sur ses ouvrages*, Paris, 1826, tome II.

LUYNES (duc de) : *Mémoires*, Paris, Didot, 1860, tomes IV et VII.

Mémoires de François, baron de Trenck, commandant des Pandours, Paris, 1789.

MONTESQUIEU : *Œuvres complètes*, Gallimard, 1949, tomes I et II.

SAXE (Maurice de) : *Rêveries ou mémoires sur l'art de la guerre*, édition M. de Viols, Dresde, 1757.

Vie de Frédéric II, roi de Prusse, Strasbourg, Treuttel, 1788, tome I.

VOLTAIRE : *Œuvres complètes*, édition Beuchot, Paris, 1828-1834.
Voltaire's correspondence, désigné par *Best.*, Genève.
Lettres d'amour de Voltaire à sa nièce, Plon, 1952.
Œuvres historiques, édition R. Pomeau, Gallimard, 1957.
Candide, édition R. Pomeau, Paris, Nizet, 1959.
Zadig ou la Destinée, édition Verdun L. Saulnier, Paris, Droz, 1946.

WALTER (Richard) : *A voyage round the world in the years 1740, 41, 42, 43, 44, by George Anson*, Londres, 1748.

II. ETUDES CRITIQUES ET HISTORIQUES

ALAIN : *Stendhal*, Presses universitaires de France, 1948.

ARON (Raymond) : *Dimensions de la conscience historique*, Plon, 1961.

BROCHE (Gaston-E.) : *La République de Gênes et la France pendant la guerre de la succession d'Autriche (1740-1748)*, Paris, 1935, tomes II et III.

BROGLIE (duc de) : *Frédéric II et Marie-Thérèse*, Paris, 1883, tome II.
Frédéric II et Louis XV, Paris, 1885, tome II.
Maurice de Saxe et le marquis d'Argenson, Paris, 1891, tome I.

CIORAN (E.-M.) : *La Tentation d'exister*, Gallimard, 1956.

COLIN (J.) : *Les Campagnes du maréchal de Saxe*, Paris, 1901, tomes I et III.

CORVISIER (André) : *L'Armée française de la fin du XVIIᵉ siècle au ministère de Choiseul. Le Soldat*, Paris, 1964, tome I.

DELATTRE (André) : *Voltaire l'impétueux*, Mercure de France, 1957.

DESNOIRESTERRES : *Voltaire et la société française au XVIIIᵉ siècle*, Paris, Didier, 1867-1876.

DUMONT-WILDEN : *Le Prince errant. Charles-Edouard*, A. Colin, 1934.

FLEURY (vicomte) : *Le Secret du maréchal de Belle-Isle*, Didot, 1934.

GARNIER (Charles) : *Histoire d'Ecosse*, Aubier, 1945.

GAY (Peter) : *Voltaire's Politics. The poet as realist*, Princeton, New Jersey, 1959.

GROSCLAUDE (Pierre) : *Malesherbes, témoin et interprète de son temps*, Paris, 1961.

HANOTAUX (G.) : *Histoire des colonies françaises*, Plon, 1929, tome V.

HENRIOT (Emile) : *Voltaire et Frédéric II*, Hachette, 1927.

LANSON (Gustave) : *Voltaire*, Hachette, 1957.

LE BLOND (Aubrey) : *Charlotte Sophie, countess Bentick*, Londres, 1912.

LEONARD (Emile) : *L'Armée et ses problèmes au XVIIIᵉ siècle*, Paris, 1958.

MURET (Pierre) : *La Prépondérance anglaise (1715-1763)*, Presses universitaires de France, 3ᵉ édition, 1949.

NAVES (Raymond) : *Voltaire, l'homme et l'œuvre*, Boivin, 1942.

PICHAT : *La Campagne du maréchal de Saxe dans les Flandres*, R. Chapelot et Cie, 1909.

POMEAU (René) : *Voltaire par lui-même*, Seuil, 1955.
La Religion de Voltaire, Nizet, 1956.

PREVOST (Jean) : *La Création chez Stendhal*, Mercure de France, 1951.

QUIMBY (Robert) : *The background of Napoleonic Warfare*, New York, 1957.

La Table ronde, février 1958 et février 1963.

TAPIE (Victor L.) : *Les Etats de la maison d'Autriche de 1657 à 1790*, Les cours de Sorbonne, CDU, 1961.

VALERY (Paul) : *Variété IV*, Gallimard.
Regards sur le monde actuel, Stock, 1931.

VAULT (de) : *Guerre de la succession d'Autriche*, Berger-Levrault, 1892, tome I.

ZEVORT (Emile) : *Le Marquis d'Argenson*, Paris, 1880.

HISTOIRE
DE LA GUERRE
DE 1741

AVANT-PROPOS *

L'HISTOIRE des événements arrivés il y a deux ou trois siècles est souvent plus sûre, plus fidèle, et plus approfondie que celle des choses récentes. Les siècles passés cependant n'intéressent guère que notre curiosité ; les révolutions modernes nous touchent de plus près, elles influent sur nos fortunes, elles changent la condition d'un nombre prodigieux de citoyens. Les contrecoups s'en ressentent aux extrémités de la terre. Il est important à la génération présente d'être informée au juste de ce qui la regarde. Mais le public ignore presque toujours ce qu'il a intérêt de savoir. Les guerres sont des maladies épidémiques dont il souffre, et dont il ne connaît ni les causes ni les symptômes. Des compilations de gazettes ou de journaux sous cent titres différents forment presque la seule histoire des changements arrivés de nos jours. Les sources de la vérité sont encore fermées, les archives de la politique, les causes secrètes de tant de ressorts, les preuves de tant d'ambition, de tant de ruses, de tant de méprises, de tant d'espérances confondues sont cachées dans les cabinets. Les siècles passés sont plus à découvert parce que l'intérêt de dérober aux hommes la connaissance des intrigues secrètes ne subsistant plus, la vérité est sortie de la prison où elle était renfermée. Nous savons mieux l'histoire de Henri IV qu'on ne la savait de son temps ; et nous n'avons qu'une idée vague et confuse de ce qui se passe du nôtre. Il est utile de savoir la vérité de ce qui nous regarde, difficile de la démêler, et dangereux de la dire. Un homme instruit par le devoir de sa place ose se charger de cette entreprise délicate. Il se flatte qu'en écrivant en bon citoyen, et surtout en citoyen de l'Europe [1], la pureté de son zèle fera pardonner sa hardiesse. Il croit rendre service aux hommes en les accoutumant à voir des tableaux fidèles de leurs propres aventures et de leurs intérêts. Il ose penser que si quelque chose peut inspirer à ceux qui gouvernent les Etats, des motifs de justice et de grandeur véritable, c'est cette noble liberté qu'on prend de mettre au grand jour les sacrifices qu'ils ont faits à l'ambition ou à l'équité, et ce qu'ils ont tenté pour le bonheur ou pour les calamités des hommes. Il est de grandes âmes qui se sentiront encouragées, quand elles se diront à elles-mêmes : « Nos contemporains sauront ce que nous avons fait, et nous n'attendrons pas pour recevoir le prix de nos travaux le jugement de la postérité dont nous ne pouvons jouir [2]. »

CHAPITRE PREMIER *

L'EMPEREUR Charles VI, dernier prince de la maison d'Autriche, mourut au mois d'octobre 1740 à l'âge de cinquante-cinq ans. Il importe aux princes dont la vie est nécessaire au repos de leurs Etats de ne pas ignorer que ce monarque se donna la mort par un excès ^a dans un repas qui le conduisit au tombeau, et l'Empire au bord de sa ruine [1]. La frénésie * de soupçonner les morts prématurées des princes de n'être pas naturelles alla si loin qu'on débita et qu'on imprima qu'il avait été empoisonné par un de ses pages, et que ce page l'avait juridiquement avoué dans Milan. Il n'y avait dans ce bruit populaire ni vérité, ni vraisemblance.

Cet accident fut le signal d'une révolution dans toute l'Europe. En premier lieu l'Italie espéra une indépendance à laquelle elle a toujours aspiré en vain. Beaucoup d'Etats réputés feudataires de l'Empire prétendaient ne l'être pas. Rome surtout, saccagée par Charles-Quint, durement traitée par ses successeurs, opprimée par Joseph, frère de Charles VI, se flattait d'être délivrée pour jamais des prétentions des empereurs allemands. Ils ont toujours cru, depuis Othon premier, être aux droits de Charlemagne, comme Charlemagne aux droits des anciens Césars [2]. La chancellerie allemande regardait

---

a. Il mangea d'un plat de champignons et en mourut.

encore les autres royaumes de l'Europe comme des provinces démembrées de l'Empire; elle ne donnait dans son protocole le titre de Majesté à aucun roi. L'électeur de Cologne se dit chancelier d'Italie et celui de Trèves s'intitule chancelier des Gaules. Le roi allemand qu'on élit à Francfort y est déclaré roi des Romains, quoiqu'il n'ait pas la moindre juridiction dans Rome. Il exige des tributs de toutes les provinces d'Italie, quand il est assez fort pour les obtenir. Tant de droits équivoques avaient été pendant sept cents ans la source des malheurs et de l'affaiblissement des Italiens. Il paraissait très vraisemblable que les désordres, où la mort de Charles VI devait plonger l'Allemagne, mettraient toute l'Italie dans la pleine liberté que les peuples désiraient. Non seulement la nouvelle révolution que tout le monde prévoyait par l'extinction de la maison d'Autriche pouvait anéantir les droits et le nom d'Empire romain, mais il parut douteux si l'Allemagne n'allait pas être partagée entre plusieurs princes si puissants qu'ils cesseraient tôt ou tard de reconnaître un chef suprême, ou du moins de laisser à ce chef l'autorité de ses prédécesseurs; surtout l'héritage de la maison d'Autriche sembla devoir être déchiré. Il s'agissait de la Hongrie et de la Bohême, royaumes longtemps électifs, que les princes autrichiens avaient rendus héréditaires, de la Souabe autrichienne appelée Autriche antérieure, de la haute et basse Autriche conquise au treizième siècle par cette maison; de la Styrie, de la Carinthie, de la Carniole; de la Flandre, de Burgau, des quatre villes forestières, du Brisgau, du Frioul, du Tyrol, du Milanais, du Mantouan, du duché de Parme. A l'égard de Naples et de Sicile, ces deux royaumes, si longtemps disputés, étaient entre les mains de Don Carlos, fils du roi d'Espagne Philippe V.

Marie-Thérèse, fille aînée de Charles VI, se fondait sur le droit naturel qui l'appelait à l'héritage paternel, sur la pragmatique de son père [3] qui semblait assurer ce droit, et sur la garantie de l'Allemagne, de l'Angleterre, de la Hollande, de la France et de l'Espagne, de la Russie et du

Danemark. Charles-Albert, électeur de Bavière, aspirait à la succession en vertu du testament de l'empereur Ferdinand premier, frère de Charles-Quint. Ferdinand par ce testament avait institué héritière, au défaut des mâles, sa fille alors aînée, l'archiduchesse Anne, mariée à un duc de Bavière. L'électeur Charles-Albert en descendait; il n'y avait plus de mâles de la maison d'Autriche, et il prétendait l'héritage au nom de sa quatrième aïeule.

Auguste III, roi de Pologne, électeur de Saxe, alléguait des droits plus récents, ceux de sa femme même, fille aînée de l'empereur Joseph, frère de Charles VI. Si Marie-Thérèse regardait la pragmatique sanction comme un droit sacré, l'archiduchesse-reine de Pologne en avait une autre faite précédemment en sa faveur par le père de Joseph et de Charles. Il avait été réglé en 1703 que les filles de Joseph hériteraient au préjudice de celles de Charles, son cadet, en cas que les deux frères mourussent sans enfants mâles. Charles VI, étant monté depuis sur le trône impérial d'Allemagne, avait cassé cette sanction; et on pouvait, après sa mort, casser la sienne. Il avait eu les filles de son frère Joseph en sa puissance, et ne les avait mariées qu'en les faisant renoncer à leurs droits; mais une telle renonciation pouvait être regardée comme forcée, et par conséquent illégitime. On attestait, de tous côtés, les droits du sang, les testaments, les pactes de famille, les lois de l'Allemagne et le droit des gens.

Le roi d'Espagne étendait ses prétentions sur tous les Etats de la maison d'Autriche, en remontant à la femme de Philippe second, fille de l'empereur Maximilien II. Philippe V descendait de cette princesse par les femmes; c'était déjà une grande révolution dans les affaires de l'Europe de voir le sang de France réclamer tout l'héritage de la maison autrichienne. Louis XV pouvait prétendre à cette succession à d'aussi justes titres que personne, puisqu'il descendait en droite ligne de la branche aînée masculine d'Autriche par la femme de Louis XIII et par celle de Louis XIV; mais il lui convenait plus d'être arbitre et protecteur que concurrent. Car il pouvait alors décider de cette succession et de l'Empire, de concert avec la moitié de l'Europe; mais s'il y eût prétendu, il aurait eu l'Europe à combattre [4]. La politique * des princes chrétiens est venue au point que dans les successions aux Etats, on consulte moins les droits allégués que la convenance publique, et ce que l'on consulte moins encore, c'est la voix des peuples qu'il s'agit de gouverner. Ce sont eux qui ont le plus d'intérêt dans ces grandes querelles. Des armées étrangères donnent souvent des souverains à des nations qui devraient les nommer par leurs seuls suffrages; et les conjonctures, l'idée de l'équilibre de l'Europe, les intérêts présents de quelques princes réunis pour un temps anéantissent le droit naturel des peuples.

Cette cause de tant de têtes couronnées fut plaidée dans toute la chrétienté par des mémoires publics. Tous les princes, tous les particuliers y prenaient intérêt, ils s'attendaient à une guerre universelle; mais ce qui confondit la politique humaine, c'est que l'orage commença d'un côté où personne n'avait tourné les yeux.

Un royaume nouveau s'était élevé. L'empereur Léopold, usant du droit que se sont toujours attribué les empereurs d'Allemagne de créer des rois, avait érigé la Prusse ducale en royaume, en faveur de l'électeur de Brandebourg, Frédéric-Guillaume, en 1701. Cette petite province de Prusse n'était presque qu'un désert; mais Frédéric second, connu sous le nom de Frédéric-Guillaume, son second roi, qui avait une politique différente de celle des princes de son temps, dépensa près de vingt-cinq millions [a] à faire défricher ces terres, à les peupler, à bâtir des villes. Il y fit venir des familles de Souabe et de Franconie. Il y attira plus de seize mille personnes de Salzbourg, leur fournissant à toutes de quoi s'établir et de quoi travailler. En se formant ainsi un nouvel Etat, il créait, par une économie singulière, une puissance d'une autre

_____
a. Monnaie de France.

espèce : il mettait tous les mois environ cinquante mille écus d'Allemagne en réserve, ce qui lui composa un trésor immense en vingt-huit années de règne. Ce qu'il ne mettait pas dans ses coffres lui servait à former une armée d'environ quatre-vingt mille hommes choisis, qu'il disciplina lui-même d'une manière nouvelle. Il ne l'employait pas; mais son fils Frédéric III [5] se servit de tout ce que le père avait préparé.

L'Europe savait que ce jeune prince, ayant connu l'adversité sous le règne de son père, avait employé son loisir à cultiver son esprit et à perfectionner les dons singuliers que lui avait faits la nature. On connaissait en lui des talents qui auraient fait une grande réputation à un particulier; mais on ne connaissait pas les talents du monarque; et l'Autriche n'avait pas plus de défiance de lui qu'elle en avait eu du feu roi de Prusse. Il avait succédé à son père trois mois avant que la succession de la maison d'Autriche et de l'Empire fût ouverte. Il prévit la confusion générale, et ne perdit pas un moment pour entrer à main armée dans la Silésie, une des plus riches provinces que la famille de Charles VI possédât en Allemagne. Il y prétendait quatre duchés, dont sa maison avait été autrefois en possession par des achats et par des actes de confraternité. Ses aïeux avaient renoncé à toutes leurs prétentions par des transactions réitérées, parce qu'ils étaient faibles; il se trouva puissant, et il les réclama [6].

Déjà la France, l'Espagne, la Bavière, la Saxe se remuaient pour faire un empereur. Charles-Albert, électeur de Bavière, pressait la France, en vertu de ses anciens traités, de lui procurer au moins un partage de la succession autrichienne. Il réclamait tout cet héritage par ses écrits; mais il n'osait le demander tout entier par ses ministres. Cependant Marie-Thérèse, épouse de François de Lorraine, grand-duc de Toscane, se mit d'abord en possession de toutes les provinces de son père; elle reçut l'hommage des Etats d'Autriche à Vienne (7 novembre 1740). Les provinces d'Italie, la Bohême lui firent leurs serments par leurs députés. Elle gagna surtout l'esprit des Hongrois en se soumettant à prêter cet ancien serment du roi André second fait l'an 1222 : « Si moi ou quelques-uns de mes successeurs, en quelque temps que ce soit, veut enfreindre vos privilèges, qu'il vous soit permis en vertu de cette promesse, à vous et à vos descendants, de vous défendre sans pouvoir être traités de rebelles. »

Plus les aïeux de l'archiduchesse-reine avaient été loin d'exécuter de tels engagements, plus elle fut chère à la Hongrie. Ce peuple qui avait toujours voulu secouer le joug de la maison d'Autriche, embrassa celui de Marie-Thérèse; et après deux cents ans de séditions, de haine et de guerres civiles, il passa tout d'un coup à l'adoration [7]. Elle ne fut couronnée à Presbourg que quelques mois après (24 juin 1741), et n'en fut pas moins d'abord souveraine. Elle l'était de tous les cœurs par une affabilité populaire, que ses ancêtres avaient rarement exercée : elle bannit cette étiquette et cette morgue qui peuvent rendre le trône odieux sans le rendre plus respectable. L'archiduchesse sa tante, gouvernante des Pays-Bas, n'avait jamais mangé avec personne; Marie-Thérèse admettait à sa table toutes les dames et tous les officiers de distinction. Les députés des Etats lui parlaient librement. Jamais elle ne refusa d'audience, et jamais on n'en sortit mécontent.

Son premier soin fut d'assurer à François de Lorraine, son époux, le partage de toutes ses couronnes sous le nom de corégent sans perdre en rien sa souveraineté, et sans enfreindre la pragmatique sanction. Elle en parla aux Etats d'Autriche le jour même qu'elle reçut leurs serments; et bientôt après, elle effectua ce dessein. Elle se flattait dans ces premiers moments que les dignités dont elle ornait le prince son mari lui préparaient la couronne impériale; mais cette princesse n'avait pas d'argent; et ses troupes très diminuées étaient dispersées dans ses vastes Etats.

Le roi de Prusse lui fit proposer alors qu'elle lui cédât la basse Silésie, et lui offrit son crédit, ses secours, ses armes avec cinq millions de livres pour lui garantir tout le reste, et donner l'Empire à son époux. Des ministres habiles prévirent que si la reine de Hongrie refusait de telles offres, l'Allemagne serait bientôt bouleversée; mais le sang de tant d'empereurs qui coulait dans les veines de cette princesse ne lui laissa pas seulement l'idée de démembrer son patrimoine. Elle était impuissante et intrépide. Beaucoup d'Autrichiens, ne voyant que la grandeur passée de la cour de Vienne et non sa faiblesse présente, disaient hautement que l'électeur de Brandebourg serait mis dans six mois au ban de l'Empire. Les ministres même de ce monarque étaient effrayés du nom de l'Autriche. Mais lui qui voyait qu'en effet cette puissance n'était alors qu'un nom, et que l'état où était l'Europe lui donnerait infailliblement des alliés, marcha en Silésie au milieu du mois de décembre 1740. On voulut mettre sur ses drapeaux cette devise : *Pro deo et patria;* il raya *pro deo,* disant qu'il était ridicule de mêler ainsi le nom de Dieu dans les querelles des hommes, et qu'il s'agissait d'une province et non de religion. Il fit porter devant son régiment des gardes l'aigle romaine éployée en relief au haut d'un bâton doré. Cette nouveauté lui imposait la nécessité d'être invincible. Il harangua son armée et transportait ainsi l'esprit des anciens Romains dans des pays où ils n'avaient jamais pénétré. Il s'empara sans peine de presque toute la province dont on lui avait refusé une partie. Le général Neuperg [8] vint enfin avec environ vingt-quatre mille Autrichiens au secours de cette province déjà envahie; il mit le roi de Prusse dans la nécessité de donner bataille à Molvitz, près de la rivière de Neisse (10 avril 1741). Ce moment décida * pour un temps du sort de Marie-Thérèse, de la couronne impériale, de la conduite de tous les potentats de l'Europe. Rien de ce que nous avons vu ne fût arrivé si le roi de Prusse eût été vaincu; et il fut sur le point de l'être totalement [9]. Sa cavalerie, moins forte que l'autrichienne, fut entièrement rompue, son bagage pillé; et dans cette déroute qui parut irrémédiable, il se vit séparé de son infanterie sans pouvoir la rejoindre. Il passa suivi de quelques officiers jusqu'à un château où il voulut entrer. Ce château était rempli de houzards autrichiens qui tirèrent sur lui et l'obligèrent à passer outre. S'ils avaient ouvert les portes, le roi était prisonnier; tout était fini. Ce prince échappé à un si grand danger semblait encore être dans une situation désespérée. Et dans ce temps-là * même la victoire se déclara pour lui. C'était un exemple à jamais mémorable et unique jusqu'à ce jour de ce que peut la discipline militaire. Le père du roi de Prusse et le vieux prince d'Anhalt, célèbre dans la guerre de 1701, avaient porté toute leur attention sur l'infanterie prussienne qu'ils avaient rendue le modèle de tous les soldats de l'Europe pour la promptitude et la précision des évolutions, et qui était devenue comme une vaste machine forte et agile, se mouvant par ressorts. Ils avaient négligé la cavalerie : voilà pourquoi elle fut si aisément vaincue. Mais le seul premier bataillon du régiment des gardes à pied répara le désordre. Une seule ligne d'infanterie rétablit tout par cette discipline inébranlable à laquelle les soldats prussiens sont accoutumés, par ce feu continuel qu'ils font en tirant cinq coups au moins par minute et chargeant leurs fusils avec leurs baguettes de fer en un moment [10]. Cette bataille gagnée fut le signal d'un embrasement total.

CHAPITRE II *

LE ROI DE FRANCE S'UNIT AUX ROIS DE PRUSSE ET DE POLOGNE
POUR FAIRE ELIRE EMPEREUR L'ELECTEUR DE BAVIERE CHARLES-
ALBERT. CE PRINCE EST DECLARE LIEUTENANT-GENERAL DU
ROI DE FRANCE. SON ELECTION. SES SUCCES

L'EUROPE a cru que le roi de Prusse était déjà d'accord avec la France quand il prit la Silésie. On se trompait comme il arrive presque toujours en devinant ce qui est vraisemblable. Le roi de Prusse hasardait beaucoup, comme il l'avoua lui-même; mais il prévit que la France ne manquerait pas une si belle occasion de le seconder. L'intérêt visible de la France était de favoriser contre l'Autriche son ancien allié, l'électeur de Bavière, dont le père avait tout perdu autrefois pour elle après la bataille d'Hochstedt. Ce même électeur de Bavière, Charles-Albert, avait été retenu prisonnier dans son enfance par les Autrichiens, qui lui avaient ravi jusqu'à son nom de Bavière. La France trouvait son avantage à le venger; il paraissait aisé de lui procurer à la fois l'Empire et une partie de la succession autrichienne. Par là on enlevait à la nouvelle maison d'Autriche-Lorraine cette supériorité que l'ancienne avait affectée sur tous les potentats de l'Europe. On anéantissait cette vieille rivalité entre les maisons de France et de Habsbourg. On faisait plus que Henri IV et le cardinal de Richelieu n'avaient pu espérer. Frédéric en partant pour la Silésie entrevit le premier cette révolution dont aucun fondement n'était encore jeté. Il est si vrai qu'il n'avait pris aucune mesure avec le cardinal de Fleury, alors premier ministre en France, que le marquis de Beauvau, envoyé par le roi de France à Berlin pour complimenter le nouveau monarque, ne sut quand il vit les premiers mouvements des troupes de Prusse si elles étaient destinées contre la France ou contre l'Autriche. Le roi Frédéric lui dit en partant : « Je vais, je crois, jouer votre jeu, si les as me viennent, nous partagerons. » Ce fut là le seul commencement de la négociation encore éloignée. Le ministère de France hésita longtemps. Le cardinal de Fleury, âgé de quatre-vingt-cinq ans, ne voulait commettre ni sa réputation, ni sa vieillesse, ni la France à une guerre nouvelle. La pragmatique sanction signée et authentiquement garantie le retenait; mais les traités précédents avec la Bavière pouvaient l'encourager. Il est certain que Paris et Versailles demandaient hautement cette guerre qu'on a tant blâmée depuis. J'entendis dire à un homme d'une très grande considération : « Le cardinal de Richelieu abaissa la maison d'Autriche; le cardinal de Fleury en fera, s'il peut, une nouvelle. » Ces mots qui furent rendus au ministre, le piquèrent sensiblement; mais il ne céda que lorsqu'il ne put résister davantage à ceux qui voulaient cette grande entreprise [1]. Il fut obligé de charger, les derniers jours de décembre 1740, le comte, depuis maréchal duc de Belle-Isle, de rédiger un plan des négociations qu'on devait faire dans l'Empire et de la guerre qu'on y devait porter pour donner à l'électeur de Bavière Charles-Albert la couronne impériale et une partie de la succession autrichienne. Le comte de Belle-Isle demanda huit jours; et au bout de ce terme, il apporta le projet dont il fit faire trois copies, une pour le cardinal de Fleury, une pour le dépôt des affaires étrangères, et une troisième qu'il conserva.

Si on pouvait compter sur les desseins des hommes, jamais l'exécution d'un projet ne parut plus sûre. M. de Belle-Isle demandait qu'environ cinquante mille Français passassent le Rhin avant le mois de juin pour se porter sur le Danube. Il insistait que dans cette armée il y eût au moins vingt mille hommes de cavalerie [2]. Il entrait selon sa coutume dans tous les détails de la marche et de la subsistance de ces troupes, et il répétait à chaque page qu'il vaudrait beaucoup mieux ne rien faire que de faire à moitié. On avait près de six mois pour préparer une révolution que le roi de Prusse entamait déjà au cœur de l'hiver. La Saxe paraissait disposée à se joindre à la France et à la Prusse. Le roi d'Angleterre, électeur d'Hanovre, devait être forcé à la neutralité par une autre armée de quarante mille Français prêts à entrer dans ses Etats d'Allemagne du côté de la Westphalie, tandis que l'armée du maréchal de Belle-Isle devait seconder la Saxe, la Prusse et la Bavière en s'avançant vers le Danube. L'électeur de Cologne, frère de l'empereur désigné, embrassait alors ses intérêts. Le vieil électeur palatin, qui devait obtenir pour ses héritiers l'abandonnement des droits du roi de Prusse aux Etats de Berg et de Juliers par la protection de la France, souhaitait plus que tout autre de voir le Bavarois sur le trône impérial. Tout concourait à l'élire. L'Empire seul eût été peu de chose. On devait aider l'électeur de Bavière à prendre la Souabe autrichienne, la Bohême, la haute Autriche; on devait détacher la Moravie de la Bohême pour la donner au Saxon. On se joignait à l'Espagne pour mettre don Philippe, fils de Philippe V et gendre de Louis XV, en possession du Milanais et de Parme. On faisait le partage d'une partie de l'Europe en 1741 comme on avait fait en 1736, et comme l'Angleterre et la Hollande avec la France avaient voulu faire avant la mort de Charles II, roi d'Espagne.

Le maréchal de Belle-Isle fut envoyé à Francfort au camp du roi de Prusse et à Dresde pour concerter ces vastes projets que le concours de tant de princes semblait rendre infaillibles. Il fut d'accord de tout avec le roi de Prusse, qui a écrit de lui qu'il n'a point vu d'homme plus propre pour le conseil et pour la guerre [3]. Il passa en Saxe, et gagna si bien l'esprit du roi-électeur que ce prince fit marcher ses troupes avant même qu'il y eût un traité de signé. Le maréchal de Belle-Isle négociait dans toute l'Allemagne. Il était l'âme du parti qui devait procurer l'Empire et des couronnes héréditaires à un prince qui ne pouvait rien par lui-même.

La France donnait à la fois à l'électeur de Bavière de l'argent, des alliés, des suffrages et des armées. Il avait promis vingt mille hommes de ses propres troupes; mais avec l'argent de la France, à peine en avait-il douze mille. Le roi lui envoya l'armée qu'il lui avait promise. Il créa par lettres patentes ª son lieutenant-général celui qu'il allait faire empereur d'Allemagne.

L'électeur de Bavière, fort de tant de secours, entra facilement dans l'Autriche (31 juillet), tandis que la reine Marie-Thérèse résistait à peine au roi de Prusse. Il se rend d'abord maître de Passau, ville impériale qui appartient à son évêque, et qui sépare la haute Autriche de la Bavière. On arrive à Linz, capitale de cette haute Autriche. Des partis poussent jusqu'à trois lieues de Vienne. L'alarme s'y répand; on s'y prépare à la hâte à soutenir un siège : on détruit un faubourg presque tout entier et un palais qui touchait aux fortifications. On ne voit sur le Danube que des bateaux chargés d'effets précieux qu'on cherche à mettre en sûreté. L'électeur de Bavière fit même faire une sommation au comte de Kevenhuller, gouverneur de Vienne [4].

L'Angleterre et la Hollande étaient alors loin de tenir cette balance qu'elles avaient longtemps prétendu avoir dans leurs mains. Les Etats Généraux restaient dans le silence à la vue de cette armée du maréchal de Maillebois qui était en Westphalie; et cette même armée en imposait au roi d'Angleterre qui craignait pour ses Etats d'Hanovre où il était pour lors. Il avait levé vingt-cinq mille hommes pour secourir Marie-Thérèse; mais il fut obligé de l'abandonner à la tête de cette armée levée pour elle, et de signer un traité de neutralité (27 septembre 1741). Ses domestiques se servirent même d'un passeport du général de l'armée française pour quelques-uns de ses équipages qu'il fit conduire à Londres, où il retourna par la voie de Westphalie et de Hollande. Il n'y avait alors aucune puissance ni dans

a. Ces lettres ne furent scellées que le 20 août 1741.

l'Empire, ni hors de l'Empire qui soutînt cette pragmatique sanction, que tant d'Etats avaient garantie. Vienne, mal fortifiée par le côté qu'elle était menacée, pouvait à peine résister. Ceux qui connaissaient le mieux l'Allemagne et les affaires publiques croyaient voir avec la prise de Vienne le chemin fermé aux Hongrois, tout le reste ouvert aux armées victorieuses, toutes les prétentions réglées, et la paix rendue à l'Empire et à l'Europe. Le cardinal de Fleury * même, encouragé par une disposition si favorable dans un projet qui lui avait d'abord répugné, avait dit aux officiers qui prenaient congé de lui : « Messieurs, ceci ne sera pas long, et j'espère vous revoir bientôt. »

Plus la ruine de Marie-Thérèse paraissait inévitable, plus elle eut de courage. Elle était sortie de Vienne, et s'était jetée entre les bras des Hongrois, si sévèrement traités par son père et par ses aïeux. Ayant assemblé les quatre ordres de l'Etat à Presbourg, elle y parut tenant entre ses bras son fils aîné presque encore au berceau (11 septembre 1741), et leur parlant en latin, langue dans laquelle elle s'exprimait bien, elle leur dit à peu près ces paroles : « Abandonnée de mes amis, persécutée par mes ennemis, attaquée par mes plus proches parents, je n'ai de ressource que dans votre fidélité, dans votre courage et dans votre constance *. Je mets en vos mains la fille et le fils de vos rois, qui attendent de vous leur salut. » Tous les palatins attendris et animés tirèrent leurs sabres en s'écriant : « *Moriamur pro rege nostro Maria Theresia*. Mourons pour notre roi Marie-Thérèse. » Ils donnent toujours le titre de roi à leur reine [5]. Jamais princesse en effet n'avait mieux mérité ce titre. Ils versaient des larmes en faisant serment de la défendre. Elle seule retint les siennes, mais quand elle fut retirée avec ses filles d'honneur, elle laissa couler en abondance des pleurs que sa fermeté avait retenus. Elle était enceinte alors; et il n'y avait pas longtemps qu'elle avait écrit à la duchesse de Lorraine, sa belle-mère : « J'ignore encore s'il me restera une ville pour y faire mes couches [6]. »

Dans cet état, elle excitait le zèle de ses Hongrois; elle ranimait en sa faveur l'Angleterre et la Hollande, qui lui donnaient des secours d'argent, elle agissait dans l'empire, elle négociait, avec le roi de Sardaigne, et ses provinces lui fournissaient des soldats.

Toute la nation anglaise s'anima en sa faveur. Ce peuple n'est pas de ceux qui attendent l'opinion de leur maître pour en avoir une. Les particuliers proposèrent de faire un don gratuit à cette princesse. La duchesse de Marlborough, veuve de celui qui avait combattu pour Charles VI, assembla les principales dames de Londres; elles s'engagèrent à fournir cent mille livres sterling, et la duchesse en déposa quarante mille. La reine de Hongrie eut la grandeur d'âme de ne pas recevoir cet argent qu'on avait la générosité de lui offrir. Elle ne voulut que celui qu'elle attendait de la nation assemblée en parlement.

On croyait que les armées de France et de Bavière victorieuses allaient assiéger Vienne. Il faut toujours faire ce que l'ennemi craint. C'était un de ces coups décisifs *, une de ces occasions que la fortune présente une fois et qu'on ne retrouve plus. L'électeur de Bavière avait osé concevoir l'espérance de prendre Vienne, mais il ne s'était point préparé à ce siège. Il n'avait ni gros canons, ni munitions. Le cardinal de Fleury n'avait point porté ses vues jusqu'à lui donner cette capitale. Les partis mitoyens lui plaisaient : il aurait voulu diviser les dépouilles avant de les avoir, et il ne prétendait pas que l'empereur qu'il faisait eût tout. Il voulait que la maison d'Autriche en perdant beaucoup ne fût pas anéantie. Il avait même confié ses vues au marquis de Beauvau, qui dit publiquement : « Si nous prenons Vienne, nous ne sommes plus les maîtres des affaires. » Et je sais que ces paroles rapportées au roi de Prusse lui firent une impression profonde [7]. De plus l'électeur de Bavière voulait se faire couronner roi de Bohême. L'entrée dans cette province était aisée. Enfin, on n'assiégea point Vienne qu'on pouvait prendre et on tourna vers la Bohême.

L'armée de France, aux ordres de l'électeur de Bavière, marcha donc vers Prague, aidée de vingt mille Saxons. Au mois de novembre 1741, le comte Maurice de Saxe, frère naturel du roi de Pologne, la prit par escalade. Ce général, qui avait la force de corps singulière du roi son père avec la douceur de son esprit et la même valeur, possédait de plus grands talents pour la guerre. Sa réputation l'avait fait élire d'une commune voix duc de Courlande (le 28 juin 1726); mais, la Russie lui ayant enlevé ce que le suffrage de tout un peuple lui avait donné, il s'en consolait dans le service des Français et dans les agréments de la société de cette nation, qui ne le connaissait pas encore assez *.

Il fallait ou prendre Prague en peu de jours ou abandonner l'entreprise. On manquait de vivres, on était dans une saison avancée. Cette grande ville, quoique mal fortifiée, pouvait aisément soutenir les premières attaques. Le général Ogilvy, Irlandais de naissance, qui commandait dans la place, avait trois mille hommes de garnison; et le grand-duc marchait au secours avec une armée de trente mille hommes. Il était déjà arrivé à cinq lieues de Prague le 25 novembre; mais la nuit même les Français et les Saxons donnèrent l'assaut.

Ils firent deux attaques avec un grand fracas d'artillerie qui attira toute la garnison de leur côté. Pendant ce temps le comte de Saxe, en silence, fait préparer une seule échelle vers les remparts de la ville neuve, à un endroit très éloigné de l'attaque. L'échelle ne se trouva pas assez longue; on y ajouta des civières. M. de Chevert, alors lieutenant-colonel du régiment de Beauce, monte le premier. Le fils aîné du maréchal de Broglie le suit. On arrive au rempart, on ne trouve à quelques pas qu'une sentinelle; on monte en foule et on se rend maître de la ville. Toute la garnison met bas les armes. Ogilvy se rend prisonnier de guerre avec ses trois mille hommes. Le comte de Saxe préserva la ville du pillage; et ce qu'il y eut d'étrange, c'est que les conquérants et le peuple conquis furent pêle-mêle ensemble pendant trois jours; Français, Saxons, Bavarois, Bohémiens étaient confondus, ne pouvant se reconnaître, sans qu'il y eût eu une goutte de sang répandue *. Je ne peux m'empêcher d'observer combien on est souvent mal informé des détails qui se passent presque sous nos yeux. L'électeur de Bavière qui venait d'arriver au camp, et qui rendait compte au roi de France de ce succès comme un général qui écrit à celui dont il commande les armées, dit dans sa relation que le comte de Saxe monta le premier sur les murs. Cependant ni la chose n'était ainsi, ni elle ne convenait à un général.

Charles-Albert fit son entrée dans la capitale de la Bohême le jour même de la prise, et s'y fit couronner au mois de décembre [8]. Cependant le grand-duc, qui n'avait pu secourir cette capitale et qui ne pouvait subsister dans les environs, se retira au sud-est de la province et laissa à son frère, le prince Charles de Lorraine, le commandement de son armée.

Dans le même temps, le roi de Prusse se rendait maître de la Moravie, province située entre la Bohême et la Silésie. La fermeté de Marie-Thérèse * fléchit alors; elle tenta de gagner le roi de Prusse, elle lui envoya M. de Robinson qui était ministre d'Angleterre auprès d'elle. Ce ministre, dans une harangue qu'il fit au roi, lui offrit la Gueldre autrichienne, espagnole et le duché de Limbourg qui touche à ses Etats de Clèves, et y ajouta deux millions d'écus que l'Angleterre devait donner, lesquels dédommagements ne valaient pas à beaucoup près la Silésie. Le roi lui répondit ces propres paroles : « C'est à des princes sans honneur à vendre leur réputation et à trahir leurs droits pour des sommes d'argent. Ces offres me sont plus injurieuses que ne l'a été la hauteur de la cour de Vienne. Mon armée me trouverait avec raison indigne de la commander, si je perdais par un traité flétrissant les avantages qu'elle m'a procurés par les actions de valeur qui l'immortalisent. Je vous dirai de plus que je me dois à mes nouveaux sujets, et que je ne puis abandonner sans ingratitude et sans une lâcheté infâme tous ces protestants dont les vœux et les cœurs m'ont appelé en Silésie pour les protéger contre les persécutions des Autrichiens et que je rendrais la victime de leur tyrannie si je les sacrifiais à leur vengeance [9]. »

Cependant ce prince ne passait pas pour être entré en Silésie par un pur zèle pour la cause des protestants; mais il passait déjà pour entendre ses intérêts, et quelque temps après cette conversation avec l'envoyé d'Angleterre il signa, le 9 octobre 1741, une convention secrète avec le maréchal de Neuperg, par laquelle il devait garder toute la basse Silésie et ne plus faire la guerre que pour la forme, convention que les conjonctures rendirent quelque temps inutile, mais qui produisit ensuite un traité avantageux au roi de Prusse. Marie-Thérèse sollicitait en vain des secours de la Russie, alliée de l'Autriche. La Russie était alors engagée dans une guerre avec la Suède [10]. Ainsi cette reine paraissait accablée ou abandonnée de tous côtés.

Déjà son compétiteur avait été couronné archiduc d'Autriche à Linz. Il venait de prendre la couronne de Bohême à Prague, et de là il alla à Francfort recevoir celle d'empereur sous le nom de Charles VII. Tous les électeurs avaient suspendu la voix de Bohême tandis que la reine de Hongrie avait encore cette province, prétendant qu'une femme ne pouvait donner un suffrage. Le Bavarois maître de Prague au moment de l'élection pouvait faire valoir en sa faveur la voix de Bohême; mais n'en ayant pas besoin, il souffrit qu'elle restât sans activité.

Le maréchal de Belle-Isle, qui l'avait suivi de Prague à Francfort, semblait être plutôt un des premiers électeurs qu'un ambassadeur de France. Il avait ménagé toutes les voix, et dirigé toutes les négociations. Il recevait les honneurs dus au représentant d'un roi qui donnait la couronne impériale. L'électeur de Mayence, qui préside à l'élection, lui donnait la main dans son palais, et l'ambassadeur ne donnait la main chez lui qu'aux seuls électeurs, et prenait le pas sur tous les autres princes. Ses pleins pouvoirs furent remis en langue française à la chancellerie allemande, qui jusque-là avait toujours exigé que ces pièces fussent présentées en latin, comme étant la langue d'un gouvernement qui prend le titre d'Empire romain. Charles-Albert fut élu le 4 janvier 1742 * de la manière la plus tranquille et la plus solennelle. On l'aurait cru au comble de sa gloire et du bonheur; mais la fortune changeait et il devint un des plus infortunés princes de la terre par son élévation même.

CHAPITRE III

DESASTRES RAPIDES QUI SUIVENT LES SUCCES DE L'EMPEREUR
CHARLES VII

O N commençait à sentir la faute qu'on avait faite de
n'avoir pas assez de cavalerie. Le maréchal de Belle-
Isle était malade à Francfort [1], et ne pouvait à la
fois conduire des négociations et commander de loin une
armée dont il était pourtant le général. La mésintelligence se
glissait entre les puissances alliées; les Saxons se plaignaient
beaucoup des Prussiens, ceux-ci des Français qui à leur tour
les accusaient. Marie-Thérèse était soutenue de sa fermeté,
de l'argent de l'Angleterre, de celui de la Hollande et de
Venise, d'emprunts en Flandre, mais surtout de l'ardeur
désespérée de ses troupes rassemblées enfin de toutes parts.
L'armée de France se détruisait par les fatigues, la maladie et
les désertions; les recrues venaient difficilement. Il n'en
était pas comme des armées de Gustave-Adolphe qui, ayant
commencé ses campagnes avec moins de dix mille hommes,
se trouvait à la tête de trente mille augmentant ses troupes
dans le pays même à mesure qu'il y faisait des progrès.
L'armée française, qui aurait dû venir en Bohême au nombre
de quarante-cinq mille au moins, n'était partie de France
qu'au nombre de trente-deux mille effectifs. Dans ce nombre,
il eût fallu vingt mille hommes de cavalerie et il n'y en avait
jamais eu huit mille. Chaque jour affaiblissait donc les Français vainqueurs et fortifiait les Autrichiens. Le prince Charles
de Lorraine, frère du grand-duc, était dans le milieu de la
Bohême avec trente-cinq mille hommes; tous les habitants

étaient pour lui. Il commençait à faire avec succès une guerre défensive, en tenant continuellement son ennemi en alarme, en coupant ses convois, en le harcelant sans relâche de tous les côtés par des nuées de houzards, de croates, de pandours et de talpaches. Les pandours sont des Sclavons qui habitent les bords de la Drave et de la Save. Ils ont un habit long, ils portent plusieurs pistolets à la ceinture, un sabre et un poignard. Les talpaches sont une infanterie hongroise armée d'un fusil, de deux pistolets et d'un sabre. Les Croates, appelés en France cravates, sont des miliciens de Croatie. Les houzards sont des cavaliers hongrois, montés sur de petits chevaux légers et infatigables; ils désolent des troupes dispersées en trop de postes, et peu pourvues de cavalerie. Les troupes de France et de Bavière étaient partout dans ce cas. L'électeur de Bavière avait voulu conserver avec peu de monde une vaste étendue de terrain qu'on ne croyait pas la reine de Hongrie en état de reprendre. Il est aisé de condamner les manœuvres de guerre quand elles sont malheureuses; mais il est rare de prévoir de loin ces malheurs. Il y avait longtemps que le maréchal de Belle-Isle en avertissait dans toutes ses lettres datées de Francfort *[2].

Ce général était tombé malade à Francfort à la fin de novembre. Son premier soin fut d'écrire à sa cour qu'il était nécessaire qu'on envoyât un général commander les armées; et dès le 8 décembre on fit partir de Strasbourg le maréchal de Broglie, ancien général formé sous le maréchal de Villars et célèbre par plusieurs belles actions [3]. Il trouva en arrivant en Bohême des conquérants embarrassés de leurs conquêtes, et les Autrichiens établis dans tous les postes de la Bohême méridionale. La haute Autriche n'était gardée que par quinze mille Bavarois et huit à neuf mille Français.

Le comte de Kevenhuller, gouverneur de Vienne, parut tout à coup dans ces quartiers avec les garnisons des villes laissées derrière lui, les troupes rappelées d'Italie, et vingt mille Hongrois. Le comte de Ségur, lieutenant-général des armées de France, était alors dans Linz. L'électeur de Bavière l'avait mis dans cette ville ouverte avec environ huit mille hommes. Le général Kevenhuller en approchait avec une armée de trente mille combattants sous les ordres du grand-duc. On n'avait alors d'autre parti à prendre que de se retirer, mais l'électeur ordonna au comte de Ségur de défendre ce qu'on ne pouvait garder. On se barricada. On se prépara à soutenir de violentes attaques : on espérait quelques diversions des troupes bavaroises. Elles furent défaites et dispersées; au lieu de secourir Linz, elles perdirent Sahrding.

Le grand-duc vint alors lui-même devant Linz, et fit sommer les Français de se rendre prisonniers de guerre. Sur leur refus il fit entrer ses troupes le flambeau à la main, et brûla une partie de sa propre ville pour ensevelir les Français sous ses ruines *. On convint enfin que tous les Français sortiraient avec les honneurs de la guerre, et ne serviraient d'une année (24 janvier 1742).

Après ces premiers succès, les Hongrois courent à Passau et le reprennent; ils inondent la Bavière du côté de l'Autriche. Les Autrichiens y entrent par le Tyrol; elle est ravagée d'un bout à l'autre. Un simple partisan nommé Mentzel, connu par ses férocités et ses brigandages, parut à peine devant Munich avec ses houzards que cette capitale de la Bavière se rendit à lui (13 février 1742). Tous ces événements s'étaient suivis avec rapidité, tandis que l'on préparait à Francfort le couronnement de l'électeur de Bavière. Enfin, le même jour, qu'il fut élu empereur, il apprit qu'il venait de perdre Linz; et bientôt après il sut qu'il ne lui restait ni capitale, ni Etats.

CHAPITRE IV *

LA fortune devint aussi contraire à l'empereur bavarois en Bohême que dans la haute Autriche et en Bavière; et tout lui fut d'autant plus funeste en trois mois que tout paraissait encore en Bohême glorieux et favorable, et qu'il semblait que ses alliés dussent être supérieurs et lui rendre sa Bavière. Car d'un côté le comte de Saxe prenait Egra à vingt-cinq lieues de Prague, et on tenait ainsi la Bohême par les deux extrémités. De l'autre le roi de Prusse gagnait le champ de bataille dans le combat que lui livra le prince Charles à Chotusitz près de Czaslau (16 mai 1742) au milieu de la Bohême, où il avait pénétré[1]. Le roi de Prusse * avait été sur le point d'être perdu à Molvitz parce que sa cavalerie n'était pas alors aguerrie, mais cette cavalerie disciplinée depuis par lui-même contribua beaucoup à la victoire de Czaslau.

Les Saxons étaient encore en état de le seconder et d'aider à conserver les conquêtes que les armées françaises avaient faites avec eux pour la cause commune. Dans ces circonstances qui semblaient encore avantageuses, le maréchal de Belle-Isle, guéri de sa maladie, court de Francfort à l'armée de France que commandait le maréchal de Broglie. Il trouva les Autrichiens à Sahay, près de Frauenberg, sur le chemin de Prague. Les idées de ces deux généraux ne s'accordaient pas, mais le zèle du service les réunit. Ils couchèrent la nuit sur le même matelas et donnèrent le lendemain un des

combats des plus vifs et des plus glorieux de toute cette
guerre, si la gloire est attachée aux petits événements bien
conduits et hardiment soutenus aussi bien qu'à une action
plus décisive (25 mai 1742)[2]. Six cents carabiniers et trois
cents dragons, ayant à leur tête le marquis, depuis duc de
Mirepoix, et le duc de Chevreuse, forcèrent et détruisirent
un corps de deux mille cinq cents cuirassiers autrichiens
commandés par le prince Lobkovitz, bien postés et qui se
défendaient avec courage.

Le duc de Chevreuse y reçut trois blessures (25 mai). Le
duc de Broglie et tous les officiers donnèrent l'exemple aux
soldats. M. de Malézieu, qui était major des carabiniers, les
disposa d'une manière qui contribua beaucoup au succès. Le
comte de Bérenghen rendit de grands services avec la brigade
de Navarre *. Cette victoire devint inutile; et on devait
s'apercevoir que sous ces succès apparents, l'abîme était creusé,
et qu'on s'y précipitait. Le roi de Prusse, peu content du
maréchal de Broglie, lui avait écrit une lettre assez haute
après sa victoire de Czaslau et avait ajouté cette apostille
de sa main : « Je suis quitte envers mes alliés, car mes troupes
viennent de remporter une victoire complète. C'est à vous à
en profiter incessamment. Sans quoi vous en pourrez être
responsable envers vos alliés. » Personne ne comprit le sens
de ces mots : je suis quitte envers mes alliés. Le maréchal de
Broglie écrivit au ministre de la Guerre en France que « le
roi de Prusse aurait pu se servir de termes plus obligeants,
mais qu'il ne savait pas le français ». Il le savait très bien; et
il était aisé de l'entendre.

Ce monarque resta dans l'inaction après sa victoire de
Czaslau, et on ne comprit pas encore ce que cette inaction
signifiait. On ne profita point de l'avantage du petit combat
de Sahay; on manqua de subsistances. Il y a des occasions
où un magasin trop éloigné et la disette d'une seule denrée
peut faire perdre un royaume. Des recrues qu'on attendait de
France vinrent trop tard. Les troupes que commandait le
maréchal de Broglie étaient diminuées au point que dans

une revue de quarante-six bataillons qui devaient composer près de trente mille hommes, on n'en compta que douze mille.

Le reste de l'armée était dispersé, tandis que le prince Charles de Lorraine et le prince de Lobkovitz réunissaient leurs forces. Pour comble de malheur il y avait aussi peu d'union entre les généraux français qu'entre les alliés. Si les Français, si les Prussiens avaient été d'intelligence avec les Bavarois et les Saxons, il paraît probable qu'étant maîtres de Prague et d'Egra, et de toute la Bohême septentrionale, victorieux à Czaslau et à Sahay, ils seraient demeurés les maîtres de la Bohême. Le maréchal de Belle-Isle, à qui le roi de Prusse écrivait tous les jours avec l'air de la confiance, et beaucoup plus en ami qu'en roi, va trouver ce monarque le 5 juin dans son camp, pour concerter avec lui tout ce qui pouvait servir à la cause commune. Le roi lui dit ces propres mots : « Je vous avertis que le prince Charles s'avance sur M. de Broglie, et que si on ne profite pas de l'avantage qu'on a eu à Sahay, je vais faire ma paix particulière. » En effet, il y avait près d'un an que son accord avec la reine de Hongrie avait été entamé, et sur le point d'être conclu ; et il y avait trois mois que le ministère d'Angleterre avait renoué ces négociations à Breslau et à La Haye. Enfin, les articles du traité étaient rédigés ; et il ne lui manquait que la signature. Le seul moyen pour conserver son allié, c'est d'être assez fort pour se passer de lui. Il s'en fallait beaucoup que l'armée du maréchal de Broglie fût dans cette situation heureuse. Elle périssait par les maladies et par la disette. On fut forcé d'abandonner tous les postes l'un après l'autre. On perdit des provisions et des munitions de toutes espèces, dont une partie fut pillée par les soldats français même, et l'autre par les ennemis. Le prince Charles passa la Moldau, poursuivit un corps de M. d'Aubigné qui se retirait en désordre. Il suit les troupes françaises à Thein, à Piseck, et de Piseck à Pilsen et à Béraun [3]. Ces retraites coûtent aux Français autant de monde au moins qu'une bataille, et augmentent le découragement. Des troupes de houzards inquiétaient sans cesse les marches précipitées. Les équipages étaient pillés. Tout Français écarté de sa troupe était impitoyablement massacré.

Dans ce désordre de tant de corps séparés se précipitant devant l'ennemi, le maréchal de Broglie sauva l'armée en faisant ferme avec environ dix mille hommes contre l'armée du prince Charles, en mettant un ruisseau profond entre ce prince et lui à Vodnien, en dérobant une marche, en se retirant enfin vers Prague avec toutes ses troupes rassemblées. Cette manœuvre fut admirée [4], et ne rétablit point les affaires.

Dans le temps qu'il faisait ainsi tous ses efforts pour n'être pas détruit par les armées du prince Charles et du prince Lobkovitz réunies, il était abandonné par le roi de Prusse. Les premières disgrâces des Français en Bavière et en Bohême avaient fait rédiger le traité; les dernières le firent signer à Breslau le 11 juin. Le roi de Prusse qui avait pris les armes pour conquérir aisément la Silésie, voulut les quitter pour la conserver. La reine de Hongrie, après avoir pu quinze mois auparavant obtenir aux dépens d'une partie de cette province des troupes et de l'argent du roi de Prusse, prévenir la guerre et mettre la couronne impériale sur la tête de son mari, fut trop heureuse alors de céder à la Prusse plus qu'on ne lui avait demandé d'abord et de ne rien obtenir. Elle donna encore le comté de Glatz. Mais si elle n'acquit pas dans le roi de Prusse un allié, elle fut délivrée quelque temps d'un ennemi redoutable.

La veille * de la signature de ce traité qui se consommait à Breslau, le roi de Prusse écrivit au cardinal de Fleury cette lettre, qui fera connaître la conjoncture des affaires et l'esprit qui les dirigeait [5]. « Il n'y a aucun secours à attendre de l'armée du maréchal de Broglie, rien à espérer des Saxons. Trois batailles ne suffiraient pas même pour assurer à l'empereur la conquête de la Bohême; je ne vois dans l'avenir qu'une guerre longue et ruineuse dont tout le poids s'appesantirait sur moi. Car comment résister à la fois à l'argent anglais qui arme toute la Hongrie, et à la reine dont les provinces enfantent tous les jours de nouvelles armées? Dans une situation si critique je me suis vu obligé, quoique dans l'amertume de mon cœur, de me sauver d'un naufrage iné-vitable en regagnant le port comme j'ai pu. On ne condamne personne pour n'avoir pas fait l'impossible. Quant aux choses possibles vous me trouverez toujours également fidèle à mes engagements. (10 juin 1742.)»

Le cardinal de Fleury lui répondit : « Votre Majesté n'a pas trouvé de possibilité à secourir M. de Broglie. C'est à nous à nous conformer à ses lumières et à sa prudence. On a fait de grandes fautes, il est vrai, il serait inutile de les rappeler; mais si nous eussions réuni toutes nos troupes, le mal n'eût pas été sans remède. Il ne faut plus penser qu'à la paix. Nous envoyons un plein pouvoir à M. le maréchal de Belle-Isle pour souscrire à tout ce que vous aurez arrêté. Nous connaissons trop votre bonne foi et votre générosité pour avoir le moindre soupçon que vous puissiez nous aban-donner après les preuves authentiques de notre fidélité. Votre Majesté devient l'arbitre de toute l'Europe. C'est le personnage le plus glorieux qu'elle puisse jamais faire. Achevez de le consommer en ménageant vos alliés et les intérêts de l'empereur autant qu'il vous sera possible. C'est tout ce que je peux vous dire dans l'accablement où je me trouve. »

L'empereur fut abandonné dans ce traité, et il ne fut pas fait la moindre mention de la France. Une des conditions de la paix fut que la Saxe y serait comprise, pourvu que dans le terme de seize jours depuis la signification du traité leurs troupes abandonnassent les Français. Ainsi cette paix parti-culière du roi de Prusse fit sa grandeur et la ruine de l'empe-reur.

L'armée de Saxe se retira longtemps avant le temps pres-crit. Les Français restèrent les seuls protecteurs de l'empe-reur et les seuls exposés. Francfort où il avait été couronné lui servait d'asile. En vain le maréchal de Belle-Isle, quoique malade, avait passé du camp du roi de Prusse à la cour de Dresde; en vain le maréchal de Broglie avait rassemblé ses troupes considérablement recrutées. Il y avait peu de subordination dans son armée. On se voyait pour les intérêts d'autrui dans un pays étranger, sans alliés et sans secours. On avait à combattre le prince Charles, supérieur par le nombre, aimé de son armée et des peuples. L'avantage de parler la langue du pays où l'on fait la guerre est encore très grand. On reçoit plus tôt des avis et en plus grand nombre. Le compatriote est toujours favorisé et l'étranger toujours trahi. Il y avait un autre inconvénient qui seul pouvait faire perdre une armée et un Etat. Le maréchal de Belle-Isle, qui arriva à la fin du mois de juin de Dresde à Prague, avait la patente de général en Bohême, et le maréchal de Broglie, qui avait sous Prague une partie des bataillons même destinés d'abord pour la Bavière, voulait en qualité de plus ancien maréchal retenir le commandement. Il se trouva donc deux généraux sans que les principaux officiers sussent auquel il fallait obéir. Le cardinal de Fleury conserva au maréchal de Belle-Isle sa patente et au maréchal de Broglie son commandement. Ils restèrent dans cette situation équivoque et cependant le service n'en souffrit pas beaucoup, ce qui est encore plus rare que ce partage d'autorité [6].

Les Français, tout abandonnés qu'ils étaient, se voyaient encore dans les plus importantes places de leurs conquêtes. Mais tandis que la Bohême était le théâtre de ces révolutions, les Hongrois maîtres de la capitale de la Bavière y vivaient avec toute la licence et toute la cruauté d'une milice effrénée. La ville était rançonnée, les villages voisins ravagés, les peuples au désespoir. Le roi de France n'abandonnait point l'empereur; et tandis qu'il lui conservait Prague et Egra, le duc d'Harcourt secourait la Bavière à la tête d'environ quinze mille hommes. Cette diversion avait causé pour un moment la délivrance de Munich.

Le général autrichien Kevenhuller ayant rassemblé ses

troupes dégarnit Munich même dans le mois d'avril. Les habitants, irrités contre la garnison, en égorgèrent une partie lorsqu'elle sortit, fermèrent les portes de cette ville presque ouverte et se retranchèrent; mais quelques jours après ils furent obligés de se rendre pour la seconde fois, et de livrer leurs armes (6 mai 1742). Il en coûta la vie à plusieurs citoyens massacrés par les pandours. Les autres en furent quittes pour une partie de leurs biens [7]. Les troupes bavaroises étaient toujours battues. Le duc d'Harcourt fit beaucoup de se maintenir le long du Danube contre un ennemi supérieur.

C'était sur Prague alors que toute l'Europe avait les yeux. Les deux maréchaux, ayant reçu des renforts, y étaient avec environ vingt-huit mille hommes effectifs rassemblés après tant de désastres soit dans la place même, soit sous les murailles. Le prince Charles de Lorraine vint se présenter devant cette ville le 27 juin 1742. Il avait près de quarante-cinq mille hommes, et le général Festelitz lui amena près de dix-huit mille Hongrois qui avaient été occupés en Silésie, et que la paix du roi de Prusse laissa en liberté d'agir.

On n'avait point encore vu une armée de soixante mille combattants en assiéger une de vingt-huit mille. Mais plus cette espèce de garnison était nombreuse et la ville peuplée, plus on présumait avec raison que les vivres et les munitions lui manqueraient. Il n'y eut point d'efforts que ne fît la reine de Hongrie pour recouvrer cette capitale. Elle donna tous les chevaux de ses écuries pour conduire l'artillerie et les munitions de guerre devant Prague. Les seigneurs de sa cour donnaient les leurs à son exemple ou payèrent de leur argent ceux des rouliers. Plus cette cour s'était épuisée, plus elle avait d'espérance. La reine s'était fait faire un habit d'amazone pour entrer à cheval dans Prague, en triomphe, à la tête de son armée victorieuse *.

Le ministère de France obligea le maréchal de Belle-Isle d'offrir aux Autrichiens d'évacuer la place, pourvu qu'on permît à toutes les troupes qui étaient en Bohême de se retirer, et que les Autrichiens de leur côté évacuassent la Bavière. Cette proposition semblait le préliminaire d'une paix générale; mais les Autrichiens étaient bien éloignés de l'accepter; car dans la seconde conférence le maréchal de Koenigseck déclara au maréchal de Belle-Isle que la reine sa maîtresse espérait avoir enfin l'armée française prisonnière de guerre. Presque tout manquait hors le courage. La viande de boucherie y coûtait à la fin de juillet quatre francs la livre. On mangeait du cheval aux meilleures tables; la disette du fourrage força de tuer ou d'abandonner aux ennemis plus de quatorze mille chevaux. Les ducs de Biron, de Chevreuse, de Luxembourg, de Boufflers, de Fleury, le comte de Clermont-Tonnerre, maître de camp général de la cavalerie, M. de Séchelles, intendant de l'armée, envoyèrent leur vaisselle à la monnaie de Prague pour soulager l'officier et le soldat. Se trouver ainsi loin de sa patrie au milieu d'un peuple dont on n'entend pas la langue et dont on est haï, être exposé à toutes sortes de disettes, n'être pas sûr d'être secouru, n'avoir pour entretien que celui des fautes passées et les dangers présents, c'était là le sort où les Français étaient réduits dans Prague. Les retranchements furent foudroyés par cent pièces de canon et trente-six mortiers (27 août 1742). Mais les Autrichiens n'ayant aucun bon ingénieur avançaient mal leurs ouvrages. Les boyaux de leurs tranchées étaient trop longs et trop larges. Les Français profitaient de ces fautes. On faisait des sorties tous les jours. Celle du 22 août fut la plus mémorable. Ce fut une vraie bataille : douze mille assiégés attaquèrent les assiégeants, s'emparèrent d'une batterie de canon, firent deux cents prisonniers, comblèrent les travaux, prirent le général Monty, tuèrent plus de quinze cents hommes, et en mirent plus de deux mille hors de combat. Le duc de Biron, le prince de Deux-Ponts, frère du duc régnant, le prince de Beauvau furent blessés dans cette journée. Le marquis de Tessé, premier écuyer de la reine, et son lieutenant-colonel furent tués l'un auprès de l'autre. Le marquis de Clermont, colonel du régiment d'Auvergne, le marquis de Molac, colonel de Berry, y laissèrent la vie [8].

Cette grande action coûta cher, mais elle étonna les Autrichiens. Ils n'osèrent jamais tenter d'emporter aucun des faibles ouvrages qui ne méritaient pas le nom de fortifications. Ils se contentèrent de faire jouer leurs batteries, mais inutilement, et sans jamais faire aucune brèche. La place fut plutôt investie qu'assiégée. Mais enfin la perte de tous les Français qui étaient dans Prague et dans Egra semblait inévitable avec le temps. Il n'y avait plus qu'une ressource : c'était d'envoyer à leur secours cette armée d'environ quarante mille hommes qui sous les ordres du maréchal de Maillebois avait forcé le roi d'Angleterre à signer sa neutralité apparente, et qui tenait la Hollande et le Hanovre en respect. Mais cette armée était à deux cents grandes lieues de Prague. Le marquis de Fénelon, ambassadeur en Hollande, proposa cet avis; il avait ses inconvénients, mais il avait aussi ses avantages. On fut alors dans la perplexité la plus embarrassante. La France qui peut aisément mettre sous les armes et entretenir trois cent mille hommes pendant plus de dix années sans s'épuiser, n'en avait guère plus de vingt mille dans le cœur du royaume. On avait à plusieurs reprises envoyé en Allemagne le fond de deux cent douze escadrons et de cent dix-sept bataillons recrutés de temps à autre. Ces troupes, répandues à Prague et à Egra, en Bavière, dans le haut Palatinat, étaient plus d'à moitié fondues. Le comte de Saxe, qui commandait alors en Bavière, écrivait à la cour qu'il n'avait pas cent cinquante hommes par bataillon.

C'était pour secourir, pour dégager ces armées dispersées, affaiblies et prêtes d'être anéanties qu'il s'agissait de faire passer l'armée florissante et complète du maréchal de Maillebois, composée de quarante et un bataillons et de soixante et quinze escadrons, de trois mille Palatins, de trois mille Hessois avec trois compagnies franches [9] d'infanterie et deux de dragons. On voyait que si toutes ces forces réunies avaient agi d'un concert unanime quand la Prusse et la Saxe les secondaient, on aurait réussi à tout; mais on n'avait en effet réussi à rien. Si l'armée du maréchal de Maillebois allait encore des bords du

Rhin s'enfoncer dans la Bohême, le royaume restait dégarni. Les Hollandais seuls pouvaient alors être redoutables, et pénétrer sur les frontières de France avec quarante mille hommes. L'ambassadeur Fénelon répondait de la neutralité des Etats Généraux; mais le roi d'Angleterre pouvait entrer en Flandre avec une armée formidable. On consulta les plus anciens généraux et les plus habiles *. Le roi se détermina pour ce parti nécessaire et hasardeux [10], sentant bien qu'on ne peut faire de grandes choses qu'en risquant de grandes pertes. Il restait encore un violent embarras. Par où fallait-il faire passer cette armée? Et où la conduire? L'empereur Charles VII voulait s'en servir et la commander lui-même dans ses Etats, et il écrivait qu'en délivrant sa Bavière c'était délivrer Prague, qu'infailliblement les Autrichiens lèveraient le siège dès que l'armée de secours serait sur le Danube. Mais le ministère de France ne pouvait mettre sa seule ressource entre les mains d'un empereur qui s'était peu défendu lui-même. Le cardinal de Fleury lui écrivit pour l'en détourner. La seule raison qu'il allègue dans sa lettre du 19 août est conçue dans ces termes : « Conviendrait-il à un empereur de ne pas paraître à la tête de nos armées avec tout l'éclat et l'équipage que sa dignité exige? » C'était là une étrange raison et qui ne s'accordait guère avec six millions que le roi de France donnait par an à l'empereur. Le maréchal de Maillebois voulait porter son armée de secours en Bavière, où il devait trouver plus de vivres que vers les défilés arides de la Bohême *. Mais le grand objet d'entrer en Bohême prévalut dans le conseil. Le roi avait pour objet * la gloire de soutenir l'empereur qui devait tout à la France, et de délivrer ses propres troupes, qui, ayant donné Prague à ce prince, étaient bloquées au milieu de la conquête qu'elles avaient faite pour lui.

CHAPITRE V *

NEGOCIATIONS DU CARDINAL DE FLEURY. DISPOSITIONS DES MINISTERES AUTRICHIENS ET ANGLAIS. UNE ARMEE FRANÇAISE SE PORTE VERS LA BOHEME SANS Y ARRIVER. RETRAITE DE PRAGUE

L'INTENTION du cardinal était que l'armée de secours servît à ranimer les autres; et cependant il tentait toutes les voies de conciliation. Il fit sonder le roi George second, qui avait été l'année précédente obligé de demeurer neutre dans la cause qui tenait le plus au cœur des Anglais. On espérait encore quelques succès par la négociation; mais le temps était passé. Le célèbre Robert Walpole, qui avait gouverné l'Angleterre sous les rois George I et George II, venait d'être forcé par la nation de se démettre de ses emplois parce qu'il avait été pacifique. Ses plus grands ennemis convenaient que jamais ministre n'avait mieux entendu les finances, mieux remué ces grandes compagnies de commerce qui font la base du crédit des Anglais, mieux ménagé les parlements; mais ses plus grands amis convenaient que personne avant lui ne s'était plus servi de l'argent de la nation pour gouverner les parlements. Il ne s'en cachait pas et l'auteur de ces mémoires lui a entendu dire : « Il y a une drogue avec laquelle on adoucit toutes les mauvaises humeurs; elle ne se vend aujourd'hui que dans ma boutique. » Ces paroles, qui ne sont ni d'un esprit ni d'un style élevé, exprimaient son caractère. La guerre n'avait jamais été de son goût; il avait toujours pensé qu'elle serait l'écueil de sa fortune. « Je réponds, disait-il, de gouverner un parlement en temps de paix; je n'en réponds pas en temps de guerre. » Le cardinal de Fleury avait souvent profité de cette crainte, et conservé la supériorité dans les négociations [1]. C'était ce que le parti ennemi de Robert Walpole lui reprochait. On ne cessait encore de se plaindre des délais qu'il avait mis à déclarer la guerre à l'Espagne; étrange sorte de crime d'avoir voulu conserver la paix à une nation commerçante. Ce parti n'était pas seulement celui des torys, toujours ennemis des whigs. C'était un assemblage de whigs et de torys également mécontents ou voulant l'être. Cette faction s'appelait « le parti du pays » par opposition à celui de la cour, division pareille à celle qu'on a vue presque toujours en Pologne, et récemment en Suède; car en tout Etat le ministère excite des jalousies et des plaintes; et si elles s'évaporent en vains murmures dans les monarchies absolues, elles deviennent de vraies factions dans les gouvernements mixtes.

Le parti du pays se plaignait hautement que George second eût sacrifié, par son traité de neutralité, la gloire de la Grande-Bretagne à la conservation du Hanovre, et faisait tout retomber sur le ministre Walpole, qui n'avait eu aucune part à ce traité nécessaire et passager, fait uniquement pour être rompu. On avait attaqué ce ministre en plein parlement longtemps avant ce traité. M. Sandis, membre comme lui de la chambre des communes, lui dit tout haut le 23 février 1741 : « Préparez-vous; car dans trois jours je vous accuserai. » — « J'accepte le combat, répondit le ministre, pourvu qu'on se batte avec honneur », et il cita ce vers d'Horace : *Nil conscire sibi, nulla pallescere culpa* [2].

En effet, au jour nommé, son accusateur proposa à la chambre de supplier le roi d'éloigner pour jamais le chevalier Walpole de ses conseils et de sa personne. Dans le même instant le lord Carteret faisait la même proposition dans la chambre des pairs. Cette question fut agitée dans les deux chambres jusqu'à minuit. C'était une injustice manifeste de vouloir la punition d'un homme avant de l'avoir convaincu de la mériter. Le parti le plus juste l'emporta dans la chambre haute et dans la basse. Le chevalier Walpole se maintint donc encore; mais les sept années pendant lesquelles subsiste l'élection des communes assemblées en parlement étant expirées, de nouveaux membres ayant été élus et le parti du pays s'étant fortifié, le ministre qui s'était soutenu vingt ans contre tant d'ennemis, vit qu'il était temps de céder. Le roi le fit pair de la Grande-Bretagne sous le nom de comte d'Oxford; et trois jours après il se démit de tous ses emplois (19 janvier 1742).

On le poursuivit alors juridiquement. On lui demanda compte d'environ trente millions [a] de livres dépensées pendant dix ans pour le service secret, parmi lesquelles on spécifiait douze cent mille francs donnés aux écrivains de gazettes et à ceux qui avaient employé leurs plumes en faveur du ministère.

Le roi outragé par cette accusation l'éluda en prorogeant le parlement, c'est-à-dire en suspendant ses séances en vertu de la prérogative de la couronne.

Celui qui eut alors le plus grand crédit fut ce même lord Carteret qui avait accusé Walpole dans la chambre des pairs. Le roi se servit de lui pour faire voir qu'il était en effet aussi porté à la guerre que la nation, et pour la mieux gouverner en secondant ses passions.

Milord Carteret, autrefois secrétaire d'Etat, puis vice-roi d'Irlande, était l'un des plus savants hommes d'Angleterre, parlant très bien plusieurs langues vivantes, surtout le français et l'espagnol, homme plein de hardiesse et d'art, actif, infatigable, prodigue dans l'occasion des trésors de l'Etat, et aussi porté à la guerre par sa faction et par son goût que Walpole avait penché vers la paix. Il n'eut point la place de Walpole qui est celle de grand trésorier sous un autre titre; mais il reprit son ancienne place de secrétaire d'Etat du Nord, et il eut d'abord plus de crédit que Walpole n'en avait jamais eu.

Le cardinal lui fit faire quelques ouvertures sur un accommodement; il alla même jusqu'à lui proposer la médiation; mais le lord Carteret n'y répondit qu'en engageant le parlement à donner de l'argent au roi pour lever des troupes, pour sou-

---

a. On compte toujours dans cet ouvrage en monnaie de France.

doyer celles d'Hanovre, pour en acheter en Danemark et dans la Hesse, qui était toujours prête à vendre des hommes aux deux partis, pour augmenter les subsides de la reine de Hongrie, pour s'unir à la Sardaigne et la payer, pour ménager une conspiration à Naples, envoyer des flottes dans la Méditerranée et en Amérique. Il se proposait de faire céder au roi d'Angleterre, en Allemagne, les évêchés d'Osnabruck et d'Hildesheim en propriété, et enfin de le rendre l'arbitre de tout dans les deux mondes.

Le cardinal de Fleury, s'adressant d'un côté à une cour si fière, s'adressait de l'autre au général même qui assiégeait Prague. Il écrivit au feld-maréchal de Kœnigseck dès le 11 de juillet une lettre qu'il lui fit rendre par le maréchal de Belle-Isle. Il s'excusait dans cette lettre de la guerre entreprise, et il disait qu'il avait été entraîné au delà de ses mesures. « Bien des gens savent, dit-il, combien j'ai été opposé aux résolutions que nous avons prises, et j'ai été en quelque façon forcé d'y consentir. Votre Excellence est trop instruite de tout ce qui se passe pour ne pas deviner celui qui mit tout œuvre pour déterminer le roi à entrer dans une ligue qui était si contraire à mon goût et à mes principes. »

Pour toute réponse, la reine de Hongrie fit imprimer la lettre du cardinal de Fleury. Il est aisé de voir quels mauvais effets cette lettre devait produire. Elle rejetait évidemment tout le reproche de la guerre sur le général chargé de négocier avec le comte de Kœnigseck, et ce n'était pas rendre sa négociation facile que de rendre sa personne odieuse. Elle avouait quelque faiblesse dans le ministère, et c'eût été bien mal connaître les hommes que de ne pas prévoir qu'on abuserait de cette faiblesse. Le cardinal, voyant sa lettre imprimée, en écrivit une seconde dans laquelle il se plaint au général autrichien de ce qu'on a publié sa première lettre, et il lui dit « qu'il ne lui écrira plus désormais ce qu'il pense [3] ». Cette seconde lettre lui fit encore plus de tort que la première. Il les fit désavouer toutes deux dans quelques papiers publics, et ce désaveu qui ne trompa personne mit le comble à ces fausses démarches, que les esprits les moins critiques excusèrent dans un homme de quatre-vingt-sept ans fatigué des mauvais succès.

Enfin l'empereur fit proposer à Londres des projets de paix et surtout ces mêmes sécularisations d'évêchés en faveur d'Hanovre. Le ministre anglais ne croyait pas avoir besoin de l'empereur pour les obtenir. On insulta à ses offres en les rendant publiques, et l'empereur fut réduit à désavouer ses offres de paix, comme le cardinal de Fleury avait désavoué la guerre.

La querelle alors s'échauffa plus que jamais. La France d'un côté, l'Angleterre de l'autre, parties principales en effet sous le nom d'auxiliaires, s'efforcèrent de tenir à main armée la balance de l'Europe. La cour d'Angleterre, vers le printemps de 1742, fit passer en Flandre seize mille Anglais, seize mille Hanovriens, six mille Hessois qui, joints avec environ quinze mille Autrichiens, composèrent une armée formidable. Le général était milord Stair, officier formé autrefois sous le duc de Marlborough et depuis ambassadeur en France.

L'Angleterre voulait, avant que de frapper ses coups, entraîner la Hollande dans cette querelle; mais les Etats Généraux s'en tenaient alors aux traités qui leur permettent de ne donner que de l'argent à la reine de Hongrie. Ils ne voulaient point encore fournir de troupes.

Deux partis divisaient alors la Hollande. L'un voulait conserver la paix, l'autre respirait la guerre, un troisième, alors moins connu mais qui se fortifia de jour en jour, désirait un changement de gouvernement et voulait un stathouder; mais ce parti n'osait encore se déclarer ouvertement devant les deux autres. L'amour de la liberté l'emportait sur la reconnaissance que ces peuples avaient pour le sang des Nassau et sur les brigues du prince d'Orange. Ces principes, ce partage des esprits, cette lenteur ordinaire aux républiques quand elles ne sont pas dans un danger pressant, empêchaient les Hollandais de joindre leurs forces à celles de la reine de

Hongrie et du roi George. Les partis qui divisaient cette république étaient plutôt alors des différences dans les sentiments que des comportements de faction. Cet esprit turbulent, qui dans une circonstance à peu près semblable avait fait déchirer les frères de Witt par le peuple, semblait ne subsister plus. Le petit-fils du pensionnaire de Witt, opposé comme lui à la guerre, allait tranquillement à pied au conseil. Il y eut peu de délibérations tumultueuses; mais elles étaient toutes sans projet arrêté; et lorsque les Etats avaient pris la résolution d'augmenter leurs troupes de vingt mille hommes à tout événement (au mois de mars 1742), aucun des régents ne pouvait savoir encore s'ils étaient déterminés à la guerre [4].

Le comte de Stair qui commandait l'armée anglaise à Bruxelles excitait en vain les Hollandais. Il n'obtint que des promesses vagues *. Milord Stair était assez fort pour entrer en France sans leurs secours; son armée en comptant les Autrichiens était de plus de quarante-huit mille hommes. Il voulait absolument aller prendre Dunkerque dont les fortifications étaient faibles du côté de terre par la nature du terrain qui est tout de sable. Il est certain qu'on craignait en France pour Dunkerque. Les Anglais ne cessaient de crier à La Haye qu'on avait rétabli les fortifications du port de cette ville. Ils demandaient vengeance de cette prétendue infraction du traité d'Utrecht. Le maréchal de Puységur conseilla au cardinal de Fleury de proposer aux Hollandais le séquestre de Dunkerque entre leurs mains jusqu'à la paix. Une proposition si franche, et en même temps si adroite, devait engager les Hollandais à se porter pour arbitres, et jamais pour ennemis. Le marquis de Fénelon leur fit cette proposition (29 août); mais le parti anglais, qui n'avait pas encore assez d'autorité pour forcer les Hollandais à la guerre en eut assez pour les empêcher d'accepter un honneur qui les eût nécessairement rendus neutres.

Cependant il ne tenait qu'à l'armée de Bruxelles d'entrer en France. Le roi d'Angleterre voulut temporiser et attendre que la Hollande fût entièrement déterminée. Ce fut une des plus grandes fautes qu'on fit dans cette guerre. Je fus témoin alors de l'étonnement et de la douleur de milord Stair, qui dit que le roi son maître perdait une occasion qu'il ne retrouverait jamais [5]. On ne fit donc rien ni en Flandre ni sur le Rhin. C'était sur la Bohême que tout le monde avait les yeux. Les maréchaux de Broglie et de Belle-Isle étaient toujours maîtres de Prague et toujours assiégés. L'armée du maréchal de Maillebois marchait à leur secours par la Westphalie, la Franconie et les frontières du haut Palatinat. Le prince Charles sur la nouvelle de la marche de cette armée, leva le siège de Prague, la laissa bloquée et courut défendre l'entrée de la Bohême (14 et 15 septembre 1742).

Ce fut dans ce temps même qu'un partisan nommé Trenck, à la tête d'un ramas de pandours et de talpaches et de croates, prit sur les frontières du haut Palatinat la ville de Chamb qui tenait encore pour l'empereur, passa tous les habitants au fil de l'épée et réduisit la ville en cendres après l'avoir abandonnée au pillage, et avoir pris, dit-on, pour sa part, une somme de trois cent mille florins d'Allemagne, qui étaient en dépôt dans cette place [6]. Ces mêmes brigands, ayant rencontré un convoi de malades français conduits par quelques soldats, massacrèrent les conducteurs et les malades. C'est avec cette férocité de sauvages que les troupes irrégulières de Hongrie faisaient partout la guerre.

On craignait en France que Prague et Egra n'eussent bientôt la même destinée; mais on espérait en l'armée du maréchal de Maillebois. La nouvelle de la levée du siège tourné en blocus, fit renaître la confiance dans la cour de Francfort *. Enfin, l'armée de secours était arrivée au commencement de septembre sur les frontières de la Bohême. Jusque-là toutes les mesures étaient heureusement prises. Le comte de Saxe devait joindre cette armée avec le corps qu'il commandait alors en Bavière. Ce corps n'était à la vérité que de vingt-sept bataillons très faibles et de trente escadrons. Mais c'était beaucoup avec l'armée nouvelle. Le comte de Saxe, qui passait déjà pour bien prendre son parti dans toutes les occasions, venait d'échapper en Bavière, avec ses troupes, au général Keven-huller qui le tenait enfermé, et par une marche habile il s'était avancé aux frontières de la Bohême, tandis que le maréchal de Maillebois approchait de l'autre.

Déjà le duc d'Harcourt, avec un détachement des troupes du comte de Saxe, avait pris la petite ville de Plan à l'extrémité occidentale de la Bohême (19 septembre), et on y avait fait quatre cents prisonniers de guerre. Le comte de Saxe avait fait ensuite évacuer Plan, et pris un autre poste qu'on nomme Elbogen (23 et 24 septembre). Ses troupes avaient joint la grande armée. Bientôt après, on se trouva en présence des Autrichiens (26 septembre). On pouvait livrer bataille. C'était un coup hasardeux. Si on la perdait, on n'avait ni retraite sûre, ni subsistances. Le ministre avait écrit deux fois au maréchal de Maillebois : « Evitez de commettre l'honneur des armées du roi, et n'engagez point d'affaires dont le succès puisse être douteux [7]. »

Non seulement il n'y a aucune affaire dont le succès ne puisse être très douteux, mais les difficultés croissaient tous les jours pour les subsistances, parce que les ennemis avaient pillé un magasin. On voulait s'ouvrir un chemin vers Prague par Caden sur la rivière de l'Eger, en laissant derrière soi Egra et Elbogen. Quand on se serait porté à Caden, le chemin vers Prague paraissait facile. On pouvait recevoir des vivres de la Saxe. On s'attendait * en France à cette démarche; mais il est difficile de juger de si loin des opérations d'une campagne [8]. Toute la Bohême est ceinte de montagnes escarpées, qui ne laissent de passage que par des gorges où cent hommes peuvent arrêter une armée. On n'avait de pain que jusqu'au 24 octobre; et il fallut réduire le soldat à la demi-ration en lui donnant un quarteron de viande. On tenta le défilé de Caden. L'artillerie ne put passer *. Les murmures, l'indiscipline, la mésintelligence, la disette, tout fut un obstacle. On assemble un conseil de guerre le 17 octobre. Tous les officiers généraux sont d'avis de rétrograder *. On revint à ce qu'on avait proposé avant la marche en Bohême, d'aller sur le Danube sauver la Bavière et inquiéter l'Autriche; ainsi l'armée put à peine toucher le terrain de la Bohême. Fatiguée et diminuée par une marche longue et pénible, elle tourna vers la Bavière (27 octobre). C'était encore beaucoup d'y avoir ces nouvelles troupes, qui, jointes à celles du comte de Saxe, composèrent environ cinquante mille combattants. La cour envoya le maréchal de Broglie les commander.

Ce général passa par la Saxe avec cinq cents cavaliers. Il arriva à Nuremberg le 12 novembre et prit le 22, à Dingelfing en Bavière, le commandement de l'armée.

Le maréchal de Belle-Isle restait dans Prague où il occupait les Autrichiens. L'armée de secours prenait alors nécessairement la supériorité en Bavière. Munich était déjà délivrée une seconde fois (6 octobre). L'empereur y était rentré. Il avait encore dix à douze mille hommes. On était maître du cours du Danube l'espace de plus de trente lieues, depuis Ulm jusqu'auprès de Passau. On avait en Bohême Egra et Prague. On conservait le petit cercle de Leutméritz entre Prague et la Saxe. Les affaires de l'empereur pouvaient encore se rétablir; mais bientôt après Leutméritz fut pris et le maréchal de Belle-Isle se trouva enfermé dans Prague avec le reste d'une armée entière réduite à environ dix-sept mille hommes sans subsistances, sans argent, sans espérance de secours. Il n'en avait plus à espérer que de lui-même et de la bonne volonté de plusieurs officiers qui répondaient à la sienne : « Je ne saurais, dit-il dans sa lettre du 28 octobre, louer assez à cette occasion le zèle de M. le duc de Chevreuse, de M. le duc de Fleury et de M. le marquis de Surgères, qui ont vendu tout ce qui leur restait pour remonter les dragons. » Le maréchal de Belle-Isle, secondé de son frère, fit entrer des vivres dans Prague, s'ouvrit des passages, battit les partis ennemis, les écarta plus de six lieues à la ronde, mit dans la ville une police sévère, et dans les troupes une discipline exacte, ce qui n'était pas le plus facile de ses travaux.

Quand on voit par les mémoires du siège à quelles extrémités on était réduit, à quels murmures les troupes se livraient, quelles divisions régnaient dans les esprits, combien la disette les aigrissait, combien une si longue misère les décourageait, on s'étonne qu'il y ait eu tant de ressources. M. de Séchelles manquait d'argent et ne laissa jamais manquer les hôpitaux. C'était là que les plus pressants secours étaient nécessaires. Il y mourait vingt soldats par jour, l'un portant l'autre, depuis le mois de juin. Ces pertes jointes à tant d'autres se présentaient continuellement à l'esprit des soldats effrayés de la misère présente, et des maux à venir que l'imagination rend toujours extrêmes.

On était au mois de novembre dans cette situation cruelle, quand le ministère de France ordonna au maréchal de Belle-Isle de tenter l'évacuation de Prague à la vue de l'armée qui la bloquait. Ce général écrivit que ses mesures étaient prises pour tous les ordres qu'on pouvait lui donner [9], que si on voulait qu'il tînt encore quatre mois, il en répondait, que si on voulait qu'il ne sortît qu'avec sa cavalerie, tout était prêt; que si on lui ordonnait de quitter Prague avec toutes ses troupes, il les conduirait toutes à Egra en sûreté malgré l'armée ennemie et malgré la rigueur de la saison. La cour choisit le dernier parti, et il fut exécuté. Ce général avait pendant le blocus remonté sa cavalerie, ses dragons, formé des attelages d'artillerie, des caissons pour les vivres; rien ne lui manquait, mais le danger était extrême.

L'armée du prince de Lobkovitz distribuée dans ses quartiers environnait Prague; tous les habitants de la ville étaient autant d'espions; le froid augmenta jusqu'à devenir intolérable. Il y avait environ deux mille soldats malades, le maréchal l'était lui-même depuis longtemps, et ne pouvait monter à cheval. Cependant au milieu de tous ces obstacles réunis, il fixa sa retraite à la nuit du 16 au 17 de décembre 1742 [10]. Pour la faire avec sûreté il fallait tromper le prince de Lobkovitz, les habitants de Prague, et ses propres troupes. Il envoyait souvent recueillir des grains aux environs, et faisait accompagner ces détachements par du canon et des caissons, afin que quand il sortirait dans cet équipage on en fût moins surpris. Il imposa deux jours avant la retraite des contributions payables dans quatre mois. Le jour du départ il tint les portes fermées. Après avoir fait courir le bruit qu'il sortirait d'un côté pour une expédition, il sortit par un autre, déroba vingt-quatre heures au prince de Lobkovitz, marcha en ordre de bataille, tantôt précédé, tantôt suivi de trente canons, selon que les ennemis pouvaient se présenter à lui. Il perça leurs quartiers, repoussa leurs cuirassiers et pénétra dans le pays avec onze mille hommes d'infanterie et deux mille cinq cents cavaliers. La retraite se fit pendant dix jours au milieu des glaces et des neiges. La cavalerie ennemie inquiétait la marche. Elle était continuellement en tête, en queue et en flanc; mais elle fut toujours repoussée. Si elle avait pu tomber sur les provisions, l'armée entière du maréchal de Belle-Isle était détruite. Pour prévenir ce malheur, il avait partagé en cinq divisions son armée, et chacune avait avec elle ses munitions de guerre et de bouche. A la troisième marche il fut atteint par le prince de Lobkovitz, qui parut à la tête d'un corps de cavalerie au delà d'une plaine où l'on pouvait donner bataille. Le prince de Lobkovitz tint un conseil de guerre dans lequel il fut résolu de ne point attaquer une armée qui se battait avec ce désespoir qui rend le courage invincible. Il fut résolu de lui couper la retraite, et d'aller rompre les ponts sur la rivière d'Egra par où les Français devaient passer. Le maréchal de Belle-Isle choisit un chemin inconnu, qui eût été impraticable en toute autre saison. Il fit passer son armée sur des marais glacés, et le froid fut l'ennemi le plus redoutable. Plus de huit cents soldats en périrent. Un des otages que le maréchal de Belle-Isle avait amenés de Prague avec lui, mourut dans son carrosse. Enfin, on arriva le 26 décembre à Egra par une route de trente-huit lieues. Le même jour les troupes restées dans Prague firent encore une capitulation honorable. Ce même M. de Chevert qui avait monté à l'escalade, demeuré dans la ville pour y commander, avait une garnison d'environ trois mille hommes, dont les deux tiers * étaient malades. Il prit des otages de la ville,

les enferma dans sa propre maison et mit dans les caves des
tonneaux de poudre, résolu de se faire sauter avec eux, si les
bourgeois voulaient lui faire violence. Une telle intrépidité
ne contribua pas peu à lui faire obtenir des conditions hono-
rables du prince de Lobkovitz. Il conduisit avec tous les
honneurs de la guerre sa garnison jusqu'à la ville d'Egra,
excepté les malades qui ne purent suivre, et qui furent abandonnés à la triste destinée d'être prisonniers, quoique leur
état fût digne d'un autre ménagement; ainsi cette ville qu'on
avait prise dans une demi-heure fut heureusement évacuée
après un siège et un blocus de cinq mois [11]. Les Français
seuls et n'ayant plus d'alliés, ne purent conserver la Bohême
à l'empereur, mais ils le remettaient en possession de la
Bavière.

CHAPITRE VI

O N a vu en deux années, depuis la mort du dernier empereur autrichien jusqu'à la fin de 1742, la Bohême, la Bavière et le haut Palatinat pris, repris, et saccagés; la Prusse et la Saxe unies avec la France jusqu'à la paix de Breslau faite en juin 1742, et alors devenues neutres; les autres princes de l'Empire dans le silence; le roi d'Angleterre George second, électeur d'Hanovre, commençant ouvertement en 1742 à rompre sa neutralité forcée, et ses troupes au nombre de quarante-huit mille hommes en Flandre encore dans l'inaction, mais prêtes d'agir; les armées d'Autriche maîtresses de la Bohême à la réserve d'Egra. Mais il y avait encore cinquante mille Français en Bavière et dans le haut Palatinat sous les ordres de M. de Broglie contre pareil nombre d'ennemis, de sorte qu'on ne savait encore si l'empereur bavarois serait vainqueur par les armes de la France, ou s'il conserverait son patrimoine, et même l'Empire.

Il faut remarquer que la France, depuis le mois d'août 1741, avait fait partir au secours de l'Empereur à diverses reprises cent quarante-trois bataillons, et deux cent cinq escadrons sans compter onze compagnies franches, huit de troupes légères, trois mille Palatins, trois mille Hessois. Il faut ajouter à ces troupes les Bavarois eux-mêmes qu'elle payait. On leva encore sur la fin de 1742 trente mille hommes de milice, répartis sur chaque généralité selon le nombre des habitants [1]; sur quoi l'on peut observer que la généralité de

Paris ne fournit que quatorze cent dix hommes, et que la Normandie en fournit trois mille cent quatre-vingt-dix. Cette différence * vient de ce que non seulement cette province est une des plus peuplées; mais de ce que le grand nombre d'artisans et de manœuvres de toute espèce, nécessaires à la subsistance d'une ville immense comme Paris, ne permet pas qu'on tire autant de milices des environs de Paris que de quelques autres généralités.

La France déployait encore d'autres ressources; car outre ce qu'elle payait aux Hessois, aux Palatins, outre les six millions donnés par an à l'empereur, elle donnait des subsides au Danemark pour l'empêcher de fournir des troupes au roi d'Angleterre. Elle continuait d'en payer à la Suède, qu'elle avait aidée dans sa guerre contre la Russie; et sans cette guerre de la Suède avec les Russes, la cour de Pétersbourg aurait pu déjà fournir trente mille hommes aux Autrichiens, comme en effet elle les a fait marcher depuis. On voit quels efforts la France était obligée de faire au dedans et au dehors : il lui fallait armer une partie de l'Europe, et contenir l'autre. La Pologne prenait peu à cœur les intérêts de son roi, électeur de Saxe; et cet électeur depuis sa paix semblait ne prendre plus de part à la querelle de l'Empire. L'empereur turc qui craignait le Shanadir [2], usurpateur de la Perse, et conquérant d'une partie de l'Asie, n'inquiétait point la Hongrie. Telle était la situation du nord et du levant de l'Europe; le midi et l'occident, je veux dire la France, l'Italie, et l'Espagne formaient une autre scène dans laquelle l'Angleterre jouait encore un rôle principal et par l'intérêt de l'équilibre qu'elle affectait toujours de tenir et par celui de son commerce, intérêt plus réel et plus sensible.

On sait qu'après l'heureux temps de la paix d'Utrecht, les Anglais, qui jouissaient de Minorque et de Gibraltar en Espagne, avaient encore obtenu de la cour de Madrid des privilèges que les Français, ses défenseurs, n'avaient pas. Les commerçants anglais allaient vendre aux colonies espagnoles les nègres qu'ils achetaient en Afrique pour être esclaves dans le nouveau monde. Des hommes vendus par d'autres hommes, moyennant trente-trois piastres par tête qu'on payait au gouvernement espagnol, étaient un objet de gain considérable; car la compagnie anglaise en fournissant quatre mille huit cents nègres avait obtenu encore de vendre les huit cents sans payer de droits; mais le plus grand avantage des Anglais, à l'exclusion des autres nations, était la permission dont cette compagnie jouit dès 1716 d'envoyer un vaisseau à Porto-Bello.

Ce vaisseau, qui d'abord ne devait être que de cent tonneaux, fut en 1717 de huit cent cinquante par convention, mais en effet de mille par abus; ce qui faisait deux millions pesants de marchandises. Ces mille tonneaux étaient encore le moindre objet de ce commerce de la compagnie anglaise. Une patache, qui suivait toujours le vaisseau, sous prétexte de lui porter des vivres, allait et venait continuellement : elle se chargeait dans les colonies anglaises des effets qu'elle apportait à ce vaisseau; lequel, ne se désemplissant jamais par cette manœuvre, tenait lieu d'une flotte entière; souvent même d'autres navires venaient remplir le vaisseau de permission et leurs barques allaient encore sur les côtes de l'Amérique porter des marchandises dont les peuples avaient besoin, mais qui faisaient tort au gouvernement espagnol, et même à toutes les nations intéressées au commerce qui se fait des ports d'Espagne au golfe du Mexique. Les gouverneurs espagnols traitèrent avec rigueur les marchands anglais, et la rigueur se pousse toujours trop loin. On confondit quelquefois les innocents avec les coupables. On retint des paiements légitimes aux uns parce que les autres avaient fait des gains injustes. On se plaignait des deux côtés. Plusieurs Anglais exercèrent impunément la piraterie. Ils trouvèrent sur les côtes de la Floride des Espagnols qui repêchaient des galions naufragés, et qui en avaient tiré déjà quatre cent mille piastres; ils tuèrent une partie de l'équipage, et s'emparèrent de tout l'argent. Les Espagnols demandaient justice de ces brigandages au gouvernement anglais de ces contrées, mais souvent les armateurs anglais, quand ils prenaient un vaisseau espagnol, le coulaient à fond avec tout l'équipage après l'avoir pillé afin qu'il ne restât nul vestige de leur crime; d'autres fois, ils allaient vendre dans leurs colonies des Espagnols qu'on faisait esclaves; et quand ces infortunés réclamaient la justice d'un gouverneur anglais, ceux qui avaient vendu les Espagnols en étaient quittes pour dire qu'à leur teint basané ils les avaient pris pour des nègres. Les pirates s'entendaient quelquefois et partageaient leurs rapines avec les juges, et disaient qu'ils étaient jugés par leurs pairs. Les gardes-côtes espagnols se vengèrent souvent de ces hostilités cruelles : ils prirent plusieurs vaisseaux, et maltraitaient les équipages. On négocia beaucoup à Madrid et à Londres pour mettre fin à ces querelles de l'Amérique.

Par la convention du Pardo du 14 janvier 1739, l'Espagne, ayant fait ses comptes avec la compagnie anglaise du Sud, promit de lui payer quatre-vingt dix mille * livres sterling dans quatre mois, déduction faite de ce que la compagnie redevait d'ailleurs; mais cette déduction devint un nouveau sujet de querelle; et des comptes de marchands produisirent une guerre où l'on dépensa des deux côtés cent fois plus que ce qu'on demandait de part et d'autre.

Un patron de vaisseau, nommé Jenkins, vint en 1739 se présenter à la chambre des communes. C'était un homme franc et simple, qui n'avait point fait de commerce illicite, mais dont le vaisseau avait été rencontré par un garde-côte espagnol dans un parage de l'Amérique, où les Espagnols ne voulaient pas souffrir de navires anglais; le capitaine espagnol avait saisi le vaisseau de Jenkins, mis l'équipage aux fers, fendu le nez et coupé les oreilles au patron. En cet état, Jenkins se présenta au parlement; il raconta son aventure avec la naïveté de sa profession et de son caractère : « Messieurs, dit-il, quand on m'eut ainsi mutilé, on me menaça de la mort : je l'attendis, je recommandai mon âme à Dieu et ma vengeance à ma patrie. » Ces paroles prononcées naturellement excitèrent un cri de pitié et d'indignation dans l'assemblée [3]. Le peuple de Londres criait à la porte du Parlement : « La mer libre ou la guerre. » On a déjà dit que le ministre Walpole cherchait à tout concilier. Ses adversaires voulaient tout aigrir. On n'a jamais parlé avec plus de véritable éloquence qu'on parla sur ce sujet dans le parlement d'Angleterre, et je ne sais si les harangues méditées qu'on prononça autrefois dans Athènes et dans Rome, en des occasions à peu près semblables, l'emportent sur les discours non préparés du chevalier Windham, du lord Carteret, du ministre Robert Walpole, du comte de Chesterfield, de M. Poltney, depuis comte de Bath. Ces discours, qui sont l'effet naturel du gouvernement et de l'esprit anglais, étonnent quelquefois les étrangers, comme les productions d'un pays qui sont à vil prix sur leur terrain sont recherchées précieusement ailleurs; mais il faut lire avec précaution toutes ces harangues où l'esprit de parti domine. Le véritable état de la nation y est presque toujours déguisé. Le parti du ministère y peint le gouvernement florissant; la faction contraire assure que tout est en décadence; l'exagération règne partout : « Où est le temps (écrivait alors un membre du parlement) où est le temps où un ministre de la guerre disait qu'il ne fallait pas qu'on osât tirer un coup de canon en Europe sans la permission de l'Angleterre? »

Enfin le cri de la nation détermina le parlement et le roi. On expédia des lettres de représailles aux marchands et aux armateurs. On déclara la guerre à l'Espagne dans les formes à la fin de l'année 1739.

La mer fut d'abord le théâtre de cette guerre dans laquelle les corsaires des deux nations pourvus de lettres patentes allaient en Europe et en Amérique attaquer tous les vaisseaux marchands, et ruiner réciproquement le commerce pour lequel ils combattaient. On en vint bientôt à des hostilités plus grandes.

L'amiral Vernon, l'an 1740, pénétra dans le golfe du Mexique, et y attaqua et prit la ville de Porto-Bello, l'entrepôt des trésors du nouveau monde, la rasa et en fit un chemin ouvert par lequel les Anglais exercèrent à main armée le commerce autrefois clandestin qui avait été le sujet de la rupture (mars 1740). Cette expédition fut regardée par les Anglais comme un des plus grands services rendus à la nation[4]. L'amiral fut remercié par les deux chambres du parlement; elles lui écrivirent, ainsi qu'elles en avaient usé avec le duc de Marlborough après la journée d'Hochstedt. Depuis ce temps, les actions de leur compagnie du Sud augmentèrent malgré les dépenses immenses de la nation. Les Anglais espérèrent alors de conquérir l'Amérique espagnole : ils crurent que rien ne résisterait à l'amiral Vernon, et lorsque quelque temps après cet amiral alla mettre le siège devant Carthagène, ils se hâtèrent d'en célébrer la prise, de sorte que dans le temps même que Vernon en levait le siège. ils firent frapper une médaille où l'on voyait le port et les environs de Carthagène avec cette légende : *Il a pris Carthagène.* Le revers représentait l'amiral Vernon, et on y lisait ces mots : *Au vengeur de sa patrie.** Il y a beaucoup d'exemples de ces médailles prématurées qui tromperaient la postérité si l'histoire plus fidèle et plus exacte ne prévenait pas de telles erreurs.

La France, qui n'avait qu'une marine faible, arrêta pourtant le progrès des Anglais. Elle envoya ses escadres protéger à la fois les vaisseaux et les côtes espagnoles. Les lois des nations ne permettaient pas que les Anglais n'ayant point rompu avec la France attaquassent son pavillon. Ils opposèrent un nouvel artifice à cette nouvelle politique; ils feignirent deux fois de prendre les vaisseaux français pour des espagnols. Ils attaquèrent (19 janvier 1741) près de Saint-Domingue avec six vaisseaux le chevalier d'Epinay qui n'en avait que quatre, et dont chaque bâtiment était encore moins fort en canon qu'aucun des six anglais; ceux-ci ayant été très maltraités par lui, ils finirent le combat en lui demandant pardon de s'être trompés. On n'avait point vu encore donner de combat par méprise. Ils firent depuis la même manœuvre vers le détroit de Gibraltar avec le chevalier de Caylus (15 juin 1741). Ils en furent reçus de même quoiqu'ils fussent cinq contre trois. On s'éprouvait ainsi sans se déclarer ennemis. C'est alors que commençait à s'établir cette politique de faire la guerre en pleine paix, de s'attaquer dans une partie du monde, et de se respecter dans l'autre, d'avoir des ambassadeurs chez ses ennemis, ménagements consolants pour les peuples, et qui, portant au moins la marque de la modération, leur faisaient encore espérer la concorde publique.

La France était en ces termes entre les Espagnols et les Anglais, quand la mort de l'empereur Charles VI mit le trouble dans l'Europe. On a vu ce que produisait en Allemagne la querelle de l'Autriche et de la Bavière. L'Italie fut aussi bientôt désolée pour cette succession autrichienne. Le Milanais était réclamé par la maison d'Espagne. Parme et Plaisance devaient revenir par le droit de naissance à un des fils de la reine, née princesse de Parme. Si Philippe V avait voulu avoir le Milanais pour lui, il eût trop alarmé l'Italie; si on eût destiné Parme et Plaisance à don Carlos, déjà maître de Naples et de Sicile, trop d'Etats réunis sous un même souverain eussent encore alarmé les esprits. Don Philippe, puîné de don Carlos, fut le prince auquel on destina le Milanais et le Parmesan. La reine de Hongrie, maîtresse du Milanais, faisait ses efforts pour s'y maintenir. Le roi de Sardaigne, duc de Savoie, revendiquait ses droits sur cette province : il craignait de la voir dans les mains de la maison de Lorraine entée sur la maison d'Autriche, qui, possédant à la fois le Milanais et la Toscane, pourrait un jour lui ravir les terres qu'on lui avait cédées par les traités de 1737 et 1738; mais il craignait encore davantage de se voir pressé par la France et par un prince de la maison de Bourbon, tandis qu'il voyait un autre prince de cette maison maître de Naples et de Sicile.

Au mois de février 1742 il se détermina à s'unir avec la reine de Hongrie sans s'accorder dans le fond avec elle. Ils se réunissaient seulement contre le péril présent. Ils ne se faisaient point d'autres avantages. Le roi de Sardaigne se réser-

vait même de prendre, quand il voudrait, d'autres mesures.
C'était un traité de deux ennemis qui ne songeaient qu'à se
défendre d'un troisième. La cour d'Espagne envoyait
l'infant don Philippe attaquer le duc-roi de Sardaigne, qui
n'avait voulu de lui ni pour ami ni pour voisin. Le cardinal
de Fleury laissait passer don Philippe et une partie de son
armée par la France; mais il ne voulait pas lui donner de
troupes. Il croyait avoir assez fait d'avoir envoyé des flottes
en Amérique.

Ce ministre, qui un an auparavant avait fait marcher
en deux endroits de l'Allemagne deux armées d'environ quarante mille hommes chacune au secours de l'électeur de
Bavière, semblait craindre alors d'en donner douze mille à un
prince de la maison de France, gendre de Louis XV. On
fait beaucoup dans un temps, on craint de faire même peu
dans un autre. La raison de cette conduite était qu'on se
flattait encore de regagner le roi de Sardaigne qui laissait
toujours des espérances.

On ne voulait pas d'ailleurs alors de guerre directe avec
les Anglais qui l'auraient infailliblement déclarée; car dès
le mois de février 1742, le parlement anglais avait accordé quarante mille matelots à son roi, sur le pied de quatre livres
sterling par mois pour chaque matelot. Ils lui donnaient
des subsides considérables en lui recommandant toujours
expressément la balance de l'Europe. Les Anglais avaient
une flotte nombreuse près de Gibraltar, et une plus forte près
de Toulon; et le cardinal de Fleury, qui jusque-là avait toujours gardé l'ascendant sur l'Angleterre dans les négociations et qui avait longtemps compté sur la supériorité du
cabinet, avait négligé celle de la mer. Les révolutions des
affaires de terre qui commençaient en Allemagne ne lui permettaient pas de braver partout les puissances maritimes. Les
Anglais s'opposaient ouvertement à l'établissement de don
Philippe en Italie sous prétexte de maintenir l'équilibre de
l'Europe; mais lorsqu'en 1702 ils avaient entrepris la guerre
pour donner à l'archiduc Charles d'Autriche l'Espagne, le

nouveau monde, le Milanais, Mantoue, Naples et Sicile, et la Flandre, tandis que son frère Joseph possédait la Hongrie, l'Autriche, la Bohême, et tant d'autres États avec l'Empire, les Anglais alors avaient regardé l'équilibre d'un autre œil.

C'est qu'en effet cette balance bien ou mal entendue était devenue la passion du peuple anglais, mais un intérêt plus couvert était le but du ministère. Il voulait forcer l'Espagne à partager le commerce du nouveau monde ; il eût à ce prix aidé don Philippe à passer en Italie, ainsi qu'il avait aidé don Carlos en 1731. Mais la cour d'Espagne ne voulait point enrichir ses ennemis à ses dépens, et comptait établir don Philippe malgré eux.

Dès le mois de novembre et de décembre 1741, la cour d'Espagne avait envoyé par mer plusieurs corps de troupes en Italie sous la conduite du duc de Montemar, célèbre par sa victoire de Bitonte et ensuite par sa disgrâce [5]. Ces troupes avaient débarqué successivement sur les côtes de la Toscane, et dans les ports qu'on appelle *l'État degli presidii* appartenant à la couronne des Deux-Siciles. Il fallait passer sur les terres de la Toscane. Le grand-duc, mari de la reine de Hongrie, leur accorda le passage, s'étant déclaré neutre dans la cause de sa femme. Le duc de Modène, mari d'une princesse du sang de France, se déclara aussi neutre de son côté. Le Pape Benoît XIV, sur les terres de qui l'armée espagnole devait passer dans ces conjonctures aussi bien que celle des Autrichiens, promit la même neutralité à meilleur titre que personne, en qualité de père commun des princes et des peuples [6].

De nouvelles troupes espagnoles arrivèrent par la voie de Gênes. Cette république se dit encore neutre et les laissa passer. Vers ce temps-là même, le roi de Naples embrassait aussi la neutralité, quoiqu'il s'agît de la cause de son père et de son frère. Mais de tous ces potentats neutres en apparence, aucun ne l'était en effet. Le roi des Deux-Siciles envoyait au duc de Montemar des régiments napolitains à la

solde de l'Espagne. Ce monarque avait été forcé de s'engager
à ne prendre aucune part dans cette querelle, parce que les
côtes de Naples ni Naples même n'étaient à l'abri d'une insulte de la part des escadres anglaises. Il n'avait pas encore
eu le temps de faire de son nouveau royaume un Etat puissant,
tel qu'il le fut autrefois sous les princes normands, et sous
ceux de la maison d'Anjou. Il y avait plus de trois cents ans
que Naples n'avait vu un souverain résidant dans cette capitale toujours gouvernée par des vice-rois, et, changeant souvent de maîtres, elle n'avait pu acquérir cette force que donne
à un Etat un souverain affermi qui le régit en personne. Le
roi avait commencé par y établir l'ordre et le commerce, mais
il fallait du temps pour former une marine et des troupes disciplinées et aguerries; toutefois sa neutralité n'empêchait pas
que l'armée du duc de Montemar ne fût grossie, comme on
l'a dit, de plusieurs régiments napolitains. Par cette conduite
Don Carlos aguerrissait ses soldats et conservait à ses peuples
la liberté du commerce.

Le duc de Modène était déjà secrètement du parti de l'Espagne. Gênes penchait pour elle; et le pape, ayant reconnu
l'empereur immédiatement après son élection, ne paraissait
pas neutre à la reine de Hongrie.

Le comte de Traun, gouverneur du Milanais pour cette
reine, rassembla contre les Espagnols toutes ses forces avec
celles qui lui vinrent du Tyrol. Le roi de Sardaigne dès le
commencement de mars 1742 seconda vivement les Autrichiens et s'avança vers le Parmesan. Charles-Emmanuel III,
roi de Sardaigne et duc de Savoie, paraissait digne d'un plus
vaste Etat que celui qu'il possédait, et qu'il tâchait toujours
d'agrandir : il montrait alors autant de courage, d'activité
dans la cause de la maison d'Autriche qu'il en avait déployé
contre elle dans la guerre de 1733. Il fit voir dans ces deux
grandes guerres de quel prix était son alliance, et qu'il ne fallait rien négliger pour le gagner et pour le détruire; il avait
d'excellents ministres, de bons généraux, et était lui-même
ministre et général, économe dans ses dépenses, adroit dans

sa conduite, infatigable dans le travail, et courageux dans le péril.

Vers le mois de mai 1742, il avait déjà dix-huit mille hommes du côté de Parme et les Autrichiens environ douze mille vers le Bolognois. Le duc de Montemar, un peu plus faible qu'eux, perdait partout du terrain. Le roi de Sardaigne s'avança jusqu'à Modène, il voulut tirer le duc de sa neutralité et le forcer d'embrasser son parti; il lui proposa de concert avec les Autrichiens de leur remettre sa citadelle. Mais ce prince et son épouse eurent trop de courage pour entrer malgré eux dans un parti dont ils n'étaient pas. Ils préférèrent le malheur de perdre leur Etat à la honte de dépendre de ceux qui leur proposaient une vraie servitude sous le nom d'alliance (7 juin 1742). Ils sortirent de leur principauté, et se retirèrent d'abord dans le Ferrarois, tandis que les Autrichiens et les Piémontais s'emparèrent aisément de tout le duché de Modène, et le ruinèrent. C'est ainsi que finit leur neutralité.

A l'égard de celle du pape, si la reine de Hongrie ne le força pas à la rompre, elle l'obligea du moins à lui fournir de quoi faire la guerre sur le territoire même du Saint-Siège. Car dès que ses armes eurent pris le dessus, elle obtint au mois de juin une bulle pour lever la dîme des biens ecclésiastiques dans tous ses Etats d'Italie. Ses troupes, qui poursuivaient le duc de Montemar dans le Bolognois et dans la marche d'Ancone, vivaient aux dépens des sujets du pape. Rome ne put faire mieux respecter sa neutralité. Ce n'était plus le temps où les papes défendaient ou agrandissaient leurs Etats les armes à la main. Plus riches qu'ils n'étaient alors, ils sont moins puissants. Ils n'ont ni généraux ni armées. Occupés depuis deux cents ans d'une politique toute pacifique, ils reçoivent toujours la loi de l'armée la plus voisine de leurs Etats. Il y a quelques années que le cardinal Alberoni voulut remédier à cette faiblesse en proposant d'établir un corps italique dont le pape serait le chef, comme on voit en Allemagne l'empereur à la tête du corps germanique. Mais ce projet était trop grand pour être exécuté; et Rome jusqu'ici n'a trouvé aucun moyen pour être à l'abri des calamités que la guerre porte toujours dans un Etat neutre et sans défense.

A l'égard de la neutralité du roi de Naples, voici quelle en fut la suite. On fut étonné, le 18 août, de voir paraître à la vue du port de Naples une escadre anglaise composée de six vaisseaux de soixante canons, de six frégates, et de deux galiotes à bombes. Le capitaine Martin, depuis amiral, qui commandait cette escadre, envoya à terre un officier avec une lettre au premier ministre qui portait en substance qu'il fallait que le roi rappellât ses troupes de l'armée espagnole, ou que l'on allait dans l'instant bombarder la ville. On tint quelques conférences; le capitaine anglais dit enfin, en mettant sa montre sur le tillac, qu'il ne donnait qu'une heure pour se déterminer. Le port était mal pourvu d'artillerie. On n'avait point pris les précautions nécessaires contre une insulte qu'on n'attendait pas. On vit alors que l'ancienne maxime : *Qui est maître de la mer, l'est de la terre,* est souvent vraie. On fut obligé de signer tout ce que le commandant anglais voulait, et même de le tenir jusqu'à ce qu'on eût le temps de pourvoir à la défense du port et du royaume.

Les Anglais eux-mêmes sentaient bien que le roi de Naples ne pouvait pas plus garder en Italie cette neutralité forcée que le roi d'Angleterre n'avait gardé la sienne en Allemagne.

Le duc de Montemar, qui était venu en Italie pour soumettre la Lombardie, se retirait vers les frontières du royaume de Naples, toujours pressé par les Autrichiens. Alors le roi de Sardaigne retourna dans le Piémont et dans son duché de Savoie, où les vicissitudes de la guerre demandaient sa présence. L'infant don Philippe avait en vain tenté de débarquer à Gênes avec de nouvelles troupes. Les escadres d'Angleterre l'en avaient empêché; mais il avait pénétré par terre dans le duché de Savoie, et s'en était rendu maître. Les syndics de Chambéry lui avaient rendu hommage et il avait défendu sous peine de la vie aux habitants de ce duché d'avoir la moindre correspondance avec leur maître. Le roi Charles-Emmanuel passe les Alpes avec vingt mille hommes; et l'infant, qui en avait alors à peine douze mille, abandonna sa conquête pour se retirer vers le Dauphiné où il attendait des renforts (15 octobre). Ces renforts étant venus, les Espagnols s'emparèrent de la Savoie une seconde fois (décembre 1743). C'est un pays presque ouvert du côté du Dauphiné; il est stérile et pauvre; ses souverains en retirent un million de revenu. Charles-Emmanuel l'abandonna pour aller défendre des pays plus importants.

On voit par cet exposé que tout était en alarmes et que toutes les provinces éprouvaient des revers du fond de la Silésie au fond de l'Italie. L'Autriche n'était alors en guerre ouverte qu'avec la Bavière et l'Espagne *; Naples, Venise, Florence, Gênes, Rome étaient neutres. Les peuples du Milanais, du Mantouan, de Parme, de Modène, de Guastalla regardaient avec une tristesse impuissante toutes ces irruptions et toutes ces secousses, accoutumés depuis longtemps à être le prix du vainqueur, sans oser seulement donner leur exclusion ou leur suffrage. La cour d'Espagne fit demander aux Suisses le passage par leur territoire pour porter des troupes en Italie. Elle fut refusée. La Suisse vend des soldats à tous les princes et défend son pays contre eux. Le gouvernement y est pacifique, et les peuples guerriers.

Une telle neutralité fut respectée. Venise leva de son côté vingt mille hommes pour donner du poids à la sienne.

Toute l'Allemagne semblait indifférente dans la querelle de l'Autriche et de la Bavière. L'électeur de Cologne même n'osait prendre le parti de l'empereur son frère; il craignait le sort du duc de Modène. Si Hanovre prenait parti, ce n'était que comme un pays sujet du roi d'Angleterre, et dont les Anglais payaient les soldats. Les princes allemands même qui vendaient des troupes, n'en étaient pas moins regardés comme neutres. Les terres de l'Empire, sur lesquelles passaient les armées des puissances en guerre, étaient rarement pillées. Les Français payaient tout en argent, les Autrichiens en billets. L'Angleterre et la Hollande conservaient encore

avec la France les dehors de la paix. Il y avait un consul
d'Angleterre à Naples, un ministre de France à Londres,
à La Haye, à Florence, à Turin, à Vienne même, et ces
Etats avaient les leurs à Paris. Mais, dans le fond, les cours
de Vienne, de Londres et de Turin faisaient leurs efforts
pour porter les coups les plus violents à la maison de France.

L'Angleterre pressait plus que jamais la Hollande de se
déclarer, et la France n'omettait rien pour la retenir. Cette
petite république pouvait jouir de la gloire d'être médiatrice
entre la maison de France et la maison d'Autriche. C'était
son intérêt, c'était sa grandeur; mais la faction anglaise qui
dominait à la Haye prévalut; enfin la Hollande manqua
l'occasion unique de jouer le plus beau rôle de l'Europe. Il
arrive souvent qu'un seul homme pense plus sensément que
tout un sénat et que tout un peuple dans des temps de
factions et de préjugés. M. de Van Hoey, ambassadeur des
Etats Généraux à la cour de France, leur représentait sans
cesse que le personnage de pacificateur était le seul qui
convînt à leur intérêt, à leur fortune présente et à leur gloire;
que tôt ou tard, s'ils prenaient un parti contraire, il ne leur
en resterait qu'un repentir inutile. La faction prédominante
à La Haye s'irrita de ces conseils : on lui fit la défense inouïe
de mêler désormais aucune réflexion dans ses lettres. Les partisans de la guerre firent imprimer en Hollande même ses
dépêches pour les exposer au ridicule, parce qu'elles paraissaient plutôt les exhortations d'un philosophe que les
lettres d'un ambassadeur [7]. Mais l'événement a fait voir
qu'ils n'avaient fait que publier leur condamnation.

Il y avait à la vérité quelques membres des Etats Généraux qui pensaient et qui parlaient comme ce ministre, mais
ils étaient peu écoutés. Le mot seul de liberté, le souvenir
de l'irruption de Louis XIV, l'espérance d'abaisser ses
successeurs échauffaient les esprits.

Il ne nous paraît guère vraisemblable que dans le siècle où
nous vivons on ait vu reparaître quelque trace des coutumes

et des mœurs de l'ancienne Grèce; c'est pourtant ce que l'on vit alors en Hollande. M. Guillaume Van Haren [8], jeune gentilhomme député de la province de Frise aux Etats Généraux, composa quelques poèmes allégoriques pour animer la nation contre le roi de France. Ces pièces étaient pleines des plus beaux traits. L'auteur avait su enrichir sa langue et lui donner une harmonie qu'elle n'avait point eue encore. Ses vers, quoique allégoriques, furent entendus par le peuple parce qu'ils étaient naturels et que l'allégorie était claire. On les lisait jusque dans les villages, au milieu de la place publique, après le service divin, et les lecteurs étaient libéralement payés par le peuple, comme autrefois les rapsodistes d'Homère. On excitait * ainsi le peuple par des paroles; et l'Angleterre employait auprès des régents les négociations et les guinées. Les Etats Généraux ordonnèrent enfin la levée de vingt mille hommes; et la République en eut ainsi environ soixante et six mille effectifs sous les armes (2 mars 1743).

Il ne paraissait pas encore que les Sept Provinces dussent avoir un stathouder. Son parti se fortifiait, mais sourdement. On prévoyait bien que ce même peuple, qui demandait la guerre aveuglément et qui forçait ses régents à augmenter leurs troupes, pourrait les forcer un jour à se donner un maître. Mais les magistrats les plus dévoués à la faction anglaise, déterminés à la guerre, l'étaient encore davantage à conserver leur autorité. Ils craignaient plus un stathouder que les armes de la France. Il y parut bien dans la promotion du mois de septembre 1742; car, malgré les instances des provinces de Groningue et de Frise qui demandaient que le prince d'Orange fût nommé général de l'infanterie, les Etats ne le firent que lieutenant général; et ce prince indigné ne voulut pas de ce titre.

Toutes les puissances étaient dans cette situation violente au commencement de 1743. Le cardinal de Fleury, après s'être vu forcé, dans une extrême vieillesse, malgré son caractère pacifique, à donner toutes ces secousses à l'Europe, mourut alors (29 janvier 1743), et laissa les affaires de la guerre, de la marine, et de la politique dans une crise qui avait altéré le bonheur continuel de sa vie, et non la tranquillité de son âme. Il était âgé de quatre-vingt-neuf ans et sept mois; et il avait commencé * à faire les fonctions de premier ministre à l'âge de soixante et treize ans, sans en avoir jamais le titre. Il garda sa place trop longtemps : le fardeau était devenu trop pesant pour ses forces et pour son âge. Il laissa la réputation d'un esprit fin et aimable plutôt que d'un grand génie, et passa pour avoir mieux connu la cour que l'Europe, économe sans être avide de biens, et libéral sans être magnifique [9].

Né sans aucune fortune, et n'en ayant eu que par le don d'un de ses oncles, il avait consommé sur la fin de sa vie en générosités ce qu'il tenait par des bienfaits. Soixante mille livres de rente que lui rendaient deux bénéfices, vingt mille seulement que lui valait sa place au conseil, et quinze mille sur les postes composaient tout son revenu, dont il mettait la moitié à faire du bien en secret, et l'autre entretenait une maison modique et une table frugale. Ses ameublements ne montèrent pas à la valeur de deux mille écus. Cette simplicité qui servit à sa réputation et à sa fortune n'était pas un effort de son âme; les hommes ne font jamais des efforts si longs. Il avait toujours vécu ainsi, uniquement occupé de plaire et de percer dans le monde par les agréments de son caractère et de son esprit. Dès qu'il fut à la cour dans sa jeunesse en qualité d'aumônier de Madame la Dauphine, il eut tous les suffrages pour lui. Son entretien était plein de douceur et de grâces, nourri d'anecdotes agréables et assaisonnées quelquefois d'une plaisanterie fine, qui loin d'être offensante avait quelque chose de flatteur. Il écrivait comme il parlait; on a encore de ses billets écrits quinze jours avant sa mort, qui prouvent qu'il conserva jusqu'à la fin cet esprit d'agrément *.

Quoiqu'il se fût fait beaucoup de ce qu'on appelle amis, ses maximes ni son goût n'étaient pas de prodiguer son amitié. Il n'en donnait jamais que les apparences séduisantes, mais

avec une mesure qui n'avait rien de la fausseté et de l'empressement, et sachant se concilier la bienveillance de tout le
monde sans jamais confier son secret à personne.

Il se démit le plus tôt qu'il put de son évêché, après l'avoir
libéré de dettes par son économie, et y avoir fait beaucoup
de bien par son esprit de conciliation. C'était là les deux
parties dominantes de son caractère. La raison qu'il allégua
à ses diocésains quand il les quitta en 1715, était l'état de
sa santé qui le mettait désormais dans l'impuissance de
veiller, disait-il, à son troupeau. Voilà pourquoi, dans la minorité de Louis XV, il refusa l'archevêché de Reims que le
régent lui offrit. Il répondit au maréchal de Villars, qui le
pressait d'accepter, qu'il n'était pas séant qu'il eût assez de
force pour gouverner l'archevêché de Reims après n'en avoir
pas eu assez pour garder le gouvernement du diocèse de
Fréjus.

Ce petit évêché de Fréjus, loin de la cour dans un pays
peu agréable, gênait trop son goût pour le monde et cette
ambition qui, quoique tranquille dans son cœur, ne laissait pas
d'y dominer; il disait que dès qu'il avait vu sa femme, il avait
été dégoûté de son mariage; et il signa dans une lettre de
plaisanterie au cardinal de Quirini : *Fleury évêque de Fréjus par
l'indignation divine.* Il se démit vers le commencement de
1715. La cour de Rome, toujours très instruite des événements des autres Eglises, sut que le sacrifice volontaire et
absolu de cet évêché était fondé sur le dessein d'être précepteur du jeune Dauphin et sur l'espérance d'une plus grande
fortune. Le pape Clément XI, qui n'en doutait pas, s'en expliqua ouvertement; et en effet le maréchal de Villeroi, après
beaucoup de sollicitations, obtint de Louis XIV qu'il nommât
l'évêque de Fréjus précepteur de son arrière petit-fils par son
codicille. Dès qu'il eut ce poste, il parut ne l'avoir pas
demandé, et se plaignit de l'avoir obtenu. Voici comme il s'en
expliqua dans une lettre au cardinal Quirini : « J'ai regretté
plus d'une fois la solitude de Fréjus. En arrivant j'ai appris
que le roi était à l'extrémité, et qu'il m'avait fait l'honneur

de me nommer précepteur de son petit-fils. S'il avait été en état de m'entendre, je l'aurais supplié de me décharger d'un fardeau qui me fait trembler; mais après sa mort on n'a pas voulu m'écouter; j'en verse des larmes; j'en ai été malade, et je ne me console point de la perte de ma liberté. »

Il s'en consola en inspirant à son élève la confiance qu'on ne pouvait guère refuser à la douceur insinuante de son caractère, et à la modestie de sa conduite. Il conserva dans toutes les agitations de la cour, pendant la minorité, la bienveillance du régent et l'estime générale, ne cherchant point à se faire valoir, ne se plaignant de personne, ne s'attirant jamais de refus, n'entrant dans aucune intrigue. Mais il s'instruisait en secret de l'administration intérieure du royaume et de la politique étrangère. Il fit désirer à la France par la circonspection de sa conduite, par la séduction aimable de son esprit qu'on le vît à la tête des affaires. Les circonstances l'y placèrent enfin, et il en profita avec tant d'apparences de modération, et un art qui semblait si naturel, qu'il parut être placé malgré lui *. Son administration fut moins contestée et moins enviée que celle de Richelieu et de Mazarin dans les temps les plus heureux de leurs ministères *. Le bien de l'Etat s'accorda longtemps avec son goût pour l'économie et pour la paix. On avait besoin de cette paix, et tous les ministres étrangers crurent qu'elle ne serait jamais rompue pendant sa vie.

Quand il parut en 1725 au congrès de Soissons, tous les ministres le regardaient comme leur père. Plusieurs princes et l'empereur Charles VI lui-même lui donnèrent quelquefois ce nom dans leurs lettres. On abusa enfin en 1733 de sa réputation d'homme pacifique. Le grand chancelier de Vienne dit hautement qu'on pouvait tout faire contre le roi Stanislas en Pologne, et que le cardinal le souffrirait. Forcé alors à la guerre, il la fit avec prudence et avec bonheur, et la termina de même. Le traité à la vérité ne satisfit ni l'Espagne ni la Savoie, mais il donna la Lorraine à la France; et, quand il faut choisir entre ses alliés et sa patrie, il n'y a pas à balancer.

Sans avoir de grandes vues, il fit ainsi de grandes choses,

en se laissant conduire aux événements. C'était là son plus grand art. Son caractère, composé de finesse et de patience avec un peu de faiblesse, lui fit craindre et même peu estimer les esprits profonds et actifs qu'il prétendait n'être jamais sans inquiétude. Mais comme cette activité est presque toujours attachée aux grands talents, il écarta trop tous * ceux qui en avaient. Il se défiait plus des hommes en général qu'il ne cherchait à les connaître [10]. Son âge et son caractère le portaient à penser qu'il n'y avait plus en France d'homme de génie et de talent en aucun genre, et que quand il y en aurait eu on pouvait s'en passer, et qu'il était assez indifférent de quelles personnes on se servît; ce qui fut à la fin très préjudiciable *. L'économie qu'il mettait dans sa maison, il voulut autant qu'il est possible l'introduire dans l'administration publique. C'est par cette maxime qu'il négligea d'entretenir une puissante armée navale : il ne croyait pas que l'État en eût besoin contre les Anglais, qu'il avait contenus longtemps par ses négociations. Mais les négociations changent et une marine reste. Le principe de son administration avait été de maintenir la règle dans les finances, et de laisser la France se rétablir d'elle-même, comme un corps robuste qui a éprouvé quelque dérangement, et qui n'a besoin que de régime. Ce sont les expressions dont il se servit en répondant à un grand projet d'innovation dans les finances qu'on lui avait envoyé. Aussi de son temps le commerce laissé à lui-même fut florissant pendant la paix; mais n'étant pas soutenu par ses forces maritimes égales à celles des Anglais, il déchut beaucoup pendant la grande guerre de 1741.

Son gouvernement ne fut signalé au dedans du royaume par aucun établissement, par aucun monument public, par aucune de ces choses éclatantes qui imposent à la nation et aux étrangers. Il ne le fut que par la modération, la simplicité, l'uniformité, la prudence.

Enfin, le plus pacifique de tous les ministres fut entraîné à la guerre la plus violente; et le plus ménager des trésors de la France fut obligé de les prodiguer dans une guerre qui de son temps ne fut que malheureuse.

Le roi fut témoin de ses derniers moments, et il le pleura ; il amena le Dauphin dans sa chambre ; et comme on tenait ce jeune prince éloigné du lit du mourant, le cardinal pria qu'on l'approchât : « Il est bon, dit-il, qu'il s'accoutume à de tels spectacles. » Enfin, après avoir vécu quatre-vingt-dix ans tranquille, il mourut avec fermeté [11].

CHAPITRE VII *

A PEINE le cardinal de Fleury fut-il mort, que le roi, qui s'était instruit de toutes les parties du gouvernement dans un grand détail, prit en main les rênes du royaume [1]. Il songea * à réparer les fautes que le grand âge de son ministre n'avait pu ni prévenir ni réparer. Il avait laissé le maniement des affaires à Fleury, comme Louis XIV à Mazarin, par reconnaissance; et après la mort de son premier ministre il gouverna comme Louis XIV par lui-même, avec un ordre entièrement semblable, mais avec un caractère différent. Louis XIV avait mis dans l'administration publique et dans sa vie privée tout l'éclat d'un faste imposant; Louis XV chercha la gloire avec plus de modestie. Il montra aux puissances étrangères moins de hauteur avec non moins de fermeté, et voulut arriver avec simplicité à un but utile. Engagé dans une guerre entreprise d'abord sous des auspices heureux, mais devenue onéreuse et très difficile, il se résolut fermement à recevoir une paix honorable, à soutenir avec vigueur une guerre nécessaire et à tenir inviolablement sa parole.

Il ne changea rien d'abord aux mesures qu'on avait prises; les mêmes généraux commandèrent.

On prétend que les fautes qui avaient coûté la Bohême, et la Bavière l'année d'auparavant furent commises encore en 1743; que les forces de France et de Bavière s'affaiblissaient d'elles-mêmes, étaient divisées en trop de corps séparés. Les malheurs commencèrent par la mortalité qui se mit dans les troupes françaises en Bavière. Souvent les soldats périssent dans le repos plus que dans le travail; et un des soins les plus importants est de prévenir les maladies. Ils passèrent la fin de 1742 et le commencement de 1743 entassés dans les poêles d'Allemagne. Cela seul en détruisit un très grand nombre. Ce qui nuisit le plus aux affaires, ce fut la mésintelligence entre le maréchal de Broglie et le comte de Seckendorff qui commandait alors les Bavarois. Celui-ci, qui avait en tête le prince Charles, voulait que le général français se dégarnît pour le fortifier; et le maréchal de Broglie occupé par le prince de Lobkovitz refusait souvent ce qu'on lui demandait. L'empereur qui était dans Munich ne pouvait les accorder. Ce prince n'avait pas plus de vingt mille hommes effectifs sous ses ordres; le prince Charles de Lorraine avec ses troupes rassemblées remporte d'abord, vers la rivière d'Inn, une victoire complète auprès de Braunau sur les Bavarois, détruit un corps de huit mille hommes, prend le général Minutzi avec trois autres officiers généraux (9 mai 1743). Les fuyards se retirent à Braunau. Toute la Bavière est bientôt ouverte aux Autrichiens. Marie-Thérèse apprend cette nouvelle le jour même qu'elle est couronnée à Prague, où son concurrent l'avait été si peu de temps auparavant. On ne s'oppose point en corps d'armée aux progrès du prince Charles. Il prend Dinguelfing, Dekendorf, Landau sur l'Iser; il fait partout des prisonniers; d'un autre côté le prince de Lobkovitz s'empare du haut Palatinat. Le maréchal de Broglie se retire vers Ingolstadt. L'empereur fuit encore de sa capitale et cherche sa sûreté dans Augsbourg, ville impériale. Il n'y demeure pas longtemps, et en la quittant il eut la douleur d'y voir entrer le colonel Mentzel à la tête de ses pandours, qui eut la brutalité de le charger d'injures dans les rues d'Augsbourg. Il se réfugia dans Francfort. Tous ces événements rapides se suivaient en mai et en juin.

Les mauvais succès se multipliant tous les jours, il fut réduit à implorer cette même reine de Hongrie qu'il avait été sur le point de détrôner. Il lui offrit de renoncer à toutes ses prétentions sur l'héritage de la maison d'Autriche. Le prince héritier de Hesse se chargea de cette négociation, et alla porter au roi d'Angleterre, qui était alors à Hanovre, les propositions de l'empereur. Le roi George second répondit qu'il consulterait son parlement. Cette négociation même du prince de Hesse ne servit qu'à faire voir à Charles VII que ses ennemis avaient conçu le dessein de lui ôter l'Empire. Privé de cette ressource, il prit le parti de se déclarer neutre dans sa propre cause, et il demanda à la reine de Hongrie qu'on laissât les débris de ses troupes dans la Souabe, où elles seraient regardées comme troupes de l'Empire. Il offrait en même temps de renvoyer en France l'armée du maréchal de Broglie. La reine répondit « qu'elle n'était point en guerre avec le chef de l'Empire, puisque suivant la disposition de la Bulle d'or, violée par son élection, elle ne l'avait point reconnu comme empereur; qu'ainsi elle ferait attaquer ses troupes partout où on les trouverait; que cependant elle n'empêcherait point sa personne de se réfugier sur les terres de l'Empire, excepté sur celles de Bavière. »

Dans ce même temps, le comte de Stair marche vers Francfort à la tête d'une armée de plus de cinquante mille hommes composée d'Anglais, d'Hanovriens, d'Autrichiens. Le roi d'Angleterre y arriva avec son second fils, le duc de Cumberland, après avoir passé à Francfort dans ce même asile de l'empereur qu'il reconnaissait toujours pour son souverain et auquel il faisait la guerre dans l'espérance de le détrôner.

Les Hollandais consentent enfin de joindre vingt mille hommes à tant de forces réunies, croyant le temps venu de faire cette démarche sans rien risquer, et d'accabler la France sans déclarer la guerre. Ils envoient six mille hommes en Flandre pour remplacer les garnisons autrichiennes; ils en préparent quatorze mille pour l'Allemagne, mais lentement selon le génie de cette république. On croyait alors à La Haye, à Vienne, et à Londres que la

France était épuisée d'hommes et d'argent, ou l'on feignait de le penser. Un des principaux membres de la république assura que la France ne pouvait plus mettre sur pied plus de cent mille hommes, et qu'elle n'avait pas au delà de deux cents millions d'argent monnayé. C'était s'abuser étrangement, mais c'était animer le peuple qu'il faut si souvent tromper.

Cependant, le roi envoyait le maréchal de Noailles à la tête de soixante-six bataillons, et de cent trente-huit escadrons chercher partout les Anglais. Il se déterminait à donner des secours en Italie à don Philippe, en cas que la cour de Turin ne voulût pas s'accommoder. Il avait encore une armée entière de soixante et six bataillons et de cent quinze escadrons vers le Danube, qui pouvait secourir d'un côté Egra, de l'autre la Bavière. Il faisait face partout, n'étant partout qu'auxiliaire; et l'empereur, retiré d'Augsbourg dans Francfort, attendait sa destinée de celle de ses protecteurs et de ses ennemis *[2].

Le maréchal duc de Noailles, qui commandait l'armée opposée au roi d'Angleterre, avait porté les armes dès l'âge de quinze ans. Il avait commandé en Catalogne et avait passé par toutes les fonctions qu'on peut avoir dans le gouvernement. Il avait été à la tête des finances dans les commencements de la Régence. Il était général d'armée et ministre d'Etat; dans tous ces emplois il n'avait cessé de cultiver la littérature, exemple autrefois commun chez les Grecs et chez les Romains, mais rare aujourd'hui dans l'Europe. Ce général par une manœuvre supérieure fut d'abord le maître de la campagne; il côtoya l'armée du roi d'Angleterre qui avait le Mein entre elle et les Français; il lui coupa les vivres en se rendant maître des passages au-dessus et au-dessous de leur camp.

Le roi d'Angleterre s'était posté dans Aschaffenbourg, ville sur le Mein, qui appartient à l'électeur de Mayence. Il avait fait cette démarche malgré milord Stair, son général, et commençait à s'en repentir. Il y voyait son armée bloquée et affamée par le maréchal de Noailles. Le soldat fut réduit à la demi-ration par jour. On manquait de fourrage au point que l'on proposa de couper les jarrets aux chevaux; et on l'aurait fait si on avait resté encore deux jours dans cette position. Le roi d'Angleterre fut obligé enfin de se retirer pour aller chercher des vivres à Hanau sur le chemin de Francfort. Mais en se retirant il était exposé aux batteries du canon ennemi placé sur la rive du Mein. Il fallait faire marcher en hâte une armée que la disette affaiblissait, et dont l'arrière-garde pouvait être accablée par l'armée française; car le maréchal de Noailles avait eu la précaution de jeter des ponts entre Dettingen et Aschaffenbourg sur le chemin de Hanau, et les Anglais avaient joint à leurs fautes celle de laisser établir ces ponts. Le 26 juin, au milieu de la nuit, le roi d'Angleterre fit décamper son armée dans le plus grand silence, et hasarda cette marche précipitée et dangereuse à laquelle il était réduit. Le comte de Noailles qui campait le long du Mein fut le premier qui s'en aperçut; il envoya dans l'instant en avertir son père. Le maréchal se lève et voit les Anglais qui marchent à leur perte dans un chemin étroit entre une montagne et la rivière. Il ne manque pas d'abord de faire avancer trente escadrons, composés de la maison du roi, de dragons, et de houzards, vers le village de Dettingen devant lequel les Anglais devaient passer; il fait défiler sur deux ponts quatre brigades d'infanterie avec celles des gardes françaises. Ces troupes avaient ordre de rester postées dans le village de Dettingen en deçà d'un ravin profond; elles n'étaient point aperçues des Anglais, et le maréchal voyait tout ce que les Anglais faisaient. M. de Vallière, lieutenant-général, homme qui avait poussé le service de l'artillerie aussi loin qu'il peut aller, tenait ainsi dans un défilé les ennemis entre deux batteries qui plongeaient sur eux du rivage. Ils devaient passer par un chemin creux qui est entre Dettingen et un petit ruisseau. On ne devait fondre sur eux qu'avec un avantage certain dans un terrain qui devenait un piège inévitable. Le roi d'Angleterre pouvait être pris lui-même. C'était enfin un de ces moments décisifs qui pouvait mettre fin à la guerre (27 juin 1743).

Le maréchal recommande au duc de Grammont, son neveu, lieutenant-général et colonel des gardes, d'attendre dans cette position que l'ennemi vint lui-même se livrer; il alla cependant reconnaître un gué pour faire avancer encore de la cavalerie, et pour découvrir mieux la position des ennemis *. Il fit occuper le poste d'Aschaffenbourg par cinq brigades, de sorte que les Anglais étaient pris de tous côtés. Un moment d'impatience dérangea toutes ces mesures. Le duc de Grammont crut que la première colonne ennemie était déjà passée, et qu'il n'y avait qu'à fondre sur une arrière-garde qui ne pouvait résister³. Il fit passer le ravin à ses troupes. En vain le comte de Noailles le conjure d'attendre le retour de son père, et de ne point hasarder par sa désobéissance un avantage certain. Le duc de Grammont, dont les mouvements avaient déjà été aperçus des Anglais, pensa qu'il ne devait pas reculer; il quitta ce terrain avantageux où il devait rester et avança avec le régiment des gardes et celui de Noailles-infanterie dans une petite plaine qu'on appelle le Champ-des-Coqs. Les Anglais, qui défilaient en ordre de bataille, se formèrent bientôt. Leur armée entière consistait en cinquante mille hommes contre trente escadrons, et cinq brigades d'infanterie. Par là les Français, qui avaient attiré les ennemis dans le piège, y tombèrent eux-mêmes. Ils attaquèrent les ennemis en désordre et avec des forces inégales. Le canon que M. de Vallière⁴ avait établi le long du Mein foudroyait les ennemis par le flanc et surtout les Hanovriens, mais ils avaient aussi des batteries qui tiraient sur le front des troupes françaises. L'avantage du canon, qui est si grand, ne fut pas longtemps compensé; car bientôt l'artillerie de la rive du Mein ne put servir, parce qu'elle aurait tiré contre les Français mêmes. Le maréchal revint dans le moment qu'on venait de faire cette faute; il ne s'agissait plus que de la réparer par le courage des troupes.

La maison du roi à cheval, les carabiniers enfoncèrent

d'abord par leur impétuosité deux lignes entières d'infanterie, mais ces lignes se reformèrent dans le moment, et enveloppèrent les Français. Les officiers du régiment des gardes marchèrent hardiment à la tête d'un corps assez faible d'infanterie; vingt et un de ces officiers furent tués sur la place, autant furent dangereusement blessés; le régiment des gardes fut mis dans une déroute entière.

Le duc de Chartres, le prince de Clermont, le comte d'Eu, le duc de Penthièvre, malgré sa grande jeunesse, faisaient des efforts pour arrêter le désordre. Le comte de Noailles y eut deux chevaux de tués sous lui. Son frère le duc d'Ayen fut renversé.

Le marquis de Puységur, fils du maréchal de ce nom, parlait aux soldats de son régiment, courait après eux, ralliait ce qu'il pouvait *⁵. Les princes et les ducs de Biron, de Luxembourg, de Boufflers, de Chevreuse, de Péquigny, se mettaient à la tête des brigades qu'ils rencontraient, et s'enfoncèrent dans les lignes des ennemis.

Le duc * de Richelieu, alors maréchal de camp, rallia les régiments de Rohan et d'Aubeterre.

D'un autre côté la maison du roi et les carabiniers ne se rebutaient point. On voyait ici une troupe de gendarmes, là une compagnie des gardes, deux cents mousquetaires, dans un autre endroit des compagnies de cavalerie s'avançant avec des chevau-légers; d'autres qui suivaient les carabiniers ou les grenadiers à cheval, et qui couraient aux Anglais le sabre à la main avec plus de bravoure que d'ordre. Il y en avait si peu qu'environ cinquante mousquetaires emportés par leur courage pénétrèrent dans un régiment de cavalerie qu'on nomme le Régiment Gris, troupe célèbre en Angleterre. Ils furent presque tous tués, blessés, ou pris à cette attaque; et le fils du marquis de Fénelon fut pris dans les derniers rangs de ce Régiment Gris. Vingt-sept officiers de la maison du roi à cheval périrent dans ce combat, et soixante et six furent blessés dangereusement ⁶. Le comte d'Eu, le comte d'Harcourt, le comte de Beuvron, le duc de Boufflers

furent blessés. Le comte de la Mothe-Houdancourt, chevalier d'honneur de la reine, eut son cheval tué, fut foulé longtemps aux pieds des chevaux, et remporté presque mort. Le
marquis de Gontaud eut le bras cassé. Le duc de Roche-
chouart, premier gentilhomme de la chambre, ayant été blessé
deux fois et combattant encore, fut tué sur la place. Les marquis de Sabran, de Fleury, le comte d'Estrade, le comte de
Rostaing y laissèrent la vie. Parmi les singularités de cette
triste journée, on ne doit pas omettre la mort du comte de
Boufflers de la branche de Rémiancourt. C'était un enfant de
dix ans et demi. Un coup de canon lui cassa la jambe. Il reçut
le coup, se vit couper la jambe, et mourut avec un égal sang-
froid. Tant de jeunesse et tant de courage attendrirent ceux
qui furent témoins de son malheur.

La perte n'était guère moins considérable parmi les officiers anglais. Le roi d'Angleterre combattait à pied et à
cheval, tantôt à la tête de la cavalerie, tantôt à celle de
l'infanterie [7]. Le duc de Cumberland fut blessé à ses côtés; le
duc d'Aremberg, qui commandait les Autrichiens, reçut une
balle de fusil au haut de la poitrine. Les Anglais perdirent plusieurs officiers généraux. Le combat dura trois heures, mais il
était trop inégal. Le courage seul avait à combattre la valeur,
le nombre et la discipline. Enfin, le maréchal de Noailles
ordonna la retraite [8].

Le roi d'Angleterre dîna sur le champ de bataille, et se
retira ensuite sans même se donner le temps d'enlever tous ses
blessés, dont il laissa environ six cents que milord Stair
recommanda à la générosité du maréchal de Noailles. Les
Français les recueillirent comme des compatriotes; les
Anglais et eux se traitaient en peuples qui se respectaient
au lieu que les troupes irrégulières des Hongrois, moins civilisées, n'avaient pour la plupart fait paraître dans toute cette
guerre qu'un esprit de rapine et de barbarie *.

Le duc de Cumberland surtout fit un acte de générosité
qui doit être transmis à la postérité. Un mousquetaire
nommé Girardeau, blessé dangereusement, avait été porté près

de sa tente. On manquait de chirurgiens assez occupés ailleurs; on allait panser le prince à qui une balle avait percé les chairs de la jambe : « Commencez, dit le prince, par soulager cet officier français, il est plus blessé que moi, il manquerait de secours et je n'en manquerai pas. »

Au reste la perte fut à peu près égale dans les deux armées; il y eut du côté des alliés deux mille deux cent trente et un hommes tant tués que blessés. On sut ce calcul par les Anglais qui rarement diminuent leur perte, et n'augmentent guère celle de leurs ennemis *.

Les Français perdirent beaucoup en faisant avorter le fruit des plus belles dispositions par cette ardeur précipitée et cette indiscipline qui leur avait fait perdre autrefois les batailles de Poitiers et de Crécy. Le roi d'Angleterre, qui acquit beaucoup d'honneur, n'en tira d'autre avantage que de quitter en hâte le champ de bataille pour aller chercher des subsistances à Hanau. Celui qui écrit cette histoire, ayant rencontré milord Stair quelques semaines après la bataille, prit la liberté de lui demander ce qu'il pensait de la journée de Dettingen. « Je pense, lui dit ce général, que vous avez fait une faute et nous deux. La vôtre a été de passer le ravin et de ne savoir pas attendre; les deux nôtres ont été de nous mettre d'abord en risque d'être perdus, et ensuite de n'avoir pas profité de la victoire. »

Personne n'eut jamais plus à se plaindre que le maréchal de Noailles. Il s'était vu enlever par un moment de précipitation tout le fruit de cette journée qui peut-être eût mis fin à la guerre. Cependant il ne se plaignit point; il n'accusa personne [9]. Son amitié pour son neveu l'emporta sur le soin de sa propre justification; il se contenta seulement dans sa lettre au roi de lui représenter le besoin extrême qu'on avait de rétablir la discipline.

Après cette action, beaucoup d'officiers français et anglais allèrent à Francfort, ville toujours neutre, où l'empereur alors retiré vit, l'un après l'autre, milord Stair et le maréchal de

Noailles, sans pouvoir leur marquer d'autres sentiments que ceux de la patience dans son infortune.

La retraite précipitée que le maréchal de Broglie faisait en ce temps-là même des frontières de la Bavière était encore plus funeste à l'empereur que la perte de la bataille de Dettingen. Le maréchal de Broglie, qui depuis longtemps était très mécontent du maréchal de Seckendorff, général des Bavarois, avait toujours dit et écrit même avant la campagne qu'il ne pouvait garder la Bavière. Il en partit vers la fin de juin, et c'était lorsque l'empereur, n'étant plus en sûreté dans Augsbourg, s'était réfugié à Francfort, où il arriva le vingt-sept au soir, le jour même que s'était donnée la bataille.

Le maréchal de Noailles trouva l'empereur accablé du chagrin que lui causait la retraite du maréchal de Broglie, et pour comble d'infortune, n'ayant pas de quoi faire subsister sa famille dans cette ville impériale, où personne ne voulait plus faire la moindre avance au chef de l'Empire. Il lui donna quarante mille écus sur une lettre de crédit qu'il avait, certain de n'être pas désavoué par le roi son maître.

Le maréchal de Broglie en se retirant ne laissa à l'empereur que Straubing, Ingolstadt sur le Danube, et Egra sur l'Eger, aux confins du haut Palatinat, toutes trois bloquées. Il avait encore quelques troupes bavaroises dans Braunau, que les Autrichiens maîtres de tous les environs avaient négligé longtemps d'assiéger dans les formes, mais qui bientôt capitula (4 juillet). Straubing, où il y avait douze cents français, suivit bientôt cet exemple (19 juillet). Les douze cents hommes furent conduits vers le gros de l'armée qui abandonnait la Bavière, et qui marchait vers le Neckre; elle y arriva enfin (21 juillet), diminuée de plus de vingt-cinq mille hommes que les maladies, les fatigues, les désertions plutôt que le fer des ennemis lui avaient enlevés. Il ne s'agissait plus alors de mettre l'empereur en possession de Vienne ou de Prague; il fallait revenir défendre les frontières de France contre l'armée du prince Charles et celle du roi d'Angleterre, toutes les deux victorieuses. On avait pendant trois campagnes envoyé au secours de l'empereur plus de cent vingt mille combattants en Bavière et en Bohême. De toutes ces troupes, le maréchal de Broglie en ramenait environ trente mille. L'empereur au désespoir demanda au roi l'exil du maréchal de Broglie; et le roi crut devoir donner cette satisfaction à ses plaintes, et cette faible et inutile consolation à ses disgrâces.

Il paraît que tant d'efforts réitérés ayant été infructueux dans une aussi grande entreprise, il fallait qu'il y eût dans cette entreprise même un défaut radical qui avait dû nécessairement la faire avorter; peut-être que ce vice principal venait de ce que l'empereur bavarois, n'ayant ni bonnes places, ni de bonnes troupes dans ses Etats, n'ayant qu'une autorité étrangère et gênée sur les armées de France, et devenu incapable par sa mauvaise santé de pousser lui-même une guerre vive contre un ennemi qui tous les jours se rendait plus puissant, avait eu toujours en effet un très grand désavantage. Pour consommer de telles révolutions, il les faut faire soi-même; et jamais prince n'a fait une conquête importante uniquement par le secours d'autrui.

CHAPITRE VIII *

NOUVELLES DISGRACES DE L'EMPEREUR CHARLES VII. NOUVEAU TRAITÉ ENTRE SES ENNEMIS. LOUIS XV SOUTIENT A LA FOIS L'EMPEREUR, DON PHILIPPE INFANT D'ESPAGNE, ET LE PRINCE CHARLES-EDOUARD QUI VEUT REMONTER EN ANGLETERRE SUR LE TRONE DE SES PERES. BATAILLE DE TOULON

L'EMPEREUR restait dans Francfort, n'ayant plus en apparence ni alliés, ni ennemis, ni en effet de sujets. La reine de Hongrie s'était fait prêter serment de fidélité par tous les habitants de la Bavière et du haut Palatinat (22 août 1744). L'empereur bavarois protesta dans Francfort contre ce serment extorqué à ses sujets. Un imprimeur de la ville de Stadamhof ayant imprimé cette protestation de son maître fut condamné à être pendu dans la place publique. On ne se borna pas à ces outrages : le conseil d'Autriche fit, quelque temps après, présenter dans Francfort même à la dictature impériale un mémoire où l'élection de Charles VII était qualifiée nulle de *toute nullité*. Le comte d'Ostein, nouvel électeur de Mayence, archichancelier de l'Empire, élevé à cette dignité malgré l'empereur, enregistrait ces pièces au protocole de l'Empire. Charles VII ne pouvait que se plaindre par des rescriptions, et pour comble le roi d'Angleterre en qualité d'électeur d'Hanovre lui écrivait que la reine de Hongrie et l'électeur de Mayence avaient raison. Enfin, on parlait de le forcer de se démettre de l'Empire et à le résigner au grand-duc de Toscane.

Cependant l'empereur s'étant déclaré neutre tandis qu'on le dépouillait, le roi de France, qui avait fait la guerre pour lui, devait déclarer à plus forte raison qu'il ne se mêlait plus des affaires de l'Empire; c'est ce qu'il avait fait solennellement par ses ministres à Ratisbonne dès le 26 juillet [1].

Une telle situation eût pu produire dans d'autres temps une paix générale, mais l'Angleterre et l'Autriche voulaient profiter de leurs avantages.

Ces puissances prétendaient forcer l'empereur à demander lui-même le grand-duc son ennemi pour roi des Romains. Elles se flattaient de pénétrer en Alsace et en Lorraine. Voilà comme une guerre offensive faite d'abord aux portes de Vienne fut tournée en défensive sur les bords du Rhin.

Le prince Charles de Lorraine s'établit dès le 4 août dans une île de ce fleuve, assez près du Vieux-Brisach. On vit d'un autre côté des partis hongrois pénétrer jusque par delà la Sarre et entamer les frontières de la Lorraine. Ce même Mentzel qui le premier avait pris Munich osa faire répandre, sous le nom de déclaration ou de manifeste, un écrit adressé le 20 août aux provinces d'Alsace, de Bourgogne, de Franche-Comté et des Trois Evêchés. Il invitait les peuples au nom de la reine de Hongrie à retourner, disait-il, sous l'obéissance de la maison d'Autriche. Il menaçait les habitants qui prendraient les armes contre elle de les faire pendre après les avoir forcés de « se couper de leurs propres mains le nez et les oreilles ». Une brutalité si féroce n'excita que le mépris. Les frontières étaient bien gardées, et un détachement de l'armée du prince Charles ayant déjà passé le Rhin avait été taillé en pièces le 4 août par le comte de Bérenger.

L'armée du maréchal de Noailles était vers Spire à la fin de juillet. Le comte Maurice de Saxe était dans la haute Alsace à la tête des restes de l'armée du maréchal de Broglie et de quelques troupes tirées des places frontières. Le duc d'Harcourt commandait sur la Moselle. Le marquis de Montal gardait la Lorraine. Ce n'était pas assez de défendre ces frontières; on prévoyait une guerre ouverte avec le roi d'Angleterre et même avec la Sardaigne qui n'avait pas à la vérité fait encore de traité définitif avec la cour de Vienne, mais qui n'en était pas moins unie avec elle.

On était alors abandonné de la Prusse. Le roi se trouvait,

comme son bisaïeul, uni à l'Espagne contre les forces d'une nouvelle maison d'Autriche, de l'Angleterre, de la Hollande et de la Savoie. Il fit construire et armer des vaisseaux à Brest; il augmenta ses forces de terre et donna à don Philippe un secours d'environ douze mille hommes, secours peu considérable en comparaison des troupes qu'il avait prodiguées à l'empereur bavarois, mais en effet plus utile, parce qu'il aidait un jeune prince qui attendait son établissement de son épée et des forces du roi d'Espagne *, son père.

De tant de pays que les Français avaient conquis pour l'empereur, il ne lui restait plus qu'Egra dans la Bohême et Ingolstadt sur le Danube en Bavière.

Les extrémités où ils furent réduits dans Egra devinrent encore plus cruelles que celles qu'on avait éprouvées à Prague. On eut à peine du pain pendant plus de huit mois, et les soldats qui se hasardaient à sortir pour chercher quelques légumes dans la campagne étaient tués par les pandours. On n'avait ni vivres ni argent, ni espérance de secours. Le marquis d'Hérouville, qui commandait dans cette place avec six bataillons, fit faire de ces monnaies obsidionales dont l'usage commença autrefois au siège de Pavie, sous François Ier. Celles d'Egra étaient des demi-sols d'étain. Mais cette monnaie qui suppléait à l'argent ne remédia pas à la disette des vivres *; il fallut enfin se rendre prisonniers de guerre (6 septembre 1743). Les officiers et les soldats furent dispersés en Bohême, en Autriche, en Hongrie, où ils trouvèrent beaucoup de leurs compatriotes. Il y en avait environ neuf mille en tout qu'on avait pris pendant le cours de trois années, et qui furent durement traités, l'animosité de la vengeance s'étant jointe à la rigueur de la guerre et à la haine ancienne des nations.

Ceux qui défendaient Ingolstadt furent plus heureux. M. de Grandville, qui y commandait avec environ trois mille hommes, obtint non seulement une retraite libre, mais il exigea encore que le général Berenclau qui l'assiégeait laissât retourner en liberté tous les Français qui étaient dans les villes de Bavière où il commandait (3 octobre 1743). C'est la première fois qu'une garnison en capitulant a délivré d'autres troupes.

Cependant ni le prince Charles ni le roi d'Angleterre ne purent entamer les Français sur le Rhin. Toutes les puissances flottaient entre la crainte et l'espérance. Toutes avaient des pertes et des malheurs à réparer ou à craindre.

L'orage * qui avait commencé en Allemagne s'était étendu, comme on l'a vu, en Italie; et la cour d'Espagne, flattée par ses premiers succès, avait espéré d'anéantir en peu de temps la puissance autrichienne au-delà des Alpes, ainsi que la cour de France avait cru atteindre au terme de la guerre quand elle fit marcher ses troupes aux portes de Vienne. Les armées espagnoles s'étaient vues, au commencement de 1743, d'un côté maîtresses de la Savoie et de l'autre pressant les forces autrichiennes vers le Tanaro. La cour de Madrid avait ordonné au comte de Gages, son général, de donner une bataille décisive. On avait livré la bataille à Campo-Santo, mais quoique sanglante elle n'avait décidé de rien, et on avait inutilement chanté des *Te Deum* à Madrid et à Vienne. Il était arrivé en Italie aux Espagnols la même chose qu'aux Français en Bohême : leurs troupes avaient diminué et les autrichiennes s'étaient augmentées, de sorte qu'après un *Te Deum* les Espagnols avaient été poursuivis sur les terres du pape.

Naples et Sicile éprouvaient le fléau de la contagion et se préparaient à celui de la guerre, non sans avoir à craindre des conjurations en faveur de la maison d'Autriche. Le roi de Naples ayant augmenté ses troupes jusqu'au nombre de près de vingt-six mille hommes, en employait douze mille à garder les frontières de la Calabre contre la contagion, en formant un cordon d'une vaste étendue. Le reste de son armée sur les frontières de l'Abruzze attendait que les conjonctures lui permissent d'agir et de donner la main à l'armée espagnole du roi son père, commandée alors par le duc de Modène et le comte de Gages. La ville de Naples mise en état de défense ne craignait plus les insultes et les ordres d'un capitaine anglais. Don Philippe attendait en Savoie qu'il pût enfin s'accorder avec le roi de Sardaigne, ou qu'il pût le vaincre avec l'aide de la France. Le roi de Sardaigne ayant longtemps pesé le danger et l'avantage, crut enfin que son intérêt était de s'unir plus que jamais avec l'Autriche et l'Angleterre contre la maison de France. Il y avait déjà plus d'un an qu'il avait joint ses armes avec celles de la reine de Hongrie, et il n'était pas encore son allié; il le fut enfin d'une manière formelle et efficace par le traité fait à Worms le 13 septembre 1743, traité que les mauvais succès des armes françaises en Allemagne contribuèrent à faire conclure [2].

Ce roi avait gagné le Tortonois, une partie du Novarois [3] et les fiefs des Langues en s'armant contre le père de Marie-Thérèse; il acquit le Vigevanesque, une partie du Pavesan, ce qui lui manquait du Novarois, Plaisance, du moins pour un temps, en se déclarant pour la fille. Les Anglais qui lui avaient déjà donné quelques subsides lui donnèrent par le traité deux cent mille pièces par an; c'est environ quatre millions quatre cent mille livres. Il était alors à la tête d'une armée de trente mille hommes, et la flotte anglaise de l'amiral Matthews croisait toujours sur les côtes prête à le favoriser. Mais il manqua le fruit de son avantage en voulant trop avoir.

La reine de Hongrie par ce traité lui céda le marquisat de Final qui n'appartenait ni à elle ni à lui. C'était le bien des Génois : ils l'avaient acheté douze cent mille écus du dernier empereur Charles VI, et on ne songeait guère à les rembourser. Car si le roi de Sardaigne leur offrait ces douze cent mille écus, il demandait en même temps que les Génois rétablissent le château qu'ils avaient démoli, ce qui leur eût coûté davantage. Cette donation du bien d'autrui valut ensuite à la maison de France un allié de plus. Gênes lui était déjà attachée en secret, elle fut liée alors à ses intérêts. Son port pouvait être d'une grande utilité. La flotte anglaise pouvait ne le pas bloquer toujours; enfin le roi de Sardaigne mettait les Génois dans la nécessité de devenir bientôt ses ennemis déclarés et préparait contre lui-même une diversion dangereuse, tandis que don Philippe, rendu maître de la Savoie, se proposait de passer les Alpes, et que les armées d'Espagne et de Naples pouvaient se joindre dans le Bolognois et même dans la Lombardie.

Le sort de la guerre devait donc décider si les deux frères, le roi don Carlos et l'infant don Philippe, pénétreraient jusque dans le milieu de l'Italie, ou si le roi de Sardaigne d'un côté garderait le passage des Alpes et si de l'autre la reine de Hongrie pourrait envahir le royaume de Naples, malgré la neutralité gardée encore par le roi de Naples et par elle.

Cependant l'Angleterre et l'Autriche comptaient au printemps prochain attaquer les Français en Alsace et en Flandre; et on allait renouveler de tous côtés la guerre la plus violente sans qu'il y eût en effet de rupture déclarée qu'entre l'Angleterre et l'Espagne au sujet du commerce de l'Amérique, rupture qui semblait n'avoir point de rapport, mais qui en avait un essentiel aux intérêts qui partageaient l'Europe.

L'empereur Charles VII, dépouillé de tout, n'avait plus aucun secours apparent; mais le roi de France lui en préparait encore de réels; et le roi de Prusse, malgré sa paix de Breslau et malgré un traité d'alliance défensive fait avec le roi d'Angleterre (18 novembre 1742), était d'autant plus dans les intérêts de l'empereur qu'il ne pouvait plus douter du dessein qu'avait alors la cour de Vienne de reprendre la Silésie à la première occasion. Les cours de France et de Prusse commencèrent alors à se réunir pour les intérêts de l'empereur, que tout semblait abandonner ou opprimer.

Louis XV prit la résolution, dès le commencement de 1744, de déclarer la guerre au roi d'Angleterre et à la reine de Hongrie. Il n'avait plus de mesures à garder ni avec les Anglais qui insultaient continuellement ses vaisseaux, ni avec l'Autriche qui menaçait de porter la guerre en France, et qui malgré un cartel établi en 1741 ne voulait rendre aucun

prisonnier. Le premier fruit de cette résolution fut une entreprise secrète et hardie dont le succès pouvait changer tout
d'un coup la destinée d'une partie de l'Europe.

La maison de Stuart, qui depuis cinquante-quatre ans lan-
guissait loin des royaumes dont elle avait été dépouillée,
avait encore beaucoup de partisans secrets en Ecosse, en
Irlande et quelques-uns même en Angleterre. Le prince
Charles-Edouard, fils aîné de Jacques III, connu en Europe
sous le nom de *Prétendant,* était un jeune prince de vingt
ans, qui joignait à l'ardeur de son âge et au ressentiment de
son état le courage le plus entreprenant et le plus déterminé :
il avait dit plusieurs fois qu'il fallait que sa tête tombât ou
qu'elle fût couronnée. La France devenait nécessairement
son appui, et Louis XV pouvait à la fois dans sa première
campagne rétablir un empereur dans ses Etats et l'héritier des
Stuarts sur le trône d'Angleterre. Le jeune prince Edouard
partit de Rome le 9 de janvier 1744. Arrivé à Gênes, feignant
d'être un courrier d'Espagne, et accompagné d'un seul
domestique, il s'embarqua le lendemain pour Antibes et arriva
bientôt à Paris.

On faisait en France avec le même secret les préparatifs nécessaires pour conduire le prince sur les côtes de la
Grande-Bretagne [4]. Le roi avait fait un effort que l'Angleterre n'attendait pas de l'état où la marine avait été en
France depuis tant d'années. Il avait fait armer à Rochefort
et à Brest avec une diligence incroyable vingt-six vaisseaux
de guerre, et on faisait courir le bruit que cette escadre était
destinée à se joindre à une flotte espagnole qui était à Toulon
depuis deux ans et que la flotte de l'amiral Matthews tenait
bloquée. Cependant vingt et un vaisseaux sortis de Brest
chargés de quatre mille hommes de débarquement, d'armes
et de munitions entrèrent * dans le canal d'Angleterre; une
partie s'avança vers Dunkerque. Le comte de Saxe devait
être à la tête de cette entreprise [5]. Il s'embarqua le premier
mars à Dunkerque avec neuf bataillons, et le comte du Chaila
le lendemain avec six.

Le prince Edouard était sur le vaisseau que montait le comte de Saxe; il vit pour la première fois le rivage de sa patrie. Mais une tempête violente rejeta les vaisseaux de transport sur les côtes de France. Plusieurs soldats périrent en voulant regagner le rivage. Le jeune prince voulait encore tenter le passage avec un seul bâtiment. Il sentait que son courage et sa résolution lui feraient des sujets dès qu'il aurait touché les côtes de la Grande-Bretagne. Ni la mer ni les dispositions qu'on avait eu le temps de faire sur les côtes d'Angleterre ne lui permirent de tenter ce hasard.

On avait été informé à Londres, dès le quinze de février, de cette entreprise. Les Hollandais avaient déjà envoyé deux mille hommes et devaient en fournir six mille, suivant leur traité de l'année 1716. L'amiral Noris était avec une escadre formidable vers les Dunes, lesquelles forment un port continuel sur les côtes de Kent et où les vaisseaux sont à l'abri des tempêtes. Les milices étaient armées. Ainsi échoua une entreprise conduite avec plus d'art qu'aucun complot ne l'avait encore été en Angleterre. Car le roi George sut bien qu'il y avait une conspiration, mais il ne put découvrir alors les auteurs. Ceux qu'on fit arrêter à Londres ne donnèrent aucune lumière et laissèrent le gouvernement dans le trouble et dans la défiance.

On n'avait pu prendre un temps plus favorable que celui où les troupes anglaises étaient loin de leur île, répandues dans les Pays-Bas autrichiens. Cette entreprise avait encore un autre avantage : elle occupait les escadres anglaises qui auraient pu aller renforcer l'amiral Matthews; et le projet était de livrer bataille à cet amiral avec ce qui restait de vaisseaux de guerre à la France dans la Méditerranée, joint à ceux des Espagnols qui devaient sortir de Toulon dans le temps même qu'on débarquerait le prince Edouard dans la Grande-Bretagne.

Il y avait, en effet, dans Toulon une flotte de seize vaisseaux espagnols, destinée d'abord pour transporter don Philippe en Italie, mais depuis deux ans retenue continuellement dans le port par la flotte de Matthews, qui dominait dans la Méditerranée et insultait toutes les côtes de l'Italie et de la Provence. Les canonniers espagnols n'étaient pas experts dans leur art : on les exerça dans le port de Toulon pendant quatre mois en les faisant tirer au blanc, et en excitant leur émulation et leur industrie par des prix proposés.

Quand ils se furent rendus habiles, on fit sortir de la rade de Toulon l'escadre espagnole commandée par don Joseph Navarro. Elle n'était que de douze vaisseaux, les Espagnols n'ayant pas assez de matelots et de canonniers pour en manœuvrer seize. Elle fut jointe aussitôt par quatorze vaisseaux français, quatre frégates et trois brûlots sous les ordres de M. de Court, qui à l'âge de quatre-vingts ans avait toute la vigueur de corps et d'esprit qu'un tel commandement exige. Il y avait quarante années qu'il s'était trouvé au combat naval de Malaga[6], où il avait servi en qualité de capitaine sur le vaisseau-amiral, et depuis ce temps il ne s'était donné de bataille sur mer en aucune partie du monde que celle de Messine en 1718. L'amiral Matthews se présenta devant les deux escadres combinées de France et d'Espagne. Il n'est pas hors de propos de remarquer que le grade d'amiral en Angleterre ne répond point à la dignité d'amiral de France, et qu'il y a trois amiraux anglais qui commandent chacun séparément une armée navale sous les ordres du grand amiral ou sous celui du conseil de l'amirauté.

La flotte de Matthews était de quarante-cinq vaisseaux, de cinq frégates et de quatre brûlots. Avec cet avantage de nombre il sut aussi se donner d'abord celui du vent, manœuvre dont dépend souvent la victoire dans les combats de mer, comme elle dépend sur la terre d'un poste avantageux. Ce sont les Anglais qui les premiers ont rangé leurs forces navales en bataille dans l'ordre où l'on combat aujourd'hui, et c'est d'eux que les autres nations ont pris l'usage de partager leurs flottes en avant-garde, arrière-garde et corps de bataille *.

On combattit donc à la bataille de Toulon (22 février 1744)

dans cet ordre. Le changement de vent mit les Espagnols à l'arrière-garde. L'amiral Matthews, conservant toujours cette supériorité de vent, tomba sur eux *, et chaque vaisseau espagnol fut entouré de plusieurs vaisseaux ennemis. Matthews, à une heure après midi, fondit sur le Royal-Philippe que montait don Juan de Navarro. C'était un vaisseau de cent quatorze pièces de canon, dont les œuvres avaient près de trois pieds d'épaisseur, et que les boulets ne pouvaient percer en ces endroits. Il était monté de sept à huit cents hommes d'équipage. L'amiral anglais l'entoura avec cinq vaisseaux. Il avoua depuis qu'il comptait aisément s'en rendre maître, se confiant sur son expérience dans la marine, sur le peu d'usage qu'en avaient les Espagnols; et ce qui redoubla encore ses espérances, c'est que Navarro était un officier de terre. Chaque vaisseau espagnol était environné d'Anglais et devait succomber. Tout ce qui était sur le pont de l'amiral Royal-Philippe fut tué ou blessé; le capitaine du pavillon reçut un coup mortel; don Navarro, blessé en deux endroits, fut obligé de descendre du tillac.

Un officier français au service d'Espagne nommé M. de Lage, second capitaine du pavillon amiral, maintint le combat contre les cinq vaisseaux anglais. L'amiral Matthews était étonné de la promptitude avec laquelle les batteries basses de l'Espagnol faisaient feu de tous côtés et endommageaient tout ce qui l'approchait; il espérait * enfin y attacher un brûlot qu'il fit avancer à pleines voiles. M. de Lage en faisant feu à propos fit sauter en l'air le brûlot ennemi, et demeura invincible pendant six heures entières [7].

Tandis que l'amiral espagnol résistait seul à cinq vaisseaux anglais, M. de Court qui montait le Terrible au centre de la bataille, combattait seul contre trois à la portée du pistolet. Il les endommagea, les écarta, et vint lui-même au secours du Royal-Philippe et de l'escadre espagnole. Les Anglais n'avaient pu se rendre maîtres que d'un seul vaisseau espagnol nommé le Poder, entièrement démâté; déjà les matelots anglais avaient passé sur ce vaisseau pour le manœuvrer, et

quatre cents Espagnols qui le montaient avaient été forcés
de se rendre. La division de l'amiral Matthews se retira
alors ; et les Anglais qui étaient déjà dans le Poder, occupés
à manœuvrer leur prise, furent prisonniers eux-mêmes.
La supériorité du nombre ne servit de rien aux Anglais. Les
dissensions * entre l'amiral Matthews et le contre-amiral
L'Estoc ne contribuèrent pas peu à faire perdre la gloire de
cette journée aux Anglais.

On se prépara toute la nuit à recommencer le combat
le lendemain ; mais un vent d'ouest assez violent s'étant
levé, les escadres furent obligées de lui obéir et d'aller
chacune réparer leurs dommages. Les Français se retirèrent
à Carthagène, les Espagnols à Barcelone, les Anglais à
Port-Mahon. Il parut alors combien importait à la
Grande-Bretagne d'avoir conquis ce port et de l'avoir
conservé.

Cette journée navale de Toulon fut indécise, comme presque toutes les batailles navales (à l'exception de celle de la
Hogue), dans lesquelles le fruit d'un grand appareil et d'une
longue action est de tuer du monde de part et d'autre et de
démâter des vaisseaux. Chacun se plaignait. Les Espagnols
crurent n'avoir pas été assez secourus [8] ; les Français accusè-
rent les Espagnols de peu de reconnaissance. Ces deux nations,
quoique alliées, n'étaient point toujours unies ; l'antipathie
ancienne se réveillait quelquefois entre les peuples, quoique
l'intelligence fût entre leurs rois. D'un autre côté l'amiral
anglais accusa devant l'amirauté son contre-amiral et le
renvoya à Londres pour être jugé. Celui-ci à son tour accusa
Matthews. On introduisit à Londres le procès de l'un et de
l'autre. Le général français rendait publiquement justice à
l'amiral anglais, qui de son côté justifiait M. de Court. S'il
était dur pour eux d'être accusés par ceux même qui avaient
combattu avec eux, il était beau d'être approuvés de son
ennemi. Cependant, pour satisfaire les Espagnols, le général
français fut exilé quelques mois à sa campagne à deux
lieues de Paris, et l'amiral anglais succomba dans son procès,

qui dura longtemps, et fut déclaré incapable de servir par un conseil de guerre qu'on appelle en Angleterre cour martiale. La coutume de juger sévèrement et de flétrir les généraux malheureux avait passé depuis quelques années de la Turquie dans les Etats chrétiens. L'empereur Charles VI en avait donné des exemples dans sa dernière guerre contre les Turcs, guerre qui passait dans l'Europe pour avoir été plus mal conduite encore dans le cabinet que malheureuse par les armes. Les Suédois depuis ce temps-là condamnèrent à mort deux de leurs généraux dont toute l'Europe plaignit la destinée; et cette sévérité ne rendit pas leur gouvernement plus respectable au dehors, et plus heureux au dedans. L'importance de cette matière mérite qu'on s'y arrête.

Le gouvernement de France, conduit par des mœurs plus douces, s'était contenté d'une légère disgrâce dans des occasions où d'autres Etats mettaient aux fers leurs officiers généraux ou leur faisaient trancher la tête. Il paraît que l'équité et même la politique exigent que l'honneur et la vie d'un général ne dépendent pas d'un mauvais succès. Il est sûr qu'un général fait toujours ce qu'il peut, à moins qu'il ne soit traître ou rebelle, et qu'il n'y a point de justice à punir cruellement un homme qui a fait tout ce que lui permettaient ses talents. Il n'y a pas de politique à introduire l'usage de poursuivre un général malheureux; car alors ceux qui auraient mal commencé une campagne au service de leur prince pourraient être tentés de l'aller finir chez les ennemis.

Au reste le véritable avantage de cette bataille fut pour la France et l'Espagne. La mer Méditerranée fut libre au moins pendant quelque temps, et les provisions dont avait besoin don Philippe purent aisément lui arriver des côtes de Provence, mais ni les flottes françaises ni les escadrons d'Espagne ne purent s'opposer à l'amiral Matthews, quand il revint dans ces parages. Ces deux nations obligées d'entretenir continuellement de nombreuses armées de terre n'avaient pas ce fond inépuisable de marine qui fait la ressource de la puissance anglaise *.

CHAPITRE IX *

Louis XV au milieu de tous ces efforts déclara la guerre
au roi George (le 15 mars), et bientôt après à la
reine de Hongrie, qui la lui déclara aussi dans les
formes (le 26 avril 1744). Ce ne fut de part et d'autre qu'une
cérémonie de plus. Ni l'Espagne ni Naples ne déclarèrent
la guerre, mais ils la firent.

Il s'agissait d'abord d'aider don Philippe à passer les
Alpes [1]. Ce prince à la tête de vingt mille Espagnols, dont
le marquis de La Mina était le général, et le prince de Conti
suivi de vingt mille Français inspirèrent tous deux à leurs
troupes cet esprit de confiance et de courage opiniâtre dont
on avait besoin pour pénétrer dans un pays où un bataillon
peut à chaque pas arrêter une armée entière, où il faut à tout
moment combattre entre des rochers, des précipices et des
torrents, et où la difficulté des convois n'est pas un des
moindres obstacles. Le prince de Conti, qui avait servi en
qualité de lieutenant-général dans la guerre malheureuse de
Bavière, avait de l'expérience dans sa jeunesse et savait à
quoi exposent tous les contretemps qu'on essuie presque
toujours dans une campagne *. Dès le premier d'avril l'infant don Philippe et lui passèrent le Var, rivière qui tombe
des Alpes et qui se jette dans la mer de Gênes, au-dessous de
Nice. Tout le comté de Nice se rendit; mais pour avancer il
fallait attaquer les retranchements élevés près de Villefranche, et après eux on trouvait ceux de la forteresse de

Montalban [2] au milieu des rochers qui forment une longue suite de remparts presque inaccessibles. On ne pouvait marcher que par des gorges étroites et par des abîmes sur lesquels plongeait l'artillerie ennemie; et il fallait sous ce feu gravir de rochers en rochers. On trouvait encore jusque dans les Alpes des Anglais à combattre. L'amiral Matthews, après avoir radoubé ses vaisseaux, était venu reprendre l'empire de la mer. Il avait débarqué lui-même à Villefranche. Ses soldats étaient avec les Piémontais, et ses canonniers servaient l'artillerie. Le prince de Conti prit si bien ses mesures, les troupes furent tellement animées que ces obstacles qui étaient autant de retranchements furent franchis. Le marquis de Bissi à la tête des Français et le marquis de Campo-Santo à celle des Espagnols s'emparèrent d'abord des batteries ennemies qui flanquaient le pas de Villefranche. Le duc de Mirepoix, le marquis d'Argouges se faisaient un autre passage. On fit quatre fausses attaques dans les endroits où l'on n'avait pas dessein de pénétrer. M. de Bissi en fit deux si vives à ceux qu'on voulait emporter, tout fut si mesuré, si prompt et si violent, M. d'Argouges à la tête de Languedoc et de l'Ile de France, M. de Barail avec son régiment firent de tels efforts que ce rempart du Piémont, haut de près de deux cents toises, que le roi de Sardaigne croyait hors d'atteinte, fut couvert de Français et d'Espagnols (19 avril 1744). D'un côté M. du Châtel avec M. de Castelar montèrent par des sentiers étroits à une hauteur appelée le Mont Leus [3], dont ils chassèrent les Piémontais. De l'autre le marquis de Bissi se battit pendant sept heures sur le haut d'un rocher qu'on nomme Monte Grosso [4]. Les Espagnols et les Français, après avoir gravi au sommet de cette roche, étaient dans la nécessité de vaincre ou de mourir : ils se traitèrent alors tous de frères, ils s'entraidaient avec ardeur, ils abattaient ensemble les retranchements des ennemis sur ce rocher gardé par quatorze bataillons qui avaient une retraite assurée. On leur fit prisonniers cent trente officiers et dix-sept cents hommes. On en renversa morts deux mille. Le marquis de Suze, frère naturel du roi de Sardaigne, fut pris par M. de Bissi. La cime de la montagne sur laquelle le marquis du Châtel s'était établi, dominait tellement les retranchements des ennemis qu'ils furent enfin obligés de s'enfuir à Oneille au nombre de trois mille hommes, et d'aller s'embarquer sur la flotte de l'amiral Matthews, témoin de cette journée *. On avança de poste en poste, de roc en roc; on prit la citadelle de Villefranche, le fort de Montalban, dans lesquels on trouva plus de cent quarante pièces de canon et des munitions à proportion (25 avril). Tout cela ne conduisit encore qu'à partager la domination des Alpes, et à se battre sur la cime des montagnes.

Tandis qu'on ouvrait ces passages à l'infant, il était loin d'en avoir vers les pays qu'il prétendait en Italie. Le duc de Modène était aussi peu à portée de rentrer dans le Modénois que l'infant de pénétrer dans Parme et dans Milan. Les Autrichiens et les Piémontais étaient les maîtres de tout, du haut des Alpes jusqu'aux frontières de Naples. La cour d'Espagne avait rappelé le duc de Montemar. Le comte de Gages, sous le duc de Modène, recueillait les débris de l'armée espagnole qui se retirait toujours devant les Autrichiens; ils mettaient déjà l'Abruzze à contribution.

Le roi de Naples ne pouvait plus garder une neutralité malheureuse dont on abusait et qui n'aurait servi qu'à lui faire perdre sa couronne. Il partit de Naples pour se mettre à la tête de son armée. La reine sa femme, qui était grosse, s'était retirée à Gaïète à la fin d'avril 1744. On parlait même de la faire passer à Rome en cas d'un événement malheureux et d'un soulèvement à Naples que les Autrichiens affectaient de lui faire craindre. Telle était la révolution des affaires que la reine de Hongrie, qui trois ans auparavant avait été obligée de sortir de Vienne, se croyait alors sur le point de conquérir le royaume de Naples. Le prince de Lobkovitz tenait prêt un manifeste qu'il fit répandre ensuite dans le royaume vers le mois de juin, et dans cet écrit la reine de Hongrie parlait aux peuples des Deux-Siciles comme à ses sujets auxquels elle donnait sa protection.

L'Angleterre secondait plus que jamais cette reine; elle augmentait ses subsides : elle dépensa cette année 1744 deux cent soixante et quatre millions de livres, monnaie de France, et cette dépense augmenta beaucoup chaque année. Elle tenait une flotte dans la Méditerranée qui faisait dépérir tout le commerce de la Provence. Elle avait fait passer en Flandre les troupes qui avaient combattu à Dettingen. Cette armée, jointe aux régiments flamands et hollandais, composait au commencement de la campagne plus de soixante mille hommes. Le prince Charles avec des forces pareilles venait tenter encore le passage du Rhin. L'empereur, dont la neutralité était imaginaire et dont les malheurs étaient trop réels, conservait les débris de ses troupes sous le canon de la ville impériale de Philipsbourg, et attendait à Francfort que la France lui assurât l'Empire ou que la reine de Hongrie l'en dépouillât.

CHAPITRE X *

CE fut dans ces circonstances dangereuses que Louis XV commença sa première campagne. Il avait envoyé le maréchal de Coigny garder le Rhin avec soixante et un bataillons et cent escadrons. Les troupes bavaroises recrutées, qui consistaient en près de douze mille hommes, payés par la France, étaient vers Philipsbourg sous les ordres du comte de Seckendorff, ce même officier sur lequel on comptait alors. Le maréchal de Noailles était le général de l'armée de Flandre, laquelle allait à soixante et huit bataillons, et quatre-vingt-dix escadrons complets. Le comte de Saxe, fait maréchal de France, commandait un corps séparé composé de trente-deux bataillons et de cinquante-huit escadrons, aussi complets. Ainsi toute l'armée de Flandre se montait à plus de quatre-vingt mille combattants. Il restait encore tant sur le Rhin que sur la Moselle soixante et quinze bataillons et cent quarante-six escadrons sans compter l'armée d'Italie, trente mille hommes de milice, les garnisons, les troupes légères, les Bavarois, les Palatins et les Hessois.

Cette situation, surtout en Flandre, ménagée par les soins du comte d'Argenson ministre de la guerre *, était bien différente de celle où l'on s'était trouvé l'année précédente à la mort du cardinal de Fleury. Les Anglais alors avaient pu entrer sur les frontières avec avantage. Ils s'y présentaient quand il n'était plus temps, et les Hollandais, n'ayant pas voulu se joindre à eux pour cette entreprise lorsqu'elle était facile, s'y joignirent enfin quand elle fut devenue impraticable.

Le roi aima mieux faire la campagne en Flandre qu'en Alsace, comptant que vers le Rhin il n'aurait fait qu'une guerre défensive, et ayant tout disposé pour la faire offensive dans les Pays-Bas autrichiens *[1].

Il fit auprès de Lille la revue de toute son armée (15 mai), et établit par des règlements une discipline difficile à maintenir, et dont on avait besoin[2]. Ses aides de camp étaient MM. de Meuse, de Richelieu, de Luxembourg, de Boufflers, d'Aumont, d'Ayen, de Soubise, de Péquigny. Les ennemis étaient vers Bruxelles. Les Anglais étaient commandés par le général Wade, qu'on prononce Wéde, ancien officier formé comme milord Stair par le duc de Marlborough, et qui connaissait parfaitement la Flandre où il avait fait la guerre longtemps. On attendait beaucoup de son expérience et de son habileté. Le duc d'Aremberg de la maison de Croui, gouverneur de Mons et grand bailli du Hainaut, était le général des troupes de la reine de Hongrie. Il avait passé une grande partie de sa vie à la cour de France et y avait été un homme des plus recherchés. Son goût le portait à vivre avec des Français et son devoir à les combattre. C'était un élève du prince Eugène; il avait fait la guerre contre les Turcs et les Français, et n'avait pas peu contribué au succès de la journée de Belgrade et de celle de Dettingen, ayant été blessé à l'une et à l'autre à la tête des troupes.

Le comte Maurice de Nassau, qui commandait les Hollandais, était un descendant du célèbre Maurice de Nassau, l'un des trois frères à qui les Provinces-Unies durent leur liberté et leur grandeur. Mais ce prince étant mort avant d'avoir accompli la promesse de mariage qu'il avait faite à sa maîtresse Mme de Méchelin, sa postérité n'a pu jouir des honneurs attachés à sa maison.

Ces trois généraux pouvaient s'opposer aux desseins du roi. Mais ils étaient peu unis. Les Hollandais temporisaient et négociaient. Ils étaient pressés par les Anglais de satisfaire aux traités qui les unissent depuis 1678, et qui les obligent réciproquement de déclarer la guerre dans le terme de deux mois à quiconque l'aura déclarée à l'une des deux nations. Mais ils se flattèrent de garder les apparences de la modération jusque dans la guerre même. Ils armaient contre le roi, et ils craignaient de l'aigrir. Ils lui députèrent le comte de Vassenaer Tuikeil, homme agréable à la Cour de France où il avait été envoyé autrefois, et dans laquelle son caractère mêlé de vérité et de complaisance et ses talents aimables lui avaient procuré beaucoup d'amis. Mais quel fruit * pouvait-on attendre de la négociation d'un homme qui venait demander au roi de France de la part de ses maîtres la permission de lui nuire sans se déclarer ennemis [3] ?

Il fut témoin de la prise de Courtrai, petite ville où il y avait garnison autrichienne (le 18 mai). Le lendemain le député de Hollande vit investir Menin, place de la Barrière gardée par des troupes de sa république au nombre de quinze cents hommes.

Il s'en fallait beaucoup que Menin fut une bicoque, comme l'ont appelé quelques journaux. C'était un des chefs-d'œuvre de l'art du célèbre maréchal de Vauban. Il construisit cette place à regret, prévoyant qu'un jour il la faudrait rendre à des étrangers qui jouiraient du fruit des travaux de la France.

Le roi reconnut plusieurs fois la place *. On emporta rapidement tous les ouvrages. On saigna les inondations que les assiégés avaient faites. Le chemin couvert fut pris le quatre juin. Le cinq la ville capitula, et fut la première que le roi prit en personne. Le Baron d'Ecten qui y commandait en sortit avec les honneurs de la guerre.

Le roi jugea convenable de démolir les fortifications de cette place qui avait autrefois tant coûté. C'était montrer de la modération aux Etats Généraux en leur faisant voir qu'on ne voulait pas se servir contre eux de cette place; et c'était en même temps se venger d'eux, et les préparer à ménager toujours la France, en faisant détruire une de leurs barrières.

Le lendemain même le roi fit investir Ypres (6 juin 1744) *.
C'était le prince de Clermont, abbé de Saint-Germain-des-
Prés, qui commandait les principales attaques de ce siège. On
n'avait point vu depuis les cardinaux de la Valette et de Sour-
dis d'homme qui réunit la profession des armes et celle de
l'Eglise[4]. Le prince de Clermont avait eu cette permission
du pape Clément XII, qui avait jugé que l'état ecclésiastique
devait être subordonné à celui de la guerre dans l'arrière
petit-fils du grand Condé. On insulta le chemin couvert
du front de la basse ville, quoique cette entreprise parût
prématurée et hasardée. Le marquis de Beauvau, maréchal
de camp, qui marchait à la tête des grenadiers de Bourbon-
nois et de Royal-Comtois, y reçut une blessure mortelle qui
lui causa les douleurs les plus vives. Il mourut dans des tourments intolérables, regretté des officiers et des soldats comme
capable de commander un jour les armées, et de tout Paris
comme un homme de probité et d'esprit. C'était un anti-
quaire des plus curieux de l'Europe. Il avait formé un cabinet
de médailles rares, et était alors le seul homme de son état
qui cultivât ce genre de littérature. Il dit aux soldats qui le
portaient : « Mes amis, laissez-moi mourir et allez combattre. » Le roi fit donner des gratifications à tous les officiers
de grenadiers qui avaient attaqué le chemin couvert, et s'en
étaient rendus maîtres. Ypres capitula bientôt (25 juin). Nul
moment n'était perdu : tandis qu'on entrait dans Ypres, le
duc de Boufflers prenait La Knoke (29 juin)[5]; et pendant
que le roi allait après ces expéditions visiter les places
frontières, le prince de Clermont faisait le siège de Furnes
qui arbora le drapeau blanc au bout de cinq jours de tranchée ouverte (11 juillet).

L'armée des alliés regardait ces progrès et ne pouvait s'y
opposer. Le corps que commandait le maréchal de Saxe était
si bien posté, et couvrait les sièges si à propos que les succès
étaient assurés. Les alliés n'avaient point de plan de campagne fixe et arrêté. Les opérations de l'armée du roi étaient
concertées. Le maréchal de Saxe posté à Courtrai arrê-

tait tous les efforts des ennemis et facilitait toutes les opérations de la France. Une artillerie nombreuse qu'on tirait aisément de Douai, un régiment d'artillerie de près de cinq mille hommes plein d'officiers capables de conduire des sièges, et composé de soldats qui sont pour la plupart des artistes habiles, enfin le corps des ingénieurs, étaient des avantages que ne peuvent avoir des nations réunies à la hâte pour faire ensemble la guerre quelques années. De pareils établissements ne peuvent être que le fruit du temps et d'une attention suivie dans une monarchie puissante. La guerre de siège devait donner à la France nécessairement la supériorité.

Au milieu de ces progrès la nouvelle vient que les Autrichiens ont passé le Rhin du côté de Spire, à la vue des Français et des Bavarois; que l'Alsace est entamée, que les frontières de la Lorraine sont exposées. On ne pouvait d'abord le croire, mais rien n'était plus certain. Le prince Charles, en donnant de la jalousie [6] en plusieurs endroits, et faisant à la fois plus d'une tentative, avait enfin réussi du côté où était posté le comte de Seckendorff qui commandait les Bavarois, les Palatins, et les Hessois.

Ce passage (29 et 30 juin), qui fit tant d'honneur au prince Charles dans l'Europe, fut à la fois le fruit de son habileté et de la négligence que la voix publique reprochait en France au général des troupes bavaroises. Le comte de Seckendorff était d'abord au delà du Rhin sous Philipsbourg, protégé par cette forteresse, et pouvant tenir en échec le corps ennemi qui se présenterait de ce côté. Le général Nadasti arrive vers lui pendant que les autres divisions de l'armée autrichienne bordent le fleuve plus bas et donnent aux Français de l'inquiétude. Seckendorff se retire et repasse le Rhin. Le maréchal de Coigny est obligé de lui confier la rive du fleuve vers Germersheim et Rinsaben. Le comte de Seckendorff en répond, et c'est dans cet endroit même que le prince Charles exécute le passage. Un colonel des troupes irrégulières nommé Trenck, qui avait succédé à Mentzel tué depuis quelques jours, passe secrètement vers un endroit couvert de saules et d'arbres aquatiques. Il est suivi de plusieurs bateaux chargés de pandours, de Waradins [7] et de houzards. Il arrive en silence à l'autre bord, à la hauteur de Germersheim; près de six mille hommes passent; ils pénètrent une demi-lieue; ils trouvent trois régiments bavarois, qu'ils défont et mettent en fuite. Le prince Charles fait construire un second pont de bateaux; ses troupes passent sans opposition *. L'armée autrichienne au nombre de soixante mille hommes entre en Alsace, sans résistance.

Le prince Charles s'empare en une heure de Lauterbourg, poste peu fortifié, mais de la plus grande importance. Il fait avancer le général Nadasti jusqu'à Weissembourg, ville ouverte, dont la garnison est forcée de se rendre prisonnière de guerre. Il met un corps de dix mille hommes dans la ville et dans les lignes qui la bordent. Le maréchal de Coigny, dont l'armée s'étendait le long du Rhin, vit que sa communication avec la France était coupée, que le pays messin, la Lorraine allaient être en proie aux Autrichiens et aux Hongrois. Il n'y avait d'autre ressource que de passer sur le corps de l'ennemi pour rentrer en Alsace et couvrir le pays. Il marche aussitôt avec la plus grande partie de son armée à Weissembourg dans le temps que les ennemis venaient de s'en emparer (15 juillet 1744). Il les attaque dans la ville et dans les lignes. Les Autrichiens se défendent avec courage. On se battait dans les places et dans les rues; elles étaient couvertes de morts. La résistance dura six heures entières. Les Bavarois, qui avaient si mal gardé le Rhin, réparèrent leur négligence par leur valeur. Ils étaient surtout encouragés par le comte de Mortagne, alors lieutenant-général de l'Empereur, qui reçut dix coups de fusil dans ses habits. Le marquis de Montal menait les Français. On reprit enfin Weissembourg et les lignes; mais on fut bientôt obligé, par l'arrivée de toute l'armée autrichienne, de se retirer vers Haguenau, qu'on fut même forcé d'abandonner [8]. Des partis ennemis qui allèrent à quelques lieues au delà de la Sarre, portèrent l'épouvante jusqu'à Lunéville, dont le roi Stanislas fut obligé de partir avec sa Cour.

À ces nouvelles que le roi reçut à Dunkerque, il ne balança pas sur le parti qu'il devait prendre. Il se résolut à interrompre le cours de ses conquêtes en Flandre, à laisser le maréchal de Saxe, avec quarante mille hommes, conserver ce qu'il avait pris, et à courir lui-même au secours de l'Alsace.

Il fait d'abord prendre les devants au maréchal de Noailles. Il envoie le duc d'Harcourt avec quelques troupes garder les gorges de Phalsbourg. Il se hâte de marcher lui-même à la tête de vingt-six bataillons et de trente-trois escadrons. Ce parti, que prenait le roi dès sa première campagne, transporta les cœurs des Français, et rassura les provinces alarmées par le passage du Rhin et surtout par les malheureuses campagnes précédentes en Allemagne *.

Le roi prit sa route par Saint-Quentin, La Fère, Laon, Reims, faisant marcher ses troupes dont il assigna le rendez-vous à Metz. Il augmenta, pendant cette marche, la paye et la nourriture du soldat, et cette attention redoubla encore l'affection de ses sujets. Il arriva dans Metz le cinq août et le sept on apprit un événement qui changeait toute la face des affaires, qui forçait le prince Charles à sortir de l'Alsace, qui rétablissait l'empereur, et mettait la reine de Hongrie dans le plus grand danger où elle eut été encore.

Il semblait que cette princesse n'eut alors rien à craindre du roi de Prusse après la paix de Breslau, et surtout après une alliance défensive conclue la même année que la paix de Breslau entre lui et le roi d'Angleterre; mais il était visible que la reine de Hongrie, l'Angleterre, la Sardaigne, la Saxe, et la Hollande s'étant unies contre l'empereur par le traité de Worms, les puissances du Nord et surtout la Russie étant vivement sollicitées, les progrès de la reine de Hongrie augmentant en Allemagne, tout était à craindre tôt ou tard pour le roi de Prusse. Il avait enfin pris le parti de rentrer dans ses engagements avec la France [9]. Le traité avait été signé secrètement le 5 avril, et depuis on avait fait à

Francfort une alliance étroite entre le roi de France, l'empereur, le roi de Prusse, l'électeur Palatin, et le roi de Suède en qualité de Landgrave de Hesse (27 mai 1744). Ainsi l'union secrète de Francfort était un contrepoids aux projets de l'union de Worms ; une moitié de l'Europe était animée contre l'autre, et des deux côtés on épuisait toutes les ressources de la politique et de la guerre.

Le maréchal Schmettau vint de la part du roi de Prusse annoncer au roi que son nouvel allié marchait à Prague avec quatre-vingt mille hommes. On en faisait avancer vingt-deux mille en Moravie. Dans le même temps on apprit les progrès nouveaux que l'infant don Philippe et le prince de Conti faisaient dans les Alpes. Ces montagnes escaladées à Montalban et à Villefranche, et les victoires remportées entre ces précipices n'avaient point ouvert de passage de ce côté. On ne pouvait avancer faute de subsistance dans ces gorges et sur ces rochers où il fallait traîner à bras les canons, porter les fourrages à dos de mulet, et marcher en des endroits sur la pente d'une montagne dont le pied était exposé à l'artillerie d'une flotte anglaise. De plus les Génois n'avaient point encore signé leur traité. Les épines de la politique arrêtaient les progrès des armes. On se fraya de nouveaux chemins du côté de Briançon vers la vallée de la Suze (19 juillet 1744). On pénétra jusqu'à celle de Château-Dauphin. Le bailli de Givry menait entre deux montagnes neuf bataillons français de Poitou, de Conti, de Salis, de Provence, de Brie. Le comte de Campo-Santo le suivait à la tête des Espagnols par une autre gorge. Le comte de Campo-Santo portait ce nom et ce titre depuis la bataille de Campo-Santo où il avait fait des actions étonnantes. Ce nom était sa récompense, comme on avait donné le nom de Bitonto au duc de Montemar après la bataille de Bitonto. Il n'y a guère de plus beau titre que celui d'une bataille qu'on a gagnée. Le bailli de Givry escalade en plein jour un roc sur lequel deux mille Piémontais sont retranchés. Ce brave Chevert, qui avait monté le premier sur les remparts de Prague, monte à ce roc un des premiers; et cette entreprise était plus meurtrière que celle de Prague. On n'avait point de canon. Les Piémontais foudroyaient les assaillants avec le leur. Le roi de Sardaigne, placé lui-même derrière ces retranchements, animait ses troupes. Le bailli de Givry était blessé dès le commencement de l'action, et le marquis de Villemur, instruit qu'un passage non moins important venait d'être heureusement forcé par les Français, envoyait ordonner la retraite; Givry la fait battre, mais les officiers et les soldats trop animés ne l'écoutent point.

Le lieutenant-colonel de Poitou saute dans les premiers retranchements. Les grenadiers s'élancent les uns sur les autres et ce qui est à peine croyable, ils passent par les embrasures même du canon ennemi dans l'instant que les pièces, ayant tiré, reculaient par leur mouvement ordinaire. On y perdit près de deux mille hommes, mais il n'échappa aucun Piémontais. Le roi de Sardaigne au désespoir voulait se jeter lui-même au milieu des attaquants, et on eut beaucoup de peine à le retenir. Il en coûta la vie au bailli de Givry. Le colonel Salis, le marquis de la Carte y furent tués, le duc d'Agénois et beaucoup d'autres blessés; mais il en avait coûté encore moins qu'on ne devait l'attendre dans un tel terrain. Le comte de Campo-Santo, qui ne put arriver à ce défilé étroit et escarpé où ce furieux combat s'était donné, écrivit au marquis de La Mina général de l'armée espagnole sous don Philippe : « Il se présentera quelques occasions où nous ferons aussi bien que les Français, car il n'est pas possible de faire mieux. » Je rapporte toujours les lettres des généraux lorsque j'y trouve des particularités intéressantes. Ainsi je transcrirai encore ce que le prince de Conti écrivit au roi touchant cette journée : « C'est une des plus brillantes, et des plus vives actions qui se soient jamais passées. Les troupes y ont montré une valeur au-dessus de l'humanité. La brigade de Poitou ayant M. d'Agénois à sa tête s'est couverte de gloire. La bravoure et la présence d'esprit de M. de Chevert ont principalement décidé l'avantage; je vous recommande

M. de Solemi et le chevalier de Modène. La Carte a été tué.
Votre majesté qui connaît le prix de l'amitié sent combien j'en
suis touché. » Qu'il soit permis de dire que de telles expressions d'un prince à un roi sont des leçons de vertu pour le
reste des hommes.

Pendant qu'on prenait Château-Dauphin, il fallait emporter ce qu'on appelait *les Barricades*. C'était un passage de
trois toises entre deux montagnes qui s'élèvent jusqu'aux nues.
Le roi de Sardaigne avait fait couler dans ce précipice
la rivière de Sture qui baigne cette vallée. Trois retranchements et un chemin couvert par-delà la rivière défendaient ce poste qu'on appelait les Barricades. Il fallait ensuite
se rendre maître du château de Démont bâti avec des frais
immenses sur la tête d'un rocher isolé au milieu de la vallée
de Sture. Après quoi les Français maîtres des Alpes voyaient
les plaines du Piémont. Ces Barricades furent tournées
habilement par les Français et par les Espagnols, la veille de
l'attaque de Château-Dauphin (18 juillet). On les emporta
presque sans coup férir en mettant ceux qui les défendaient
entre deux feux. C'était cet avantage et cette action singulière appelée la journée des Barricades, qui avait engagé
le marquis de Villemur à ordonner la retraite devant Château-
Dauphin. Cet officier général et le comte de Lautrec, ayant
exécuté l'entreprise des Barricades avec un succès d'autant
plus beau qu'il ne fut pas sanglant, avaient voulu épargner
le sang devant Château-Dauphin parce qu'après les Barricades forcées Château-Dauphin devait tomber de lui-même;
mais la valeur des troupes les emporta plus loin qu'on
n'osait l'espérer, et en deux jours de temps la vallée de Sture,
défendue par les Barricades et par Château-Dauphin, fut
ouverte.

Tant d'obstacles surmontés vers l'Italie, une si puissante
diversion en Allemagne, les conquêtes du roi en Flandre, sa
marche en Alsace dissipaient toutes les alarmes, lorsqu'on en
éprouva d'une autre espèce qui fit trembler et gémir toute la
France.

CHAPITRE XI

LE ROI DE FRANCE EST A L'EXTREMITE. DES QU'IL EST GUERI,
IL MARCHE EN ALLEMAGNE. IL VA ASSIEGER FRIBOURG, TANDIS
QUE L'ARMEE AUTRICHIENNE QUI AVAIT PENETRE EN ALSACE VA
DELIVRER LA BOHEME, ET QUE LE PRINCE DE CONTI GAGNE
UNE BATAILLE EN ITALIE

LE jour qu'on chantait dans Metz un *Te Deum* pour la prise de Château-Dauphin, le roi ressentit des mouvements de fièvre. C'était le 8 d'août. La maladie augmenta; elle prit le caractère d'une fièvre qu'on appelle maligne ou putride; et dès la nuit du 14 il était à l'extrémité. Son tempérament était robuste et fortifié par l'exercice; mais les meilleures constitutions sont celles qui succombent le plus souvent à ces maladies par cela même qu'elles ont la force d'en soutenir les premières atteintes, et d'accumuler pendant plusieurs jours les principes d'un mal auquel elles résistent dans les commencements. Le danger du roi porta la crainte et la désolation de ville en ville; les peuples accouraient de tous les environs de Metz. Les chemins étaient remplis d'hommes de tout état et de tout âge qui par leurs différents rapports augmentaient leur commune inquiétude [1].

Le 14 au soir, la reine reçoit un courrier du duc de Gèvres, qui lui apprend le péril extrême du roi. La reine, le Dauphin, ses sœurs, tout ce qui les entourait, étaient en pleurs. Tout le palais, tout Versailles retentissait de cris de douleur. La famille royale part cette même nuit en poste sans aucune préparation*. Plus de vingt mille habitants de Versailles remplissaient les escaliers, les cours, les avenues, et suivaient de loin les carrosses de la reine*. Ce départ et le bruit du danger où était le roi se répandit déjà dans Paris : on se relève, tout le monde court en tumulte sans savoir où il va; une partie du peuple se rend vers les remparts d'où il pouvait voir de loin passer la famille royale. Une autre court aux églises qu'on ouvre. On ne connaît plus le temps ni du sommeil, ni de la veille, ni des repas. Paris était hors de lui-même. Toutes les maisons des hommes en place étaient assiégées d'une foule continuelle. On s'assemblait dans tous les carrefours. Le peuple s'écriait : « S'il meurt, c'est pour avoir marché à notre secours *². » La désolation publique ne venait pas des malheurs qu'on aurait pu craindre. On était trop saisi pour rien prévoir. L'amour seul agissait * : tout le monde s'abordait, s'interrogeait dans les églises sans se connaître. Il y eut plusieurs églises où le prêtre qui prononçait la prière pour la santé du roi interrompit le chant par ses pleurs, et le peuple lui répondit par des sanglots et par des cris. Les pauvres donnaient aux pauvres en leur disant : « Priez Dieu pour le roi *. » Le corps de ville établit des courriers qui apportaient de trois heures en trois heures des nouvelles de son état. Les Cours Supérieures avaient envoyé à Metz. Chacune avait ses courriers qui allaient et venaient sans discontinuer. Tous étaient, à leur retour à Paris, arrêtés sur le chemin et aux portes par la foule du peuple en larmes. Les médecins qui étaient auprès du roi écrivaient de trois heures en trois heures l'état de la maladie; c'est ce qu'on appelle les bulletins. On était obligé d'afficher ces bulletins dans Paris pour contenter le peuple qui les lisait avec avidité et en tremblant.

La reine arrive à Saint-Dizier où elle trouve le roi Stanislas de Pologne son père. Il croyait le roi de France mort et il venait empêcher la reine d'avancer.

La douleur fut alors au comble. La nouvelle de la mort du roi se répandit dans toutes les villes voisines *³. La reine arriva le 17, lorsque le roi commençait à être rendu à la vie. Le courrier qui apporta le 19 à Paris la nouvelle de sa convalescence, fut embrassé et presque étouffé par le peuple. On baisait son cheval; on le menait en triomphe. Toutes les rues retentissaient d'un cri de joie : « Le roi est guéri. » Les inconnus s'embrassaient, on courait se prosterner dans les églises. Il n'y eut pas une société d'artisans qui ne fit chanter des *Te Deum*. Le roi était encore au lit et très faible, quand on lui rendit compte de ces transports inouïs de joie qui avaient succédé à ceux de la désolation. Il en fut attendri jusqu'aux larmes, et en se soulevant par un mouvement de sensibilité qui lui rendait les forces : « Ah, s'écria-t-il qu'il est doux d'être aimé ainsi, et qu'ai-je fait pour le mériter [4] ? »

Les premiers jours de sa guérison furent marqués par de nouveaux succès de ses armes en Italie. Le prince de Conti, après avoir fait tomber ces Barricades des défilés de Sture qui semblaient inexpugnables, et après la prise de Château-Dauphin, était parvenu heureusement jusqu'à la montagne de Démont. Il en avait pris tous les retranchements, et réduit enfin douze cents hommes, qui défendaient cette dernière forteresse des Alpes, à se rendre à discrétion.

Ces nouvelles faisaient l'entretien du roi et sa consolation dans sa convalescence. Ce monarque sur le point de mourir n'avait point perdu de vue l'intérêt de l'Etat. C'était alors le maréchal de Noailles qui commandait en chef l'armée d'Alsace, renforcée de troupes de Flandre que le roi n'avait pu conduire lui-même. Son dessein avant sa maladie avait été d'arriver à temps pour livrer bataille au prince Charles, qui avait fait passer des partis jusqu'en Lorraine. Mais la marche des troupes ayant été un peu retardée, il était douteux que le maréchal de Noailles pût livrer bataille aux Autrichiens. Cependant le roi était toujours occupé de cet événement qu'il attendait et quand il se crut en danger de mort, il dit au comte d'Argenson : « Ecrivez de ma part au maréchal de Noailles que pendant qu'on portait Louis XIII au tombeau, le prince de Condé gagna une bataille. » Cependant le maréchal de Noailles ne put qu'entamer l'arrière-garde du prince Charles qui se retirait en bon ordre. Elle perdit environ mille hommes tout au plus. Le chevalier d'Orléans, grand prieur de France, et M. de Frémur furent dangereusement blessés dans ce petit combat qui ne coûta pas aux Français plus de deux cents hommes. Le prince

Charles, qui avait passé le Rhin malgré l'armée de France, le repassa presque sans perte vis-à-vis une armée supérieure. Le roi de Prusse se plaignait qu'on eût ainsi laissé échapper un ennemi qui allait venir à lui. C'était encore une occasion heureuse manquée. La maladie du roi de France, quelque retardement dans la marche de ses troupes, un terrain marécageux et difficile par où il fallait aller au prince Charles, les précautions qu'il avait prises, ses ponts assurés, tout lui facilita cette retraite; il ne perdit pas même un magasin. Ayant donc repassé le Rhin avec cinquante mille hommes complets, il marche vers le Danube et l'Elbe avec une diligence incroyable; et après avoir pénétré en France aux portes de Strasbourg, il allait délivrer la Bohême une seconde fois. Le roi de Prusse s'avançait vers Prague; il l'investit le 4 septembre; et ce qui parut étrange, c'est que le général Ogilvy, qui la défendait avec quinze mille hommes, se rendit, dix jours après, prisonnier de guerre, lui et sa garnison (15 septembre). C'était le même gouverneur qui en 1741 avait rendu la ville en moins de temps quand les Français l'escaladèrent.

Une armée de quinze mille hommes prisonnière de guerre, la capitale de la Bohême prise, le reste du royaume soumis peu de jours après, la Moravie envahie en même temps, l'armée de France rentrant enfin en Allemagne, les succès en Italie, faisaient attendre qu'enfin la grande querelle de l'Europe allait être décidée en faveur de l'empereur Charles VII. Il se disposait à rentrer dans Munich dès que le prince Charles, ayant repassé au delà des frontières de la Bavière pour courir au secours de la Bohême, lui laisserait les chemins libres; la Hesse, qui était entrée dans l'union de Francfort, vendait déjà trois mille hommes au roi de France; et devait lui en fournir jusqu'à six mille; le Palatinat avait toujours été dans le même parti; la Saxe, qui d'abord avait commencé la guerre contre la reine de Hongrie, pouvait la renouveler. Le roi de Prusse sollicitait fortement l'électeur saxon; il lui promettait six cercles dans la Bohême, mais comme il comptait en retenir deux pour lui-même, celui de Koenigsgratz et celui de Leutmeritz par son traité avec la France, il restait peu de chose pour l'empereur. C'était encore un nouveau partage des biens de la maison d'Autriche. Il faisait offrir une principauté dans l'Empire au premier ministre de Saxe, le comte de Brulh. Il promettait au père Guarini, jésuite confesseur de la reine de Pologne, la nomination de l'empereur à la dignité de cardinal et il comptait parmi les plaisirs de ses succès celui de voir dans le sacré collège un jésuite de la main d'un prince protestant. Les apparences étaient favorables quand le prince Charles était encore en Alsace, et que le roi de France qui marchait à lui allait l'attaquer avec des forces supérieures.

La maladie du roi dérangea, comme on a vu, ce projet qui semblait immanquable [5], mais le succès n'en paraissait que retardé. L'armée du prince Charles devait diminuer beaucoup dans la marche précipitée qu'elle faisait en Bohême; et à peine avait-elle quitté la Bavière que le roi de France avait ordonné le siège de Fribourg, le boulevard de l'Autriche antérieure. Le maréchal de Coigni l'investit le 30 octobre. Le roi, encore affaibli * de sa maladie, resta quelques jours à Strasbourg avant d'aller au siège. Sa réception dans Strasbourg fut une des plus brillantes fêtes qu'on ait jamais données. Le marquis de Bissi augmenta l'éclat de la fête en apportant d'Italie la nouvelle d'une victoire.

L'infant don Philippe, et le prince de Conti assiégeaient Coni. Le roi de Sardaigne les attaque dans leurs lignes avec une armée supérieure. Rien n'était mieux concerté que l'entreprise de ce monarque. C'était une de ces occasions où il était de la politique de donner bataille. S'il était vainqueur, les Français avaient peu de ressources, et la retraite était difficile; s'il était vaincu, la ville n'était pas moins en état de résister dans cette saison avancée, et il avait des retraites sûres. Sa disposition fut une des plus savantes qu'on eût jamais vues : car, ayant la moitié moins de cavalerie que les assiégeants et la moitié plus d'infanterie, il attaqua de façon que son infanterie devait avoir tout l'avantage sans que sa cavalerie dût souffrir (30 septembre 1744). Cependant il fut vaincu. Les Français et les Espagnols combattirent comme des alliés qui se secourent, et comme des rivaux qui veulent chacun donner l'exemple. Le roi de Sardaigne perdit près de cinq mille hommes et le champ de bataille. Les Espagnols ne perdirent que neuf cents hommes, et les Français en eurent douze cents tués ou blessés. On compta parmi les officiers blessés le marquis de La Force qui mourut bientôt après, le marquis de Senneterre, le chevalier de Chauvelin, le chevalier de Chabanne. Le prince de Conti, qui était général et soldat, eut sa cuirasse percée de deux coups, et deux chevaux tués sous lui. Il n'en parla point dans sa lettre au roi; mais il s'étendait sur les blessures de MM. de la Force, de Chauvelin, sur les services signalés de M. de Courten, sur ceux de MM. du Chaila, de Choiseul, de Beaupréau, sur tous ceux qui l'avaient secondé, et demandait pour eux des récompenses. Parmi le nombre prodigieux d'officiers qui méritaient les éloges du prince de Conti, il distingua dans ses lettres MM. de Montmorency, d'Agénois, de Stainville, le marquis de Maillebois, major-général des logis, M. de Chauvelin, major-général de l'armée. Cette histoire ne serait qu'une liste continuelle si on pouvait citer toutes les belles actions, qui devenues simples et ordinaires se perdent continuellement dans la foule.

Mais cette nouvelle victoire fut encore au nombre de celles qui causent des pertes sans produire d'avantages réels aux vainqueurs. Bientôt après la rigueur de la saison, la fonte des neiges, le débordement de la Sture et des torrents, furent plus utiles au roi de Sardaigne que la victoire de Coni ne le fut à l'infant et au prince de Conti. Ils furent obligés de lever le siège et de repasser les monts avec une armée affaiblie. C'est presque toujours le sort de ceux qui combattent vers les Alpes, et qui n'ont pas pour eux le maître du Piémont, de perdre leurs armées, même par des victoires.

CHAPITRE XII *

SUITE DU SIEGE DE FRIBOURG. ETAT DES AFFAIRES EN ALLE-
MAGNE ET EN ITALIE

L
E roi de France, dans cette saison pluvieuse, était devant Fribourg. Ce siège était de tous ceux qu'il avait faits le plus pénible et le plus dangereux. On fut obligé de détourner la rivière de Treisam, et de lui ouvrir un canal de deux mille six cents toises; mais à peine ce travail fut-il achevé, qu'une digue se rompit, et on recommença. On travaillait sous le feu des châteaux de Fribourg; et il fallait saigner à la fois deux bras de la rivière. Les ponts qu'on avait construits sur le canal nouveau furent dérangés par les eaux. On les rétablit dans une nuit, et le lendemain on marcha au chemin couvert sur un terrain miné, et vis-à-vis d'une artillerie et d'une mousqueterie continuelles. Cinq cents grenadiers furent couchés par terre, tués ou blessés; et deux compagnies entières périrent par l'effet des mines *.

On ne se rebuta point. On emporta la plus grande partie du chemin couvert, et le lendemain on acheva d'en chasser les ennemis, malgré les bombes, les pierriers, et les grenades dont ils faisaient un usage continuel et terrible. Il y avait seize ingénieurs à ces deux attaques, et tous les seize y furent blessés. Une pierre y atteignit le prince de Soubise, et lui cassa le bras. Dès que le roi le sut, il alla le voir, il y retourna plusieurs fois; il voyait mettre l'appareil à ses blessures. Cette sensibilité encourageait toutes ses troupes. Les soldats redoublaient d'ardeur en suivant le duc de Chartres, premier prince du sang, à la tranchée et aux attaques. Le général

Damnitz, gouverneur de Fribourg, n'arbora le drapeau blanc que le six novembre *, après deux mois de tranchée ouverte. Le siège des châteaux ne dura que sept jours.

Le roi usa de la même politique à Fribourg qu'à Menin. Il fit démolir toutes les fortifications d'une ville qu'il ne voulait ni garder pour lui, ni laisser au hasard d'être reprise par les Autrichiens et de devenir dangereuse; c'était une de ces places que Louis XIV avait fortifiées après les avoir prises, et qu'il avait ensuite rendues. Il est vrai que Fribourg et l'Autriche antérieure, selon le plan tant de fois dérangé, devait appartenir à l'empereur bavarois. Mais on prévoyait que ces pays ne lui resteraient pas. Le roi était à la vérité maître de tout le Brisgau. Le prince de Clermont, de son côté, s'était avancé jusqu'à Constance. L'empereur se voyait enfin dans Munich; les affaires prenaient en Italie un tour favorable, quoique avec lenteur. Le prince de Conti faisait démolir Démont après l'avoir forcé. Le roi de Naples poursuivait le prince de Lobkovitz sur le territoire de Rome. On devait tout attendre en Bohême de la diversion du roi de Prusse, mais par un de ces revers si fréquents dans cette guerre, le prince Charles chassait alors les Prussiens de la Bohême, comme il en avait fait retirer les Français en 1742 et en 1743; et les Prussiens faisaient les mêmes fautes et les mêmes retraites qu'ils avaient reprochées aux armées françaises [1]. Ils abandonnaient successivement tous les postes qui assurent Prague [2]. Enfin, ils furent obligés d'abandonner Prague même (19 novembre 1744).

Le prince Charles, qui avait passé le Rhin à la vue de l'armée de France, passa l'Elbe la même année à la vue du roi de Prusse. Il le suivit jusqu'en Silésie. Ses partis allèrent aux portes de Breslau. On doutait enfin si la reine, qui paraissait perdue au mois de juin, ne reprendrait pas jusqu'à la Silésie au mois de décembre de la même année, et on craignait que l'empereur, qui venait de rentrer dans sa capitale désolée, ne fût obligé d'en sortir encore.

CHAPITRE XIII

LE ROI DE POLOGNE, ELECTEUR DE SAXE, SE DECLARE POUR
MARIE-THERESE, A QUI IL AVAIT FAIT D'ABORD LA GUERRE.
LES AFFAIRES SONT PLUS BROUILLEES QUE JAMAIS EN ALLEMAGNE.
EN ITALIE LE ROI DE NAPLES SURPRIS DANS VELLETRI PRES
DE ROME

UN nouveau changement dans les affaires donnait toutes
ces espérances à l'Autriche. Ce ne fut pas une des
moindres révolutions de cette guerre que le parti que
prenait alors le roi de Pologne, électeur de Saxe. Ce même
prince, qui dans le commencement s'était joint au roi de
Prusse contre la reine de Hongrie, s'unissait alors contre
lui avec cette reine, et il fournissait déjà environ vingt mille
hommes; non qu'il déclarât la guerre au roi Frédéric, mais il
assistait la reine Marie-Thérèse, ainsi que les Etats Généraux
se joignaient à elle contre la France sans déclaration de
guerre. Il ne paraissait pas que l'électeur de Saxe eût beaucoup d'intérêt à rendre la reine de Hongrie et la nouvelle
maison d'Autriche-Lorraine plus puissante, et il semblait
étrange qu'il eût mieux aimé l'agrandir que de s'élever à ses
dépens. Mais des mécontentements particuliers qu'il avait du
roi Frédéric, les négociations puissantes de l'Angleterre, la
crainte de la grandeur nouvelle de la Prusse, l'espérance de
l'abaisser avaient fait changer les maximes de la cour de
Dresde [1].

A peine le roi de Prusse avait-il fait son traité en avril 1744
avec la France et l'empereur, que le roi de Pologne fit le sien
avec la reine de Hongrie au mois de mai. Il lui promit jusqu'à trente mille hommes *. L'Angleterre lui fournissait cent
cinquante mille livres sterling par an, tant qu'il serait armé en
faveur de l'Autriche. Si on s'étonnait qu'un roi de Pologne,

électeur de Saxe, fût obligé de recevoir cet argent, on était encore plus surpris que l'Angleterre fût en état de le donner, lorsqu'il lui en coûtait cinq cent mille pièces cette année pour la reine de Hongrie, deux cent mille pour le roi de Sardaigne, et qu'elle donnait encore des subsides à l'électeur de Mayence et même à l'électeur de Cologne qui recevait vingt-deux mille pièces de la cour de Londres pour permettre que les ennemis de l'empereur, son frère, levassent contre lui des troupes dans les Etats de Cologne, de Munster et d'Osnabruck. C'était là le comble du malheur où les mauvais succès de l'empereur l'avaient réduit. Tout avait tremblé vers le Rhin au passage du prince Charles, et l'or des Anglais avait fait le reste. Dans cette nouvelle conjoncture les Autrichiens menaçaient la Silésie, aidés de leurs nouveaux alliés les Saxons. Ils menaçaient encore plus la Flandre française avec les secours de l'Angleterre et de la Hollande.

Leur armée en Flandre était plus forte de vingt mille hommes que celle que le roi avait laissée au maréchal de Saxe. Ce général mit en œuvre ces ressources de la guerre auxquelles ni la fortune ni même la valeur du soldat ne peuvent avoir part. Camper et décamper à propos, couvrir son pays, faire subsister son armée aux dépens des ennemis, aller sur leur terrain lorsqu'ils s'avancent vers le pays qu'on défend, et les forcer à revenir sur leurs pas, rendre par l'habileté la force inutile, c'est ce qui est regardé comme un des chefs-d'œuvre de l'art militaire, et c'est ce que fit le maréchal de Saxe depuis le commencement d'août jusqu'au mois de novembre.

La querelle de la succession autrichienne était tous les jours plus vive, la destinée de l'empereur plus incertaine, les intérêts plus compliqués, les succès toujours balancés.

La France avait pour elle dans l'Allemagne l'empereur, le roi de Prusse, la Hesse, le Palatinat par le traité de Francfort. Mais alors les Prussiens étaient eux-mêmes occupés à se défendre. La Hesse était toujours prête à vendre ses soldats à l'Angleterre comme à la France. Le Palatinat était un pays qu'on protégeait plutôt qu'on n'en était secouru, et dont les ennemis avaient pillé beaucoup de territoires. Ainsi l'Autriche était encore la puissance prédominante en Allemagne, surtout ayant les secours de la Saxe, celui des Hollandais, avec l'or et les troupes d'Angleterre. Le reste de l'Empire, toujours neutre, mais dont une grande partie était affectionnée à la maison d'Autriche, se plaignait dans tous ses mémoires de cette guerre civile, qui désolait la patrie. Il est vrai que les désastres qui suivent la guerre avaient fait beaucoup de malheureux ; mais il n'en est pas moins vrai que cette guerre enrichissait l'Allemagne en secret, quand elle la dévastait en apparence. L'argent de la France et de l'Angleterre répandu avec profusion demeurait entre les mains des Allemands *, et au fond le résultat de la guerre était de rendre l'Allemagne plus opulente et par conséquent plus puissante un jour si elle peut être réunie [2].

Il n'en était pas ainsi de l'Italie qui d'ailleurs ne peut faire de longtemps un corps formidable comme l'Allemagne. La France n'avait envoyé dans les Alpes que quarante-deux bataillons et trente-trois escadrons, qui, attendu l'incomplet ordinaire des troupes, ne composaient pas un corps de plus de vingt-six mille hommes. L'armée de l'infant était à peu près de cette force au commencement de la campagne, et toutes deux, loin d'enrichir un pays étranger, tiraient presque toutes leurs subsistances des provinces de France. A l'égard des terres du pape sur lesquelles le prince de Lobkovitz était pour lors avec le fonds de trente mille hommes, elles étaient plutôt dévastées qu'enrichies. Cette partie de l'Italie devenait une scène sanglante dans ce vaste théâtre de la guerre qui se faisait du Danube au Tibre.

Les armées de Marie-Thérèse avaient été sur le point de conquérir le royaume de Naples vers le mois de mars, d'avril et de mai 1744, et sans la prudence du comte de Gages c'en était fait. Son armée espagnole affaiblie ne pouvait avoir de recrues d'Espagne. Il incorpora des Napolitains dans ses vieux régiments, et ces nouveaux soldats s'aguerrirent. Enfin en temporisant il força le prince de Lobkovitz, qui à son tour voyait diminuer son armée, à se retirer de l'Abruzze vers Rome.

Rome voyait, depuis le mois de juillet, les armées napolitaine et autrichienne combattre sur son territoire. Le roi de Naples, le duc de Modène étaient dans Velletri, autrefois capitale des Volsques, et aujourd'hui la demeure des doyens du sacré Collège. Le roi des Deux-Siciles y occupait le palais Ginetti, qui passe pour un ouvrage de magnificence et de goût. Le prince de Lobkovitz fit sur Velletri la même entreprise que le prince Eugène avait faite sur Crémone en 1702 [3]. Car l'histoire n'est guère qu'une suite des mêmes événements renouvelés et variés. Six mille Autrichiens étaient entrés dans Velletri au milieu de la nuit (la nuit du 10 au 11 d'août 1744). La grande garde était égorgée; on tuait ce qui se défendait; on faisait prisonnier ce qui ne se défendait pas. L'alarme et la consternation étaient partout. Le roi de Naples, le duc de Modène allaient être pris. Le marquis de l'Hospital, ambassadeur de France à Naples, qui avait accompagné le roi, s'éveille au bruit, court au roi et le sauve. A peine le marquis de l'Hospital était-il sorti de sa maison pour aller au roi, qu'elle est remplie d'ennemis, pillée et saccagée. Le roi, suivi du duc de Modène et de l'ambassadeur, va se mettre à la tête de ses troupes hors de la ville. Les Autrichiens se répandent dans les maisons. Novati entre * dans celle du duc de Modène [4].

Tandis que ceux qui pillaient les maisons jouissaient avec sécurité de la victoire, il arrivait la même chose qu'à Crémone : les gardes vallonnes, un régiment irlandais, des Suisses repoussaient les Autrichiens, jonchaient les rues de morts et reprenaient la ville *. Peu de jours après le prince de Lobkovitz est obligé de se retirer vers Rome. Le roi de Naples le poursuit. Le premier était vers une porte de la ville, le second vers l'autre (2 novembre 1744). Ils passent tous deux le Tibre et le peuple romain du haut des remparts avait le spectacle des deux armées. Le roi, sous le nom du comte de Pouzzoles, fut reçu dans Rome. Ses gardes avaient l'épée à la main dans les rues tandis que leur maître baisait les pieds du pape; et les deux armées continuèrent la guerre sur le territoire de Rome, qui remerciait le ciel de ne voir le ravage que dans ses campagnes.

On voit au reste que d'abord l'Italie était le grand point de vue de la cour d'Espagne, que l'Allemagne était l'objet le plus délicat de la conduite de la cour de France, et que des deux côtés le succès était encore incertain.

PRISE DU MARÉCHAL DE BELLE-ISLE. L'EMPEREUR CHARLES VII
MEURT, MAIS LA GUERRE N'EN EST QUE PLUS VIVE

L E roi, immédiatement après la prise de Fribourg,
retourna à Paris, où il fut reçu comme le vengeur de
la patrie et comme un père qu'on avait craint de perdre.
Il resta trois jours dans Paris pour se faire voir aux
habitants, qui ne voulaient pour prix de leur zèle que le
bonheur de le voir, et auquel il devait cette reconnaissance.
Il dîna à l'hôtel de ville, dont la place était ornée de ces
décorations magnifiques qui font souhaiter des monuments
plus durables. Il fut servi à table selon l'usage par le prévôt
des marchands, le Dauphin par le premier échevin.

On remarqua que les inscriptions de l'hôtel de ville, des
arcs de triomphe et des illuminations figurées qui ornaient la
ville, étaient en latin, quoiqu'en effet ces interprètes de la
joie du peuple dussent être entendus par lui. On se pique
en Allemagne, en Angleterre et dans tout le Nord de faire
les inscriptions et les devises en français, et par là on avertit
cette nation qu'elle devrait faire à sa langue l'honneur que lui
font les étrangers *[1].

Le roi, toujours constant à maintenir l'empereur, avait
envoyé à Munich, à Cassel et en Silésie, le maréchal de Belle-
Isle chargé de ses pleins pouvoirs et de ceux de l'empereur.
Ce général venait de Munich, résidence impériale, avec le
chevalier son frère. Ils avaient été à Cassel, et suivaient
leur route sans défiance dans des pays où le roi de Prusse
a partout des bureaux de poste, qui, par les conventions

établies entre les princes d'Allemagne, sont toujours regardés comme neutres et inviolables. Le maréchal et son frère, en prenant des chevaux à un de ces bureaux dans un bourg appelé Elbingrode appartenant à l'électeur de Hanovre, furent arrêtés par le bailli hanovrien, maltraités et bientôt après transférés en Angleterre (13 novembre 1744). Le duc de Belle-Isle était prince de l'Empire, et par cette qualité cet arrêt pouvait être regardé comme une violation des privilèges du collège des princes. En d'autres temps, un empereur aurait puni un tel attentat; mais Charles VII régnait dans un temps où on pouvait tout oser contre lui, et où il ne pouvait que se plaindre. Le ministère de France réclama à la fois tous les privilèges des ambassadeurs et les droits de la guerre. Si le maréchal de Belle-Isle était regardé comme prince de l'Empire et ministre du roi de France allant à la cour impériale et à celle de Prusse, ces deux cours n'étant point en guerre avec Hanovre, il paraît certain que sa personne était inviolable; s'il était regardé comme maréchal de France et général, le roi de France offrait de payer sa rançon et celle de son frère, selon le cartel établi à Francfort, le 18 juin 1743, entre la France et l'Angleterre. La rançon d'un maréchal de France est de cinquante mille francs, celle d'un lieutenant-général de quinze mille francs. Le ministre de George second éluda ces instances pressantes par une défaite qui était un nouvel outrage. Il déclara qu'il regardait MM. de Belle-Isle comme prisonniers d'Etat. On les traita avec les attentions les plus distinguées, suivant les maximes de la plupart des cours européennes, qui adoucissent ce que la politique a d'injuste, et ce que la guerre a de cruel, par tout ce que l'humanité a de dehors séduisants.

L'empereur Charles VII, si peu respecté dans l'Empire, et n'y ayant d'autre appui que le roi de Prusse, qui alors était poursuivi par le prince Charles, craignant que la reine de Hongrie ne le forçât encore de sortir de Munich sa capitale, se voyant toujours le jouet de la fortune, accablé de maladies que les chagrins redoublaient, succomba enfin et mourut à Munich, à l'âge de quarante-sept ans et demi (20 janvier 1745), en laissant cette leçon au monde, que le plus haut degré de la grandeur humaine peut être le comble de la calamité. Il n'avait été malheureux que depuis qu'il avait été empereur. La nature dès lors lui avait fait plus de mal encore que la fortune. Une complication de maladies douloureuses rendit plus violents les chagrins de l'âme par les souffrances du corps et le conduisit au tombeau. Il avait la goutte et la pierre. On trouva ses poumons, son foie et son estomac gangrenés, des pierres dans ses reins, un polype dans son cœur : on jugea qu'il n'avait pu dès longtemps être un moment sans souffrir.

Le corps de cet infortuné prince fut exposé vêtu à l'ancienne mode espagnole, étiquette établie par Charles Quint, quoique depuis lui aucun empereur n'ait été Espagnol, et que Charles VII n'eût rien de commun avec cette nation. Il fut enseveli avec les cérémonies de l'Empire; et, dans cet appareil de la vanité et de la misère humaine, on porta le globe du monde devant celui qui, pendant la courte durée de son Empire, n'avait pas même possédé une petite et malheureuse province. On lui donna même le titre d'*invincible* dans les rescrits émanés du jeune électeur son fils, titre attaché par l'usage à la dignité d'empereur, et qui ne faisait que mieux sentir les malheurs de celui qui l'avait possédé.

Son frère, l'électeur de Cologne, n'avait jamais voulu soutenir sa cause; ce n'est pas que cet électeur, évêque souverain de Munster, de Paderborn, d'Osnabruck, d'Hildesheim, n'eût pu avoir une armée; mais pour en avoir une bonne il eût fallu s'y préparer dès longtemps, amasser des trésors, avoir formé des officiers et des soldats. Tout cela lui manquait. Il avait toujours prévu que l'Autriche reprendrait la supériorité; il fut neutre dans toute cette guerre. On en murmura beaucoup; mais les événements servirent d'excuse à la conduite qu'il fut obligé de tenir.

On crut que les causes de la guerre ne subsistant plus, le calme pouvait être rendu à l'Europe [2]. On ne pouvait offrir l'Empire au fils de Charles VII, âgé de dix-sept ans. On se flattait en Allemagne que la reine de Hongrie rechercherait la paix comme un moyen sûr de mettre enfin son mari, le grand-duc, sur le trône impérial; mais elle voulut et ce trône et la guerre. Le ministre anglais, qui donnait la loi à ses alliés puisqu'il donnait l'argent, et qui payait à la fois la reine de Hongrie, le roi de Pologne et le roi de Sardaigne, crut qu'il y avait à perdre avec la France par le traité et à gagner par les armes. Il n'eut pas de peine à inspirer sa confiance à Marie-Thérèse, qui se flattait de vaincre à la fois et la France et la Prusse. Le passage du Rhin et de l'Elbe en une campagne enflait le courage de cette cour. Le roi de France, de son côté, ne voulait abandonner ni la cause de son gendre don Philippe en Italie, ni celle du jeune électeur de Bavière en Allemagne, ni celle du roi de Prusse qui était revenu à lui.

Cette guerre générale se continua parce qu'elle était commencée. L'objet n'en était pas le même que dans son principe. C'était une de ces maladies qui à la longue changent de caractère [3]. La Flandre, qui avait été respectée avant 1744, était devenue le principal théâtre; et l'Allemagne fut plutôt pour la France un objet de politique que d'opérations militaires. La cour de France jeta les yeux sur le roi de Pologne, électeur de Saxe, pour lui faire donner la couronne impériale. Il pouvait non seulement prétendre à cette dignité, mais encore s'en servir pour faire entrer dans sa maison une partie de l'héritage de la maison d'Autriche qu'il avait d'abord disputée à main armée. On pouvait du moins, en le détachant de sa nouvelle alliance avec l'Autriche, donner plus de supériorité au roi de Prusse et forcer la reine de Hongrie à recevoir la paix; mais le ministre saxon aima mieux voir son maître allié qu'ennemi de la cour de Vienne. Il ne tenait qu'à lui d'avoir l'Empire, et il n'en voulut pas.

Ce refus de l'électeur de Saxe, qui parut surprenant à l'Europe, n'étonna point ceux qui connaissaient sa cour et l'état de ses affaires. Il fut persuadé qu'il lui serait difficile de conserver sa couronne de Pologne en acceptant celle d'empereur, que la république de Pologne craindrait d'avoir un chef trop puissant, qu'il risquait donc de perdre un trône qu'il pouvait assurer à sa postérité, et qu'il n'était pas assuré d'enlever l'Empire au grand-duc de Toscane. L'exemple de l'électeur de Bavière lui faisait voir combien le fardeau de l'Empire était difficile à soutenir par un prince qui n'est pas très puissant par lui-même, et qu'une grandeur qui n'est pas fondée sur ses propres forces n'est souvent qu'humiliante. Enfin, soit que ce prince ne fût pas assez fort, soit qu'il fût retenu par ses traités de Vienne, de Dresde et de Varsovie qui le liaient avec la reine de Hongrie et avec l'Angleterre, loin de prétendre à l'Empire, il s'unit plus étroitement avec la reine de Hongrie pour mettre enfin la couronne impériale sur la tête de son époux, et pour tout donner à ceux auxquels il avait d'abord tout disputé.

Il ne restait à la France d'autre parti que d'attendre du sort des armes la décision de tant d'intérêts divers qui avaient changé tant de fois, et qui dans tous leurs changements avaient tenu l'Europe en alarmes.

Le nouvel électeur de Bavière, Maximilien-Joseph, était le troisième de père en fils que la France soutenait : elle avait fait rétablir l'aïeul dans ses Etats, elle avait procuré l'Empire au père, et le roi fit un nouvel effort pour secourir encore le jeune prince. Six mille Hessois à sa solde, trois mille Palatins et treize bataillons allemands qui sont depuis longtemps dans les corps des troupes de France, s'étaient déjà joints aux troupes bavaroises, toujours soudoyées par le roi.

Pour que tant de secours fussent efficaces, il fallait que les Bavarois se secourussent eux-mêmes; mais leur destinée était de succomber sous les Autrichiens. Ils défendirent si malheureusement l'entrée de leur pays que, dès le commencement d'avril, l'électeur de Bavière fut obligé de sortir de cette même capitale que son père avait été forcé de quitter tant de fois.

Son pays dévasté ne pouvait fournir de subsistance aux

troupes françaises qui venaient combattre pour lui. Les Hessois étaient des mercenaires qui voulaient recevoir l'argent de la France, mais qui ne voulaient point combattre, et, dès le 10 avril, le général Brant déclara au comte de Ségur, général des troupes de France en Bavière, qu'il n'irait point au devant de l'ennemi et que tout ce qu'il pouvait faire était de l'attendre. M. de Ségur se trouva abandonné de ceux même qu'il venait secourir. Il ne pouvait compter sur les Hessois qui marquaient une si mauvaise volonté.

Pour comble de disgrâce, le comte de Seckendorff, qui commandait toujours l'armée bavaroise, était en intelligence avec l'Autriche, et négociait déjà un accommodement secret par lequel il semblait livrer la maison de Bavière à la discrétion de la reine de Hongrie, et rendait inutile tout ce qu'avait fait la France *. Il avait écrit le 24 mars au maréchal Terrin, général bavarois, ces propres mots : « Les heureux succès dont on se flatte sur le Rhin ne sauveront pas la Bavière, et il faut que ce pays soit prédestiné à être ruiné totalement si on ne trouve pas un moyen de le sauver par un accommodement tel qu'il puisse être. »

Le comte de Ségur et M. de Chavigny, plénipotentiaires du roi en Bavière, n'étaient que trop avertis de ces desseins secrets, et ils voyaient que les mouvements de l'armée bavaroise laissaient les troupes du roi exposées dans un pays où elles avaient pour ennemis même les habitants qu'ils avaient défendus pendant quatre années.

Dans ces circonstances funestes, le comte de Ségur n'ayant avec lui qu'environ six mille hommes d'infanterie et douze cents chevaux tant de troupes françaises que de palatines, fut attaqué par un corps de vingt mille Autrichiens à quelques lieues de Donavert, près d'une petite ville nommée Pfafenhoven (15 avril 1745). Il fallait mettre en sûreté les troupes du roi et la caisse militaire. Il sut si bien se poster, se couvrir si à propos d'un bois, et gagner des hauteurs, qu'il soutint le combat le plus inégal, le plus long et le plus rude sans pouvoir être rompu. Les Français seuls y perdirent environ deux mille hommes, tant tués que blessés. Les Palatins, moins exposés, ne perdirent que très peu de monde; mais un de leurs bataillons fut fait prisonnier de guerre. Le marquis de Rupelmonde, maréchal de camp, qui arrêta longtemps les ennemis à l'arrière-garde, fut tué d'un coup de fusil sur le champ de bataille. Il n'avait que son aide de camp auprès de lui lorsqu'il reçut le coup : « Laissez-moi, lui dit-il, je mourrai bien sans vous; courez avertir M. de Ségur afin qu'il mette ordre à l'arrière-garde. ». On ne put trop déplorer la mort de ce jeune homme qui joignait à tous les talents militaires l'esprit d'un philosophe et des agréments qui rendaient sa société infiniment chère à tous ses amis; c'était le seul rejeton d'une maison très distinguée en Flandre *[4]. Le marquis de Crussol, chargé de l'arrière-garde, et le chevalier de La Marck se conduisirent avec une sagesse si intrépide qu'ils méritèrent des éloges des ennemis et des récompenses du roi. Cette petite armée se retira à Donavert en bon ordre, sans jamais avoir été rompue. Ainsi, dans toute cette guerre, des circonstances funestes, ou des mesures hasardées, ou le peu de concert de ceux qu'on secourait, firent tout perdre aux Français en Allemagne sans qu'ils eussent perdu un seul grand combat.

Cependant le jeune électeur de Bavière était dans Augsbourg. Si son conseil avait voulu joindre ses troupes à celles qui ne combattaient que pour lui, il pouvait encore se soutenir. Le roi de France défendait sa cause de tous les côtés. Le maréchal de Maillebois à la tête de 101 bataillons, de 162 escadrons et de dix compagnies franches poussait une armée autrichienne commandée par le duc d'Aremberg jusque par delà la rivière de Laune, et menaçait le pays d'Hanovre. Le roi de Prusse occupait le prince Charles; et enfin le roi de France était prêt de faire en Flandre la diversion la plus puissante. Mais le parti du comte de Seckendorff l'emporta sur toutes ces considérations. Il fit signer au jeune électeur un traité préliminaire par lequel ce prince se mettait enfin dans la dépendance de l'Autriche (22 avril 1745). Il laissait à la reine de Hongrie ses plus fortes places : Ingolstadt, Scharding, et Braunau jusqu'au temps d'un traité définitif. Il promettait sa voix au grand-duc à la prochaine diète d'élection, et mettait ainsi sur sa tête celui que la conjecture des temps avait rendu l'ennemi de la maison de Bavière. Les six mille Hessois qui étaient dans cette armée se déclarèrent neutres, et malgré leur neutralité on les désarma dans Augsbourg, après quoi ils passèrent de la solde de France à la solde d'Angleterre. Les Palatins furent obligés bientôt d'embrasser la neutralité. Cette révolution, heureuse pour la reine de Hongrie, fit aussi quelque bien à la France en lui épargnant les hommes et les trésors qu'elle prodiguait pour la maison de Bavière, et en la délivrant du fardeau des troupes mercenaires, qui coûtent d'ordinaire beaucoup plus qu'elles ne servent.

Le conseil du jeune électeur pouvait se justifier de ce traité par l'expérience des malheurs passés et par ceux que l'on craignait. Mais ce qu'on pouvait lui reprocher, c'était un article secret par lequel l'électeur s'engageait à donner des troupes à la reine de Hongrie et à recevoir comme les autres de l'argent des Anglais. Le roi de France ne s'était pas attendu, quand il mit l'électeur Charles-Albert sur le trône de l'Empire, qu'au bout de deux ans les Bavarois s'armeraient contre lui-même; en perdant un allié qui était à charge, il en conservait encore un qui était utile. Le roi de Prusse était la terreur des Autrichiens, et le prince Charles pouvait à peine tenir alors la campagne contre lui.

Le parti que prit Louis XV fut de faire une guerre défensive en Allemagne et de la faire offensive en Flandre et en Italie. Par là il remplissait tous ses objets [5]. Son armée vers le Mein occupait les Autrichiens et les empêchait de tomber sur son allié le roi de Prusse avec des forces trop supérieures. Il avait déjà fait partir le maréchal de Maillebois de l'Allemagne pour l'Italie, et le prince de Conti fut chargé de cette guerre vers le Mein qui devenait d'une espèce toute contraire à celle qu'il avait faite dans les Alpes.

Le roi se chargea d'aller lui-même en Flandre achever les conquêtes qu'il avait interrompues l'année précédente. Il venait de marier le dauphin avec la seconde infante d'Espagne au mois de février (1745), et ce jeune prince, qui n'avait pas seize ans accomplis, se prépara à partir au commencement de mai avec son père *⁶.

CHAPITRE XV *

Deja le maréchal de Saxe était à la tête de l'armée de Flandre, composée de cent six bataillons complets et de cent soixante et douze escadrons. Il avait commencé par plusieurs marches, qui tenaient les ennemis en suspens et qui menaçaient tantôt Ath et tantôt Mons. Puis il parut tout d'un coup devant Tournai et l'investit le 25 avril, sans que l'armée des Anglais, des Autrichiens, des Hanovriens et des Hollandais pût prévenir ses opérations. Tournai était la plus forte place de la Barrière. La ville et la citadelle étaient encore un des chefs-d'œuvre du maréchal de Vauban. Car il n'y avait point de place en Flandre dont Louis XIV n'eût fait construire les fortifications.

Le peuple de Tournai aimait la domination française, moins parce que cette ville est un des plus anciens patrimoines des rois de France qu'en vue de sa propre utilité. Elle préférait la magnificence française qui enrichit un pays à l'économie hollandaise qui le fait languir. Mais l'inclination des peuples est presque toujours comptée pour rien dans les villes de guerre. On n'attaque point le citoyen. Il ne se défend point. Il passe d'une domination à une autre par des capitulations qu'on fait pour lui sans le consulter.

Il arriva, les premiers jours du siège de Tournai, un de ces événements qui marquent d'une manière frappante la fatalité de la destinée dont dépend la vie et la mort. Le comte de Talleyrand, colonel du régiment de Normandie, était de tranchée sous les ordres du duc de Biron. On avait élevé un cavalier dans cette tranchée, auprès duquel on avait mis un tonneau de poudre [1]. Le duc de Biron était couché la nuit auprès de M. de Talleyrand sur une une peau d'ours. Il se lève et s'écarte quelque temps *. A peine est-il parti qu'un soldat qui essayait l'amorce de son fusil laisse tomber une étincelle sur le tonneau de poudre. Le cavalier saute en l'air. M. de Talleyrand est enlevé avec quatre-vingts soldats, dont les membres qui retombent déchirés sont dispersés de tous côtés. Une partie de son corps fut jetée à plus de trente toises; mais un tel accident, tout funeste qu'il est, est confondu à la guerre dans cette multitude de calamités humaines dont on ne s'aperçoit pas pour en être trop environné.

La garnison de Tournai, témoin de cet accident funeste, insulta aux Français et les outragea par les paroles les plus injurieuses. Des compagnies de grenadiers, ne pouvant retenir leur indignation, leur répondirent autrement que par des injures. Elles sortent des tranchées, elles courent sur les glacis du chemin couvert qui n'était pas encore attaquable, elles descendent sans ordres, sans préparation, sans officiers dans ce chemin couvert sous le feu de l'artillerie et de la mousqueterie. Elles se maintiennent fièrement sur la ronde, exposées de tous les côtés. Le duc de Biron, qui commandait la tranchée, apprend cette action que la vengeance et le courage justifiaient. Il fait porter à l'instant des gabions, fait des épaulements, et loge ces braves gens dans le chemin couvert qu'ils avaient emporté.

Dès que les Etats Généraux apprirent que Tournai était en danger, ils mandèrent à leurs généraux qu'il fallait hasarder une bataille pour secourir la ville. Ces républicains, malgré leur circonspection, furent les premiers alors à prendre des résolutions hardies. Au cinq mai, les alliés avancèrent à Cambron, à sept lieues de Tournai. Le roi partit le six de Paris avec le dauphin. Les aides de camp du roi, les menins du dauphin [2] les accompagnaient.

Paris, qui avait été sur le point de perdre son roi l'année précédente, montra beaucoup d'alarmes en voyant partir le père et le fils pour aller s'exposer à l'événement incertain d'une bataille. On n'avait point fait encore de retranchements devant Tournai aux lignes de circonvallation. On n'avait point d'armée d'observation. Vingt bataillons et quarante escadrons, que l'on tirait de l'armée que commandait le prince de Conti, n'étaient point encore arrivés.

Mais, malgré les alarmes qu'on avait à Paris, il fallait convenir que l'armée royale était considérablement supérieure à celle des alliés. On a imprimé dans beaucoup de relations qu'elle était plus faible. La vérité de l'histoire oblige à dire qu'elle était plus forte de soixante bataillons et de quatre-vingt-deux escadrons; car les bataillons français étaient au nombre de cent six en comptant les milices; ceux des alliés au nombre de quarante-six seulement. Les escadrons français au nombre de cent soixante et douze; les autres n'étaient que de quatre-vingt-dix.

Il est vrai que le jour de la bataille, on ne se servit pas de tout cet avantage. Quelques troupes n'étaient pas encore arrivées. Il en fallait pour garder les tranchées de Tournai, pour les ponts de communication; mais la supériorité du nombre fut constamment du côté de la France; ce qui n'est pas moins vrai, c'est que cet avantage ne devait décider de rien, dans un terrain aussi étroit que celui de la bataille; et que très rarement même le nombre a donné la victoire. La principale force de l'armée ennemie consistait en vingt bataillons et en vingt-six escadrons anglais sous le jeune duc de Cumberland, qui avait gagné avec le roi son père la bataille de Dettingen. Cinq bataillons et seize escadrons hanovriens étaient joints aux Anglais. Le prince de Valdeck, à peu près de l'âge du duc de Cumberland, plein d'impatience et brûlant de se signaler, était à la tête de quarante escadrons hollandais et de vingt-six bataillons. Les Autrichiens n'avaient dans cette armée que huit escadrons. On faisait la guerre pour eux dans la Flandre, qui a toujours été défendue par les armes et par l'argent de l'Angleterre et de la Hollande; mais à la tête de ce petit nombre d'Autrichiens, était le vieux général Koenigseck, qui avait commandé contre les Turcs en Hongrie et contre les Français en Italie et en Allemagne. Ses conseils devaient aider l'ardeur du duc de Cumberland et du prince de Valdeck. On comptait dans leur armée au delà de cinquante-cinq mille combattants. Le roi laissa environ dix-huit mille hommes devant Tournai, qui étaient postés en échelle jusqu'au champ de bataille, six mille pour garder les ponts sur l'Escaut et les communications. L'armée était sous les ordres d'un général en qui on avait la plus grande confiance. Le comte de Saxe avait toujours étudié l'art de la guerre, même pendant la paix. Il joignait une théorie profonde à la pratique; la vigilance, le secret, l'art de savoir différer à propos un projet, et celui de l'exécuter rapidement, le coup d'œil, les ressources, la prévoyance étaient ses talents de l'aveu de tous les officiers; mais alors ce général, consumé d'une maladie de langueur, était presque mourant. Il était partie de Paris très malade pour l'armée. L'auteur de cette histoire, l'ayant même rencontré avant son départ et n'ayant pu s'empêcher de lui demander comment il pourrait faire dans cet état de faiblesse, le maréchal lui répondit : « Il ne s'agit pas de vivre, mais de partir. »

Le roi, étant arrivé le six à Douai *, se rendit le lendemain à Pont-à-Chin auprès de l'Escaut, à portée des tranchées de Tournai. De là, il alla reconnaître le terrain qui devait servir de champ de bataille. Toute l'armée, en voyant le roi et le dauphin, fit entendre des acclamations de joie. Les alliés passèrent le dix et la nuit du onze à faire leurs dernières dispositions. Jamais le roi ne marqua plus de gaieté que la veille du combat. La conversation roula sur les batailles où les rois s'étaient trouvés en personne. Le roi dit que, depuis la bataille de Poitiers, aucun roi de France n'avait combattu avec son fils, et qu'aucun n'avait gagné de victoire signalée contre les Anglais, qu'il espérait être le premier [3]. Il fut éveillé le premier le jour de l'action. Il éveilla lui-même à quatre heures le comte d'Argenson, ministre de la guerre, qui dans l'instant envoya demander au maréchal de Saxe les derniers ordres. On trouva le maréchal dans une voiture d'osier qui lui servait de lit, et dans laquelle il se faisait traîner quand ses forces épuisées ne lui permettaient plus d'être à cheval. Le roi et son fils avaient déjà passé le pont de Calone *. Ils allèrent prendre leur poste par delà la Justice de Notre-Dame-aux-Bois. Le roi ne voulut avoir pour sa garde qu'un escadron de cent vingt hommes de la compagnie de Charost, un seul gendarme, un chevau-léger, un mousquetaire. Le maréchal de Noailles était auprès de lui avec le comte d'Argenson. Les aides de camp étaient les mêmes que l'année précédente. Le duc de Villeroi était auprès de sa personne comme capitaine des gardes. Le dauphin avait auprès de lui ses menins.

La suite du roi et du dauphin, qui composait une troupe nombreuse, était suivie d'une foule de personnes de toute espèce qu'attirait cette journée, et dont quelques-uns même étaient montés sur les arbres pour voir le spectacle d'une bataille.

Le secours de la gravure est ici absolument nécessaire à qui veut se faire une image nette et détaillée de cette action. Les anciens, à qui cet art était inconnu, n'ont pu laisser que des notions imparfaites des terrains et des mouvements; mais, pour avoir une connaissance pleine d'une telle journée, il faut des recherches plus difficiles. Nul officier ne peut avoir tout vu; beaucoup voient avec des yeux préoccupés, et il y en a qui n'ont qu'une vue courte. C'est beaucoup d'avoir consulté les mémoires des bureaux de la guerre et surtout de s'être instruit par les généraux et par les aides de camp; mais il est encore nécessaire de parler aux commandants des différents corps et de confronter leurs relations afin de ne dire que les faits dans lesquels ils s'accordent. On a pris toutes ces précautions pour être instruit à fond des détails d'une bataille si intéressante et si mémorable.

En jetant les yeux sur la carte, on voit d'un coup d'œil la disposition des deux armées. On remarque Anthoin assez près de l'Escaut, à neuf cents toises [4] du pont de Calonne, par où le roi et le dauphin s'étaient avancés, le village de Fontenoy à huit cents toises d'Anthoin; ensuite en tirant vers le nord-est un terrain de quatre cent cinquante toises de large entre les bois de Barri et de Fontenoy. On voit sur cette carte les dispositions des brigades, les généraux qui les commandaient, avec quel art on s'était préparé à soutenir l'effort de l'ennemi près de l'Escaut et d'Anthoin, entre Anthoin et Fontenoy dans ces villages garnis de troupes et d'artillerie, dans le terrain qui sépare Fontenoy des bois de Barri, enfin sur la gauche du côté de Ramecroix et Rumignies, où l'ennemi pouvait s'avancer en faisant le tour des bois.

Le général de l'armée de France avait pourvu à la victoire et à la défaite. Le pont de Calonne, muni de canons, fortifié de retranchements et défendu par un bataillon des gardes à pied, un des Suisses et trois des milices, devait servir de retraite au roi et au dauphin en cas de malheur. Le reste de l'armée aurait défilé alors par d'autres ponts sur le bas Escaut par delà Tournai.

On prit * toutes les mesures qui se prêtaient un secours mutuel sans qu'elles pussent se traverser. L'armée aurait pu être prise en flanc entre Anthoin et Fontenoy. M. de Crémilles, maréchal des logis, fit élever à la hâte trois redoutes en cet endroit, entre les deux villages. Le maréchal de Noailles y donna ses soins pendant la nuit. Il fit joindre Fontenoy à la première redoute par un redan de terre. Les trois redoutes furent garnies de trois batteries de canons, l'une de huit pièces, les deux autres de quatre. On les appela les redoutes de Bettens parce que le régiment suisse de Bettens les gardait avec celui de Diesbach. Outre ces précautions, on avait encore placé six canons de seize livres de balle en deçà de l'Escaut pour foudroyer les troupes qui attaqueraient le village d'Anthoin.

Il faut surtout remarquer ensuite ce terrain d'environ quatre cent cinquante toises qui s'élève un peu entre les bois de Barri et de Fontenoy. L'ennemi pouvait pénétrer par ce passage; le général avait fait élever à la pointe des bois de Barri une redoute bien construite, dans laquelle on plaça des canons dans des embrasures. Le marquis de Chambonna y commandait un bataillon d'Eu. Les canons de cette redoute formaient avec ceux qui étaient placés au flanc gauche de Fontenoy un feu croisé qui semblait devoir arrêter tous les efforts de l'armée la plus intrépide [5].

Si les Anglais avaient voulu passer par les bois de Barri, ils trouvaient encore une autre redoute garnie de canons. S'ils faisaient un plus grand tour vers Rumignies, ils avaient des retranchements à forcer et le feu de deux batteries de canon à essuyer sur le grand chemin de Leuze. C'est ainsi que de tous les côtés le maréchal de Saxe avait tiré parti du terrain.

A l'égard de la position des troupes, à commencer du pont de Vaux, qu'on a nommé depuis la bataille le pont de Calonne, on voit qu'il n'y avait pas un endroit à découvert. Les comtes de La Marck et de Lorges étaient chargés du poste d'Anthoin. Ils y avaient cinq bataillons de Piémont et de Biron, et six canons, à la tête de ces régiments.

Le marquis de Crillon était auprès de la redoute la plus voisine d'Anthoin, suivi de son régiment, et, à sa gauche, il y avait les dragons pour le soutenir.

Le village de Fontenoy avait été confié au comte de La Vauguyon qui avait sous lui le fils du marquis de Meuse-Choiseul avec le régiment Dauphin dont ce jeune homme, mort depuis, était colonel. Le duc de Biron, lieutenant général, était auprès de Fontenoy à la tête du régiment du roi qu'il commandait alors. A sa gauche était le vicomte d'Aubeterre et le régiment de son nom.

A peu près sur la même ligne, on avait mis quatre

bataillons des gardes françaises, deux des Suisses, et le régiment de Courten, dans ce terrain qui s'étend de Fontenoy au bois de Barri.

A deux cents toises environ derrière eux sont cinquante-deux escadrons de cavalerie. Le duc d'Harcourt, le comte d'Estrées, le duc de Penthièvre sont les lieutenants généraux de cette première ligne. MM. de Clermont-Gallerande, du Chaila et d'Apcher conduisent la seconde; et entre ces lignes de cavalerie on plaça le matin les régiments de la Couronne, Hainaut, Soissons et Royal.

On voit sur la gauche la brigade des Irlandais sous les ordres du lord Clare, comte de Thomond; dans une petite plaine de huit cents pas plus loin le régiment des Vaisseaux, ayant alors pour colonel le marquis de Guerchy. Entre ces brigades étaient M. de Clermont-Tonnerre et le prince de Pons, de la maison de Lorraine, à la tête de la brigade de cavalerie de Royal-Roussillon. La maison du roi, les carabiniers étaient, comme on le voit, en réserve. C'était une nouvelle pratique du maréchal de Saxe, recommandée par le chevalier Folard, de tenir ainsi loin des y de l'ennemi les troupes dont le nom lui en impose davant..., et contre lesquels il fait marcher toujours ses corps les plus aguerris.

Toutes ces dispositions étant faites, ou prêtes à faire, on attendait en silence le point du jour. A quatre heures du matin, le maréchal de Saxe, suivi de ses aides de camp, accompagné de son état-major, alla visiter tous les postes, et les Hollandais, qui se formaient déjà vers Anthoin, firent sur sa troupe un feu continuel. « Messieurs dit-il, votre vie est nécessaire aujourd'hui. » Il leur fit mettre pied à terre et marcha longtemps par ce chemin creux dont on a parlé. Cette fatigue épuisa ses forces et redoubla ses maux. Il remonta à cheval et enfin, se sentant plus affaibli, il se fit mettre quelque temps dans sa chaise d'osier. A la pointe du jour, le comte d'Argenson alla voir si l'artillerie des redoutes et des villages était en bon ordre, et si les canons de campagne étaient tous arrivés. On devait avoir cent pièces d'artillerie. Il ne s'en trouva que soixante. La présence et l'ordre du ministre étaient nécessaires : il commanda qu'on amenât les quarante canons qui manquaient. Mais, dans le tumulte et l'embarras presque inévitables en pareille occasion, on ne conduisit point au camp le nombre de boulets qu'exigeait cette artillerie. Les canons de campagne étaient de quatre livres de balle et on les traînait à bras. Les pièces qui étaient dans les villages et dans les redoutes, comme celles qui étaient pointées en deçà de l'Escaut contre les Hollandais, portaient depuis quatre livres jusqu'à seize. Il y avait deux bataillons de Royal artillerie distribués dans Anthoin, dans Fontenoy et dans les redoutes sous les ordres de M. Dubrocard, lieutenant-général d'artillerie.

Les ennemis avaient quatre-vingt-un canons et huit mortiers à bombes. Leurs canons de régiment portaient trois livres. Ce sont ces pièces que l'on nommait autrefois *fauconneaux*. Elles ont environ quatre pieds et demi de longueur. Deux livres de poudre sont leur charge ordinaire, et elles portent deux cent cinquante toises à pleine volée. Il y en avait aussi qui ne portaient que des boulets d'une livre et demie. On commençait à se canonner de part et d'autre *.

Dans le temps qu'on commençait à se canonner, le maréchal de Noailles était auprès de Fontenoy, et rendait compte au maréchal de Saxe de l'ouvrage qu'il avait fait faire à l'entrée de la nuit pour joindre le village de Fontenoy à la première des trois redoutes entre Fontenoy et Anthoin. Il lui servit de premier aide de camp, sacrifiant la jalousie du commandement au bien de l'Etat, et s'oubliant soi-même pour un général étranger et moins ancien. Le maréchal de Saxe sentait tout le prix de cette magnanimité, et jamais on ne vit une union si grande entre deux hommes que la faiblesse ordinaire du cœur humain devait éloigner l'un de l'autre [6].

Le duc de Grammont arriva dans ce temps-là. Le maréchal de Noailles lui dit : « Mon neveu, il faut s'embrasser un jour de bataille; peut-être ne nous reverrons nous plus. » Ils s'embrassèrent avec attendrissement, et le maréchal de Noailles alla rendre compte au roi de tous les postes qu'il avait visités.

Le duc de Grammont rencontra le comte de Lovendal, qui s'avança avec lui près de la première redoute du bois de Barri vis-à-vis une batterie des Anglais. Un boulet de trois livres vint frapper le cheval du duc de Grammont; le comte de Lovendal fut couvert de sang, et un morceau de chair sanglant, que le coup faisait voler, tomba dans sa botte : « Prenez garde à vous, dit-il au duc de Grammont, votre cheval est tué. — Et moi aussi, répondit le duc. » Il avait le haut de la cuisse fracassé du coup; il tomba et on l'emporta * expirant.

Le feu de l'artillerie continua des deux côtés jusqu'à huit heures du matin avec vivacité [7], sans que les alliés parussent avoir un dessein formé. Vers les sept heures, les Anglais embrassèrent tout le terrain du village de Fontenoy. Ils l'attaquèrent de tous les côtés; ils y jetèrent des bombes *.

Les Hollandais avancèrent ensuite vers Anthoin. Les deux attaques furent également bien soutenues. Le comte de la Vauguyon, qui commandait dans Fontenoy, ayant sous lui le jeune comte de Meuse, repoussa toujours les Anglais; il avait fait des retranchements à son village et ordonné au régiment Dauphin de ne jamais tirer que suivant ses ordres. Il fut très bien obéi. Les soldats ne tiraient qu'à bout portant et à coup sûr; et à chaque décharge ils faisaient retentir les cris de *Vive le roi*. Le comte de La Marck dans Anthoin avec le comte de Lorges contint l'infanterie et la cavalerie hollandaises. Les Anglais attaquèrent trois fois Fontenoy, et les Hollandais se présentèrent à deux reprises devant Anthoin. A leur seconde attaque on vit un escadron hollandais emporté presque tout entier par le canon d'Anthoin; il n'en resta que quinze hommes; et les Hollandais ne se présentèrent de ce moment qu'avec très peu d'activité et sans se rapprocher.

Le roi était alors avec le dauphin auprès de la Justice de Notre-Dame-aux-Bois, où le canon des Anglais donnait à pleine volée *. Ce prince observait tout avec attention de cet endroit qui était également à portée de tous les corps. Il s'était aperçu le premier que les ennemis attaquant Anthoin et Fontenoy, et tous les efforts paraissant se diriger de ce côté, il était inutile de laisser vers Ramecroix le régiment de Normandie et ceux d'Auvergne et de Touraine. Il fit avancer Normandie près des Irlandais, et fit mettre plus en arrière Auvergne et Turenne; mais il ne changea cette disposition qu'après en avoir fait demander l'avis au général, songeant uniquement au succès de la journée et disant qu'il était venu à cette bataille pour s'instruire et pour instruire son fils.

Il s'avança alors vers le côté d'Anthoin, dans le temps que les Hollandais s'avançaient pour la seconde fois. Les boulets de canon tombaient auprès de lui et du dauphin *. Le roi faisait ramasser les boulets et disait à M. de Chabrier, major d'artillerie : « Renvoyez ces boulets aux ennemis, je ne veux rien avoir à eux. » Il vint ensuite se remettre à son premier poste et il remarqua avec admiration que la plupart des boulets tirés alors du côté des bois de Barri par des batteries anglaises tombaient dans le régiment Royal-Roussillon, qui ne fit pas le moindre mouvement par lequel il eût pu faire remarquer son danger et ses pertes.

L'attaque des ennemis ayant été jusque-là infructueuse, le duc de Cumberland prit, vers les dix heures, la résolution de pénétrer entre la redoute des bois de Barri et le village de Fontenoy. Il y avait un ravin profond à passer, un feu croisé à essuyer, et par delà le ravin, l'armée française à combattre. Cette entreprise paraissait téméraire. Le duc de Cumberland ne prit cette résolution que parce qu'un officier nommé Ingolsby, auquel il avait ordonné d'attaquer la redoute d'Eu, n'avait pas exécuté ses ordres. S'il s'était

emparé de cette redoute, il eût fait ensuite aisément et sans
perte déboucher toute son armée, favorisée du canon
même de la redoute, qu'il eût tourné contre les Français.
Ce coup important * étant manqué par la négligence d'Ingolsby [8], le duc de Cumberland tenta de le réparer par un
excès de valeur. Les Anglais et les Hanovriens passent donc
entre deux feux. Le duc, au milieu d'eux, franchit le ravin;
ses troupes le passèrent sans presque déranger leurs rangs,
traînant leurs canons à bras par les sentiers. Il les forme sur
trois lignes assez pressées et de quatre de hauteur chacune,
avançant entre les batteries de canons qui les foudroyaient
dans un terrain d'environ quatre cents toises de large. Des
rangs entiers tombaient morts à droite et à gauche. Ils
étaient remplacés aussitôt, et les canons qu'ils amenaient à
bras, vis-à-vis Fontenoy et vis-à-vis les redoutes, répondaient à l'artillerie française. En cet état, ils marchaient fièrement, précédés de six pièces d'artillerie, et en ayant encore
six autres au milieu de leurs lignes.

Vis-à-vis d'eux se trouvèrent quatre bataillons des
gardes françaises, ayant deux bataillons de gardes suisses à
leur gauche, le régiment de Courten à leur droite, ensuite
celui d'Aubeterre, et plus loin le régiment du roi, qui bordait Fontenoy le long du chemin creux.

Le terrain s'élevait à l'endroit où étaient les gardes
françaises jusqu'à celui où les Anglais se formaient.

Les officiers des gardes françaises se dirent alors les uns
aux autres : « Il faut aller prendre le canon des Anglais. »
Ils y montèrent rapidement avec leurs grenadiers; mais ils
furent bien étonnés de trouver une armée devant eux.
L'artillerie et la mousqueterie en coucha par terre près de
soixante, et le reste fut obligé de revenir dans ses rangs.

Cependant les Anglais avançaient, et cette ligne d'infanterie, composée des gardes françaises et suisses et de Courten, ayant encore sur leur droite Aubeterre et un bataillon
du régiment du roi, s'approchait de l'ennemi. On était à
cinquante pas de distance. Un régiment des gardes anglaises,

celui de Campbell et le Royal-Ecossais étaient les premiers.
M. de Campbell était leur lieutenant-général, le comte
d'Albermale le général-major et M. de Churchill, petit-fils
naturel du grand duc de Marlborough, leur brigadier. Les officiers anglais saluèrent les Français en ôtant leurs chapeaux. Le
comte de Chabannes, le duc de Biron, qui s'étaient avancés,
et tous les officiers des gardes françaises leur rendirent le
salut. Milord Charles Hay, capitaine aux gardes anglaises
cria : « Messieurs des gardes françaises, tirez. »

Le comte d'Auteroche, alors lieutenant des grenadiers et
depuis capitaine, leur dit à voix haute : « Messieurs, nous ne
tirons jamais les premiers, tirez vous-mêmes [9]. » Alors le
capitaine anglais dit aux siens : « *Give fire, gentlemen.*
Faites feu, Messieurs. » Les Anglais firent un feu roulant,
c'est-à-dire qu'ils tiraient par divisions, de sorte que le
front d'un bataillon sur quatre hommes de hauteur ayant tiré,
un autre bataillon faisait sa décharge et ensuite un troisième,
tandis que les premiers rechargeaient. La ligne d'infanterie
française ne tira point ainsi. Elle était seule sur quatre de
hauteur, les rangs assez éloignés, et n'étant soutenue par
aucune autre troupe d'infanterie *. Dix-neuf officiers des
gardes tombèrent blessés à cette seule décharge. MM. de
Clisson, de Langey, de la Peyre, y perdirent la vie.
Quatre-vingt-quinze soldats demeurèrent sur la place; deux
cent quatre-vingt-cinq y reçurent des blessures; onze officiers suisses tombèrent blessés, ainsi que deux cent neuf
de leurs soldats, parmi lesquels soixante et quatre furent tués.
Le colonel de Courten, son lieutenant-colonel, quatre officiers, soixante et quinze soldats tombèrent morts, quatorze
officiers et deux cents soldats blessés dangereusement. Le premier rang ainsi emporté, les trois autres regardèrent derrière eux, et ne voyant qu'une cavalerie à plus de trois cents
toises, ils se dispersèrent. Le duc de Grammont, leur colonel
et premier lieutenant-général, qui aurait pu les faire soutenir, était tué. M. de Lutteaux, second lieutenant-général,
n'arriva que dans leur déroute. Les Anglais avançaient à pas

lents, comme faisant l'exercice. On voyait les majors appuyer leurs cannes sur les fusils des soldats pour les faire tirer bas et droit. Ils débordèrent Fontenoy et la redoute. Ce corps, qui auparavant était sur trois lignes, se pressant par la nature du terrain, devint une colonne longue et épaisse, presque inébranlable par sa masse et plus encore par son courage. Elle s'avança vers le régiment d'Aubeterre. M. de Lutteaux, premier général de l'armée, à la nouvelle de ce danger, accourut de Fontenoy où il venait d'être blessé dangereusement. Son aide de camp le suppliait de commencer par faire mettre le premier appareil à sa blessure : « Le service du roi, lui répondit M. de Lutteaux, m'est plus cher que ma vie. » Il s'avançait avec M. le duc de Biron à la tête du régiment d'Aubeterre que conduisait son colonel de ce nom. Il reçut en arrivant deux coups mortels; M. le duc de Biron eut un cheval tué sous lui; cent trente soldats d'Aubeterre furent tués et douze cents blessés à cette charge. Le duc de Biron arrête alors, avec le régiment du roi qu'il commandait, la marche de la colonne par son flanc gauche. Le régiment des gardes anglaises se détache, avance quelques pas à lui, lui tue trois capitaines, en jette par terre quinze de blessés et douze lieutenants, met hors de combat soixante-dix-neuf soldats et en tue deux cent soixante-six. Le régiment de la Couronne, se trouvant placé alors un peu derrière celui du roi, se présente à la colonne anglaise, mais son colonel, le duc d'Havré, le lieutenant-colonel, tout l'état-major, enfin trente-sept officiers sont mis hors de combat par leurs blessures. Le premier rang de soldats est renversé au nombre de deux cent soixante. Soissonnais, qui avança après la Couronne, eut quatorze officiers de blessés et perdit cent trente soldats.

Le régiment Royal, qui se trouvait alors avec celui de la Couronne, perdit plus qu'aucun autre à ces charges; il eut six officiers et cent trente soldats tués, trente-deux officiers et cinq cent neuf soldats de blessés. Les Anglais qui avançaient sur le régiment du roi pouvaient prendre Fontenoy à revers, tandis qu'ils le canonnaient d'un autre côté; et la bataille eût été perdue sans ressource; le duc de Biron plaça des grenadiers dans ce chemin creux qui bordait Fontenoy, reforma son régiment, fit feu sur eux, et les contint. On voyait ce régiment du roi, la Couronne, Aubeterre retranchés derrière les monceaux de leurs camarades morts ou blessés. Cependant deux bataillons des gardes françaises et suisses s'écartaient par des chemins différents à travers les lignes de cavalerie qui étaient loin derrière eux, à plus de trois cents toises. Les officiers qui les ralliaient rencontrèrent M. de Lutteaux, qui revenait entre Anthoin et Fontenoy : « Ah, Messieurs, dit-il, ne me ralliez point, je suis mortellement blessé et obligé de me retirer. » Il mourut quelque temps après dans des tourments inexprimables. Il dit, avant de se retirer, aux soldats dispersés du régiment des gardes qu'il rencontra : « Mes amis, allez vous joindre à ceux de vos camarades qui gardent le pont de Calonne ». D'autres se précipitèrent par un petit chemin creux qui va de Barri à Notre-Dame-aux-Bois jusqu'à l'endroit où était le roi, vis-à-vis du bois de Barri, auprès de la Justice. Leurs grenadiers et ce qui restait de deux bataillons se rallièrent sous le comte de Chabannes vers la redoute d'Eu, et y restèrent constamment avec M. de la Saonne qui en forma un seul bataillon et le commanda parce qu'il se trouvait, quoique jeune, le plus ancien capitaine, les autres ayant été blessés ou tués.

La colonne anglaise gagnait du terrain, toujours ferme, toujours serrée. Le maréchal de Saxe, qui voyait de sang-froid combien l'affaire était douteuse, fit dire au roi par le marquis de Meuse qu'il le conjurait de repasser le pont avec le dauphin, qu'il ferait ce qu'il pourrait pour remédier au désordre [10]. « Oh, je suis bien sûr qu'il fera ce qu'il faudra, répondit le roi, mais je resterai où je suis. » Ce monarque envoyait à tout moment ses aides de camp de brigade en brigade et de poste en poste. Chacun d'eux partait avec deux pages de l'écurie, les renvoyait au roi l'un après l'autre et revenait ensuite lui-même rendre compte.

Il y avait * de l'étonnement et de la confusion dans l'armée depuis le moment de la déroute des gardes françaises et suisses; le maréchal de Saxe veut que la cavalerie fonde sur la colonne anglaise. Le comte d'Estrées y court. Le comte de Fienne mène son régiment, M. de Cernay les Croates, le duc de Fitz-James le régiment de son nom, mais les efforts de cette cavalerie étaient peu de chose contre une masse d'infanterie si réunie, si disciplinée et si intrépide, dont le feu toujours roulant et soutenu écartait nécessairement de petits corps séparés qui se présentaient l'un après l'autre. On sait d'ailleurs que la cavalerie ne peut guère entamer seule une infanterie serrée. Le maréchal de Saxe était au milieu de ce feu. Sa maladie ne lui laissait pas la force de porter une cuirasse; il portait une espèce de bouclier de plusieurs doubles de taffetas piqué [11], qui reposait sur l'arçon de sa selle. Il jeta son bouclier et courut faire avancer la seconde ligne de cavalerie contre la colonne. Le comte de Noailles marcha avec sa brigade : elle était composée du régiment de son nom, dont l'aîné de sa maison est toujours colonel, privilège accordé au premier maréchal de Noailles qui leva ce régiment à ses dépens. Celui qui appartient au duc de Penthièvre était aussi de cette brigade. Le comte de Noailles donne avec impétuosité. Le marquis de Vignacourt, capitaine dans son régiment, digne de sa maison qui a donné trois grands-maîtres à l'ordre de Malte, perce avec son escadron par un angle de la colonne. Cet escadron fut détruit au milieu des rangs ennemis à la réserve de quatorze cavaliers qui passèrent à travers eux avec M. de Vignacourt; un soldat anglais lui enfonce dans la botte et dans la jambe un coup de baïonnette si violent qu'il y laisse la baïonnette et le fusil. Le cheval blessé de plusieurs coups emporte son maître; la crosse du fusil traînant à terre et soulevant la baïonnette augmentait et déchirait la blessure, dont il mourut peu de temps après. De ces quatorze cavaliers qui avaient pénétré dans la colonne, il en resta dix qui furent bientôt faits prisonniers et que les Anglais renvoyèrent le lendemain généreusement en considération de leur bravoure.

Le comte de Voyer, fils de M. d'Argenson, attaqua avec son régiment de Berry dans le même temps que Fienne s'avançait aussi. Il chargea trois fois à la tête d'un seul escadron, tandis que l'autre était dispersé par le feu de la colonne. Le comte de Brienne, le chevalier de Brancas, le marquis de Chabrillant menaient et ralliaient leurs cavaliers. Mais tous les corps étaient repoussés les uns après les autres. Le comte de Clermont-Tonnerre, maître de camp de la cavalerie, le comte d'Estrées, le marquis de Croissy étaient partout. Tous les officiers généraux couraient de brigade en brigade. Le Colonel-Général, Fienne, les Croates, Clermont-prince, Penthièvre furent très maltraités. Tout l'état-major était en mouvement. M. de Vaudreuil, major général de l'armée, allait de la droite à la gauche. M. de Puységur, M. de Saint-Sauveur, de Saint-George, de Mezière, aides-maréchaux des logis, furent tous blessés. Le comte de Longaunai, aide-major général, y reçut un coup dont il mourut peu de jours après. Ce fut dans ces attaques que le chevalier d'Apcher, lieutenant-général, qu'on nomme d'Aché, eut le pied fracassé. Il vint vers la fin de la bataille, rendre compte au roi, et lui parla longtemps sans donner le moindre signe des douleurs qu'il ressentait, jusqu'à ce qu'enfin la violence du mal le força de se retirer.

Plus la colonne anglaise avançait, plus elle devenait profonde et en état de réparer les pertes continuelles que lui causaient tant d'attaques réitérées. Elle marchait toujours serrée au travers des morts et des blessés des deux partis, et paraissait former un seul corps d'environ quatorze mille hommes, quoiqu'il fût alors en trois divisions.

Un très grand nombre de cavaliers furent poussés en désordre jusqu'à l'endroit où était le roi avec son fils. Ces deux princes furent séparés par la foule qui se précipitait sur eux *. Pendant ce désordre, les brigades des gardes du corps

qui étaient en réserve s'avancèrent d'elles-mêmes aux ennemis. Les chevaliers de Suzy et de Saumerty y furent blessés à
mort. Quatre escadrons de la gendarmerie arrivaient presque
en ce moment de Douai et, malgré la fatigue d'une marche
de sept lieues, ils coururent à la colonne. Tous ces corps
furent reçus comme les autres, avec cette même intrépidité et
ce même feu roulant. Le jeune comte de Chévrier, guidon,
fut tué. C'était le jour même qu'il avait été reçu à sa troupe.
Le chevalier de Monaco, fils du duc de Valentinois, y eut la
jambe percée. M. du Guesclin reçut une blessure dangereuse
au pied. Les carabiniers donnèrent; ils eurent six officiers
renversés morts, et vingt et un de blessés. Toutes ces attaques
se faisaient sans aucun concert, et c'est ce qu'on appelle de
fausses charges dans lesquelles toute la bravoure est inutile
contre la discipline et l'ordre. Le maréchal de Saxe, dans le
dernier épuisement, était toujours à cheval, se promenant
au pas au milieu du feu. Il passa sous le front de la colonne
anglaise pour voir tout de ses yeux, auprès du bois de Barri,
vers la gauche. On y faisait les mêmes manœuvres qu'à la
droite. On tâchait en vain d'ébranler cette colonne. Les
régiments se présentaient les uns après les autres, et la masse
anglaise, faisant face de tous côtés, plaçant à propos son
canon et tirant toujours par division, nourrissait ce feu roulant et continu quand elle était attaquée; et après l'attaque
elle restait immobile et ne tirait plus. Le maréchal vit un
régiment français qui combattait alors et dont les rangs entiers
tombaient sans que le corps s'ébranlât. Il demanda quelle
était cette troupe. On lui dit que c'était le régiment des
Vaisseaux que commandait M. de Guerchy. « Comment *
se peut-il faire, s'écria-t-il, que de telles troupes ne soient pas
victorieuses? » Trente-deux officiers de ce régiment étaient
blessés, un tiers des soldats tués ou hors de combat. Celui de
Hainaut ne souffrait pas moins. Il avait pour colonel le fils du
prince de Craon, gouverneur de Toscane. Le père servait le
grand-duc; les enfants servaient le roi de France. Ce jeune
homme, d'une très grande espérance, fut tué à la tête de sa

troupe, son lieutenant-colonel blessé à mort auprès de lui, dix-neuf officiers de ce corps blessés dangereusement, deux cent soixante soldats couchés par terre. Normandie avança; il eut autant d'officiers et de soldats hors de combat que celui de Hainaut. Il était mené par son lieutenant-colonel, M. de Solency, dont le roi loua la bravoure sur le champ de bataille, et qu'il récompensa ensuite en le faisant brigadier. Des bataillons irlandais coururent au flanc de cette colonne; le colonel Dillon tombe mort; cinquante-six officiers sont blessés, et treize tués sur la place; ainsi aucun corps, aucune attaque n'avaient pu entamer la colonne, parce que rien ne s'était fait de concert et à la fois.

Le maréchal de Saxe repasse par le front de la colonne, qui s'était déjà avancée plus de trois cents pas au delà de la redoute d'Eu et de Fontenoy. Il va voir si Fontenoy tenait encore. On n'y avait plus de boulets; on n'y répondait à ceux des ennemis qu'avec de la poudre.

M. Dubrocard, lieutenant général d'artillerie, et plusieurs officiers d'artillerie étaient tués. Le maréchal pria alors le duc d'Harcourt, qu'il rencontra, d'aller conjurer le roi de s'éloigner; et il envoya ordre au comte de La Mark, qui gardait Anthoin, d'en sortir avec le régiment de Piémont. La bataille parut perdue sans ressource. On ramenait de tous côtés les canons de campagne. On était prêt de faire partir celui du village de Fontenoy, quoique des boulets fussent arrivés. L'intention du maréchal de Saxe était de faire, si on pouvait, un dernier effort mieux dirigé et plus plein contre la colonne anglaise. Cette masse énorme d'infanterie avait été endommagée, quoique sa profondeur parût toujours égale. Elle-même était étonnée de se trouver au milieu du champ de bataille des Français sans avoir de cavalerie. La colonne restait immobile et semblait ne recevoir plus d'ordre; mais elle gardait une contenance fière, et paraissait être maîtresse du champ de bataille. Si les Hollandais avaient passé entre les redoutes de Bettens et étaient venus donner la main aux Anglais, il n'y avait plus de ressources, plus de retraite même, ni pour l'armée française, ni probablement pour le roi et son fils. Le succès d'une dernière attaque était incertain. Le maréchal de Saxe, qui voyait la victoire ou l'entière défaite dépendre de cette dernière attaque, songeait donc à préparer une retraite sûre. Il envoya un nouvel ordre au comte de La Marck d'évacuer Anthoin et de venir vers le pont de Calonne, pour favoriser cette retraite en cas d'un dernier malheur. Cet ordre réitéré fut affligeant pour le comte de La Marck, qui voyait les Hollandais prêts d'entrer dans Anthoin si on l'abandonnait, et de tourner contre l'armée française son propre canon. Le maréchal envoya un troisième ordre. Il fut signifié au comte de Lorges, et on le rendit responsable de l'exécution. Il fut forcé d'obéir. On désespérait alors du succès de la journée *. On tenait un conseil assez tumultueux auprès du roi. On le pressait, de la part du général et au nom de la France, de ne pas s'exposer davantage [12].

Le duc de Richelieu, lieutenant-général, et qui servait en qualité d'aide de camp du roi, arriva en ce moment. Il venait de reconnaître la colonne et Fontenoy. Il avait chargé avec le régiment des Vaisseaux, avec les gardes du corps. Il avait fait avancer M. Bellet avec la gendarmerie qu'il commandait, et cette gendarmerie avait contenu un peu la colonne, qui alors n'avançait plus. Ayant ainsi couru et combattu de tous côtés sans être blessé, il se présente hors d'haleine, l'épée à la main, et couvert de poussière. « Eh bien, Thésée, lui dit le maréchal de Noailles (c'était une plaisanterie entre eux), quelle nouvelle apportez-vous ? quel est votre avis ? — Ma nouvelle, dit le duc de Richelieu, est que la bataille est gagnée si on le veut ; et mon avis est qu'on fasse avancer dans l'instant quatre canons contre le front de la colonne : pendant que cette artillerie l'ébranlera, la maison du roi et les autres troupes l'entoureront. Il faut tomber sur elle comme des fourrageurs ; et je réponds sur ma tête du gain de la bataille — Mais, lui dit-on, Fontenoy ne tient plus — J'en viens, répliqua le duc, il tient encore —

Il faut voir, répondit-on, si M. le maréchal n'a point destiné ces canons à un autre usage — Il n'y en a point d'autre à en faire », répliqua-t-il. Il était persuadé et il persuadait [13]. Le roi se rendit le premier à cet avis important, et tout le monde se rangea à cette opinion. Il ordonna que dans le moment on cherchât quatre pièces de canon. Vingt personnes se détachent pour y courir : on les trouve *.

Le roi charge le duc de Péquigni, qu'on appelle aujourd'hui le duc de Chaulnes, d'aller faire pointer ces quatre pièces. On fait d'abord difficulté de les donner. On les destinait à protéger la retraite. « Il n'y a point de retraite, dit le duc de Chaulnes, le roi ordonne que ces quatre canons servent à la victoire. » M. de Seneval, lieutenant d'artillerie, va les placer vis-à-vis la colonne. Le duc de Richelieu court à bride abattue au nom du roi faire marcher sa maison. Il annonce cette nouvelle à M. de Montesson qui la commandait, et qui fut transporté de joie; il se mit à la tête. Le prince de Soubise rassemble ses gendarmes, qu'il commande, le duc de Chaulnes ses chevau-légers. Tout se forme et marche. Les quatre escadrons * de la gendarmerie avancent à la droite de la maison du roi. Les grenadiers à cheval sont à la tête, avec M. de Grille, leur capitaine. Les mousquetaires, commandés par M. de Jumilhac, se précipitent.

Dans ce moment important, le comte d'Eu et le duc de Biron, à la droite, voyaient avec douleur les troupes d'Anthoin quitter leurs postes; le comte de La Marck, qui les conduisait, obéissait à regret. « Je prends sur moi la désobéissance, lui dit le duc de Biron. Je suis sûr que le roi l'approuvera dans un instant où tout va changer de face. Je réponds que M. le maréchal de Saxe le trouvera bon. » Le maréchal, qui arrivait dans cet endroit, informé de la résolution du roi et de la bonne volonté des troupes, n'eut pas de peine à se rendre. Il changea de sentiment lorsqu'il en fallait changer, et fit rentrer le régiment de Piémont dans Anthoin. Il se porta rapidement, malgré sa

faiblesse, de la droite à la gauche vers la brigade des Irlandais, recommandant à toutes les troupes qu'il rencontrait
en chemin de ne plus faire de fausses charges et d'agir de
concert.

Tandis qu'il était à la brigade irlandaise avec M. de
Lovendal et milord Clare, le duc de Biron, le comte d'Estrées, le marquis de Croissy étaient ensemble à la droite,
vis-à-vis le flanc gauche de la colonne, sur un terrain un
peu élevé. Ils aperçurent les Irlandais et Normandie qui
avançaient vers son flanc droit. « Voici le temps, se dirent-ils
les uns aux autres, de marcher de notre côté, les Anglais
sont perdus. » M. de Biron se met à la tête de son régiment
du roi. Aubeterre et Courten le suivent. Tout ce qui se
trouve s'avance sous le comte d'Estrées. Cinq escadrons
de Penthièvre suivent M. de Croissy et ses enfants; des
escadrons de Fitz-James, de Noailles, de Chabrillant, de
Brancas, de Brionne accoururent avec leurs colonels. Ils
n'avaient reçu d'ordre de personne, et il semblait qu'il y
eût une intelligence parfaite entre leurs mouvements et
tout ce qu'avait fait M. de Richelieu. Ce fut le concert le
plus prompt et le plus unanime. Milord Clare marche avec
les Irlandais, le régiment de Normandie, les gardes françaises et un bataillon suisse s'avançant plus haut vers la
redoute d'Eu. Tous ces corps partent presque en même
temps, les Irlandais d'abord, vers le front de la colonne, commandés par milord Clare, les gardes plus haut sous M. le
comte de Chabannes, leur lieutenant colonel. Un chemin
creux les séparait tous de la colonne anglaise. Ils le fran-
chissent en tirant à bout portant, et coururent sur elle
avec la baïonnette. M. de Bonnafouse, alors premier
capitaine de Normandie, qui depuis sauta le premier de son
régiment dans le chemin couvert de Tournai, fut celui qui
pénétra le premier de son régiment dans la colonne. Les
officiers des gardes françaises y étaient déjà. Les carabiniers, les Irlandais et la maison du roi perçaient alors les
premiers rangs. On les voyait courir et se rallier au milieu

de l'ennemi, quand la foule et l'impétuosité les avaient écartés. Les carabiniers prirent malheureusement pour des bataillons anglais les Irlandais, qui sont vêtus à peu près de même. Ils tombèrent sur eux avec furie. Les Irlandais leur crièrent : *Vive France.* Mais dans le tumulte on n'entendait rien. Il y eut quelques Irlandais tués par méprise.

Les quatre canons que le duc de Richelieu avait demandés et que le duc de Chaulnes avait fait pointer à cent pas de la colonne, avaient déjà fait deux décharges qui éclaircissaient les rangs et qui ébranlaient la tête du corps ennemi. Toute la maison du roi s'avançait vers le front de la colonne et la renversait. La cavalerie la pressait par son flanc gauche. Le maréchal de Saxe avait recommandé dans la bataille que la cavalerie touchât les ennemis avec le poitrail des chevaux : il fut alors bien obéi. M. le comte d'Estrées, le jeune prince de Brionne tuèrent eux-mêmes du monde dans les premiers rangs. Les officiers de la chambre chargeaient pêle-mêle avec les gardes et les mousquetaires * ; et le marquis de Tressan, chef de brigade des gardes du corps, dit au roi après la bataille : « Sire, vous nous avez envoyé des pages que nous avons pris pour autant d'officiers. » Le duc de Biron, de son côté, contenait alors, avec son régiment du roi et la brigade de Crillon, les troupes hollandaises *, restées toujours dans l'inaction.

Le comte de Castellane arrive dans le moment, dépêché par le maréchal de Saxe, et apprit au roi que le champ de bataille était regagné.

En sept ou huit minutes, toute la colonne anglaise avait été dissipée. Le général Posomby, le frère du comte d'Albemarle, cinq colonels, cinq capitaines aux gardes, un nombre prodigieux d'officiers étaient renversés morts. Les Anglais repassèrent le ravin entre Fontenoy et la redoute avec quelque désordre. Le terrain que la colonne avait occupé et ce ravin étaient comblés de morts et de blessés.

Ainsi cette bataille * fut gagnée lorsque le général expirant ne pouvait plus agir et désespérait du succès. Le maréchal de Saxe avait fait les dispositions, et les officiers français remportèrent la victoire. On est entré dans ce détail immense sur cette bataille. Son importance le méritait. D'un côté un roi de France et son fils, de l'autre le fils d'un roi d'Angleterre, qui balancèrent en cette journée la destinée de l'Europe, peuvent attirer les regards de la postérité. On voit par tous ces détails qu'on attaque aujourd'hui une armée à peu près comme une place, avec de l'artillerie; que le feu décide de tout, que l'épée est entièrement inutile, que la baïonnette au bout du fusil, comme on l'a remarqué dans le *Siècle de Louis XIV* [14], est même de peu de service. Les lecteurs qui n'ont point vu de ces actions, peuvent se faire une idée de ce que c'est qu'une bataille. On s'étendra bien moins sur toutes les autres [15].

CHAPITRE XVI

O N poursuivait avec impétuosité la colonne anglaise. On ne cessait de frapper et de tuer. Le duc de Richelieu, voyant un officier aux gardes qui allait tuer un officier des gardes anglaises, l'arrêta en lui criant : « Ne le tuez pas, allez le présenter au roi. » M. de Lally, colonel d'un régiment irlandais, sauva la vie à plus de vingt Anglais blessés, leur prêta de l'argent, les fit mettre dans des chariots pour les conduire aux hôpitaux. Le champ de bataille se remplit de femmes anglaises qui avaient suivi leurs maris; elles se jetaient sur leurs corps, elles empêchaient par leurs larmes et par leurs cris les soldats français de les dépouiller. Il y avait dans cette colonne un régiment de ces montagnards écossais, qui ont conservé l'habit [1] et les armes des anciens soldats romains armés à la légère. Ils portaient un petit bouclier rond, une épée large, et au lieu de la lance, ils avaient un mousqueton court qu'ils jetaient après avoir tiré. Ce corps fut presque tout taillé en pièces. Il avait crié : *Point de quartier;* et il n'en reçut guère. Il ne resta que quatre ou cinq hommes du régiment de Galles sur le champ de bataille, le reste ayant été tué, blessé ou pris. Les Hollandais qui avaient toujours été devant Anthoin et qui avaient perdu près de quinze cents des leurs par le canon et par le fusil, se retirèrent en même temps que les Anglais; et le marquis de Crillon, à la tête de son régiment qui était près d'Anthoin, leur prit quatre pièces de canon à leur vue, sans qu'ils osassent seulement se mettre en devoir de les défendre. Le roi ordonna qu'on reformât l'armée. Il allait de régiment en régiment. Les cris de *Victoire* et de *Vive le roi*, les chapeaux en l'air, les étendards et les drapeaux percés de balles, les félicitations réciproques des officiers qui s'embrassaient, formaient un spectacle dont tout le monde jouissait avec une joie tumultueuse. Le roi était tranquille, témoignant sa satisfaction et sa reconnaissance à tous les officiers généraux et à tous les commandants des corps. Il ordonna qu'on eût soin des blessés, et qu'on traitât les ennemis comme ses propres sujets.

Le maréchal de Saxe, au milieu de ce triomphe, se fit porter vers le roi. Il retrouva un reste de force pour embrasser ses genoux et pour lui dire : « Sire, j'ai assez vécu; je ne souhaiterais de vivre aujourd'hui que pour voir votre Majesté victorieuse. Vous voyez, ajouta-t-il ensuite, à quoi tiennent les batailles. » Le roi le releva et l'embrassa tendrement.

Il dit au duc de Richelieu : « Je n'oublierai jamais le service important que vous m'avez rendu. » Il parla de même au duc de Biron. Le maréchal de Saxe dit au roi : « Sire, il faut que j'avoue que je me reproche une faute; j'aurais dû mettre une redoute de plus entre les bois de Barri et de Fontenoy; mais je n'ai pas cru qu'il y eût des généraux assez téméraires pour hasarder de passer en cet endroit. »

Le duc de Richelieu et plusieurs autres généraux pressèrent le maréchal de Saxe de permettre qu'on poursuivît les ennemis. M. Pâris-Duverney [2], homme capable de tous les genres de services, qui faisait la fonction de général des vivres, avait déjà fait tout préparer pour marcher. Les chevaux des caissons étaient attelés. « Si vous voulez poursuivre l'ennemi jusqu'en Hollande, dit-il au maréchal, j'ai pourvu à la nourriture de l'armée pour quinze jours de marche. » On priait le maréchal d'ordonner qu'on poursuivît; mais il avait remarqué que les Anglais et les Hanovriens, après avoir passé le ravin avec désordre, s'étaient reformés avec la contenance la plus fière, qu'ils étaient dans des bois fourrés où il n'était pas aisé de les suivre, et que les troupes du roi étaient fatiguées. Il voulait prendre Tournai. C'était l'objet principal et le premier fruit de la victoire. Il recevait les compliments de tout ce qui l'environnait avec la modestie que doivent donner les succès, et il dit à M. Duverney : « J'ai fait ce que j'ai pu, mais non pas tout ce qu'on pouvait. » Son état de langueur alarmait tous ceux qui l'entouraient; on ne pensait pas qu'il eût encore huit jours à vivre; et peut-être cet état contribua autant que sa sagesse à l'empêcher de poursuivre sur le champ sa victoire [3].

On détacha le lendemain, à midi, le comte d'Estrées et le chevalier de Beuvron avec quelques compagnies de dragons et d'autres troupes qui allaient à trois mille hommes. On trouva encore trente canons et deux cents chariots de munitions dans les bois, et on ramena treize cents prisonniers, la plupart blessés. Il est certain que l'armée des alliés était tout en désordre, malgré cette contenance ferme avec laquelle elle s'était retirée. Le soir du jour de la bataille, il lui manquait à l'appel qu'on fit des troupes environ quinze mille hommes. La nouvelle qui en vint à Londres y remplit la ville d'une consternation d'autant plus accablante que la confiance y avait été plus grande. Mais peu à peu les soldats dispersés revinrent à leurs drapeaux, et les alliés n'avaient perdu en effet que neuf mille hommes, parmi lesquels il y avait environ deux mille cinq cents prisonniers. Ils n'en firent presque aucun sur les Français.

Par le compte exactement rendu au major général de l'infanterie française, il ne se trouva que seize cent quatre-vingt et un soldats ou sergents tués sur la place et trois mille deux cent quatre-vingt-deux blessés; parmi les officiers cinquante-trois moururent sur le champ de bataille, trois cent vingt-trois seulement avaient été blessés, et il n'y eut environ que la dixième partie des blessés qui périt, soit parmi les officiers, soit parmi les soldats; enfin le compte des Français tant tués que blessés à cette journée, se monte à cinq mille trois cent trente-neuf dans l'infanterie, en comptant les Grassins [4], troupe légère formée par un homme intrépide qui leur donna son nom, et qui servit beaucoup dans cette guerre. La cavalerie perdit environ dix-huit cents hommes *.

Jamais depuis qu'on fait la guerre, on n'avait pourvu avec plus de soin à soulager les maux attachés à ce fléau. Il y avait des hôpitaux préparés dans toutes les villes voisines, et surtout à Lille. Les églises même étaient employées à cet usage digne d'elles. Non seulement aucun secours, mais encore aucune commodité ne manqua ni aux Français, ni à leurs prisonniers blessés. Le zèle même des citoyens alla trop loin : on ne cessait d'apporter de tous côtés aux malades des aliments délicats; et les médecins des hôpitaux furent obligés de mettre un frein à cet excès dangereux de bonne volonté. Enfin les hôpitaux étaient si bien servis que presque tous les officiers aimaient mieux y être traités que chez des particuliers, et c'est ce qu'on n'avait point vu encore [5].

Je me crois obligé d'avertir que, dans une histoire aussi ample qu'infidèle de cette guerre, imprimée à Londres [6], on a avancé que les Français ne prirent aucun soin des prisonniers blessés. On ajoute que le duc de Cumberland envoya au roi de France un coffre rempli de balles mâchées et de morceaux de verre trouvés dans les plaies des Anglais. Les auteurs de ces contes puérils pensent apparemment que les balles mâchées sont un poison. C'est un ancien préjugé aussi peu fondé que celui de la poudre blanche. Il est dit dans cette histoire que les Français perdirent dix-neuf mille hommes dans la bataille, que leur roi ne s'y trouva pas, qu'il ne passa point le pont de Calonne, qu'il resta toujours derrière l'Escaut. Il est dit enfin que le parlement de Paris rendit un arrêt qui condamnait à la prison, au bannissement et au fouet ceux qui publieraient des relations de cette journée. On sent bien que des impostures si extravagantes ne méritent pas d'être réfutées. Mais puisqu'il s'est trouvé en Angleterre un homme assez dépourvu de connaissances et de bon sens pour écrire de si singulières absurdités, dont son histoire est toute remplie, il peut se trouver un jour des lecteurs capables de les croire. Le respect qu'on doit à la vérité exige au moins qu'on prévienne leur crédulité.

Si le premier soin du roi de France fut d'instruire la reine de sa victoire, le second fut de proposer la paix. Il fit écrire dès le jour même à l'abbé de Laville, son ministre à La Haye, qu'il ne demandait pour prix de ses conquêtes que la pacification de l'Europe, et qu'il était prêt d'envoyer des plénipotentiaires à un congrès. Les Etats Généraux surpris ne crurent pas d'abord l'offre sincère, et ce qui dut surprendre davantage, c'est que cette offre fut éludée par la reine de Hongrie et par les Anglais. Cette princesse, qui faisait à la fois la guerre en Silésie contre le roi de Prusse, en Italie contre les Français, les Espagnols et les Napolitains, vers le Mein contre l'armée française commandée alors par le prince de Conti, en Flandre contre un roi victorieux, semblait devoir demander la paix elle-même, et rejetait celle qu'on lui présentait. C'est que les Anglais et elle voyaient alors que le grand-duc de Toscane, son mari, serait infailliblement élu empereur. Ils comptaient que les cercles de l'Empire se déclareraient contre la France; ils comptaient que le secours de la Saxe leur serait plus utile qu'il ne fut. Ils espéraient enfin que la Russie entrerait dans la querelle; ils voyaient les Hollandais engagés et liés à eux, et la cour d'Angleterre surtout ne prévoyait pas la révolution qui se fit en Ecosse bientôt après. Il régnait dans les cours de Vienne et de Londres un préjugé qui leur faisait croire qu'à la fin la France devait succomber sous leurs forces réunies.

Le roi envoya M. de Latour, aide-major de l'armée, porter au roi de Prusse la nouvelle de la victoire. Cet officier rencontra le roi de Prusse au fond de la Silésie du côté de Ratibor, toujours suivi par le prince Charles et par l'armée autrichienne, attirée enfin par trop de confiance et par les marches adroites du roi de prusse dans l'endroit où ce monarque voulait l'amener. C'était auprès de Friedberg et de Strigau, sur les frontières de la basse Silésie, dans les gorges des montagnes [7]. Le roi de Prusse était devenu en peu de temps un des grands généraux de l'Europe, surtout pour un jour de bataille. Il avait encore par-dessus tous les autres généraux l'avantage de commander aux troupes les plus disciplinées, les plus souples au commandement et les plus promptes dans l'exécution. Il osa en présence de l'ennemi changer la disposition de son armée, sans le moindre trouble et sans la plus petite confusion. M. de Latour, qui était auprès de sa personne, ayant remarqué un mouvement de l'armée autrichienne qui pouvait être très dangereux, le roi lui dit de sang-froid : « Je conviens que ce que l'ennemi fait est bien, mais vous allez voir une réponse qui ne sera pas mauvaise. » Il alla lui-même faire avancer les corps qui devaient remplir ses vues, et alors il dit à M. de Latour : « La bataille est gagnée. » Elle le fut en effet et de la manière la plus complète. Le vainqueur fit près de six mille prisonniers dans cette bataille. Les Autrichiens et les Saxons y eurent quatre mille hommes tués et autant de blessés.

On croyait que la victoire de Friedberg aurait des suites plus avantageuses et plus promptes que celles de Fontenoy. Une victoire en Flandre ne produit souvent que la prise d'une place forte, au lieu que dans l'Allemagne, qui est sans places, une bataille semble décider du sort d'un royaume. Il en fut pourtant tout autrement. Le prince Charles vaincu tint encore la campagne contre le roi de Prusse, et le duc de Cumberland ne put arrêter les progrès de Louis XV.

Le baron de Brackel, alors commandant de Tournai, demanda bientôt à capituler. Le roi ne le laissa sortir de la ville avec sa garnison hollandaise que pour le faire entrer dans la citadelle. C'était ainsi qu'il en avait usé à Fribourg. Le gouverneur en fit sortir les femmes et les mit sur le glacis. Le roi pouvait les forcer de rentrer dans la citadelle. Il eut la bonté de les laisser aller où elles voulurent, et leur fit des libéralités.

La citadelle se rendit bientôt (20 juin) à condition spéciale que « la garnison ne pourrait servir contre Sa majesté ni ses alliés jusqu'au premier janvier 1747, ni faire aucune fonction militaire de quelque nature qu'elle fût, pas même de garnison dans les places les plus reculées de la frontière ». Ce furent là les clauses expresses qu'on rapporte mot à mot parce qu'elles devinrent dans la suite un des plus grands sujets de dispute dans le droit de la guerre. Rien ne paraît plus positif et moins équivoque que cette capitulation, qui cependant fut entièrement éludée. Le commandant Brackel, âgé de quatre-vingts ans, vint après la capitulation saluer le roi ; ce prince lui ayant demandé s'il s'était trouvé aux batailles d'Hochstedt et de Ramillies, cet Hollandais répondit avec la présence d'esprit et la délicatesse du courtisan le plus délié : « Non, Sire, j'étais en Espagne aux batailles d'Almanza et de Villa-Viciosa, que les Français gagnèrent. »

Pendant le siège de Tournai, peu de jours après la bataille, le maréchal de Saxe avait secrètement concerté avec le roi la prise de Gand, capitale de la Flandre autrichienne, ville plus grande que peuplée, mais riche et florissante par les débris de son ancienne splendeur. Une des opérations de guerre qui fit le plus d'honneur au marquis de Louvois, dans la guerre de 1688, avait été le siège de Gand. Il s'était déterminé à ce siège parce que c'était le magasin des ennemis. Louis XV avait précisément la même raison pour s'en rendre maître. On fit, selon l'usage, tous les mouvements qui devaient tromper l'armée ennemie, retirée vers Bruxelles. On prit tellement ses mesures, que le marquis du Chaila d'un côté et le comte de Lovendal de l'autre devaient se trouver devant Gand à la même heure, le comte de Lovendal à la porte de Saint-Pierre, et le marquis du Chaila à la porte impériale. Il y avait un fossé plein d'eau à traverser et quelques faibles ouvrages à emporter. La garnison n'était alors que de six cents hommes ; les habitants étaient ennemis de la France, quoique de tout temps peu contents de la domination autrichienne, mais très différents de ce qu'ils étaient autrefois quand eux-mêmes ils composaient des armées. Ces deux marches secrètes se faisaient selon les ordres du général, lorsque cette entreprise fut prête d'échouer par un de ces accidents si communs à la guerre.

Les alliés, ayant enfin ouvert les yeux sur le péril dont Gand était menacé, et pressés par les remontrances réitérées du gouverneur M. de Kisigen, firent marcher enfin un corps de six mille hommes pour défendre cette ville. Ce corps avançait à Gand sur la chaussée d'Alost, précisément dans le temps que M. du Chaila était environ à une lieue de lui sur la même chaussée, marchant avec trois brigades de cavalerie, deux d'infanterie, composées de Normandie, Crillon et Laval, vingt pièces de canon et des pontons. L'artillerie était déjà en avant, gardée par cinquante hommes, et au delà de cette artillerie était M. de Grassin et une partie de son régiment. Il était nuit et tout était tranquille, quand les six mille Anglais arrivent et attaquent les Grassins, qui n'ont que le temps de se jeter dans une grange auprès de l'abbaye de la Mesle, dont cette journée a pris le nom. Ils s'y défendent. M. de Grassin envoie cinq courriers l'un après l'autre instruire M. du Chaila qu'il est entouré par un corps d'Anglais. Le malheur veut qu'aucun de ces courriers n'arrive. Les Anglais apprennent bientôt que les Français sont sur la chaussée et que leur artillerie est loin d'eux, en avant, gardée seulement par cinquante hommes. Ils y courent et s'en emparent. Tout était perdu. Le marquis de Crillon, qui était déjà arrivé à trois cents pas, voit les Anglais maîtres du canon, qu'ils tournaient contre lui, et qui allaient y mettre le feu. Il prend sa résolution dans l'instant, sans se troubler. Il ne perd pas un moment; il court avec son régiment aux ennemis par un côté, et fait aller rapidement par un autre le jeune marquis de Laval, qui s'avance avec une partie de son régiment. Le cheval de M. de Crillon est tué sous lui. Il combat à pied, et il reprend le canon et gagne deux étendards. Tandis que M. de Crillon et M. de Laval arrêtaient ainsi les Anglais, une seule compagnie de Normandie, qui s'était trouvée près de l'abbaye, leur faisait tête. Mais la partie était trop forte; les Anglais se reformaient, et le nombre allait l'emporter. Envoyer demander des ordres, c'était perdre du temps. Le marquis de Crillon aperçoit de loin deux bataillons de Nor-

mandie qui venaient du détachement de M. du Chaila
(9 juillet). Il se sert du nom de M. du Chaila pour les faire
accourir et en être secondé. Il le fut parfaitement.

Le jeune comte de Périgord, fils du marquis de Talleyrand, mort si malheureusement devant Tournai, venait
d'obtenir à dix-sept ans ce régiment de Normandie qu'avait
eu son père. Il s'avança le premier à la tête d'une compagnie
de grenadiers. Le bataillon anglais, attaqué par lui, jette bas
ses armes, et M. de Sollençai prend un drapeau.

M. du Chaila et M. de Souvré avancent bientôt avec la
cavalerie sur cette chaussée. Les Anglais sont arrêtés de tous
côtés. Ils se défendirent encore. M. de Graville y fut blessé;
mais enfin ils furent mis dans une entière déroute.

Pendant que les marquis de Crillon et de Laval renver-
saient avec si peu de monde un corps si nombreux, un capitaine de Normandie, appelé M. d'Azincourt, faisait une
action non moins étonnante sur cette même chaussée de Gand.
On l'avait envoyé marquer un camp avec quarante hommes,
et il avait vu venir à lui à toute bride sept à huit cents cavaliers anglais ou hanovriens, qui avaient le général Molck à
leur tête, précisément dans le temps que leur infanterie prenait le canon et que les Grassins étaient assiégés. M. d'Azincourt se place derrière une haie avec ses quarante braves soldats, les fait tirer quatre à quatre sans discontinuer, fait
croire aux ennemis qu'il y a dans ces haies un corps considérable. Ce feu fut si bien ménagé, que tous les coups portèrent; les Anglais prirent la fuite. Le lieutenant-colonel
du régiment de Rich, huit capitaines, deux cent quatre-
vingts hommes jetèrent leurs armes et se rendirent à
M. d'Azincourt. Rien ne fut égal à leur surprise quand ils
virent qu'ils s'étaient rendus à quarante Français. M. d'Azincourt conduisit ses prisonniers à M. de Graville, tenant la
pointe de son épée sur la poitrine du lieutenant-colonel
anglais et le menaçant de le tuer si ces gens faisaient la
moindre résistance.

C'était la destinée des Français cette journée de faire

beaucoup avec peu. Un autre capitaine de Normandie, nommé Montalembert[8], prit cent cinquante Anglais avec cinquante soldats de son régiment. M. de Saint-Sauveur, capitaine au régiment du roi cavalerie, avec un pareil nombre mit en fuite, sur la fin de l'action, trois escadrons ennemis. Enfin, le succès étrange de ce combat est peut-être ce qui fit le plus d'honneur aux Français dans cette campagne, et qui mit le plus de consternation chez leurs ennemis. Ce qui caractérise encore cette journée, c'est que tout y fut fait par la présence d'esprit et par la valeur des officiers français, ainsi que la bataille de Fontenoy fut gagnée[9]. Le comte de Lovendal arriva devant Gand avec le duc de Chevreuse et le marquis d'Hérouville Claie au moment désigné.

M. du Chaila ne fut retardé que par le temps que coûta la déroute des Anglais. M. de Lovendal entre dans la ville par le fossé, prend la garnison, composée de six cent soixante Anglais et Hanovriens, prisonnière de guerre. La porte où le comte du Chaila se trouvait fut bientôt ouverte. Gand est au pouvoir des Français en une demi-heure. Le premier soin de M. du Chaila fut de mettre l'ordre, la sûreté, l'abondance dans la ville. Le second fut d'attaquer la citadelle ; lui et M. de Lovendal en furent maîtres en trois jours. Un des grands avantages de la prise de Gand fut un magasin immense de provisions de bouche et de guerre, de fourrages, d'armes, d'habits que les alliés avaient en dépôt dans cette ville. C'était au moins un dédommagement des frais de la guerre.

Alors les alliés, affaiblis par tant de pertes, se retirent par delà Bruxelles et se retranchèrent sur le canal, dans un camp que M. de Vendôme avait autrefois appelé *le camp des poltrons,* parce qu'on ne peut y être attaqué ; mais aussi ils ne pouvaient empêcher que Bruxelles et le Brabant, toute la Flandre, le comté de Namur ne fussent mis à contribution, et ils n'apprenaient dans leur camp d'autres nouvelles que celles des conquêtes que Louis XV faisait chaque jour.

Tandis qu'on prenait la citadelle de Gand, on investissait

Oudenarde (29 juillet); et le même jour que M. de Lovendal ouvrait la tranchée devant Oudenarde, M. de Souvré prenait Bruges. Oudenarde se rendit après trois jours de tranchée.

A peine [le roi] était-il maître d'une ville qu'il en faisait assiéger deux à la fois. Le duc d'Harcourt prenait Dendermonde en deux jours de tranchée ouverte malgré le jeu des écluses et au milieu des inondations; et le comte de Lovendal faisait le siège d'Ostende.

On pouvait faire la garnison de Dendermonde prisonnière de guerre (12 août); mais le gouverneur fit supplier le roi de la laisser sortir à condition qu'elle ne servirait de dix-huit mois, et le roi lui accorda cette grâce. Le siège d'Ostende était beaucoup plus difficile. On se souvenait qu'elle avait tenu trois ans et trois mois au commencement du siècle passé. Par la comparaison du plan des fortifications de cette place avec celles qu'elle avait quand elle fut prise par Spinola [10], il paraît que c'était Spinola qui devait la prendre en quinze jours et que c'était M. de Lovendal qui devait s'y arrêter trois années. Elle était bien mieux fortifiée. M. de Chanclos, lieutenant-général des armées d'Autriche, la défendait avec une garnison de quatre mille hommes, dont la moitié était composée d'Anglais; mais la terreur et le découragement étaient au point que le gouverneur capitula dès que le marquis d'Hérouville et le marquis de Chambonne eurent pris un petit avant-chemin couvert du côté des dunes (25 août).

Une flotte d'Angleterre, qui avait apporté du secours à la ville, et qui canonnait les assiégeants, ne vint que pour être témoin de sa prise. Cette perte consterna le gouvernement d'Angleterre et celui des Provinces-Unies. Il ne restait plus que Nieuport à prendre pour être ensuite maître de tout le comté de la Flandre proprement dite, et le roi en ordonna le siège. Dans ces conjonctures, le ministère de Londres fit réflexion qu'on avait en France plus de prisonniers anglais qu'il n'y avait de prisonniers français en Angleterre. La détention du maréchal de Belle-Isle et de son frère avait suspendu tout cartel. On avait pris ces deux généraux contre le droit des gens, on les renvoya sans rançon : il n'y avait pas moyen en effet d'exiger une rançon d'eux après les avoir déclarés prisonniers d'Etat, et il était de l'intérêt de l'Angleterre de rétablir le cartel. Cependant, le roi partit pour Paris, où il arriva le sept septembre 1745. On ne pouvait ajouter à la réception qu'on lui avait faite l'année précédente. Ce furent les mêmes fêtes ; mais on avait de plus à célébrer la victoire de Fontenoy, celle de Mesle, et la conquête du comté de Flandre.

CHAPITRE XVII

AFFAIRES D'ALLEMAGNE. FRANÇOIS DE LORRAINE, GRAND DUC DE TOSCANE, ELU EMPEREUR. ARMEES AUTRICHIENNES ET SAXONNES BATTUES PAR FREDERIC II, ROI DE PRUSSE. PRISE DE DRESDE

Les prospérités de Louis XV s'accrurent toujours dans les Pays-Bas; la supériorité de ses armées, la facilité du service en tout genre, la dispersion et le découragement des alliés, leur peu de concert, et surtout la capacité du maréchal de Saxe, qui, ayant recouvré sa santé, agissait avec plus d'activité que jamais, tout cela formait une suite non interrompue de succès qui a peu d'exemples. On ne réussissait pas moins en Italie. Tout y était favorable pour don Philippe. Une révolution étonnante en Angleterre menaçait déjà le trône du roi George, comme on le verra dans la suite; mais la reine de Hongrie jouissait d'une autre gloire et d'un autre avantage, qui ne coûtait point de sang, et qui remplit la première et la plus chère de ses vues. Elle n'avait jamais perdu l'espérance du trône impérial pour son mari, du vivant même de Charles VII; et après la mort de cet empereur, elle s'en crut assurée malgré le roi de Prusse qui lui faisait la guerre, malgré l'électeur palatin qui lui refusait sa voix, et malgré une armée française qui n'était pas loin de Francfort et qui pouvait empêcher l'élection. C'était cette même armée commandée d'abord par le maréchal de Maillebois, et qui passa au commencement de mai 1745 sous les ordres du prince de Conti.

Si cette armée pouvait traverser l'élection, la reine en avait deux pour l'appuyer, celle du duc d'Aremberg qui était vers les bords de la Lanne, et celle qui, ayant été victorieuse en Bavière, venait sur le Rhin.

Le prince de Conti, un peu plus fort que le duc d'Aremberg, était beaucoup plus faible que les deux armées ennemies.
Il eût fallu les battre l'une après l'autre pour donner la loi
dans l'Empire; mais non seulement il lui fut impossible de
forcer au combat le duc d'Aremberg, retranché dans des
gorges de montagnes, mais après avoir empêché la jonction
des deux armées autrichiennes pendant plus de deux mois,
il ne put enfin, quelque effort qu'il fit, prévenir cette jonction [1].

Le général Bathiani, ayant succédé au duc d'Aremberg,
passa la rivière de Lanne le 18 juin. Le comte de Traun,
conduisant les troupes qui venaient de Bavière, se joignit
bientôt à lui sur les bords de la Quinche. Le prince de
Conti était alors sur le Mein vers Aschaffenbourg. Il se
trouvait dans le même état où avait été le roi d'Angleterre
au temps de la bataille de Dettingen. Il ne pouvait plus tirer
de subsistance du pays; ce fut beaucoup de repasser le Mein
et d'aller couvrir l'Alsace. Il exécuta le 12 juillet 1745
cette retraite sans aucune perte et repassa le Rhin, le 18,
auprès de Rhein Turckeim, avec son armée affaiblie de vingt
mille hommes, qu'on en avait tirés pour la campagne de
Fontenoy.

Ainsi la France manqua le grand objet de la guerre, qui
était d'ôter le trône impérial à la maison d'Autriche. L'élection se fit le treize septembre 1745. L'activité de la voix de
Bohême fut aisément rétablie [2]; car, lorsque les électeurs en
avaient privé Marie-Thérèse, cette princesse ne pouvait résister, et quand ils la lui rendirent, elle était toute-puissante.
Le roi de Prusse fit protester de nullité par ses ambassadeurs.
L'électeur palatin, dont l'armée autrichienne avait ravagé les
terres, protesta de même. Les ambassadeurs électoraux de ces
deux princes se retirèrent de Francfort; mais l'élection ne fut
pas moins faite dans les formes : car il est dit, dans la bulle
d'or, que si des électeurs ou leurs ambassadeurs se retirent
du lieu de l'élection avant que le roi des Romains, futur empereur, soit élu, ils seront privés cette fois de leur droit de
suffrage, comme étant censés l'avoir abandonné. La reine de

Hongrie, désormais impératrice, vint à Francfort jouir de son triomphe et du couronnement de son époux. Elle vit du haut d'un balcon la cérémonie de l'entrée (25 octobre 1745); elle fut la première à crier *vivat;* et le peuple lui répondit par des acclamations de joie et de tendresse. Ce fut le plus beau jour de sa vie. Quelques jours après elle alla voir son armée rangée en bataille auprès de Heidelberg, au nombre de soixante mille hommes. L'empereur, son époux, la reçut l'épée à la main, à la tête de l'armée. Elle passa entre les lignes, saluant tout le monde, dîna sous une tente et fit distribuer un florin à chaque soldat. C'était la destinée de cette princesse et des affaires qui troublaient son règne, que les événements heureux fussent balancés de tous les côtés par des disgrâces. L'empereur Charles VII avait perdu la Bavière pendant qu'on le couronnait empereur; et la reine de Hongrie perdait une bataille pendant qu'elle préparait le couronnement de son époux François 1er.

Le prince Charles, malgré la perte de la bataille de Fried-berg, faisait toujours au roi de Prusse une guerre offensive sur les frontières de la Bohême et de la Silésie. C'est une chose singulière, que le prince Charles, toujours malheureux dans les batailles contre les Prussiens, les attaquât toujours. Il est encore plus étrange que le roi de Prusse, qui était entré en campagne avec plus de cent mille hommes, n'en eût alors qu'environ vingt mille à opposer au prince Charles, et que celui-ci en eût plus de cinquante. Le roi s'obstinait à conserver sa communication avec la Silésie, et le prince à la lui couper.

À quelques lieues de la source de l'Elbe, près d'une petite ville nommée Neustadt, dans le voisinage du village de Sore, du côté des défilés de Prosnitsch [3], les Autrichiens surprirent et entourèrent le petit camp du roi de Prusse (30 septembre-1er octobre). Un corps de houzards et de pandours pénétra par les derrières à son bagage, mit en pièces ceux qui le gardaient, prit tous les équipages et la caisse militaire. Le roi de Prusse laissa piller, rangea ses troupes, et gagna cette bataille qu'il aurait dû perdre, si la victoire était toujours attachée au nombre, aux dispositions et aux attaques bien concertées. L'activité du roi, sa présence d'esprit et la discipline inébranlable de ses troupes lui valurent encore ce succès, qui ne fut que le prélude d'un plus grand. Il y a des temps où une nation conserve constamment sa supériorité. C'est ce qu'on avait vu dans les Suédois sous Charles XII, dans les Anglais sous le duc de Marlborough. C'est ce qu'on voyait dans les Français en Flandre sous Louis XV et sous le maréchal de Saxe, et dans les Prussiens sous Frédéric II. L'impératrice perdait donc la Flandre, et avait beaucoup à craindre du roi de Prusse en Allemagne, pendant qu'elle faisait monter son mari sur le trône de son père.

Dans ce temps-là même, lorsque le roi de France, vainqueur dans les Pays-Bas et dans l'Italie, proposait la paix, le roi de Prusse, victorieux de son côté, demandait aussi à la czarine sa médiation. On n'avait pas encore vu de vainqueur faire tant d'avances, et on pourrait s'en étonner; mais aujourd'hui il est dangereux d'être conquérant. Toutes les puissances prennent les armes tôt ou tard, quand il y en a une qui remue. On ne voit que ligues et contre-ligues soutenues [par] de nombreuses armées. C'est beaucoup de pouvoir garder, par la conjoncture des temps, une province acquise; c'est beaucoup même quelquefois de se tirer sans perte d'un pas hasardeux. Le roi de Prusse, ayant conquis la Silésie, ne pensait donc qu'à se l'assurer. Et la grande affaire de la succession autrichienne étant terminée, François de Lorraine étant élu empereur, il ne restait au roi de France qu'à rétablir la tranquillité publique. Les vainqueurs avaient donc raison de vouloir la paix; mais Vienne et Londres ne la voulaient pas. L'esprit de vengeance, qui l'emporte sur l'intérêt, les animait. Elles espéraient de puissants secours de la Russie, au lieu de s'en tenir à la prendre pour médiatrice. La czarine même, liée par ses traités avec la cour de Dresde, lui promettait un secours de douze mille hommes. L'espérance de ce secours contre le roi de Prusse et d'un autre plus considérable contre le roi de France, la jonction des troupes saxonnes avec celles du prince Charles soutenaient le courage de la cour de Vienne. Le prince Charles, quoique battu, tenait encore la campagne en Bohême. L'impératrice, quoique malheureuse en Flandre et en Italie, ne répondit aux offres pacifiques du roi de France qu'en disant toujours qu'il lui fallait des réparations pour le passé et des sûretés pour l'avenir. Le roi d'Angleterre, quoique très inquiété par la rebellion d'Ecosse, dont nous parlerons, n'en était que plus animé contre la France. Le parti anglais, qui voulait faire un stathouder en Hollande, ne pouvait faire ce stathouder que par la continuation de la guerre. Ainsi tout concourait à perpétuer les malheurs de l'Europe.

Dans ces circonstances, on reçut l'offre inouïe d'une médiation à laquelle on ne s'attendait pas. C'était celle du grand Turc. Son premier vizir écrivit à toutes les cours chrétiennes qui étaient en guerre, les exhortant à faire cesser l'effusion du sang humain, et leur offrant la médiation de son maître [4]. Une telle offre n'eut aucune suite; mais elle devait servir au moins à faire rentrer en elles-mêmes tant de puissances chrétiennes, qui, ayant commencé la guerre par intérêt, l'ont continuée par obstination, et ne l'ont finie que par nécessité.

Toute l'Allemagne alors était alarmée de la guerre que le roi de Prusse faisait contre la reine de Hongrie, et on craignait une révolution. Le prince Charles de Lorraine ne se rebutait pas de tous ses mauvais succès. Il fit ce qu'il put pour pénétrer en Silésie; mais il ne put en venir à bout, et il marcha vers la Lusace pour se joindre aux Saxons, et tenter encore la fortune. Ne pouvant rentrer dans la province que le roi de Prusse avait envahie à l'impératrice, il voulait entrer dans le pays même du roi de Prusse; mais ce monarque, aussi agissant que lui, le prévint. Le roi de Prusse avait deux armées. L'une cantonnait près de Halle sur les frontières de la Saxe sous le prince d'Anhalt-Dessau, l'autre vers la Silésie,

et ce roi la commandait lui-même. Ces deux armées furent
rassemblées en quatre jours; elles ravagèrent la Lusace. Quatre régiments saxons furent défaits (12 novembre 1745).
Après bien des marches et des contre-marches, il fallut aller
couvrir Dresde, bien loin de pouvoir entrer dans le pays
prussien.

On n'avait point vu depuis Charles XII, dans une saison
plus rigoureuse, de marche plus rapide que celle du roi
Frédéric. Dès le 1er décembre, les troupes prussiennes entrèrent dans Leipzig, et en exigèrent d'abord sept millions et
demi de notre monnaie de France. Cette armée s'avança le
cinq à Torgau : la cour de Dresde fut consternée; le roi de
Pologne, électeur de Saxe, quitta sa capitale et se retira dans
Prague. Le prince Charles marchait à son secours. Il était
arrivé le 11 à Pirna, et s'il avait pu se joindre à l'armée
saxonne commandée par un frère du maréchal de Saxe *, ils
auraient eu soixante et dix mille combattants à opposer au roi
de Prusse. Mais il ne put détacher que son avant-garde qui
alla se joindre aux Saxons. Le vieux prince d'Anhalt, général
des Prussiens, renforcé de plusieurs corps marcha droit à eux,
auprès de Dresde, vers un endroit qu'on nomme Kesselsdorf.
Ce furent cette fois les Prussiens qui attaquèrent. Ils remportèrent une victoire complète. Les Saxons n'y eurent que deux
mille hommes de tués, mais on leur fit quatre mille prisonniers, parmi lesquels il y avait six officiers généraux
(15 décembre). Les Autrichiens, mal postés dans un terrain
qui ne leur permettait pas d'agir, contribuèrent par cette
mauvaise disposition à la perte de la bataille, mais ils ne perdirent point de monde.

Le 16 l'armée victorieuse enferma de tous côtés la ville
de Dresde. Le général Boze, qui en était commandant, envoya
dès le 17 au matin des députés au roi de Prusse, avec une
capitulation qu'il le suppliait de vouloir bien signer. Le premier article de cette capitulation portait que le roi était prié
d'avoir soin du jeune prince et des jeunes princesses qui
étaient restés dans le palais. « Il faut bien que j'en aie

soin, repartit le roi victorieux, puisqu'ils sont sans secours. »
En disant ces mots, il déchira la capitulation, et dit qu'il n'en
accordait point d'autre que de recevoir la garnison prisonnière de guerre, que sur le reste on pouvait s'en remettre à
sa générosité.

Le lendemain 18, il entre dans Dresde, suivi de dix
bataillons et de dix escadrons, désarme trois régiments qui
composaient la garnison, se rend au palais où il va voir
les deux princes et les trois princesses qui y étaient demeurés. Il les embrassa, et eut pour eux les attentions qu'on
devait attendre de l'homme le plus poli de son siècle. Il fit
ouvrir toutes les boutiques qu'on avait fermées, établit
l'ordre et la sûreté partout, fit prendre soin de tous les blessés
ennemis. On ne s'aperçut que la ville était au pouvoir du vainqueur que par un *Te Deum* qu'il fit chanter dans la grande
église, et la prise de Dresde ne fut signalée que par les fêtes
qu'il y donna. Ce qu'il y eut de plus étrange, c'est qu'étant
entré dans Dresde le 19, il y donna la paix le 25.

L'électeur de Saxe s'était hâté de demander cette paix; la
reine impératrice, si difficile avec la France, ne le fut pas
avec la Prusse. Il ne tenait qu'à elle de reprendre la Flandre
des mains de Louis XV victorieux, qui offrait toujours de la
lui rendre. Elle pouvait, en laissant à don Philippe l'héritage de Parme et de Plaisance, ramener toutes ses forces en
Silésie; mais elle était aidée de l'Angleterre, de la Savoie, de
la Hollande contre la France. Ces secours lui eussent manqué contre Frédéric. La Saxe avait besoin de la paix, et cette
princesse, se trouvant entre deux rois qui l'accablaient alors,
aima mieux s'accommoder avec Frédéric II qu'avec Louis XV.
Les ministres d'Angleterre et de Hollande, qui étaient à
Dresde, pressèrent cette paix. Ils furent une seconde fois
garants de la possession de la Silésie au roi de Prusse. Marie-
Thérèse renonça encore à cette province, et Frédéric ne lui
fit d'autre avantage que de reconnaître François premier
empereur. L'électeur palatin, comme partie contractante
dans le traité, le reconnut de même, et il n'en coûta au roi

de Pologne, électeur de Saxe, que quatre millions de livres qu'il fallut donner au vainqueur, avec les intérêts jusqu'au jour du paiement (30 décembre 1745).

Le roi de Prusse retourna dans Berlin jouir paisiblement du fruit de sa victoire [5]. Il fut reçu sous des arcs de triomphe. Tout le peuple lui jetait des couronnes de laurier, en criant : « Vive Frédéric le Grand ». Ce prince, heureux dans ses guerres et dans ses traités, ne s'appliqua plus qu'à faire fleurir les arts dans ses Etats, et à mettre des bornes à une autre guerre que se font les hommes en tout pays : c'est celle des procès. Il en termina les longueurs en abolissant la profession de procureur, en mettant autant qu'on le peut un frein à l'injustice des plaideurs et aux chicanes des jurisconsultes; enfin, en réformant les lois, il donna ce grand exemple à tous les princes, et alors il n'eut plus de gloire à acquérir.

Le roi de France, privé une seconde fois de cet important secours, n'en continua pas moins ses conquêtes. L'objet de la guerre était alors, du côté de la maison de France, de forcer la reine de Hongrie par ses pertes en Flandre à céder ce qu'elle disputait en Italie, et de contraindre les Etats Généraux à rentrer au moins dans l'indifférence dont ils étaient sortis.

L'objet de la reine de Hongrie était de se dédommager sur la France de ce que le roi de Prusse lui avait ravi. Ce projet, reconnu depuis pour chimérique par la cour d'Angleterre, était alors approuvé et embrassé par elle; car il y a des temps où tout le monde s'aveugle. L'empire donné à François premier fit espérer que les cercles se détermineraient à prendre les armes contre la France, et il n'est rien que la cour de Vienne ne fît pour les y engager *.

L'Allemagne se regarde plus que jamais comme une république liée à son chef, dont elle est indépendante. Elle sait que son intérêt est de retenir dans ses bornes l'autorité impériale, qui veut toujours croître; que les limites de la France, séparées par le Rhin, ne laissent à cette puissance aucun intérêt d'attaquer l'Allemagne; que lorsque ses libertés ont été violées, la France les a soutenues. Le roi de Prusse, le plus puissant des électeurs, ayant arraché la Silésie à la reine de Hongrie, ne pouvait s'unir avec elle pour la rendre plus puissante. Ce n'était pas l'intérêt des princes voisins du Rhin d'exposer leurs Etats; enfin, les efforts de Vienne et les offres de l'Angleterre ne purent sur l'Allemagne ce qu'elles avaient pu sur la Hollande, et l'Empire resta neutre. Les cercles établirent seulement quelques troupes du Brisgau jusqu'à Mayence, pour veiller à la sûreté des frontières et pour s'opposer autant aux courses des troupes irrégulières de Hongrie qu'à celles des armées françaises. Une telle neutralité devait produire la paix. Mais l'empereur et l'impératrice, ne pouvant armer l'Empire, fondaient toujours leur espérance sur la Russie; et c'était une des singularités les plus frappantes de ce siècle que la maison d'Autriche obtint des Russes ce qu'elle ne pouvait obtenir de l'Allemagne.

Ce qui avait le plus déterminé l'Angleterre à rejeter la paix, c'était la confiance dans ses armées navales et le projet de détruire le commerce de la France et de l'Espagne. Le Lord Carteret qui, soit en place soit hors de place, influa toujours beaucoup sur le gouvernement, flattait le goût de la nation par cette idée, et la guerre de terre n'était que subordonnée et accessoire aux entreprises maritimes; mais alors, le gouvernement anglais était dans une crise qui ne permettait plus au roi de France de lui rien proposer. Le trône de George second était menacé : une révolution imprévue alarmait les trois royaumes de la Grande-Bretagne, et Louis XV, en conquérant la Flandre, en secourant don Philippe en Italie, pouvait encore prêter la main à Charles-Edouard pour l'aider à remonter sur le trône de ses pères [6].

CHAPITRE XVIII

LE PRINCE CHARLES STUART, PETIT-FILS DU ROI JACQUES,
ABORDE EN ECOSSE PRESQUE SEUL. IL Y LEVE UNE ARMEE.
IL Y EST VAINQUEUR. ETC.

LORSQUE Louis XV, après la bataille de Fontenoy, entamait la conquête de la Flandre, le prince Charles-Edouard était à Paris, toujours occupé du projet de repasser dans la Grande-Bretagne et dénué de tout secours pour exécuter ce projet. On avait reconnu l'impossibilité de faire une descente sur les côtes avec une armée navale à la vue des flottes supérieures de l'Angleterre. Le prince s'entretenant un jour avec le cardinal de Tencin, auquel il avait une grande confiance, celui-ci lui dit : « Que ne tentez-vous de passer sur un vaisseau vers le nord d'Ecosse? Votre présence seule pourra peut-être vous former un parti et une armée. Voilà de ces occasions où l'on peut prendre conseil de son courage. » Un tel discours, conforme au génie de Charles-Edouard, le détermina. Il ne mit dans sa confidence que sept personnes. L'un d'eux s'adresse à un fameux négociant de Nantes, nommé Walsh, fils d'un Irlandais attaché à la maison Stuart [1]. Ce négociant avait une frégate de dix-huit canons, sur laquelle le prince s'embarqua le 12 juin 1745, n'ayant pour une expédition dans laquelle il s'agissait de la couronne de la Grande-Bretagne, que sept officiers, environ dix-huit cents sabres, douze cents fusils, et deux mille louis d'or. Sa frégate était escortée d'un vaisseau de roi de soixante-quatre canons nommé l'*Elisabeth,* qu'un armateur de Dunkerque avait armé en course. C'était alors l'usage que le ministère de la marine prêtât des vaisseaux de guerre aux armateurs et aux négociants, qui payaient une somme au roi, et qui entretenaient l'équipage à leurs dépens pendant le temps de la course. Le ministre de la marine et le roi de France lui-même ignoraient à quoi ce vaisseau devait servir.

Le 20 juin l'*Elisabeth* et la frégate, voguant de conserve, rencontrèrent trois vaisseaux de guerre anglais qui escortaient une flotte marchande. Le plus fort de ces vaisseaux, qui était de soixante et dix canons, se sépara du convoi pour aller combattre l'*Elisabeth;* et, par un bonheur qui semblait présager des succès au prince Edouard, sa frégate ne fut point attaquée. L'*Elisabeth* et le vaisseau anglais engagèrent un combat violent et long. Le capitaine français ayant été tué au commencement de l'action, son lieutenant nommé Bart, nom célèbre dans la marine, soutint le combat pendant sept heures; et le sort de ces deux vaisseaux, à peu près égaux de force, fut de se maltraiter beaucoup l'un et l'autre, et d'aller se radouber chacun dans un port de son pays.

La frégate qui portait le petit-fils de Jacques second échappait, et faisait force de voiles vers l'Ecosse. Le prince aborda d'abord dans l'île de Wist au sud-ouest de l'Ecosse [2]; et de là, il débarqua au Moidart. Quelques habitants, auxquels il se déclara, se jetèrent à ses genoux : « Mais que pouvons-nous faire? lui dirent-ils. Nous n'avons point d'armes, nous sommes dans la pauvreté, nous ne vivons que de pain d'avoine, et nous cultivons une terre ingrate — Je cultiverai cette terre avec vous, répondit le prince, je mangerai de ce pain, je partagerai votre pauvreté, et je vous apporte des armes. »

On peut juger si de tels sentiments et de tels discours attendrirent ces habitants. Il fut joint par quelques chefs des tribus de l'Ecosse. Ceux du nom de Macdonald, de Lokil, les Camerons, les Frasers vinrent le trouver.

Ces tribus d'Ecosse, qui sont nommées *Clans* dans l'ancienne langue écossaise, habitent un pays coupé de montagnes et hérissé de forêts dans l'étendue de plus de deux cents milles. Les trente-trois îles des Orcades et les trente du Shetland sont habitées par les mêmes peuples, qui vivent sous les mêmes lois. L'ancien habit romain militaire s'est conservé chez eux seuls, comme on l'a dit au sujet du régiment des montagnards écossais qui combattit à la bataille de Fontenoy. On peut croire que la rigueur du climat et la pauvreté extrême les endurcissent aux plus grandes fatigues. Ils dorment sur la terre; ils souffrent la disette; ils font de longues marches au milieu des neiges et des glaces. Chaque clan était soumis à son *laird*, c'est-à-dire à son seigneur, qui avait sur lui * le droit de juridiction, droit qu'aucun seigneur ne possède en Angleterre; et ils sont d'ordinaire du parti que ce laird a embrassé. L'ancien gouvernement gothique, ou plutôt cette ancienne anarchie qu'on nomme le droit féodal, subsistait dans cette partie de la Grande-Bretagne, stérile, pauvre, abandonnée à elle-même. Les habitants sans industrie, sans aucune occupation qui leur assurât une vie douce, étaient toujours prêts à se précipiter dans les entreprises qui les flattaient de l'espérance de quelque butin. Il n'en était pas ainsi de l'Irlande, pays plus fertile, mieux gouverné par la cour de Londres, et dans lequel on avait encouragé la culture des terres et des manufactures. Les Irlandais commençaient à être plus attachés à leur repos et à leurs possessions qu'à la maison des Stuarts. Voilà pourquoi l'Irlande resta tranquille, et que l'Ecosse fut en mouvement.

Depuis la réunion du royaume d'Ecosse à celui de l'Angleterre sous la reine Anne, les seigneurs écossais, qui n'étaient pas nommés membres du parlement de Londres, et qui n'étaient pas attachés à la cour par des pensions, étaient secrètement dévoués à la maison des Stuarts; et en général les peuples, plutôt subjugués qu'unis, supportaient impatiemment cette réunion qu'ils regardaient comme un esclavage.

Les clans des seigneurs attachés à la cour, comme les ducs d'Argyle, d'Athole, de Queensbury, et d'autres, demeurèrent fidèles au gouvernement. Il en faut pourtant excepter un grand nombre qui furent saisis de l'enthousiasme de leurs compatriotes et entraînés bientôt dans le parti d'un prince qui tirait son origine de leur pays, et qui excitait leur admiration et leur zèle.

Les sept hommes que le prince avait menés avec lui étaient le lord Murray, frère du duc d'Athole [3], un Macdonald, Thomas Sheridan, Sullivan désigné maréchal des logis de l'armée qu'on n'avait pas, Kelly et Strikland, Anglais. Ils abordèrent bientôt dans l'Ecosse avec ceux qui s'étaient rendus auprès du prince.

On n'avait pas encore rassemblé trois cents hommes autour de sa personne, qu'on fit un étendard royal d'un morceau de taffetas que Sullivan avait apporté. A chaque moment, sa troupe grossissait; et le prince n'avait pas encore passé le bourg de Fenning, qu'il se vit à la tête de quinze cents combattants, qu'il arma des fusils et des sabres qu'il avait apportés.

Il renvoya en France la frégate sur laquelle il était venu, et informa le roi de France et le roi d'Espagne de son débarquement. Ces deux monarques lui écrivirent et le traitèrent de frère, non qu'ils le reconnussent solennellement pour héritier des couronnes de la Grande-Bretagne, mais ils ne pouvaient, en lui écrivant, refuser ce titre à sa naissance et à son courage; ils lui envoyèrent à diverses reprises des secours d'argent, de munitions et d'armes. Il fallait que ces secours se dérobassent aux vaisseaux anglais qui croisaient à l'orient et à l'occident de l'Ecosse. Quelques-uns étaient pris, d'autres arrivaient et servaient à encourager le parti qui se fortifiait de jour en jour. Jamais le temps d'une révolution ne parut plus favorable. Le roi George était hors du royaume; il n'y avait pas six mille hommes de troupes réglées en Angleterre. Quelques compagnies du régiment de Sinclair marchèrent d'abord des environs d'Edimbourg contre la petite troupe du prince. Elles furent entièrement défaites; trente montagnards prirent quatre-vingts Anglais prisonniers avec leurs officiers et leurs bagages. Ce premier succès augmentait le courage et l'espérance, et attirait de tous côtés de nouveaux soldats. On marchait sans relâche. Le prince

Edouard, toujours à pied à la tête de ses montagnards, vêtu comme eux, se nourrissant comme eux, traverse le pays de Badenoch, le pays d'Athol, le Perthshire, s'empare de Perth, ville considérable dans l'Ecosse (15 septembre 1745). Ce fut là qu'il fut proclamé solennellement régent d'Angleterre, de France, d'Ecosse et d'Irlande, pour son père Jacques III. Ce titre de régent de France, que prenait un prince à peine maître d'une petite ville d'Ecosse, et qui ne pouvait se soutenir que par les secours de Louis XV, était une suite de l'usage étonnant qui a prévalu que les rois d'Angleterre prennent le titre de rois de France, usage qui devrait être aboli et qui ne l'est pas parce que les hommes ne songent jamais à réformer les abus que quand ils deviennent importants et dangereux.

Le duc de Perth, le lord George Murray [4] arrivèrent alors à Perth, et firent serment au prince. Ils amenaient de nouvelles troupes. Une compagnie entière d'un régiment écossais au service de la cour déserta pour se ranger sous ses drapeaux. Il prend Dundee, Drummond, Newbourg. On tint un conseil de guerre; les avis se partageaient sur la marche. Le prince dit qu'il fallait aller droit à Edimbourg, la capitale de l'Ecosse; mais comment espérer de prendre Edimbourg avec si peu de monde et point de canon? Il avait des partisans dans la ville; mais tous les citoyens n'étaient pas pour lui. « Il faut me montrer, dit-il, pour les faire déclarer tous. » Et sans perdre de temps, on marche à la capitale. On arrive (28 septembre 1745); on s'empare de la porte. L'alarme est dans la ville. Les uns veulent reconnaître l'héritier de leurs anciens rois; les autres tiennent pour le gouvernement. On craint le pillage. Les citoyens les plus riches transportent leurs effets dans le château. Le gouverneur Guest s'y retire avec quatre cents soldats de garnison. Les magistrats se rendent à la porte dont Charles-Edouard était maître. Le prévôt d'Edimbourg, nommé Stuart, qu'on soupçonna d'être d'intelligence avec lui, paraît en sa présence, et demande d'un air éperdu ce qu'il faut faire. « Tomber à ses genoux, lui répondit un habitant, et le reconnaître. » Il fut aussitôt proclamé dans la capitale.

Cependant on mettait dans Londres sa tête à prix. Les seigneurs de la régence, pendant l'absence du roi George, firent proclamer qu'on donnerait trente mille livres sterling à celui qui le livrerait. Cette proscription était une suite de l'acte du parlement fait la dix-septième année du règne du roi et d'autres actes du même parlement. La reine Anne elle-même avait été forcée de proscrire son propre frère, à qui, dans les derniers temps, elle aurait voulu laisser sa couronne, si elle n'avait consulté que ses sentiments. Elle avait mis sa tête à quatre mille livres, et le parlement la mit à quatre-vingt mille livres sterling.

Si une telle proscription est une maxime d'Etat, c'en est une bien difficile à concilier avec ces principes de modération que toutes les cours font gloire d'étaler. Le prince Charles-Edouard pouvait faire une proclamation pareille; mais il crut fortifier sa cause et la rendre plus respectable en opposant, quelques mois après, à ces proclamations sanguinaires des manifestes dans lesquels il défendait à ses adhérents d'attenter à la personne du roi régnant et d'aucun prince de la maison d'Hanovre.

D'ailleurs, il ne songea qu'à profiter de cette première ardeur de sa faction qu'il ne fallait pas laisser ralentir. A peine était-il maître de la ville d'Edimbourg, qu'il apprit qu'il pouvait donner une bataille; et il se hâta de la donner. Il sut que le général Cope s'avançait contre lui avec des troupes réglées, qu'on assemblait les milices, qu'on formait des régiments en Angleterre, qu'on en faisait revenir de Flandre, qu'enfin il n'y avait pas un moment à perdre. Il sort d'Edimbourg sans y laisser un seul soldat, et marche avec environ trois mille montagnards vers les ennemis qui étaient au nombre de plus de quatre mille. Les Anglais avaient deux régiments de dragons; la cavalerie du prince n'était composée que de quelques chevaux de bagages. Il ne se donna ni le temps, ni la peine de faire venir ses canons de campagne.

Il savait qu'il y en avait six dans l'armée ennemie; mais rien ne l'arrêta. Il atteignit les ennemis à sept milles d'Edimbourg à Preston-Pans (2 octobre 1745). A peine est-il arrivé qu'il range sa petite armée en bataille. Le duc de Perth et le lord George Murray commandaient l'un la gauche, et l'autre la droite de l'armée, c'est-à-dire chacun environ sept ou huit cents hommes. Charles-Edouard était si rempli de l'idée qu'il devait vaincre, qu'avant de charger les ennemis, il remarqua un défilé par où ils pouvaient se retirer, et il le fit occuper par cinq cents hommes. Il engagea donc le combat suivi d'environ deux mille cinq cents montagnards seulement, ne pouvant avoir ni seconde ligne, ni corps de réserve. Il tire son épée, et jetant le fourreau loin de lui, « Mes amis dit-il, je ne la remettrai dans le fourreau que quand vous serez libres et heureux ». Il était arrivé sur le champ de bataille presque en même temps que l'ennemi. Il ne lui donna pas le temps de faire deux décharges d'artillerie; toute sa troupe marche rapidement aux Anglais sans garder de rangs, ayant des cornemuses pour trompettes. Ils tirent à vingt pas; ils jettent aussitôt leurs fusils, mettent d'une main leurs boucliers sur leurs têtes et, se précipitant entre les hommes et les chevaux, ils tuent les chevaux à coups de poignard, et attaquent les hommes le sabre à la main. Tout ce qui est nouveau et inattendu saisit toujours. Cette nouvelle manière de combattre effraya les Anglais. La force du corps, qui n'est aujourd'hui d'aucun avantage dans les autres batailles, était beaucoup dans celle-ci. Les Anglais plièrent de tous côtés sans résistance; on en tua huit cents; le reste fuyait par l'endroit que le prince avait remarqué, et ce fut-là même qu'on en fit quatorze cents prisonniers (le 2 octobre). Tout tomba au pouvoir du vainqueur; il se fit une cavalerie avec les chevaux des dragons ennemis. Le général Cope fut obligé de fuir lui quinzième. La nation murmura contre lui; on l'accusa devant une cour martiale de n'avoir pas pris assez de mesures, mais il fut justifié, et il demeura constant que les véritables raisons qui avaient décidé de la bataille étaient la présence d'un prince qui inspirait à son parti une confiance audacieuse, et surtout cette manière nouvelle d'attaquer qui étonna les Anglais. C'est un avantage qui réussit presque toujours les premières fois, et que peut-être ceux qui commandent les armées ne songent pas assez à se procurer.

Le prince Edouard, dans cette journée, ne perdit pas soixante hommes. Il ne fut embarrassé dans sa victoire que de ses prisonniers : leur nombre était presque égal à celui des vainqueurs. Il n'avait point de places fortes; ainsi, ne pouvant garder ses prisonniers, il les renvoya sur leur parole, après les avoir fait jurer de ne point porter les armes contre lui d'une année. Il garda seulement les blessés pour en avoir soin. Cette magnanimité devait lui faire de nouveaux partisans. Peu de jours après cette victoire, un vaisseau français et un vaisseau espagnol abordèrent heureusement sur les côtes, et y apportèrent de l'argent et de nouvelles espérances. Il y avait sur ces vaisseaux des officiers irlandais qui, ayant servi en France et en Espagne, étaient capables de discipliner ses troupes. Le vaisseau français lui amena, le 11 octobre, au port de Montrose un envoyé secret du roi de France, qui débarqua de l'argent et des armes [5]. Le prince, retourné dans Edimbourg, vit bientôt après augmenter son armée jusqu'à près de six mille hommes. L'ordre s'introduisait dans ses troupes et dans les affaires. Il avait une cour, des officiers, des secrétaires d'Etat. On lui fournissait de l'argent de plus de trente milles à la ronde. Nul ennemi ne paraissait; mais il lui fallait le château d'Edimbourg, seule place véritablement forte et qui puisse servir, dans le besoin, de magasin et de retraite, et tenir en respect la capitale.

Le château d'Edimbourg est bâti sur un roc escarpé. Il a un large fossé taillé dans le roc, et des murailles de douze pieds d'épaisseur. La place, quoique irrégulière, exige un siège régulier et surtout du gros canon. Le prince n'en avait pas. Il se vit obligé de permettre à la ville de faire avec le commandant Guest un accord par lequel la ville fournirait des vivres au château, et le château ne tirerait point sur elle.

Ce contretemps ne parut pas déranger ses affaires. La cour de Londres le craignait beaucoup, puisqu'elle cherchait à le rendre odieux dans l'esprit des peuples; elle lui reprochait d'être né catholique romain et de venir bouleverser la religion et les lois du pays. Il ne cessait de protester qu'il respecterait la religion et les lois, et que les anglicans et les presbytériens n'auraient pas plus à craindre de lui, quoique né catholique, que du roi George né luthérien. On ne voyait dans sa cour aucun prêtre, il n'exigeait pas même que dans les paroisses on le nommât dans les prières, et il se contentait qu'on priât en général pour le roi et la famille royale, sans désigner personne. Le roi d'Angleterre était revenu en hâte, le 11 septembre, pour s'opposer aux progrès de la révolution. La perte de la bataille de Preston-Pans l'alarma au point qu'il ne se crut pas assez fort pour résister avec les milices anglaises. Plusieurs seigneurs levaient des régiments de milices à leurs dépens en sa faveur, et le parti whig surtout, qui est le dominant en Angleterre, prenait à cœur la conservation du gouvernement qu'il avait établi, et de la famille qu'il avait mise sur le trône; mais si le prince Edouard recevait de nouveaux secours et avait de nouveaux succès, ces milices mêmes pouvaient se tourner contre le roi George. Il exigea d'abord un nouveau serment des milices de la ville de Londres; ce serment de fidélité portait ces propres mots : « J'abhorre, je déteste, je rejette comme un sentiment impie cette damnable doctrine, que des princes excommuniés par le pape peuvent être déposés et assassinés par leurs sujets ou quelque autre que ce soit. » Mais il ne s'agissait ni d'excommunion ni du pape dans cette affaire; et quant à l'assassinat, on ne pouvait guère en craindre d'autre que celui qui avait été solennellement proposé au prix de trente mille livres sterling. On ordonna (14 septembre), selon l'usage pratiqué dans les temps des troubles depuis Guillaume III, à tous les prêtres catholiques de sortir de Londres et de son territoire. Mais ce n'étaient pas les prêtres catholiques qui étaient dangereux; ceux de cette religion ne composent pas la centième partie du peuple d'Angleterre. C'était la valeur du prince Edouard qui était réellement à redouter; c'était l'intrépidité d'une armée victorieuse animée par des succès inespérés.

Le roi d'Angleterre se crut obligé de faire revenir six mille hommes des troupes de Flandre et d'en demander encore six mille aux Hollandais, suivant les traités faits avec la république. Les Etats Généraux lui envoyèrent précisément les mêmes troupes qui, par la capitulation de Tournai et de Dendermonde, ne devaient servir de dix-huit mois. Elles avaient promis de ne faire aucun service pas même dans les places les plus éloignées des frontières; et les Etats justifiaient cette infraction en disant que l'Angleterre n'était pas place frontière. Elles devaient mettre bas les armes devant les troupes de France; mais on alléguait que ce n'était pas contre des Français qu'elles allaient combattre. Elles ne devaient passer à aucun service étranger; et on répondait qu'en effet elles n'étaient point dans un service étranger, puisqu'elles étaient aux ordres et à la solde des Etats Généraux. Voilà par quelles distinctions on éludait la capitulation qui semblait la plus précise, mais dans laquelle on n'avait pas spécifié un cas que personne n'avait prévu [6].

Quoiqu'il se passât alors d'autres grands événements, je suivrai celui de la révolution d'Angleterre, et l'ordre des matières sera ici préféré à l'ordre des temps qui n'en souffrira pas [7]. Rien ne prouve mieux les alarmes que l'excès des précautions. Je ne puis m'empêcher de parler ici d'un artifice dont on se servit pour rendre la personne de Charles-Edouard odieuse dans Londres. On fit imprimer un journal imaginaire, dans lequel on comparait les événements rapportés dans les gazettes sous le gouvernement du roi George à ceux qu'on supposait sous la domination d'un prince catholique.

« A présent, disait-on, nos gazettes nous apprennent tantôt qu'on a porté à la banque les trésors enlevés aux vaisseaux français et espagnols, tantôt que nous avons rasé Porto-Bello, tantôt que nous avons pris Louisbourg, et que nous sommes maîtres du commerce. Voici ce que nos gazettes diront sous la domination du prétendant : « Aujourd'hui il a été proclamé dans les marchés de Londres par des montagnards et par des moines. Plusieurs maisons ont été brûlées, et plusieurs citoyens massacrés.

Le 4, la maison du Sud et la maison des Indes ont été changées en couvents [8].

Le 20, on a mis en prison six membres du parlement.

Le 26, on a cédé trois ports d'Angleterre aux Français.

Le 28, la loi *habeas corpus* a été abolie, et on a passé un nouvel acte pour brûler les hérétiques.

Le 29, le P. Poignardini, jésuite italien, a été nommé garde du sceau privé [9]. »

Cependant on suspendait en effet, le 28 octobre, la loi *habeas corpus*. C'est une loi regardée comme fondamentale en Angleterre, et comme le boulevard de la liberté de la nation. Par cette loi, le roi ne peut faire emprisonner aucun citoyen sans qu'il soit interrogé dans les vingt-quatre heures, et relâché sous caution jusqu'à ce que son procès lui soit fait; et s'il a été arrêté injustement, le secrétaire d'Etat doit être condamné à lui payer quatre guinées par heure pour le temps de sa détention.

Le roi n'a pas le droit de faire arrêter un membre du parlement, sous quelque prétexte que ce puisse être, sans le consentement de la chambre. Le parlement, dans les temps de rébellion, suspend toujours ces lois par un acte particulier pour un certain temps, et donne pouvoir au roi de s'assurer, pendant ce temps seulement, des personnes suspectes. Il n'y eut aucun membre des deux chambres qui donnât sur lui la moindre prise. Quelques-uns cependant étaient soupçonnés par la voix publique d'être jacobites; et il y avait des citoyens dans Londres qui étaient sourdement de ce parti; mais aucun ne voulait hasarder sa fortune et sa vie sur des espérances incertaines. La défiance et l'inquiétude tenaient en suspens tous les esprits. On craignait de se parler. C'est une démarche sérieuse en ce pays de boire à la santé d'un prince proscrit qui dispute la couronne; c'est même souvent une preuve sur laquelle on est arrêté, comme autrefois à Rome c'était un crime, sous un empereur régnant, d'avoir chez soi la statue de son compétiteur. On buvait à Londres à la santé « du roi et du prince », ce qui pouvait aussi bien signifier le roi Jacques et son fils le prince Charles-Edouard, que le roi George et son fils aîné le prince de Galles. Les partisans secrets de la révolution se contentaient de faire imprimer des écrits tellement mesurés que le parti pouvait aisément les entendre sans que le gouvernement pût les condamner. On en distribua beaucoup de cette espèce; un entre autres par lequel on avertissait « qu'il y avait un jeune homme de grande espérance qui était prêt de faire une fortune considérable; qu'en peu de temps il s'était fait plus de vingt mille livres de rente, mais qu'il avait besoin d'amis pour s'établir à Londres ». La liberté d'imprimer est un des privilèges dont les Anglais sont le plus jaloux. La loi ne permet pas d'attrouper le peuple et de le haranguer; mais elle permet de parler par écrit à la nation entière. Le gouvernement fit visiter toutes les imprimeries; mais n'ayant le droit d'en faire fermer aucune sans un délit constaté, il les laissa subsister toutes.

La fermentation commença à se manifester dans Londres quand on apprit que le prince Edouard s'était avancé jusqu'à Carlisle, qu'il s'était rendu maître de la ville (26 novembre), que ses forces augmentaient, et qu'enfin il était à Derby dans l'Angleterre même, à trente lieues de Londres. Alors il eut pour la première fois des Anglais nationaux dans ses troupes. Trois cents hommes du comté de Lancastre prirent parti dans son régiment de Manchester. La renommée, qui grossit tout, faisait son armée forte de trente mille hommes. On disait que tout le comté de Lancastre s'était déclaré. Les boutiques et la banque furent fermées un jour à Londres.

Depuis le jour qu'il aborda en Ecosse, ses partisans sollicitaient des secours de France. Les sollicitations redoublaient avec les progrès. Ses partisans [10] et surtout les Irlandais qui servaient dans les troupes françaises s'imaginèrent qu'une descente en Angleterre, vers Plymouth, serait praticable. Le trajet est court de Calais ou de Boulogne vers ces côtes. Ils ne voulaient point une flotte de vaisseaux de guerre, dont l'équipement eût consumé trop de temps, et dont l'appareil seul eût averti les escadres anglaises de s'opposer au débarquement. Ils prétendaient qu'on pourrait débarquer huit ou dix mille hommes et du canon pendant la nuit, qu'il ne fallait que des vaisseaux marchands et quelques corsaires pour une telle tentative : et ils assuraient que dès qu'on serait débarqué, une partie de l'Angleterre se joindrait à l'armée de France, qui bientôt pourrait se réunir auprès de Londres avec les troupes du prince. Ils faisaient envisager enfin une révolution prompte et entière. Ils demandèrent unanimement pour chef de cette entreprise le duc de Richelieu, qui, par le service rendu dans la journée de Fontenoy et par la réputation qu'il avait en Europe, était plus capable qu'un autre de conduire avec vivacité cette affaire hardie et délicate.

Le roi balança quelque temps, sentant combien l'exécution était difficile [11]; mais enfin, si on ne pouvait aborder, ce n'était que des préparatifs de perdus; si on pouvait passer, c'était au moins porter la guerre pour longtemps dans le sein de l'Angleterre, et tarir la source des secours qu'elle donnait à l'impératrice, c'était secourir un prince qui le méritait.

Ces considérations l'emportèrent. On fit passer au commencement de décembre dix-huit bataillons et neuf escadrons de l'armée du maréchal de Saxe à Dunkerque, à Boulogne et à Calais. Dans cet intervalle, les Anglais eurent le temps d'être instruits de tout, et les escadres qui étaient aux Dunes celui de se préparer [12]. Si ce grand armement était inutile, du moins quelques petits secours d'hommes et d'argent servaient beaucoup au prince. Le lord Drummond, frère du duc de Perth, officier au service de France, arriva heureusement en Ecosse avec quelques piquets de trois compagnies du régiment Royal-Ecossais [13]. Dès qu'il fut débarqué à Montrose, il fit publier qu'il venait par ordre du roi de France secourir le prince de Galles, régent d'Ecosse, son allié, et faire la guerre au roi d'Angleterre, électeur d'Hanovre [14]. Alors les troupes hollandaises, qui par leur capitulation ne pouvaient servir contre le roi de France, furent obligées de se conformer à cette loi de la guerre, si longtemps éludée. On les fit repasser en Hollande, tandis que la cour de Londres faisait revenir six mille Hessois à leur place. Ce besoin de troupes étrangères était un aveu du danger que l'on courait. Le prétendant faisait répandre dans le nord et dans l'occident de l'Angleterre de nouveaux manifestes par lesquels il invitait la nation à se joindre à lui. Il déclarait qu'il traiterait les prisonniers de guerre comme on traiterait les siens, et il renouvelait expressément à ses partisans la défense d'attenter à la vie du roi régnant et à celles des princes de sa maison. Ces proclamations, qui paraissaient si généreuses dans un prince dont on avait mis la tête à prix, eurent une destinée que les maximes d'Etat peuvent seules justifier : elles furent brûlées par la main du bourreau. Il était plus important et plus nécessaire de s'opposer à ses progrès que de faire brûler ses manifestes. D'un côté le général Ligonier [15] marche vers Newcastle; de l'autre, le comte de Londoun va reprendre Edimbourg. Les milices anglaises, répandues dans le comté de Lancastre, lui coupent les vivres; il faut qu'il retourne sur ses pas. Son armée était tantôt forte, tantôt faible, parce qu'il n'avait pas de quoi la retenir continuellement sous le drapeau par un paiement exact. Cependant, il lui restait encore environ huit mille hommes, avec lesquels il retourna assiéger le château de Stirling sur la route d'Edimbourg. Le général Halley, à la tête de quatorze bataillons et de treize escadrons, s'avança pour en faire lever le siège. A peine le prince fut-il informé que les ennemis étaient à six milles de lui, près des marais de Falkirk, qu'il courut les attaquer, quoiqu'ils fussent d'une fois plus forts que lui. On se battit de la même manière et avec la même impétuosité qu'au combat de Preston-Pans (28 janvier 1746). Les montagnards, ayant tiré à bout portant, mettant selon leur usage leurs boucliers sur leurs têtes, perçant les chevaux à coups de poignard et courant au milieu des rangs de la cavalerie et de l'infanterie le sabre à la main, secondés encore d'un violent orage qui donnait au visage de leurs ennemis, les mirent d'abord en désordre; mais bientôt après ils furent rompus eux-mêmes par leur propre impétuosité. Six piquets de troupes françaises les couvrirent, soutinrent le combat et leur donnèrent le temps de se rallier. C'était une preuve de ce que disait toujours le prince Edouard, que s'il avait eu seulement trois mille hommes de troupes réglées, il se serait rendu maître de toute l'Angleterre. Les dragons anglais commencèrent la fuite, et toute l'armée anglaise suivit sans que les généraux et les officiers pussent arrêter les soldats. Ils regagnèrent leur camp à l'entrée de la nuit. Ce camp était retranché et presque entouré de marais. Le prince, demeuré maître du champ de bataille, prit à l'instant le parti d'aller les attaquer dans leur camp malgré l'orage, qui redoublait avec violence. Les montagnards perdirent quelque temps à chercher dans l'obscurité leurs fusils, qu'ils avaient jetés dans l'action suivant leur coutume. Le prince se met donc en marche avec eux pour donner une seconde bataille. Il pénètre jusqu'au camp ennemi l'épée à la main : la terreur s'y répandit et les troupes anglaises, deux fois battues en un jour, quoique avec peu de perte, s'enfuirent à Edimbourg (28 janvier 1746). Ils n'eurent pas six cents hommes de tués dans cette journée, mais ils laissèrent leurs tentes et beaucoup d'équipages au pouvoir du vainqueur.

Ces victoires faisaient beaucoup pour la gloire du prince, mais peu encore pour ses intérêts. Le duc de Cumberland marchait en Ecosse. Il arriva à Edimbourg le 10 février. Le prince Edouard fut obligé de lever le siège du château de Stirling. L'hiver était rude; les subsistances manquaient. Sa plus grande ressource était dans quelques partis qui erraient tantôt vers Inverness, et tantôt vers Aberdeen pour recueillir le peu de troupes et d'argent qu'on hasardait de lui faire passer de France. Ils y reçurent, en effet, trois compagnies du régiment de Fitz-James, mais les comtes de Fitz-James, Tyrconnel et Rout furent pris en mer sur un autre vaisseau avec neuf compagnies entières et beaucoup d'officiers. Lorsque quelque vaisseau avait le bonheur d'aborder, il était reçu avec des acclamations de joie; les femmes couraient au devant, elles menaient par la bride les chevaux des officiers. On faisait valoir les moindres secours comme des renforts considérables; mais l'armée du prince Edouard n'en était pas moins pressée par le duc de Cumberland. Elle était retirée dans Inverness, et tout le pays n'était pas pour lui. Le duc de Cumberland passe enfin la rivière de Spey (23 avril 1746), et marche vers Inverness; il fallut en venir à une bataille décisive.

CHAPITRE XIX

LE prince avait à peu près le même nombre de troupes qu'à la journée de Falkirk. Le duc de Cumberland avait quinze bataillons, et neuf escadrons avec un corps de montagnards. L'avantage du nombre était toujours nécessairement du côté des Anglais[1]. Ils avaient de la cavalerie et une artillerie bien servie, ce qui leur donnait encore une très grande supériorité. Enfin, ils étaient accoutumés à la manière de combattre des montagnards, qui ne les étonnait plus. Ils avaient à réparer aux yeux du duc de Cumberland la honte de leurs défaites passées. Les deux armées furent en présence le 27 avril 1746, à deux heures après-midi, dans un lieu nommé Culloden auprès de la rivière de Nairn à quelques lieues d'Inverness. L'armée du prince Edouard était en treize divisions d'autant de clans, chacune sous ses chefs. Le lord Jean Drummond était au centre, le lord George Murray, frère du duc d'Athole *, commandait l'aile droite, le duc de Perth l'aile gauche; les piquets français et les trois compagnies du régiment de Fitz-James Cavalerie étaient avec le lord Murray. Un escadron de Perth, quelques gardes à cheval du prince et quelques housards étaient à la gauche : c'était là toute la cavalerie. Au centre, à la première ligne était le prince à pied, au milieu de ses gardes. Vis-à-vis de lui était le duc de Cumberland avec le comte d'Albemarle, son lieutenant-général. Sa première ligne était de six bataillons. Entre chaque bataillon, il avait placé deux pièces de canon; trois escadrons à sa droite, et trois autres à sa gauche formaient cette première ligne, suivie de quatre autres. Le canon anglais porta d'abord le désordre dans les rangs des Ecossais. La cavalerie tomba sur eux à droite et à gauche, et les prenant par leur dernière ligne, tandis qu'on les attaquait de front, la confusion se mit dans l'armée du prince. Les montagnards ne firent point leur attaque ordinaire qui était si redoutable. La bataille fut entièrement perdue; et le prince, légèrement blessé, fut entraîné dans la retraite la plus précipitée. Une des raisons qui firent perdre cette bataille où il s'agissait d'un royaume, c'est qu'on voulut faire exécuter des manœuvres de guerre savantes à des hommes qui ne savaient combattre qu'avec une furie aveugle. On leur fit essayer un quart de conversion pour attaquer en flanc. Cette évolution fut longue et mal faite, et leur impétuosité qui faisait leur principale force, se ralentit.

Les lieux, les temps font l'importance de l'action. On a vu dans cette guerre, en Allemagne, en Italie, en Flandre, des batailles de près de cent mille hommes qui n'ont pas eu de grandes suites; mais à Culloden, une action entre douze mille hommes d'un côté, et sept à huit mille de l'autre, décida du sort de trois royaumes. Il n'y eut pas dans l'action neuf cents hommes de tués parmi les rebelles; car c'est ainsi que leur malheur les a fait nommer en Ecosse même. On ne leur fit que trois cent vingt prisonniers. Tout s'enfuit du côté d'Inverness. On y fut poursuivi par les vainqueurs. Le prince, accompagné d'une centaine d'officiers, fut obligé de se jeter dans la rivière de Nairn à trois mille d'Inverness, et de la passer à la nage. Quand il eut gagné l'autre bord, il vit de loin les flammes au milieu desquelles périssaient cinq ou six cents montagnards dans une grange à laquelle le vainqueur avait mis le feu, et il entendit leurs cris.

Il y avait plusieurs femmes dans son armée, une entre autres qui s'appelait Mme de Seford, qui avait combattu à la tête des troupes des montagnards qu'elle avait amenés. Elle échappa à la poursuite. Quatre autres furent prises. Tous les officiers français furent faits prisonniers de guerre, et celui qui faisait la fonction de ministre de France auprès du prince Edouard, se rendit prisonnier dans Inverness. Les Anglais n'eurent que cinquante hommes de tués, et deux cent cinquante-neuf de blessés dans cette journée décisive.

Le duc de Cumberland fit distribuer cinq mille livres sterling (environ cent vingt mille livres de France) aux soldats; c'était un argent qu'il avait reçu du maire de Londres. Il avait été fourni par quelques citoyens qui ne l'avaient donné qu'à cette condition. Cette singularité prouvait encore que le parti le plus riche devait être victorieux.

On ne donna pas un moment de relâche aux vaincus; on les poursuivit partout. Les simples soldats se retiraient aisément dans leurs montagnes et dans leurs déserts. Les officiers se sauvaient avec plus de peine. Les uns étaient trahis et livrés; les autres se rendaient eux-mêmes dans l'espérance du pardon. Le prince Edouard, Sullivan, Shéridan, et quelques-uns de ces adhérents se retirèrent d'abord dans les ruines du fort Auguste, dont il fallut bientôt sortir. A mesure qu'il s'éloignait, il voyait diminuer le nombre de ses amis. La division se mettait parmi eux, et ils se reprochaient l'un à l'autre leurs malheurs. Ils s'aigrissaient dans leurs contestations sur les partis qu'il fallait prendre. Plusieurs se retirèrent. Il ne lui resta bientôt que Shéridan et Sullivan, qui l'avaient suivi quand il partit de France; et il marcha avec eux cinq jours et cinq nuits sans presque prendre un moment de repos, et manquant souvent de nourriture. Ses ennemis le suivaient à la piste; tous les environs étaient remplis de soldats qui le cherchaient, et le prix mis à sa tête redoublait leur diligence. Les horreurs du sort qu'il éprouvait étaient en tout semblables à celles où fut réduit son grand oncle Charles second après la bataille de Worcester, aussi funeste que celle de Culloden [2]. Il n'y a pas d'exemple sur la terre d'une suite de calamités aussi singulières et aussi horribles que celle qui avaient affligé toute sa maison. Il

était né dans l'exil, il n'en était sorti que pour traîner,
après des victoires, ses partisans sur l'échafaud, et pour errer
dans des montagnes. Son père, chassé au berceau du palais
des rois et de sa patrie dont il avait été reconnu l'héritier légitime, avait fait comme lui des tentatives qui n'avaient abouti
qu'au supplice de ses partisans. Son aïeul Jacques second
avait été détrôné, et était mort dans une terre étrangère. Le
sang de son trisaïeul Charles premier, condamné à mort par
ses sujets, avait coulé par la main des bourreaux et la reine
Marie Stuart, grand-mère de Charles premier, avait péri par
le même genre de mort si inouï jusqu'alors pour des têtes
couronnées. Ce long amas d'infortunes uniques se présentait
sans cesse au cœur du prince, et il ne perdait pas l'espérance.
Il marchait à pied, sans appareil à sa blessure, sans aucun
secours, à travers ses ennemis. Il arriva enfin dans un port
nommé Arizaig à l'occident septentrional de l'Ecosse. La
fortune sembla vouloir alors le favoriser. Deux armateurs de
Nantes faisaient voile vers cet endroit, et lui apportaient
de l'argent, des hommes et des vivres; mais avant qu'ils abor-
dassent, les recherches continuelles qu'on faisait de sa personne l'obligèrent de partir du seul endroit où il pouvait
alors trouver sa sûreté. Et à peine fut-il à quelques milles de
ce port, qu'il apprit que ces deux vaisseaux avaient abordé,
et qu'ils s'en étaient retournés. Ce contretemps aggravait
encore son infortune.

Il fallait toujours fuir et se cacher. Un de ses partisans
nommé O'Neil, Irlandais au service d'Espagne, qui le joignit dans ces cruelles conjonctures, lui dit qu'il pouvait
trouver une retraite assurée dans une petite île voisine,
nommée Stornvay [3], la dernière qui est au nord-ouest de
l'Ecosse. Ils s'embarquèrent dans un bateau de pêcheurs; ils
arrivent dans cet asile; mais à peine sont-ils sur le rivage
qu'ils apprennent qu'un détachement de l'armée du duc de
Cumberland est dans l'île. Le prince et ses amis furent obligés
de passer la nuit dans un marais pour se dérober à une poursuite si opiniâtre. Ils hasardèrent au point du jour de rentrer

dans leur petite barque, et de se remettre en mer sans provisions, et sans savoir quelle route tenir. A peine eurent-ils vogué deux milles qu'ils furent entourés de vaisseaux ennemis. Il n'y avait plus de salut qu'en échouant entre deux rochers, sur le rivage d'une petite île déserte, et presque inabordable. Ce qui, en d'autres temps, eût été regardé comme une des plus cruelles infortunes, fut pour eux leur unique ressource. Ils cachèrent leur barque derrière un rocher, et attendirent dans ce désert que les vaisseaux anglais fussent éloignés, ou que la mort vînt finir tant de désastres. Il ne restait au prince, à ses amis et aux matelots qu'un peu d'eau de vie pour soutenir leur vie malheureuse. On trouva par hasard quelques poissons secs, que des pêcheurs, poussés par la tempête, avaient laissés dans l'île. Les matelots ne connaissaient pas le prince, et ils s'abandonnaient avec lui à toute la grossièreté et à toute la fureur que leur inspirait cette extrémité où ils étaient tous réduits, et qui rend tous les hommes égaux. On les engagea à force de prières et de promesses à ramer d'île en île. Quand les vaisseaux ennemis ne parurent plus, ils abordèrent dans l'île de Sudwist, la même où le prince était venu prendre terre lorsqu'il arriva de France. Ils y trouvèrent un peu de secours et de repos; mais cette légère consolation ne dura guère.

Des milices du duc de Cumberland arrivèrent au bout de trois jours dans ce nouvel asile. La mort ou la captivité paraissait inévitable. Le prince, avec ses deux compagnons, se cacha trois jours et trois nuits dans une caverne. Il fut encore trop heureux de se rembarquer et de fuir dans une autre île déserte, où il resta huit jours avec quelques provisions d'eau de vie, de pain d'orge et de poisson salé. On ne pouvait sortir de ce désert, et regagner l'Ecosse qu'en risquant de tomber entre les mains des ennemis qui bordaient le rivage; mais il fallait ou périr par la faim ou prendre ce parti. Ils se remettent donc en mer, et ils abordent pendant la nuit. Ils erraient sur le rivage n'ayant pour habits que des lambeaux déchirés de vêtements à l'usage des montagnards.

Ils rencontrèrent au point du jour une demoiselle à cheval, suivie d'un jeune domestique. Ils hasardèrent de lui parler. Heureusement cette demoiselle était de la maison de Macdonald attachée aux Stuarts. Le prince, qui l'avait vue dans le temps de ses succès, la reconnut et s'en fit reconnaître. Elle se jeta à ses pieds. Le prince, ses amis et elle fondaient en larmes, et les pleurs que Mlle de Macdonald versait dans cette entrevue si singulière et si touchante redoublaient par le danger où elle voyait le prince. On ne pouvait faire un pas sans risquer d'être pris. Elle conseilla au prince de se cacher dans une caverne qu'elle lui indiqua au pied d'une montagne, près de la cabane d'un montagnard connu d'elle et affidé, et elle promit de le venir prendre dans cette retraite ou de lui envoyer quelque personne sûre qui se chargerait de le conduire. Le prince s'enfonça donc encore dans une caverne avec ses fidèles compagnons. Le paysan montagnard leur fournit un peu de farine d'orge détrempée dans de l'eau; mais leur inquiétude et leur désolation furent au comble, lorsqu'ayant passé deux jours dans ce lieu affreux, personne ne vint à leur secours. Tous les environs étaient garnis de milices. Il ne restait plus de vivres à ces fugitifs. Une maladie cruelle affaiblissait le prince : son corps était couvert de boutons ulcérés. Cet état et ce qu'il avait souffert, et tout ce qu'il avait à craindre mettait le comble à cet excès des plus horribles misères que la nature humaine puisse éprouver, mais il n'était pas au bout.

Mlle de Macdonald envoie enfin un exprès dans la caverne, et cet exprès leur apprend que la retraite dans le continent est impossible, qu'il faut fuir encore dans une petite île nommée Benbécula, et s'y réfugier dans la maison d'un pauvre gentilhomme qu'on leur indique; que Mlle Macdonald s'y trouvera, et que là on verra les arrangements qu'on pourra prendre pour leur sûreté. La même barque qui les avait portés au continent, les transporte donc dans cette île. Ils marchent vers la maison de ce gentilhomme. Mlle de Macdonald s'embarque à quelques milles de là pour les aller trou-

ver; mais ils sont à peine arrivés dans l'île qu'ils apprennent
que le gentilhomme chez lequel ils comptaient trouver un
asile avait été enlevé la nuit avec toute sa famille. Le prince et
ses amis se cachent encore dans des marais. O'Neil enfin va
à la découverte; il rencontra Mlle Macdonald dans une
chaumière. Elle lui dit qu'elle pouvait sauver le prince en lui
donnant des habits de servante qu'elle avait apportés avec
elle, mais qu'elle ne pouvait sauver que lui, qu'une seule personne de plus serait suspecte. Les deux fidèles serviteurs qui
avaient accompagné le prince, étaient Sullivan et O'Neil;
il ne lui restait plus qu'eux. Ces deux hommes n'hésitèrent
pas à préférer son salut au leur. Ils se séparèrent en pleurant.
Charles-Edouard prit des habits de servante, et suivit, sous
le nom de Betty, Mlle Macdonald. Les dangers ne cessaient
pas malgré ce déguisement. Cette demoiselle et le prince
déguisé se réfugièrent d'abord dans l'île de Skye à l'occident de l'Ecosse. Ils étaient dans la maison d'un gentilhomme, lorsque cette maison fut tout à coup investie par les
milices ennemies. Le prince ouvrait lui-même la porte aux soldats, et eut le bonheur de n'être pas reconnu; mais bientôt
après on sut dans l'île qu'il était dans ce château. Alors il
fallut se séparer de Mlle Macdonald, et s'abandonner seul
à sa destinée. Il marcha dix lieues entières suivi d'un simple
batelier. Enfin, pressé de la faim et prêt à succomber,
il se hasarda d'entrer dans une maison, dont il savait bien
que le maître n'était pas de son parti : « Le fils de votre roi,
lui dit-il, vient vous demander du pain et un habit. Je sais
que vous êtes mon ennemi, mais je vous crois assez de vertu
pour ne pas abuser de ma confiance et de mon malheur. Prenez les misérables vêtements qui me couvrent, gardez-les,
vous pourrez me les apporter un jour dans le palais des rois
de la Grande-Bretagne. » Le gentilhomme auquel il s'adressait fut touché, comme il devait l'être. Il s'empressa de le
secourir, autant que la pauvreté de ce pays peut le permettre,
et lui garda le secret. De cette île il regagna encore l'Ecosse, et
se rendit dans la tribu de Morar qui lui était affectionnée. Il

erra ensuite dans le Lochaber, dans le Badenoch. Ce fut là qu'il apprit qu'on avait arrêté Mlle Macdonald, sa bienfaitrice, et presque tous ceux qui l'avaient reçu. Il vit la liste de tous ses partisans, qui étaient condamnés par contumace : c'est ce qu'on appelle en Angleterre *un acte d'attainder* [4]. Il était toujours en danger lui-même, et les seules nouvelles qui lui venaient étaient celles de la prison de ses serviteurs, dont on préparait la mort [5].

Le bruit se répandit alors en France que ce prince était au pouvoir de ses ennemis. Ses agents de Versailles, effrayés, supplièrent le roi de permettre qu'au moins on fît écrire en sa faveur. Il y avait en France plusieurs prisonniers de guerre anglais, et les partisans du prétendant s'imaginèrent que cette considération pourrait retenir la vengeance de la cour d'Angleterre, et prévenir l'effusion du sang qu'on s'attendait à voir verser sur les échafauds. Le marquis d'Argenson, alors ministre des affaires étrangères et frère du secrétaire de la guerre, s'adressa à l'ambassadeur des Provinces-Unies, M. Van Hoey, comme à un médiateur [6]. Ces deux ministres se ressemblaient en un point, qui les rendait différents de presque tous les hommes d'Etat; c'est qu'ils mettaient toujours de la franchise et de l'humanité où les autres n'emploient guère que la politique.

L'ambassadeur Van Hoey écrivit donc une longue lettre au duc de Newcastle, secrétaire d'Etat d'Angleterre : « Puissiez-vous, lui disait-il, bannir cet art pernicieux que la discorde a enfanté pour exciter les hommes à se détruire mutuellement. Misérables politiques qui substituent la vengeance, la haine, la méfiance, l'avidité aux préceptes divins de la gloire des rois et du salut des peuples, etc. »

Cette exhortation semblait être pour la substance et pour les expressions d'un autre temps que le nôtre. On la qualifia d'homélie; elle choqua le roi d'Angleterre au lieu de l'adoucir. Il fit porter ses plaintes aux Etats Généraux de ce que leur ambassadeur avait osé lui envoyer des remontrances d'un roi ennemi sur la conduite qu'il avait à tenir envers des sujets rebelles. Le duc de Newcastle prétendait que c'était un procédé inouï. Les Etats Généraux réprimandèrent vivement leur ambassadeur d'avoir demandé grâce pour des infortunés, et lui ordonnèrent de faire excuse au duc de Newcastle et de réparer sa faute. L'ambassadeur, bien convaincu qu'il n'en avait point faite, obéit et écrivit que « s'il avait manqué, c'était un malheur inséparable de la condition humaine ». Il n'avait certainement point manqué. Le ministre anglais et les Etats Généraux devaient savoir combien le roi de France était en droit d'intercéder pour les Ecossais. Ils devaient savoir que quand Louis XIII eut pris La Rochelle, secourue en vain par les armées navales du roi d'Angleterre Jacques premier, ce roi envoya le chevalier Montaigu au roi de France pour le prier de faire grâce aux Rochellois. Louis XIII eut égard à cette prière. La cause des Ecossais était bien plus favorable : les Rochellois étaient des rebelles sans excuse, et les Ecossais avaient combattu pour le fils de leurs anciens rois. Mais plus la cause des Ecossais pouvait être justifiée, moins le gouvernement anglais fut disposé à la clémence.

Il commença par tâcher de rendre le prince Charles-Edouard méprisable aux yeux du peuple, parce qu'il avait été terrible. On fit porter publiquement dans Edimbourg les drapeaux pris à la journée de Culloden. Le bourreau portait celui du prince, les autres étaient entre les mains des ramoneurs de cheminées, et le bourreau les brûla tous dans la place publique. Cette farce était le prélude des tragédies sanglantes qui suivirent. On commença le dix août par exécuter dix-sept officiers. Le plus considérable était le colonel du régiment de Manchester, nommé Townley, né en Ecosse. Il représenta vainement aux juges qu'il avait toujours été au service de France dans le régiment de Limousin, et qu'il devait jouir de la faveur du cartel établi entre la France et l'Angleterre. Il ne fut regardé que comme un Ecossais rebelle, et tous les officiers qui se trouvèrent dans le même cas furent jugés coupables de haute trahison. Townley et huit autres furent traînés sur des claies au lieu du supplice dans la plaine de Kensington près de Londres; et après qu'on les eut pendus, on leur arracha le cœur dont on leur battit les joues, et on mit leurs membres en quartiers [7]. Ce supplice est un reste d'une ancienne barbarie. On arrachait le cœur autrefois aux criminels condamnés quand ils respiraient encore; aujourd'hui on ne fait cette exécution sanglante que quand ils sont étranglés. Leur mort est moins cruelle, et l'appareil sanguinaire qu'on y ajoute sert à effrayer la multitude. Il n'y eut aucun d'eux qui ne protestât, avant de mourir, qu'il périssait pour une juste cause, et qui n'excitât le peuple à combattre pour elle. Deux jours après, trois pairs écossais furent condamnés à perdre la tête.

On sait qu'en Angleterre les lois ne considèrent comme nobles que les lords, c'est-à-dire les pairs. Ils sont jugés pour crime de haute trahison d'une autre manière que le reste de la nation. On choisit pour présider à leur jugement un pair à qui on donne le nom de *grand steward* du royaume. Ce nom répond à peu près à celui de grand sénéchal [8]. Les pairs du royaume reçoivent alors ses ordres; il les convoque dans la grande salle de Westminster par des lettres scellées de son sceau et écrites en latin. Il faut qu'il ait au moins douze pairs avec lui pour prononcer l'arrêt. Les séances se tiennent avec le plus grand appareil. Il s'assied sous un dais. Le clerc de la couronne délivre sa commission à un roi d'armes, qui la lui présente à genoux. Six massiers l'accompagnent toujours et sont aux portières de son carrosse quand il se rend à la salle et quand il en sort, et il a cent guinées par jour pendant l'instruction du procès. Quand les pairs accusés sont amenés devant lui et devant les pairs, leurs juges *, un sergent d'armes crie trois fois : *Oyez*, en ancienne langue française.

Un huissier porte devant l'accusé une hache dont le tranchant est tourné vers le grand steward, et quand l'arrêt de mort est prononcé, on tourne alors la hache vers le coupable.

Ce fut avec ces cérémonies lugubres qu'on amena de la tour de Westminster les trois lords Balmérino, Kilmarnock et

Cromarty. Le chancelier faisait les fonctions de steward. Ils furent tous trois convaincus d'avoir porté les armes pour le prétendant, et condamnés à être pendus et écartelés selon la loi (le 12 août 1746). Le grand steward, qui leur prononça l'arrêt, leur annonça en même temps que le roi, en vertu de la prérogative de sa couronne, changeait ce supplice en celui de perdre la tête. L'épouse du Lord Cromarty, qui avait huit enfants, et qui était enceinte du neuvième, alla avec sa famille se jeter aux pieds du roi, et obtint la grâce de son mari.

Les deux autres furent exécutés (29 août). Kilmarnock, monté sur l'échafaud, sembla témoigner du repentir. Balmérino y porta une intrépidité inébranlable. Il voulut mourir dans le même habit uniforme sous lequel il avait combattu. Le gouverneur de la tour ayant crié selon l'usage : « Vive le roi George », Balmérino répondit hautement : « Vive le roi Jacques et son digne fils. » Il brava la mort comme il avait bravé ses juges.

On voyait presque tous les jours des exécutions. On remplissait les prisons d'accusés. Un secrétaire du prince Edouard, nommé Murray, racheta sa vie en découvrant au gouvernement des secrets qui firent connaître au roi le danger qu'il avait couru. Il fit voir qu'il y avait en effet dans Londres et dans les provinces un parti caché, et que ce parti avait fourni de très grandes sommes d'argent. Mais, soit que ces aveux ne fussent pas assez circonstanciés, soit plutôt que le gouvernement craignît d'irriter la nation par des recherches odieuses, on se contenta de poursuivre ceux qui avaient une part évidente à la rébellion. Dix furent exécutés à York, dix à Carlisle, quarante-sept à Londres. Au mois de novembre, on fit tirer au sort des soldats et des bas officiers dont le vingtième subit la mort, et le reste fut transporté dans les colonies. On fit mourir encore au même mois soixante et dix personnes à Penrith, à Brumpton et à York, dix à Carlisle, neuf à Londres. Un prêtre anglican qui avait eu l'imprudence de demander au prince Edouard l'évêché de Carlisle, tandis que ce prince était en possession de cette ville, y fut mené à la potence en habits pontificaux. Il harangua fortement le peuple en faveur de la famille du roi Jacques, et il pria Dieu pour tous ceux qui périssaient comme lui dans cette querelle. Celui dont le sort parut le plus à plaindre fut le lord Derwentwater. Son frère aîné avait eu la tête tranchée à Londres en 1715 pour avoir combattu dans la même cause [9]. Ce fut lui qui voulut que son fils, encore enfant, montât sur l'échafaud, et qui lui dit : « Soyez couvert de mon sang, et apprenez à mourir pour vos rois. » Son frère puîné, qui s'échappa alors et alla servir en France, avait été enveloppé dans la même condamnation. Il repassa en Angleterre dès qu'il sut qu'il pouvait être utile au prince Edouard; mais le vaisseau sur lequel il s'était embarqué avec son fils et plusieurs officiers, des armes et de l'argent, fut pris par les Anglais. Il subit la même mort que son frère avec la même fermeté, en disant que le roi de France aurait soin de son fils (19 novembre 1746). Ce jeune gentilhomme, qui n'était point né sujet du roi d'Angleterre, fut relâché, et revint en France où le roi exécuta en effet ce que son père s'était promis, en lui donnant une pension à lui et à ses sœurs.

Le dernier pair qui mourut par la main du bourreau fut le lord Lovat, âgé de quatre-vingts ans; c'était lui qui avait été le premier moteur de l'entreprise. Il en avait jeté les fondements. Il devait faire soulever des *clans* en 1743, lorsque le prince Charles-Edouard s'embarqua avec le maréchal de Saxe. Il ne paraissait point agir, et il faisait tout, tranquille dans ses terres; au commencement de cette guerre d'Ecosse, il envoya son fils avec de l'argent et des troupes au prince, et il écrivit au gouvernement qu'il était assez malheureux pour avoir un fils dénaturé qui s'armait contre la patrie. Ses artifices furent aisément découverts. On l'amena d'Ecosse à la cour de Londres. Ses propres domestiques et le secrétaire même du prince Edouard voulurent mériter leur grâce en se rendant ses délateurs, et en déposant contre lui. Il employa, autant qu'il le put, les subterfuges des lois à défendre un reste de vie qu'il perdit enfin sur l'échafaud; mais il mourut avec autant de grandeur d'âme qu'il avait mis dans ses actions de finesse et d'art. Il prononça tout haut ce vers d'Horace avant de recevoir le coup; *Dulce et decorum est pro patria mori* [10]. Ce qu'il y eut de plus étrange, et ce qu'on ne peut guère voir qu'en Angleterre, c'est qu'un jeune étudiant d'Oxford, nommé Painter, dévoué au parti jacobite et enivré de ce fanatisme qui produit tant de choses extraordinaires dans les imaginations ardentes, demanda à mourir à la place du vieillard condamné. Il fit les plus pressantes instances, qu'on n'eut garde d'écouter. Ce jeune homme ne connaissait point Lovat, mais il savait qu'il avait été le chef de la conspiration, et le regardait comme un homme respectable et nécessaire [11].

Le gouvernement joignit aux vengeances du passé des précautions pour l'avenir. On établit un corps de milices toujours subsistant vers les frontières d'Ecosse. On dépouilla tous les seigneurs écossais de leurs droits de juridiction, qui leur attachaient leurs tribus, et les chefs qui étaient demeurés fidèles furent indemnisés par des pensions, et par d'autres avantages.

Dans les inquiétudes où l'on était en France sur la destinée du prince Edouard, on avait fait partir dès le mois de juin deux petites frégates, qui abordèrent heureusement sur la côte occidentale d'Ecosse, où ce prince était descendu quand il commença cette entreprise malheureuse. On le chercha inutilement dans ce pays, et dans plusieurs îles voisines de la côte. Il fallut remonter plus haut, sur la côte du Lochaber. Enfin le 29 septembre, le prince arriva, par des chemins détournés et au travers de mille périls nouveaux, au lieu où [il] était attendu, et ce qui prouve bien que tous les cœurs étaient à lui, c'est que les Anglais ne furent avertis, ni du débarquement, ni du séjour, ni du départ de ces deux vaisseaux. Ils ramenèrent le prince jusqu'à la vue de Brest; mais ils trouvèrent vis-à-vis le port une escadre anglaise. On retourna alors en haute mer, et on revint ensuite vers les côtes de Bretagne du côté de Morlaix. Une autre flotte anglaise s'y trouva encore. On hasarda de passer à travers les vaisseaux ennemis; et enfin le prince, après tant de malheurs et de dangers, arriva le 10 octobre 1746 au port de Saint-Pol-de-Léon, avec quelques-uns de ses partisans échappés comme lui à la recherche de ses ennemis. Voilà où aboutit une aventure qui eût réussi dans les temps de la chevalerie, mais qui ne pouvait avoir de succès dans un temps où la discipline militaire, l'artillerie et surtout l'argent, décident de tout à la longue [12].

Pendant que le prince Edouard avait erré dans les montagnes et dans les îles d'Ecosse, et que les échafauds étaient dressés de tous côtés pour ses partisans, son vainqueur le duc de Cumberland avait été reçu à Londres en triomphe. Le parlement lui assigna vingt-cinq mille pièces de rente, c'est-à-dire environ cinq cent cinquante mille livres de notre monnaie, outre ce qu'il avait déjà, et le roi son père le destina à commander les armées contre la France. La cour de Londres se préparait à continuer la guerre plus violemment que jamais. Elle était irritée des secours dont on avait appuyé vainement le soulèvement de l'Ecosse; elle était de plus encouragée par les succès qu'elle avait eus sur mer dans le commencement et dans le cours de cette guerre civile [13].

CHAPITRE XX

O N a vu quelle diversion puissante avait fait le soulèvement d'Ecosse dans les affaires de l'Europe. Il s'en
était fallu bien peu sur la fin de l'année 1746 que
Louis XV, heureux de tous les côtés, ne vit le roi George
détrôné par le prince Edouard, la maison d'Autriche-Lorraine abattue par le roi de Prusse dans le moment qu'elle
renaissait, et les Autrichiens dépouillés de leurs domaines en
Italie. Tout manqua, mais la conquête de la Flandre fut un
contrepoids à toutes les adversités.

Le roi, en revenant à Paris après la prise d'Ostende, apprit
en chemin que Nieuport s'était rendu et que la garnison était
prisonnière de guerre (5 septembre 1745). Bientôt après le
comte de Clermont-Gallerande avait pris la ville d'Ath
(8 octobre). Les nouvelles qui venaient alors d'Italie n'étaient
pas moins avantageuses; mais ce qui surprit davantage, ce fut
l'investissement de Bruxelles au commencement de l'hiver
(29 janvier 1746). Cette ville est, comme on sait, la capitale
du Brabant et le séjour des gouverneurs des Pays-Bas autrichiens. Le comte de Kaunitz, alors premier ministre,
commandant à la place du prince Charles, gouverneur général
du pays, était dans la ville [1]. Le comte de Lannoi, lieutenant-général des armées, en était le gouverneur particulier.
Le général Vander-Duin, de la part des Hollandais, y commandait dix-huit bataillons et sept escadrons. Il n'y avait
de troupes autrichiennes que cent cinquante dragons, et

autant de houzards. L'impératrice-reine s'était reposée sur les Hollandais et sur les Anglais du soin de défendre son pays, et ils portaient toujours en Flandre tout le poids de cette guerre. Le feld-maréchal Los-Rios, deux princes de Ligne, l'un général d'infanterie, l'autre de cavalerie, le général Chanclos qui avait rendu Ostende, cinq lieutenants-généraux autrichiens avec une foule de noblesse se trouvaient dans cette ville assiégée, où la reine de Hongrie avait en effet beaucoup plus d'officiers que de soldats.

Les débris de l'armée ennemie étaient vers Malines sous le prince de Waldeck, et ne pouvant s'opposer au siège. Le maréchal de Saxe avait fait subitement marcher son armée sur quatre colonnes, par quatre chemins différents. La ville ne pouvait pas tenir. Ce qu'on ne croira peut-être pas, et ce qui est très vrai, c'est que le général Vander-Duin ayant proposé une sortie au comte de Lannoi, et ce gouverneur s'y étant disposé, il ne put joindre aux bataillons de Vander-Duin que cinquante soldats autrichiens, et quand on fut à la porte pour faire cette sortie, les clés ne se trouvèrent pas et la sortie ne se fit point. Le comte de Kaunitz écrivit au maréchal de Saxe pour tâcher d'obtenir une capitulation; le maréchal lui répondit : « qu'une ville comme Bruxelles devait imiter Milan dont le privilège est de ne se jamais défendre, et de porter les clés à quiconque approche de ses portes avec des troupes; mais puisqu'on avait fait la faute de renfermer une armée dans une mauvaise place, il fallait bien, disait-il, que les assiégeants tirassent quelque avantage de cette faute. »

On ne perdit à ce siège d'homme distingué que le chevalier d'Aubeterre, colonel du régiment des Vaisseaux. La garnison, avec tous les officiers généraux, fut faite prisonnière. On pouvait prendre le premier ministre; et on en avait beaucoup plus de droit que les Hanovriens n'en avaient eu de saisir le maréchal de Belle-Isle. On pouvait prendre aussi le résident des Etats Généraux. Mais non seulement on laissa en pleine liberté le comte de Kaunitz et le ministre hollandais; on eut encore un soin particulier de leurs effets et de leur suite. On leur fournit des escortes, on renvoya au prince Charles les domestiques et les équipages qu'il avait dans la ville. On fit déposer dans les magasins toutes les armes des soldats, pour être rendues lorsqu'ils pourraient être échangés. C'était une attention que le maréchal de Saxe avait pour les officiers au service de Hollande, parce que ce sont eux qui fournissent à leurs dépens les armes aux soldats; et cette petite grâce qu'il leur faisait habilement, avait été encore pour eux un nouveau motif de hâter la capitulation.

Le roi, qui avait tant d'avantages sur les Hollandais, et qui tenait alors trente mille hommes de leurs troupes prisonniers de guerre, ménageait toujours cette république. Les Etats Généraux se trouvaient dans une grande perplexité. L'orage approchait d'eux; ils sentaient leur faiblesse. La magistrature désirait la paix; mais le parti anglais, qui prenait déjà toutes ses mesures pour donner un stathouder à la nation, et qui était secondé du peuple, criait toujours qu'il fallait la guerre. Les Etats, ainsi divisés, se conduisaient sans principes, et leur conduite annonçait leur trouble. Ils avaient violé la capitulation de Tournai, et ils s'en repentirent. Le gouverneur qu'ils avaient dans l'Ecluse ², avait voulu inonder après la prise de Gand les pays des environs; le peuple avait tué l'ingénieur et les soldats qui allaient couper les digues que le roi conserva, et les Etats en remercièrent le roi. Il fit plus : il leur promit de mettre des poteaux sur leur territoire, dont il pouvait s'emparer, et il ordonna que ce terrain fût respecté.

Trois vaisseaux de la compagnie des Indes françaises, pris par les Anglais, ayant été achetés avec la cargaison à Batavia malgré les traités qui subsistaient, ils refusèrent d'abord de les rendre et ensuite ils en payèrent le prix. Ils levaient encore des troupes malgré eux, et ils envoyèrent une seconde fois le comte de Vassenaer à la cour de France pour négocier, sans qu'ils eussent le moindre projet arrêté de pacification. Leurs vaisseaux continuaient un commerce utile dans les ports de France, et ils molestaient les vaisseaux français dans tous les ports de leur domination. Le roi de France se conduisait avec eux comme un homme puissant, qui tantôt appesantissait sa main, et qui la retirait pour les amener à une résolution décidée. Il rendit un arrêt par lequel, après avoir fait voir que les Hollandais, par tant d'infractions aux traités, avaient mérité de perdre les avantages et les privilèges qu'ils avaient dans ses ports, il les en privait. Ces privilèges étaient considérables ; les commerçants de Hollande, qui font toute la force de l'Etat, perdant autant par cet arrêt que le corps de la république perdait par la prise de ses troupes, pouvaient influer sur les résolutions pacifiques que le roi espérait encore faire prendre aux Etats Généraux. Le ministère français ne dédaigna pas même de faire entrer dans ses griefs un abus qu'aucun Etat policé ne doit souffrir, et qui était publiquement autorisé en Hollande. « Les Etats généraux écrivait le marquis d'Argenson à l'ambassadeur Van Hoey, souffrent tranquillement qu'une troupe insolente d'écrivains licencieux et mercenaires, au scandale de quiconque n'a point encore abjuré l'honneur et les bienséances, vomisse impunément dans le sein de la république les calomnies les plus atroces contre le nom et le gouvernement français. »

En effet, il y avait trop longtemps que les presses hollandaises étaient déshonorées par un nombre prodigieux de misérables libelles dont l'Europe était inondée. Plus la langue française avait de cours dans l'Europe, plus ces indignes écrits se multipliaient. Tout est regardé en Hollande comme objet de commerce, et les libraires de ce pays trafiquaient dans l'Europe de scandales et de calomnies contre les particuliers, contre les ministres et contre les têtes couronnées, comme on vend du blé et de l'huile. Mais ce qu'il y avait de plus honteux, c'est que des Français étaient les auteurs de ces libelles. Une troupe de réfugiés qui n'avaient point de profession, des moines libertins qui avaient quitté leurs cloîtres, des vagabonds sans aveu et sans métier, qui avaient malheureusement appris à lire et à écrire, venaient vendre leur plume aux imprimeurs de ce pays. On ne voyait que journaux infidèles composés par des ignorants qui mentaient et calomniaient pour vivre. On poussa la turpitude et l'insolence jusqu'à imprimer et même jusqu'à représenter je ne sais quelle farce digne de la plus grossière populace, dans lesquelles le roi était personnellement outragé. La réputation que la littérature française a dans l'Europe contribuait à faire vendre partout, et principalement dans le nord, ces productions aussi ineptes qu'informes; et comme le bon goût est bien moins universel que la langue française, souvent ces ouvrages, que personne ne lirait en France, étaient bien accueillis dans les pays étrangers. Cet indigne commerce corrompait à la fois la langue, l'esprit et les mœurs. Les Etats Généraux promirent de réprimer le scandale, et le laissèrent subsister.

L'esprit de trouble et de division redoubla dans les Provinces-Unies, quand on y apprit qu'à l'ouverture de la campagne le roi marchait en personne à Anvers, ayant à ses ordres cent vingt bataillons, et cent quatre-vingt-dix escadrons. Autrefois, quand la république de Hollande s'établit par les armes, elle détruisit toute la grandeur d'Anvers, la ville la plus commerçante de l'Europe, elle lui interdit la navigation de l'Escaut, et depuis elle continua d'aggraver sa chute, surtout depuis que les Etats Généraux étaient devenus les alliés de la maison d'Autriche. Ni l'empereur Léopold, ni Charles VI, ni sa fille l'impératrice-reine n'eurent jamais sur l'Escaut d'autres vaisseaux qu'une patache pour les droits d'entrée et de sortie. Mais quoique les Etats Généraux eussent humilié Anvers à ce point, et que les commerçants de cette ville en gémissent, la Hollande la regardait comme un des remparts de son pays. Les Anglais, alors occupés d'une guerre civile en Ecosse, ne pouvaient leur prêter de nouveaux secours. Ils étaient réduits aux troupes de leur pays, et à un corps d'Autrichiens, qui ne composaient pas ensemble le tiers de l'armée du roi. Ils appelaient ce corps dans leurs gazettes « l'armée des hauts alliés », et ne parlaient que de préparatifs immenses. Ces préparatifs ne se faisaient point. L'armée des hauts alliés ne paraissait pas; elle se retirait derrière la Nèthe, et ensuite derrière Anvers qu'elle vit bientôt prendre. Le roi avait à sa suite le comte de Vassenaer, et M. Gile, greffier des Etats Généraux, qu'on lui avait envoyés pour répondre aux propositions de paix que ce monarque n'avait cessé de faire (18 mai)[3]. Ils n'étaient que les témoins des conquêtes du roi dans leur députation inutile. S'ils avaient seulement proposé la neutralité, la paix était faite. Louis XV, avant de se présenter aux portes d'Anvers, fit son entrée dans Malines, la métropole des Pays-Bas (15 mai 1746). Le cardinal d'Alsace, archevêque de cette ville, lui fit ce compliment qui mérite d'être transmis à la postérité : « Sire, le Dieu des armées est aussi le Dieu des miséricordes. Tandis que Votre Majesté lui rend des actions de grâce pour ses victoires, nous lui adressons des vœux pour les faire cesser par une paix prompte et durable. Le sang de Jésus-Christ est le seul qui coule sur nos autels, tout autre nous alarme. Un prince de l'Eglise doit avoir le courage d'avouer cette crainte devant un roi très-chrétien. »

Le roi répondit que ses intentions étaient conformes aux vœux de l'archevêque. En effet, il avait toujours demandé la paix au milieu de ses conquêtes et ce n'était plus à lui qu'on devait reprocher le sang qui coulait. Anvers ne tint pas plus que les autres villes. Le fort Sainte-Marguerite et la citadelle capitulèrent promptement. On accorda aux garnisons les honneurs de la guerre, parce qu'elles ne s'étaient pas défendues, et le roi fit son entrée dans la ville (4 juin 1746), qui reprit alors un peu de sa première splendeur par la magnificence de la cour du vainqueur et par les efforts que firent les habitants pour honorer son entrée; mais ensuite elle retomba dans sa médiocrité.

A quelques lieues au delà d'Anvers, commence de ce côté de l'Escaut le territoire hollandais. Le roi ordonna encore qu'on n'y touchât pas, et se contenta d'achever la conquête des Pays-Bas autrichiens. L'armée des alliés devenait enfin considérable : dix mille Hanovriens la joignirent. Les six mille Hessois passés en Angleterre revinrent. Quatre régiments anglais passèrent la mer. Le prince Lobkovitz y arriva avec vingt mille hommes. L'armée se trouvait forte à la fin de juillet de près de quatre-vingt mille combattants : mais tous ces renforts étaient venus trop tard, et c'était là encore un des grands avantages de Louis XV de porter en Flandre des forces rassemblées et supérieures, trois mois avant que les ennemis réunissent leurs troupes. Le prince de Conti eut sous ses ordres un corps d'armée séparé, avec lequel il investit Mons, la capitale du Hainaut autrichien. Douze bataillons qui la défendaient augmentèrent le nombre des prisonniers de guerre (10 juillet). La moitié de cette garnison était hollandaise. Jamais l'Autriche ne perdit tant de places, et la Hollande tant de soldats. Saint-Guilain eut le même sort (24 juillet). Charleroi suivit de près. Le vieux Beaufort, âgé de quatre-vingt-quatre ans, commandant de cette place, protesta qu'il s'enterrerait sous ses ruines. Mais un ingénieur nommé La Gibaudière ayant subitement pris un ouvrage considérable avec vingt-cinq grenadiers seulement, un lieutenant de grenadiers passe aussitôt par-dessus une muraille qui couvrait une digue; ses grenadiers le suivent; ils gagnent un ouvrage à corne revêtu [4]; le comte de Chabannes y entre, et met des troupes en bataille au pied du glacis de la ville haute. Le marquis du Châtel force pendant ce temps la ville basse. Enfin, après deux jours seulement de tranchée ouverte, le marquis, depuis maréchal de La Fare, entra dans Charleroi aux mêmes conditions qu'on avait pris toutes les villes qui avaient voulu résister, c'est-à-dire que la garnison fut prisonnière. Elle ne passait pas mille huit cents hommes (2 août).

Les alliés voyaient qu'on allait bientôt assiéger la ville importante de Namur. Le prince Charles, qui commandait alors l'armée, fit ce qu'il put pour prévenir ce siège.

Au confluent de la Sambre et de la Meuse est situé Namur, dont la citadelle s'élève sur un roc escarpé; et douze autres forts, bâtis sur la cime des rochers voisins, semblent rendre

Namur inaccessible aux attaques. C'est une des places de la barrière. Le prince de Gavre en était gouverneur pour l'impératrice-reine; mais les Hollandais, qui gardaient la ville, ne lui rendaient ni obéissance ni honneurs. Les environs de cette ville sont célèbres par les campements et par les marches du maréchal de Luxembourg, du maréchal de Boufflers et du roi Guillaume [5], et ne le seront pas moins par les manœuvres du maréchal de Saxe.

Il y a peu de personnes un peu instruites, à qui la situation de ce pays ne soit connue. Mastricht, où l'armée alliée avait ses principaux quartiers, est au nord-est de Namur. Le chemin qui conduit de Mastricht à cette ville est entre la petite rivière du Jar et la Meuse. On marche entre ces deux rivières jusqu'à ce qu'on soit à celle de la Méhaigne, qui se perd dans la Meuse à deux mille pas au-dessous de Namur. Le prince Charles, le maréchal de Bathiani, le prince de Valdeck, qui commandait encore les troupes de Hollande, suivirent ce chemin. Ils passèrent la Méhaigne à la petite ville d'Avesne. Le maréchal de Saxe occupa alors le camp de Gembloux, près de Fleurus, vis-à-vis des ennemis. Il ne les perdit point de vue. C'était à qui se préviendrait, à qui prendrait le poste le plus favorable. Le prince Charles fit occuper le camp de Mahis, le maréchal celui des Cinq-Etoiles. Enfin il obligea le prince Charles de décamper et de repasser la Méhaigne. La ville d'Huy sur la Meuse, qui est entre Liège, dont les ennemis tiraient des vivres, et Namur qu'on voulait prendre, est un poste de la plus grande conséquence. Le maréchal saisit le moment où les ennemis, qui s'étendaient jusqu'à Huy, se dégarnissaient de ce côté. Le comte de Lovendal se rendit maître de la ville (21 août). Par cette manœuvre, on ôta tout d'un coup toute communication de l'Etat de Liège, de Mastricht, et de Bréda au prince Charles; et le maréchal, après l'avoir forcé de repasser la Méhaigne, le força encore à repasser la Meuse pour subsister. Son armée manqua deux jours de pain, pendant que l'armée française était dans l'abondance. Les alliés repassèrent donc la Meuse au-dessus de Huy; ils allèrent couvrir Mastricht qu'on ne voulait pas attaquer, et abandonnèrent à sa destinée Namur qu'on voulait assiéger. Alors le maréchal, libre dans ses opérations, se hâta de recueillir le fruit d'une si belle manœuvre (5 septembre). Le prince de Clermont fut chargé du siège de Namur. C'était en effet douze places qu'il fallait prendre. On attaqua plusieurs forts à la fois; ils furent tous emportés. M. de Brulart, aide-major général, plaçant les travailleurs après les grenadiers dans un ouvrage qu'on avait pris, leur promit double paye s'ils avançaient le travail. Ils en firent plus qu'on ne leur demandait, et refusèrent la double paye.

Je ne puis entrer dans le détail des actions singulières qui se passèrent à ce siège et à tous les autres. Il y a peu d'événements à la guerre où des officiers et de simples soldats ne fassent de ces prodiges de valeur qui étonnent ceux qui en sont témoins, et qui ensuite restent pour jamais dans l'oubli. Si un général, un prince, un monarque eût fait une de ces actions, elles seraient consacrées à la postérité; mais la multitude de ces faits militaires se nuit à elle-même. Et en tout genre il n'y a que les choses principales qui restent dans la mémoire des hommes.

Cependant, comment passer sous silence le fort Ballard, pris en plein jour par trois officiers seulement, M. de Launay, aide-major, M. d'Amère, capitaine dans Champagne, et M. de Clamouze, jeune Portugais du même régiment qui, sautant seul dans le retranchement, fit mettre bas les armes à toute la garnison?

Serait-il indigne de l'histoire de dire que le marquis de Crillon, descendant de ce Crillon si fameux sous Henri III et Henri IV, ayant mené sa femme à ce siège, lui donnait une fête et faisait illuminer tout un côteau, tandis qu'en sa présence il emportait l'épée à la main un de ces forts?

La tranchée avait été ouverte le 10 septembre devant Namur, et la ville capitula le 19. La garnison fut obligée de se retirer dans la citadelle et dans quelques autres châteaux, par la capitulation; et, au bout de onze jours, elle en fit une nouvelle par laquelle elle fut toute prisonnière de guerre. Elle consistait en douze bataillons, dont dix étaient Hollandais.

Après la prise de Namur, il restait de dissiper ou de battre l'armée des alliés. Elle campait alors en deçà de la Meuse, ayant Mastricht à sa droite et Liège à sa gauche. On s'observa, on escarmoucha quelques jours. Le Jar séparait les deux armées. Le maréchal de Saxe avait dessein de livrer bataille. Il marcha aux ennemis le 11 octobre, à la pointe du jour, sur dix colonnes. On voyait du faubourg de Liège, comme d'un amphithéâtre, les deux armées : celle des Français de cent vingt mille combattants; l'alliée de quatre-vingt mille. Les ennemis s'étendaient le long de la Meuse de Liège à Visé, derrière cinq villages retranchés. On attaque aujourd'hui une armée comme une place, avec du canon. Les alliés avaient à craindre qu'après avoir été forcés dans ces villages, ils ne pussent passer la rivière. Ils risquaient d'être entièrement détruits, et le maréchal de Saxe l'espérait. Je ne peux donner au public une connaissance plus parfaite de cette journée qu'en rapportant la lettre du général au ministre. On y verra ses desseins et ses mouvements. Il n'était pas dans une situation où il eût rien à déguiser, et c'est assurément lui qu'il faut croire [6] :

« Nous arrivâmes vers les dix heures, et si l'attaque avait commencé à midi, comme cela se pouvait, j'avais lieu d'espérer de détruire cette armée, qui n'avait d'autre retraite entre le Jar et la Meuse que le camp des Romains, à l'extrémité du mont Saint-Pierre, lequel ne peut contenir que douze mille hommes. Mais elle ne commença sur ma droite qu'à trois heures par le village d'Ans, et un moment après à la gauche de mon centre. L'affaire n'a point balancé. Le village d'Ans, où étaient les pandours et les Bavarois, a été emporté par le corps de M. le comte d'Estrées qui, s'allongeant par ledit village, a pris les Hollandais en flanc et à dos, pendant que M. le prince de Clermont et de M. de Lovendal, que j'avais renforcés de trois brigades d'infanterie de ma seconde réserve, le soutenaient. Dans ce temps-là, j'avais fait attaquer les villages de Rocoux et de Varoux, qui étaient au centre, par les brigades dont vous trouverez l'état ci-joint.

Ces villages étaient occupés par douze bataillons anglais, hessois et hanovriens, soutenus de l'infanterie des mêmes nations, et vous savez que c'est leur meilleure infanterie. Les villages ont été emportés dans une demi-heure, et notre infanterie s'y est comportée avec une vigueur que je ne saurais dépeindre, et dont je n'ai point vu d'exemple. Nous avons perdu à l'attaque de ces villages, qui étaient retranchés et lardés d'artillerie chargée à cartouches.

Pendant ce temps-là, je coulai avec toute la droite de l'infanterie tout du long du village de Rocoux, pour tourner une grande redoute, que les ennemis avaient sur leur front, avec du gros canon qui nous incommodait et troublait mon opération pour joindre les troupes de ma droite. Cette droite, qui était déjà sur la hauteur dans le champ de bataille des ennemis, jugea de ce que je voulais faire et donna un coup de collier, de manière que nous nous joignîmes derrière la redoute. Les ennemis, se voyant pris en flanc par un si grand nombre de troupes, ne songèrent plus à tenir. La déroute fut générale à leur gauche, et entraîna la droite.

Je n'avais pu faire agir la cavalerie de ma droite parce qu'il y avait un grand ravin qui coupait le terrain sur le front de la gauche, et je fus obligé de la faire marcher en laissant la redoute à droite, pour la poster sur la hauteur d'où nous avons poursuivi les ennemis jusqu'à la hauteur des villages de Liest [7] et de Millemont, où la nuit nous a pris. Leur droite s'est retirée au camp des Romains. Mais toute leur gauche et le centre se sont sauvés par le bas le long de la Meuse, et si nous avions eu deux heures de plus, peu de ces troupes nous auraient échappé. Je ne vous parle pas, Monsieur, de la droite des ennemis qui n'a point combattu. Elle était couverte du grand ravin de Villers Saint-Siméon. Je l'ai fait amuser par le corps de M. de Mortagne et celui de M. le marquis de

Clermont-Gallerande, pour qu'elle ne se portât pas sur le centre.

Les ennemis ont perdu, autant que j'ai pu en juger par le nombre des morts, sept à huit mille hommes. Nous leur avons fait trois mille prisonniers, dont plus de cent officiers, et enlevé plus de cinquante pièces de canon. Nous avons déjà dix drapeaux. Notre perte peut aller à mille cent cinquante tués et à deux cent trente blessés.

Mon attente de détruire l'armée ennemie n'ayant pu être remplie, je ne puis entreprendre le siège de Mastricht, les ennemis étant encore trop forts pour ne pas me disputer le passage de la Meuse, lequel exige des mouvements et des manœuvres dans un pays où il n'y a aucune subsistance. Ce qui entraînerait la ruine de notre armée qui est encore en très bon état; et la prise de cette place ne sera pas une opération bien difficile, au commencement de la campagne prochaine. Je ferai partir demain les bataillons que vous avez destinés pour la Bretagne. M. de Contades part aujourd'hui pour prendre vos ordres.

J'allongerais trop cette lettre si je voulais, Monsieur, vous faire l'éloge de tous ceux qui en méritent et qui se sont acquis de la gloire à cette action. Monseigneur le comte de Clermont [8] s'y est fort distingué. Le comte d'Estrées et Lovendal, M. le chevalier de Belle-Isle et de Lorges qui étaient d'un jour [9], m'ont été d'un grand secours, et se sont portés partout avec beaucoup de valeur et d'intelligence.

Dans les attaques particulières, M. de Boufflers s'est fort distingué, ainsi que les autres officiers attachés à ces divisions. Le jeune Montmorin a pris un drapeau de son régiment qu'il a été planter dans les haies du village de Rocoux, et y a reçu neuf coups de fusil à travers de ses habits. Le jeune Balleroi qui a été blessé et a eu ses habits percés de plusieurs coups. M. de Boufflers a eu un cheval tué dans les haies du village, et j'ai vu son habit tout déchiré et brûlé de coups de fusil. Enfin, il est impossible de vous détailler tout ce qui s'est passé là. Il me suffit de vous dire que je n'ai jamais vu tant de valeur et tant d'intrépidité.

Ce qui vous paraîtra singulier, Monsieur, c'est qu'il y ait eu dans un pays de plaine plus de cinq cents escadrons sans qu'on ait pu donner un coup de sabre. Il est vrai que si la nuit ne fût pas survenue, elle aurait eu beau jeu, car elle était déjà toute en branle pour tomber sur les ennemis qui fuyaient de toutes parts en désordre, etc...

Je ne finirai pas ma lettre, Monsieur, si je voulais vous dire toutes les choses agréables à détailler. Le roi doit être bien content de ses troupes; je m'estimerais heureux si vous l'êtes de moi. »

J'ajouterai que dans la bataille les Français ne furent pas peu indignés de se trouver en tête des troupes bavaroises. C'était une triste destinée pour le fils de l'empereur Charles VII, soutenu si longtemps au dépens du sang et des trésors de la France, d'être obligé de vendre ses sujets aux Anglais et aux Hollandais pour servir contre ses bienfaiteurs et pour être battus par eux.

Le seul officier général que la France perdit en cette journée fut le marquis de Fénelon, neveu de l'immortel archevêque de Cambrai. Il avait été élevé par lui et en avait toute la vertu avec un caractère tout différent. Vingt années employées dans l'ambassade de Hollande [10] n'avaient point éteint un feu et un emportement de valeur qui lui coûta la vie. Blessé au pied depuis quarante ans, et pouvant marcher à peine, il alla sur les retranchements ennemis à cheval. Il cherchait la mort et il la trouva. Son extrême dévotion augmentait encore son intrépidité : il pensait que l'action la plus agréable à Dieu était de mourir pour son roi. Il faut avouer qu'une armée composée d'hommes qui penseraient ainsi serait invincible. Les Français eurent peu de personnes de marque blessées dans cette journée. Le fils du comte de Ségur eut la poitrine traversée d'une balle, qu'on lui arracha par l'épine du dos, et il échappa à une opération plus cruelle que la blessure même. Le marquis de Lugeac reçut un coup de feu qui lui fracassa la mâchoire, entama la langue, lui perça les deux joues. Le marquis de Laval, qui s'était distingué à Mesle, fut aussi dangereusement blessé. Le prince de Monaco, le marquis de Vaubecourt, le comte de Balleroi le furent aussi. La perte fut médiocre et ne passa pas beaucoup le compte qu'en rend le maréchal de Saxe. Il n'était guère pardonnable au général anglais Ligonier d'écrire après la bataille au comte de Sandwich : « j'estime notre perte à quatre ou cinq mille hommes, celle des Français au double. » On peut en imposer ainsi aux peuples pour les rassurer; mais un général, écrivant à un homme d'Etat, devrait être plus exact.

Ce qui est vrai, c'est que cette bataille ne fut que du sang inutilement répandu, et une calamité de plus pour tous les partis. Aucun ne gagna ni ne perdit de terrain. Chacun prit ses quartiers. L'armée battue avança même jusqu'à Tongres; l'armée victorieuse s'étendit de Louvain dans ses conquêtes, et alla jouir du repos auquel la saison d'ordinaire force les hommes dans ces pays, en attendant que le printemps ramène les cruautés et les malheurs que l'hiver a suspendus.

CHAPITRE XXI

Il n'en était pas ainsi dans l'Italie et vers les Alpes. Il s'y passait alors une scène extraordinaire. Les plus tristes revers avaient succédé aux prospérités les plus rapides. La maison de France perdait en Italie plus qu'elle ne gagnait en Flandre, et les pertes semblaient même plus irréparables que les succès de Flandre ne paraissaient utiles. Car alors le véritable objet de la guerre était l'établissement de don Philippe. Si on était vaincu en Italie, il n'y avait plus de ressources pour cet établissement, et on avait beau être vainqueur en Flandre, on sentait bien que tôt ou tard il faudrait rendre les conquêtes, et qu'elles n'étaient que comme un gage, une sûreté passagère qui indemnisait des pertes qu'on faisait d'ailleurs. Les cercles d'Allemagne ne prenaient part à rien ; les bords du Rhin étaient tranquilles. C'était, en effet, l'Espagne qui était devenue enfin la partie principale dans la guerre. On ne combattait presque plus sur terre et sur mer que pour elle. La cour d'Espagne n'avait jamais perdu de vue Parme, Plaisance et le Milanais. De tant d'États qu'on avait disputés à l'héritière de la Maison d'Autriche, il ne restait plus que ces province d'Italie sur lesquelles on pût faire valoir des droits ; car pour les Pays-Bas, on ne compta jamais les garder. On offrait toujours de lui rendre ce qu'on avait conquis, et on faisait ses efforts pour enlever en Italie ce qu'on n'avait pas.

Il est à remarquer que depuis la fondation de la monarchie,

cette guerre est la seule dans laquelle la France ait été simplement auxiliaire. Elle le fut dans la cause de l'empereur Charles VII jusqu'à la mort de ce prince, et dans celle de l'infant don Philippe jusqu'à la paix.

Au commencement de la campagne de 1745 en Italie, les apparences furent aussi favorables à la maison de France qu'elles l'avaient été en Autriche en 1741. Les chemins étaient ouverts aux armées espagnoles et françaises par la voie de Gênes. Cette république, forcée par la reine de Hongrie et par le roi de Sardaigne à se déclarer contre eux, avait enfin fait son traité définitif [1]. Elle devait fournir environ dix mille hommes. L'Espagne lui donnait trente mille piastres par mois et cent mille, une fois payées, pour le train d'artillerie que Gênes fournissait à l'armée espagnole ; car, dans cette guerre si longue et si variée, les Etats puissants et riches soudoyèrent toujours les petits. L'armée de don Philippe, qui descendait des Alpes avec la française, jointe au corps des Génois, était réputée de quatre-vingt mille hommes. Celle du comte de Gages, qui avait poursuivi le prince de Lobkovitz aux environs de Rome, s'avançait forte d'environ trente mille combattants, en comptant l'armée napolitaine. C'était au temps même que le roi de Prusse vers la Saxe, et le prince de Conti vers le Rhin, empêchaient que les forces autrichiennes ne pussent secourir l'Italie. Les Génois même eurent tant de confiance, qu'ils déclarèrent la guerre dans les formes au roi de Sardaigne (28 juin 1745). Le projet était que l'armée espagnole et napolitaine viendraient joindre l'armée française et espagnole dans le Milanais.

Au mois de mars 1745 le duc de Modène et le comte de Gages, à la tête de l'armée d'Espagne et de Naples, avaient poursuivi les Autrichiens des environs de Rome à Rimini, de Rimini à Césène, à Imola, à Forli, à Bologne, et enfin jusque dans Modène. Le duc se vit en pouvoir d'assiéger les Autrichiens dans sa propre ville ; mais les ennemis se retirèrent vers Parme et Plaisance, et laissèrent dans la citadelle de Modène, une forte garnison (avril). Il était dur de ne pas la reprendre, mais il n'y avait pas de temps à perdre, et le comte de Gages avait ordre de se joindre à la grande armée de l'infant et du maréchal de Maillebois pour enfermer les Autrichiens et consommer l'ouvrage.

On perdit du temps en voulant hâter cette jonction. On tenta des routes impraticables dans l'Apennin pour aller vers Gênes [2]. On passa ensuite par la Toscane comme par un pays neutre. C'était encore une chose digne de la singularité de toute cette guerre, de voir des commissaires de l'État du grand-duc diriger eux-mêmes et nourrir l'armée qui venait déposséder son épouse, et peut-être ensuite lui-même.

Ce temps perdu laissa à l'armée du prince de Lobkovitz celui de recevoir des secours qui venaient par le Tyrol, et d'autres que le roi de Sardaigne lui envoyait, et il se trouva à portée de joindre les Piémontais dans le Montferrat, avant que le comte de Gages pût joindre l'infant don Philippe. Mais ce contretemps fut aisément réparé. Le maréchal de Maillebois, déclaré capitaine général de l'armée de don Philippe, arriva bientôt à Vintimille par Oneille, et descendit vers le Montferrat sur la fin du mois de juin, à la tête de près de quatre-vingt mille hommes.

De la petite principauté d'Oneille, on descend dans le marquisat de Final, qui est à l'extrémité du territoire de Gênes; de là on entre dans le Montferrat mantouan, pays encore hérissé de rochers qui sont une suite des Alpes. Après avoir marché dans des vallées entre ces rochers, on trouve le terrain fertile d'Alexandrie; et pour aller droit à Milan, on va d'Alexandrie à Tortone. A quelques milles de là, vous passez le Pô; ensuite, se présente Pavie sur le Tessin, et de Pavie, il n'y a qu'une journée à la grande ville de Milan, qui n'est point fortifiée, et qui envoie toujours ses clefs à quiconque a passé le Tessin, mais qui a un château très fort et capable de résister longtemps.

Pour s'emparer de ce pays, il ne faut que marcher en force. Pour le garder, il faut être maître à droite et à gauche d'une vaste étendue de terrain, dominer le cours du Pô depuis

Casal jusqu'à Crémone, et garder l'Oglio, rivière qui tombe des Alpes du Tyrol, ou avoir au moins la ville de Lodi, Crème et Pizzighitone pour fermer le chemin à des ennemis qui peuvent arriver du Trentin par ce côté. Il faut enfin avoir sa communication libre, par les derrières, avec ce chemin étroit qui conduit le long de la mer depuis Antibes par Monaco et Vintimille, afin d'avoir une retraite en cas de malheur. Tous les postes de ce pays sont connus et marqués par autant de combats que le territoire de Flandre [3].

Déjà le maréchal de Maillebois s'était rendu maître d'Acqui, poste important dans le Montferrat mantouan (10 juillet). Ce fut là que se fit la jonction de la grande armée de l'infant avec celle du duc de Modène et du comte de Gages, renforcée encore de six mille hommes arrivés par mer et débarqués à Orbitello malgré les flottes anglaises. Le conseil de don Philippe, se voyant déjà établi dans un pays à peine défendu, ne douta pas que tout le Milanais ne fût conquis pour jamais. Il publia des manifestes, il promit dix ans de franchises à tous les peuples.

Une entreprise indispensable était le siège de Tortone sur la Scrivia, rivière qui tombe dans le Pô à dix lieues de Pavie. C'est un des territoires que la maison d'Autriche avait cédés à la maison de Savoie par la paix de Vienne, conclue en 1737, achevée en 1738. Le même maréchal de Maillebois avait pris cette ville en 1734 pour le roi de Sardaigne. Alors ce roi la défendait contre lui, et la citadelle était beaucoup plus forte que dans le premier siège.

Avant de prendre Tortone, il faut être maître du château de Sarravale, sur la même rivière de Scrivia. Il fut pris (2 août). On vint ensuite à Tortone qui se rendit. De Tortone on passe le Pô à Borgo, et on est aux portes de Pavie. Le duc de Modène y entra par surprise (22 septembre); c'est là le seul chemin et la seule opération qui puisse conduire à Milan, quand on veut s'en rendre maître lorsqu'on est arrivé de France par l'Etat de Gênes.

Si on veut prendre le Montferrat, il faut tourner à gauche,

se saisir d'Alexandrie sur le Tanaro, de Valenza, de Casal sur le Pô, d'Asti sur la Stura; et pour garder le Montferrat, il faut être maître du Milanais, comme pour conserver le Milanais, il faut être maître du Montferrat.

Ce n'était plus alors le prince de Lobkovitz qui commandait les Autrichiens. On l'avait rappelé en Allemagne, et la reine de Hongrie lui avait substitué le comte de Schulenbourg, neveu et élève de celui qui avait combattu contre Charles douze, et qui est mort général des Vénitiens [4]. Le comte de Gages était à la tête de toutes les troupes espagnoles et napolitaines, et le maréchal de Maillebois, quoique capitaine général nommé par l'Espagne, ne commandait que les Français, et avait ordre de sa cour de concourir en tout aux opérations des Espagnols.

Comme on menaçait également le Montferrat et Milan, le roi de Sardaigne avec le comte de Schulenbourg défendait l'un et l'autre. Il était derrière le Tanaro et le Pô, toujours à portée de se montrer partout où ses ennemis voudraient pénétrer.

Le maréchal de Maillebois, l'homme de l'Europe peut-être qui connaissait mieux le terrain de l'Italie, et qui y avait fait très longtemps la guerre, imagina seul de venir à bout de séparer l'armée du roi de Sardaigne d'avec celle de Schulenbourg, et de tomber sur l'une des deux, dès qu'elles seraient séparées. J'ai vu toutes ses lettres dans lesquelles il disait : « Je ne dormirai point que je ne sois venu à bout de ce projet. » Il le communiqua au comte de Gages, qui balança longtemps, mais qui enfin l'approuva et dit en voyant la position des armées : « J'ai peur d'avoir trop tardé. » Voici comment s'exécuta ce projet.

La surprise de Pavie ouvrait le chemin de Milan. Le comte de Schulenbourg fait un mouvement de ce côté pour s'opposer aux entreprises qu'on feignait sur cette ville. Ce moment, qui fut celui de la séparation des armées piémontaise et autrichienne, fut celui même que prirent le maréchal de Maillebois et le comte de Gages, vers l'endroit où le Tanaro se jette dans le Pô à Bisagnano et à Monte Castello. L'armée du roi de Sardaigne était dans ce poste. Elle couvrait Alexandrie et Valenza, et ce poste était inexpugnable si elle eut été en force. Les Français et les Espagnols se jettent dans le Tanaro et le traversent ayant de l'eau jusqu'à la poitrine (27 septembre 1745); on attaque le pont de Castello avec du canon, pour favoriser ce passage. Arriver à l'autre bord et vaincre l'armée piémontaise fut la même chose. Ce fut une déroute plutôt qu'un combat. On ne prit aux Piémontais que quinze cents hommes. On ne leur en tua que trois cents; mais l'importance d'un tel poste valait beaucoup mieux qu'une victoire meurtrière.

Parmi tous ces succès, l'infant don Philippe comptait encore celui d'avoir repris les états de Plaisance et de Parme; Plaisance est sur le Pô à douze lieues de Pavie, et Parme est par delà, à douze lieues de Plaisance. Le duc de la Vieuville, lieutenant-général des troupes espagnoles, s'en était emparé. Dans le temps même le duc de Modène avait pris Pavie.

Après ce passage du Tanaro et ce combat de Bisagnano, le roi de Sardaigne, séparé des Autrichiens, ne pouvait plus garder ni Alexandrie ni Valenza. Alexandrie fut assiégée; le gouverneur se retira avec ses soldats et son canon dans la citadelle. Ce fut l'évêque d'Alexandrie qui se chargea de la capitulation (8 octobre). A peine fut-on en possession de la ville qu'on alla s'assurer de Valenza, qui se rendit aussi bientôt. La citadelle de Valenza, moins forte que celle d'Alexandrie, fut prise comme la ville (30 octobre). De là on marcha à la ville d'Asti sur le Tanaro. Elle ne tint que quatre jours. Le roi de Sardaigne, qui s'était retiré dans Casal, craignit avec raison d'y être assiégé. Il l'abandonna et Casal se rendit aux vainqueurs (29 novembre).

Bientôt après, tous les obstacles étant levés, le roi de Sardaigne à gauche retiré au delà du Montferrat, les Autrichiens à droite se précipitant vers le Mantouan, l'infant don Philippe avec le duc de Modène, suivi du comte de Gages et de l'envoyé de Gênes, entra dans Milan (19 décembre), et y reçut l'hommage de cette capitale [5]. Le peuple qui ne sait jamais dissimuler, le reçut avec des acclamations de joie. C'est l'intérêt des peuples d'avoir un souverain qui réside parmi eux, et il n'y a pas de citoyen qui n'aime mieux dépendre de son souverain que d'un gouverneur. Le prince don Philippe se trouvait maître du Montferrat, de l'Alexandrin, du Tortonois, du pays derrière Gênes qu'on nomme les fiefs impériaux, de la Loméline, du Pavesan, du Lodésan, de presque tout le Milanais, de Parme et de Plaisance. Tous ces succès s'étaient suivis rapidement comme ceux du roi de France dans les Pays-Bas, et du prince Edouard dans l'Ecosse, tandis que le roi de Prusse de son côté battait, au fond de l'Allemagne, les troupes autrichiennes; mais il arriva en Italie précisément la même chose qu'on avait vue en Bohême au commencement de cette guerre. Les apparences les plus heureuses couvraient les plus grandes calamités.

Le sort du roi de Prusse était, en faisant la guerre, de nuire beaucoup à la maison d'Autriche, et en faisant la paix, de nuire beaucoup à la maison de France. Sa paix de Breslau avait fait perdre la Bohême. Sa paix de Dresde fit perdre l'Italie.

A peine l'impératrice-reine fut-elle délivrée pour la seconde fois de cet ennemi, qu'elle fit passer de nouvelles troupes en Italie pendant l'hiver de 1746. L'infant don Philippe possédait Milan; mais il n'avait pas le château, sans quoi la possession de la ville n'est que passagère. Il avait Alexandrie; mais la citadelle, bloquée, tenait encore. On s'était avancé avec rapidité comme dans la conquête de la haute Autriche [6], et on était de même divisé en plusieurs corps. On gardait une trop grande étendue de pays. Les troupes étaient beaucoup diminuées. Celles des ennemis se recrutaient plus facilement. Le roi de Sardaigne épuisait son pays de soldats. La reine de Hongrie envoyait continuellement des secours par le Tyrol et par le Trentin.

Le maréchal de Maillebois et le comte de Gages se défièrent toujours de ces premiers succès. Le maréchal surtout ne voulait point qu'on allât si tôt à Milan. Il ne cessa de représenter qu'il fallait d'abord prendre la citadelle d'Alexandrie, s'assurer ses communications, aller pied à pied avec sûreté. Il y eut une conformité entière entre les malheurs qu'on éprouva en Italie et ceux qu'on avait essuyés en Autriche et en Bohême dans les premières années. Ces malheurs ayant la même cause, le maréchal de Maillebois écrivait précisément les mêmes choses qu'avait écrites le maréchal de Belle-Isle : « Je prévois, dit le maréchal de Maillebois au mois de décembre 1745, une destruction totale, si on s'obstine à rester dans le Milanais. »

La reine d'Espagne, mère de don Philippe, rivale de la gloire de la reine de Hongrie, égalait par sa fermeté la constance qui avait sauvé Marie-Thérèse. Elle croyait tout facile. Elle écrivit à l'infant, son fils, au commencement de janvier 1746 : « Je vous ordonne, sous peine de ma plus grande indignation, d'entreprendre un siège d'importance. » C'était le siège du château de Milan *; mais, dans l'hiver, il est impossible de transporter le canon à travers les terres grasses et fangeuses du Milanais. On répondait de Madrid qu'on en ferait venir de Corse. Cette réponse, qui n'était pas sérieuse, ne rendait pas le siège du château de Milan plus facile.

Le ministère de Versailles envoya à celui de Madrid un long mémoire très détaillé, dans lequel on représentait la disette des provisions, la réduction des armées qui se fondaient, l'augmentation des troupes ennemies, la nécessité de se rapprocher, l'importance de la citadelle d'Alexandrie, la difficulté d'assiéger le château de Milan. Le marquis de la Ensenada répondit ces propres mots : « On prendra le château de Milan et Pizzighitone; on sera maître des deux rives du Pô; on s'ouvrira une communication jusqu'à la mer Adriatique et à Naples. Nos soldats, accoutumés au travail, le continueront avec l'allégresse que donnent la gloire et le bonheur. Leur imagination se remplit dignement quand on les occupe à des conquêtes, et les idées d'ennui et de désertion produites par un trop grand loisir n'y trouvent plus de place. »

Ces réponses pleines de grandeur et de confiance eussent

été convenables, si au moins on avait eu au mois de janvier du canon pour prendre le château de Milan; on en eut à peine au commencement de mars *. Ni le maréchal de Maillebois ni le comte de Gages n'étaient plus écoutés. L'idée surtout qu'on avait à Madrid, que l'armée d'Italie était au moins de cent mille hommes effectifs, fut ce qui en prépara la ruine.

Cependant, le comte de Browne venait prendre le commandement des troupes autrichiennes, et il était à Mantoue avec une armée qui grossissait tous les jours. Le prince de Lichtenstein, gouverneur du Milanais, y voltigeait et y prenait des postes avantageux avec un corps considérable.

Le roi de Sardaigne assemblait son armée près de Verceil. L'orage grossissait de tous côtés, et on sentait bien que les Français et les Espagnols, tout vainqueurs qu'ils paraissaient, étaient perdus (février et mars 1746).

La cour de France crut prévenir tous les maux qu'elle prévoyait. Elle n'avait cessé de faire des ouvertures à la reine de Hongrie, aux Etats Généraux. Si le comte de Vassenaer et le greffier des Etats Généraux étaient à Versailles, pendant que le maréchal de Saxe prenait Bruxelles, le marquis de Puisieux était à la Haye, où il tâchait de concilier les esprits; mais, toutes ces tentatives ne réussissant pas, il parut plus sûr de s'adresser au roi de Sardaigne. Le temps qu'on prenait était encore favorable. Les opérations de son armée et de celle d'Autriche n'étaient point encore commencées. On pouvait se flatter que sa paix particulière avec l'Espagne et la France amènerait infailliblement la paix générale. En effet, pourquoi était-on alors en armes? Pour don Philippe. Le prince, étant accommodé une fois avec la Sardaigne, devenait maître paisible de ce qu'on lui pouvait donner en Italie. Les flottes anglaises qui croisaient devant Gênes ne l'auraient pu troubler dans ses possessions. La reine de Hongrie ne pouvait continuer la guerre avec avantage dans l'Italie, et il fallait nécessairement que la pacification générale terminât bientôt cette querelle, qui n'avait plus ailleurs de cause véritable. On pouvait s'attendre que le roi de Sardaigne accepterait de plus grands avantages que l'impératrice reine ne lui en faisait. La cour de France, dans cette idée qui paraissait si plausible, lui envoya un agent secret, nommé de Pouilly de Champeaux, homme de lettres et de mérite, et qui avait fait plus que personne une étude profonde de l'histoire moderne, des traités et des intérêts de tous les Etats de l'Europe. Il proposa au ministère piémontais un partage assez égal des pays que l'on disputait. La république de Gênes gardait Final.

Le prince don Philippe avait, avec Parme et Plaisance, une partie du Milanais. On cédait l'autre à la maison de Savoie [7].

Le roi de France se fit fort de porter l'Espagne à l'acceptation de cet accord, et le roi de Sardaigne en signa deux instruments à cette condition. Si la cour d'Espagne avait d'abord consenti à ce traité, elle eût prévenu ses malheurs, assuré ses avantages, et pacifié l'Europe. Quelques jours d'indécision perdirent tout [8]. La reine d'Espagne, croyant toujours que son fils avait une nombreuse armée qu'il n'avait pas, et voyant de trop loin la situation de l'Italie dans un point de vue trop avantageux, crut perdre à une paix à laquelle elle gagnait en effet beaucoup [9]. Elle se plaignait de ce qu'on faisait pour elle. Ses plaintes mirent la défiance entre les conseils de l'infant don Philippe et le maréchal de Maillebois. Cette désunion ne fut que trop préjudiciable. Enfin la reine se rendit. La cour d'Espagne promit d'accéder au traité. Le comte de Maillebois, fils du maréchal, vint secrètement à Turin, dans la ferme espérance de consommer l'ouvrage (10 mars 1746). Le ministre du roi de Sardaigne le reçut dans cet esprit le 14 mars, et lui promit que le soir il viendrait lui apporter la ratification en bonne forme. Au lieu de lui envoyer la ratification, on lui envoya trois cents soldats qui entourèrent sa maison.

Pendant ce temps-là même, le roi de Sardaigne faisait investir la ville d'Asti. Le marquis de Montal la gardait avec neuf bataillons. Quand il vit venir les troupes piémontaises, il crut qu'elles passaient pour aller vers Alexandrie. Le duc d'Agénois qui venaient d'arriver dans Asti, assurait le commandant de la part du maréchal de Maillebois que la paix était faite. Cette confiance empêcha qu'on ne rétablit à la hâte quelques ouvrages qui auraient pu retarder les attaques.

Le maréchal, apprenant que pour tout traité de paix on assiégeait Asti, accourut pour en faire lever le siège. Il arriva vers la ville lorsqu'on capitulait et que la garnison se rendait prisonnière de guerre (8 mars 1746)[10]. Quelques autres postes furent pris avec la même rapidité. Le général Leutrum rentra dans Alexandrie avec trente-six bataillons et un corps de cavalerie. D'un côté le marquis, depuis duc de Mirepoix, qui commandait dans Acqui, fut obligé de se retirer vers Savone, et le maréchal sous Tortone. De l'autre, les Espagnols, pressés par les Autrichiens, abandonnaient Lodi et Milan, et tout cela en dix jours de temps. L'infant don Philippe avait encore tout le pays depuis Tortone jusqu'à Reggio et jusqu'à Guastalla. Mais il avait devant lui le prince Lichtenstein dans le Milanais, le comte de Browne qui s'avançait vers Guastalla et Reggio à droite, et le roi de Sardaigne à gauche, qui était le maître du pays au delà de Tortone; de sorte que cette armée des trois couronnes, qui était maîtresse de tout le pays au mois de février, était partout resserrée, coupée et poursuivie à la fin de mars. Le comte de Browne s'empara de Guastalla, après avoir défait un corps de troupes espagnoles (25 mars).

Le marquis de Castellar, qui était à Parme avec cinq mille hommes, fit une belle retraite par l'Apennin et par la Toscane; mais dans cette retraite, il perdit beaucoup de monde et laissa Parme aux ennemis. De petits corps de troupe séparés étaient tous les jours aux mains avec les Autrichiens, et faisaient des prodiges de valeur, qui ne servaient qu'à faire voir quel tort on avait eu de n'avoir pas d'abord rassemblé toutes ces troupes pour une action décisive.

Pendant que les Espagnols perdaient Parme, les Français perdaient Valenza (3 mai). Le maréchal de Maillebois se soutenait encore avec peu de troupes dans le Montferrat. Le conseil de l'infant don Philippe lui fit demander douze bataillons pour secourir les Espagnols resserrés sous Plaisance, pressés de tous côtés et manquant de subsistances [11]. Le maréchal s'étant posté à Novi pour avoir encore sa communication libre avec l'infant, avec Gênes et avec la France, envoya ces douze bataillons, qui ne firent qu'augmenter la disette où l'armée de l'infant était réduite. La situation était précisément la même qu'à Prague. Il ne restait au maréchal de Maillebois que dix-sept bataillons et huit escadrons très faibles. Il s'en fallait beaucoup que les Génois fournissent le contingent qu'ils avaient promis, et leurs troupes peu aguerries ne savaient encore que déserter.

Le 6 juin, l'infant, plus resserré que jamais, demande encore au maréchal ses dix-sept bataillons et ses huit escadrons. Il les amène avec empressement, parce qu'on ne les demandait que pour sortir de ce mauvais pas par une bataille. C'était le seul moyen de se tirer de la position dangereuse et forcée où l'on se trouvait. On comprend assez que le maréchal, ayant en tête le roi de Sardaigne, allait être suivi par lui, qu'il fallait se hâter pour combattre les Autrichiens avant que ce prince eût pu joindre leur armée. Tout cela fut heureusement combiné. Il n'était pas possible que les Espagnols et les Français prissent de plus habiles mesures. On marcha aux ennemis précisément lorsque le roi de Sardaigne, qui s'avançait pour les joindre, était encore à deux marches d'eux. Le prince de Lichtenstein commandait l'armée de l'impératrice-reine; il était encore à la fleur de son âge. On l'avait vu ambassadeur du père de l'impératrice à la cour de France, dans une plus grande jeunesse, et il y avait acquis une très grande estime. Il en mérita encore davantage le jour de la bataille de Plaisance (16 juin 1746) par sa conduite et par son courage. Il se trouvait dans le même état de maladie et de langueur où l'on avait vu le maréchal de Saxe à la bataille de Fontenoy. Il surmonta comme lui l'excès de son mal pour accourir à cette bataille, et il la gagna d'une manière aussi complète : ce fut la plus longue et la plus sanglante de toute la guerre. Le maréchal de Maillebois attaqua trois heures avant le jour et fut longtemps vainqueur à son aile droite qu'il commandait. Le duc de Modène, au centre, à la tête des Espagnols avec le comte de Gages, fit des actions de valeur qui eurent d'abord d'heureux succès, et la victoire pencha six heures entières du côté de l'armée des trois couronnes; mais l'aile gauche de l'armée ayant été enveloppée par un nombre supérieur d'Autrichiens, et le général espagnol d'Harembure blessé et pris, cette aile gauche fut entièrement défaite, et on fut obligé, après neuf heures de combat, de se retirer sous Plaisance.

Si on combattait de près comme autrefois, une mêlée de bataillons contre bataillons, d'escadrons contre escadrons, et d'hommes contre hommes détruirait les armées entières, et l'Europe serait dépeuplée par le nombre prodigieux de combats qu'on a livrés de nos jours; mais dans ces batailles, comme je l'ai déjà remarqué, on ne se mêle presque jamais. Le fusil et le canon sont moins meurtriers que ne l'étaient autrefois la pique et l'épée. On est très longtemps même sans tirer, et dans le terrain coupé d'Italie, on tire entre des haies. On est longtemps à s'emparer d'une cassine [12], à pointer son canon, à se former et à se reformer; ainsi neuf heures de combat ne sont pas neuf heures de destruction. La perte des Espagnols, des Français et de quelques régiments napolitains fut cependant de plus de huit mille hommes tués ou blessés, et on leur fit quatre mille prisonniers.

La perte de cette bataille ne mit point dans l'armée battue ce découragement et cet esprit d'incertitude qui devaient en être les suites. On prit un camp très avantageux entre le Pô et le Lambro à Codogne au-dessus de Plaisance, entre Crémone et Lodi. Mais enfin l'armée du roi de Sardaigne arriva, et alors le danger redoubla. Toute l'armée des trois couronnes courait risque d'être prisonnière.

Dans ces tristes conjonctures, l'infant don Philippe reçut une nouvelle qui devait, selon toutes les apparences, mettre le comble à tant d'infortunes. C'était la mort de Philippe V, roi d'Espagne, son père. Ce monarque, après avoir autrefois essuyé beaucoup de revers, et s'être vu deux fois obligé d'abandonner sa capitale, avait régné paisiblement en Espagne ; et s'il n'avait pu rendre à cette monarchie la splendeur où elle fut sous Philippe second, il l'avait mise du moins dans un état plus florissant qu'elle n'avait été sous Philippe IV et sous Charles II. Il n'y avait que la dure nécessité de voir toujours Gibraltar et Minorque, et le commerce de l'Amérique espagnole entre les mains des Anglais qui eût continuellement traversé le bonheur de son administration. La conquête d'Oran sur les Maures, la couronne de Naples et Sicile enlevée aux Autrichiens et affermie sur la tête de don Carlos, son fils, avaient signalé son règne ; et il se flattait avec apparence, quelque temps avant sa mort, de voir le Milanais, Parme et Plaisance soumis à l'infant don Philippe.

Ce monarque, longtemps enveloppé comme les autres princes dans ces grands mouvements qui agitent presque toujours l'Europe, avait senti plus que personne le néant de la grandeur, et la cruelle nécessité de sacrifier tant de milliers d'hommes à des intérêts qui changent tous les jours. Dégoûté du monde et du trône, il avait abdiqué en faveur de son premier fils, don Louis, et avait repris la couronne après la mort de ce prince, toujours prêt à la quitter, et n'ayant éprouvé par sa complexion mélancolique que l'amertume attachée à la condition humaine jusque dans la puissance absolue [13].

La nouvelle de sa mort, reçue à l'armée après sa défaite, augmenta l'embarras où l'on était. On ne savait pas encore si Ferdinand VI, successeur de Philippe V, ferait pour un frère d'un second mariage ce que Philippe V avait fait pour un fils. On parlait même déjà d'une paix particulière avec l'Angleterre. Le ministère anglais fit en effet ce qu'il put pour détacher l'Espagne et la France, comme le ministère français avait essayé depuis peu de détacher la cour de Turin de ses alliés. Mais Ferdinand VI persista dans les mesures de son père [14]. Il conçut qu'un intérêt personnel et passager ne devait jamais désunir l'Espagne et la France, et qu'à la longue, les deux branches de la maison de France mettraient infailliblement par leur intelligence leurs communs ennemis dans la nécessité d'accepter une paix générale. L'union des deux maisons était même nécessaire pour faire cette balance et cet équilibre dont les Autrichiens et les Anglais avaient tant parlé. En effet, les Etats de la reine de Hongrie, la puissance anglaise, le roi de Sardaigne réunis étaient trop forts contre l'Espagne seule et ne l'étaient pas trop contre l'Espagne et la France.

Mais, quelques résolutions que pussent prendre le conseil de Versailles et de Madrid, il n'était pas possible alors de porter du remède à la situation des affaires d'Italie.

Ce qui restait de cette florissante armée des trois couronnes courait risque d'être enfermé sans ressource. Elle était entre trois rivières, le Lambro, le Pô et le Tidone. Le comte de Maillebois proposa de passer le Pô, à la vue des ennemis. On combattit longtemps cette idée parce qu'elle paraissait trop hardie; mais enfin, on l'adopta parce qu'elle était nécessaire. L'armée des trois couronnes passa tout entière en un jour et une nuit sur trois ponts avec quatre mille mulets chargés et mille chariots de vivres, et se forma, le 10, le long du Tidone. Le roi de Sardaigne et les Autrichiens l'attaquèrent trop tard. Les Français et les Espagnols ne se sauvèrent qu'en soutenant une bataille longue et opiniâtre.

Le marquis de Senneterre, ancien lieutenant-général chargé des détails de cette journée, donna partout de si bons ordres qu'on ne fut point entamé. Le marquis de La Chétardie n'acquit pas moins de réputation qu'il s'en était faite dans son ambassade en Russie [15]. Il fit avec le corps qu'il commandait l'avant-garde et ensuite l'arrière-garde *.

Cette bataille ressemblait à celle de Fornoue, soutenue par Charles VIII à quelques lieues de ce terrain. Elle ressemblait encore à celle de Dettingen, en ce qu'il ne s'agissait que de continuer sa route. De soixante pièces de canon on en perdit dix, qui tombèrent au pouvoir des ennemis avec huit drapeaux et deux étendards. Il y eut environ quinze cents hommes de tués, autant de blessés, autant de prisonniers; mais enfin, après tant de malheurs, on compta cette journée pour heureuse, parce que l'on vint à bout de l'objet proposé. Cet objet était triste; c'était de se retirer et de laisser au pouvoir de l'ennemi Plaisance et tout le pays. En effet, le lendemain de la bataille, Plaisance se rendit, et plus de trois mille malades y furent faits prisonniers de guerre. Le maréchal de Maillebois et le comte de Gages reconduisirent l'infant à Tortone. Alors arriva un nouveau général espagnol : c'était le marquis de La Mina, qui avait commandé l'armée de l'infant dans la célèbre campagne du prince de Conti dans les Alpes. Le comte de Gages et le marquis de Castellar furent rappelés. Le nouveau général n'était chargé alors que de faire repasser les Alpes aux débris de l'armée, et de tout abandonner.

On se retira d'abord à Gavi, vers les confins des Génois (17 août); l'infant et le duc de Modène allèrent dans Gênes; mais, au lieu de la rassurer, ils en augmentèrent les alarmes. Gênes était bloquée par les escadres anglaises. Il n'y avait pas de quoi nourrir le peu de cavalerie qui restait encore. Cinquante mille Autrichiens et vingt mille Piémontais approchaient.

Si on restait dans Gênes, on pouvait la défendre. Mais on abandonnait le comté de Nice, la Savoie, la Provence. Les Génois conjurèrent le marquis de La Mina de ne pas les laisser à la discrétion de leurs ennemis; mais pour toute réponse on se retira. On embarqua à Saint-Pierre-des-Arènes ce qu'on put de provisions dans de petits bâtiments, canonnés sans cesse par les Anglais, mais qui échappaient à la faveur des bas-fonds et des rochers dont les gros vaisseaux ne peuvent approcher.

Gênes n'est pas une ville qui doive, comme Milan, porter ses clefs à quiconque approche d'elle avec une armée. Outre son enceinte, elle en a une seconde de plus de deux lieues d'étendue, formée sur une chaîne de rochers. Par delà cette double enceinte, l'Apennin lui sert partout de fortification. Le poste de la Bocchetta, par où les ennemis s'avançaient, avait toujours été réputé imprenable. Cependant, les troupes qui gardaient ce poste ne firent aucune résistance, et allèrent se joindre à l'armée qui se retirait par Vintimille. La consternation qui s'empara des Génois ne leur permit pas de tenter seulement de se défendre [16]. Ils avaient une grosse artillerie dans leur ville. L'ennemi n'avait point encore de canon de siège; mais la terreur la précipita dans toutes les extrémités qu'ils craignaient. Le sénat se hâta d'envoyer quatre sénateurs dans les défilés des montagnes où campaient les Autrichiens, pour recevoir du marquis de Botta d'Adorno, Milanais, lieutenant-général de l'impératrice-reine, les lois qu'il voudrait bien donner. Ils se soumirent à lui remettre leur ville dans vingt-quatre heures, à livrer prisonniers non seulement leurs soldats, mais les Français et les Espagnols, à délivrer tous les effets qui pourraient appartenir à des sujets de France, d'Espagne et de Naples. On stipula que quatre sénateurs iraient en otage à Milan, que le doge et six autres sénateurs iraient à Vienne dans l'espace d'un mois demander pardon des fautes passées, qu'on payerait sur-le-champ cinquante mille genovines, qui font environ quatre cent mille livres, en attendant les contributions qu'il plairait aux vainqueurs d'imposer.

On se souvenait que Louis XIV avait exigé autrefois que le doge de Gênes vînt lui faire des excuses à Versailles avec quatre sénateurs. On en ajouta deux pour l'impératrice-reine; mais elle mit sa gloire à refuser ce que Louis XIV avait exigé [17]. Elle crut qu'il y avait peu d'honneur à humilier les faibles, et ne songea qu'à tirer de Gênes de fortes contributions, dont elle avait plus besoin que du vain honneur de voir le doge de la petite république de Gênes aux pieds du trône impérial. Gênes fut taxée à vingt-quatre millions.

Mais la prise de Gênes, la diminution prodigieuse de l'armée qui devait la défendre, sa retraite précipitée donnèrent lieu aux ennemis de former de plus grands projets. Cette armée des trois couronnes, composée d'abord d'environ cent mille hommes, était réduite à dix-sept mille. Elle se retirait par Vintimille, La Turbie, Villefranche, Nice, pendant que le roi de Sardaigne s'emparait de Final et de tout ce territoire pour lequel la république de Gênes lui avait déclaré la guerre. Maître de Final et de la ville de Savone, il poursuivait l'armée qui se retirait; et les Autrichiens étaient encore incertains s'ils feraient une irruption dans la Provence ou dans le royaume de Naples. La cour de Vienne, accablée en Flandre et victorieuse dans les Alpes, n'était plus embarrassée que du choix des conquêtes qu'elle pouvait faire. Il paraissait également aisé d'entrer dans Naples ou dans la Provence; mais il lui eût été plus facile de garder Naples.

CHAPITRE XXII *

CETTE guerre * qui avait commencé sur le Danube et
presque aux portes de Vienne, et qui d'abord avait
semblé ne devoir durer que peu de mois, était portée
après six ans sur les côtes méridionales de France, et dans
le même temps * que les Autrichiens et les Piémontais, maîtres de Gênes et de toute la côte, faisaient leurs dispositions
pour entrer en Provence, la Bretagne était encore menacée
par une flotte anglaise. Le projet des ennemis, et surtout de
l'Angleterre, était d'envahir la Provence, de ruiner le port
de Lorient et avec lui la compagnie des Indes, de se saisir du
Port-Louis qui aurait tombé après Lorient, de mettre la
Bretagne à contribution, de faire soulever les calvinistes vers
la Rochelle comme vers le Languedoc et le Dauphiné, et tout
cela pendant qu'ils prenaient des mesures pour attaquer tous
les établissements de la France en Asie et en Amérique, qu'ils
comptaient s'emparer de Naples après avoir mis Gênes sous
le joug. Ces vastes espérances n'étaient pas sans fondement,
car alors les Autrichiens étaient maîtres en Italie, et environ
ce temps-là les Anglais n'eurent presque plus d'ennemis sur les
mers. Les seules campagnes du roi et du maréchal de Saxe
balançaient tout. Mais le roi d'Angleterre comptait bientôt
pouvoir faire de la Hollande une puissance guerrière en lui faisant accepter son gendre pour stathouder, et enfin on sollicitait et on marchandait le secours d'une armée entière de
Russes pour arrêter les progrès du roi en Flandre.

Dans ces conjonctures la Bretagne n'était pas plus en défense que la Provence. Un vieil officier, qui commandait au Port-Louis mande à la cour * : « J'ai aperçu le 28 septembre une flotte qui se multiplie à l'infini; mais je résisterai aisément à cette nation anglicane. » Le 2 octobre, il mande : « Ils sont descendus à Poulduc avec trois cent cinquante barques plates et cinquante-cinq vaisseaux de guerre. Si on avait des fusils, on les battrait; mais les paysans n'ont que des fourches. »

On voit par ces lettres à quoi on était exposé, malgré la confiance avec laquelle ce vieux commandant s'exprimait. En effet, le 30 septembre, le général Sinclair, qui commandait environ sept mille hommes de troupes de débarquement, prit terre sans opposition à l'entrée de la petite rivière de Poulduc *. Il s'avança à Plémur et campa sur une hauteur qui dominait sur Lorient et sur le Port-Louis. Il se passa six jours avant qu'il canonnât la ville. Si les Anglais perdirent ce temps, les Français ne l'employèrent pas mieux, puisque ceux qui commandaient dans la ville et qui pouvaient se défendre longtemps, ayant de l'artillerie et douze mille hommes des milices de Bretagne, capitulèrent le premier jour de l'attaque sur une déclaration du général Sinclair qui, selon l'usage établi, signifiait qu'il allait mettre tout à feu et à sang si on résistait. Rien ne saurait surpasser, à ce qu'on prétend, les fautes que l'on fit dans cette occasion, si ce n'est la conduite du général Sinclair. Jamais on ne vit combien la destinée d'une grande entreprise et celle d'une province dépendent d'un moment, d'un mauvais avis, d'une terreur panique, d'une méprise *. Les tambours des miliciens peu instruits battirent le matin la générale. Sinclair demanda à des gens du pays *[1] pourquoi on battait la générale après la capitulation on * lui répondit qu'on lui avait tendu un piège en capitulant, et qu'on allait fondre sur lui avec douze mille hommes. Pendant cet entretien, le vent changeait et l'amiral L'Estoc [2] en avertit par un signal. Le général Sinclair, craignant d'être attaqué et de ne pouvoir se rembarquer, quitta son poste précipitamment et retourna à Plémur en désordre.

Ceux qui avaient fait la capitulation sortirent cependant de la ville pour se soumettre au général anglais. Ils ne purent revenir de leur surprise quand ils ne trouvèrent personne dans le camp. Les Anglais se rembarquèrent aussi mal à propos qu'on était venu leur porter les clefs. Honteux de leur mauvaise conduite, ils descendirent dans la petite île de Quiberon ³, ce qui était une entreprise aussi mal imaginée que celle du port de Lorient avait été mal exécutée. Cette île presque déserte ne les conduisait à rien. Enfin, tout ce grand armement ne produisit que des méprises et du ridicule dans une guerre où tout le reste n'était que trop sérieux et trop terrible.

Il se faisait alors dans Gênes une révolution plus importante et plus inouïe que celle qui venait d'étonner la Bretagne.

Les Autrichiens usaient avec rigueur du droit de la victoire; les Génois, ayant épuisé leurs ressources et donné tout l'argent de leur banque de Saint-George pour payer seize millions, demandèrent grâce pour les huit autres. Mais on leur signifia le trente novembre 1746, de la part de l'impératrice-reine, que non seulement il les fallait donner, mais qu'il fallait en payer encore autant pour l'entretien de neuf régiments répandus dans le faubourg de Saint-Pierre des Arènes, de Bisagno, et dans les villages circonvoisins. A la publication de ces ordres, le désespoir saisit tous les habitants; leur malheur était au comble, leur commerce ruiné, leur crédit perdu, leur banque épuisée, les belles maisons de campagne qui embellissaient les dehors de Gênes pillées, les habitants traités en esclaves par le soldat. Ils n'avaient plus à perdre que la vie, et il n'y avait point de Génois qui ne parût enfin résolu à la sacrifier plutôt que de souffrir plus longtemps un traitement si honteux et si rude.

Gênes captive * comptait encore parmi ses disgrâces la perte du royaume de Corse, si longtemps soulevé contre elle, et dont les mécontents seraient sans doute appuyés pour jamais par ses vainqueurs. La Corse, qui se disait opprimée par Gênes, comme Gênes par les Autrichiens, jouissait, dans ce chaos de révolutions, de l'infortune de ses maîtres [4]. Ce surcroît d'afflictions n'était que pour le sénat; en perdant la Corse, il ne perdait qu'un fantôme d'autorité; mais le reste des Génois était en proie aux afflictions réelles qu'entraîne la misère. Quelques sénateurs * fomentèrent sourdement et avec habileté les résolutions désespérées que les habitants semblaient disposés à prendre. Ils avaient besoin de la plus grande circonspection; car il était vraisemblable qu'un soulèvement téméraire et mal soutenu ne produirait que la destruction du sénat et de la ville. Les émissaires des sénateurs se contentaient de dire aux plus accrédités du peuple : « Jusqu'à quand attendrez-vous que les Autrichiens viennent vous égorger entre les bras de vos enfants pour vous arracher le peu de nourriture qui vous reste? Leurs troupes sont dispersées hors de l'enceinte de vos murs : il n'y a dans la ville que ceux qui veillent à la garde de vos portes. Vous êtes ici plus de quarante mille hommes capables d'un coup de main. Ne vaut-il pas mieux mourir que d'être les spectateurs des ruines de votre patrie [5] »? Mille discours pareils animaient le peuple; mais il n'osait encore remuer, et personne n'osait arborer l'étendard de la liberté. Les Autrichiens tiraient de l'arsenal de Gênes des canons et des mortiers pour l'expédition de Provence, et ils faisaient servir les habitants à ce travail. Le peuple murmurait, mais il obéissait. Un capitaine autrichien, ayant rudement frappé un habitant qui ne s'empressait pas assez, ce moment fut un signal auquel le peuple s'assembla, s'émut et s'arma en un moment de tout ce qu'il put trouver, pierres, bâtons, épées, fusils, instruments de toute espèce. Ce peuple qui n'avait pas eu seulement la pensée de défendre sa ville quand les ennemis en étaient encore éloignés, la défendit quand ils en étaient les maîtres. Le marquis de Botta, qui était à Saint-Pierre des Arènes, crut que cette émeute du peuple se ralentirait d'elle-même, et que la crainte reprendrait bientôt la place de cette fureur passagère. Le lendemain (6 décembre), il se contenta de renforcer les gardes des portes et d'envoyer quelques détachements dans les rues. Le peuple, attroupé en plus grand nombre que la veille, courut au palais du doge demander les armes qui sont dans ce palais. Le doge ne répondit rien; les domestiques indiquèrent un autre magasin. On y court, on l'enfonce, on s'arme; une centaine d'officiers se distribuent dans la place *; on se barricade dans les rues, et l'ordre qu'on tâche de mettre autant qu'on le peut dans ce bouleversement subit et furieux n'en ralentit point l'ardeur.

Il semble que dans cette journée et dans les suivantes, la consternation, qui avait si longtemps atterré l'esprit des Génois, eût passé dans les Allemands. Le marquis de Botta, qui était dans Saint-Pierre des Arènes avec quelques régiments, ne tenta pas de combattre le peuple avec ses troupes régulières; il laissa les soulevés se rendre maîtres de la porte Saint-Thomas et de la porte Saint-Michel. Le sénat, qui ne savait encore si le peuple soutiendrait ce qu'il avait si bien commencé, envoya une députation au général autrichien dans Saint-Pierre des Arènes. Le marquis de Botta négocia lorsqu'il fallait combattre : il dit aux sénateurs qu'ils armassent les troupes génoises qu'il avait laissées désarmées dans la ville, et qu'ils se joignissent aux Autrichiens pour tomber sur les rebelles au signal qu'il ferait. Quelques sénateurs dévoués à l'ennemi promirent d'exécuter ce qu'il ordonnait; mais on ne devait pas s'attendre que le sénat de Gênes se joignit aux oppresseurs de la patrie pour achever sa perte.

Les Allemands, comptant sur les intelligences qu'ils avaient dans la ville, s'avancèrent à la porte de Bisagno par le faubourg qui porte son nom (9 décembre); mais ils y furent reçus par des salves de canon et de mousqueterie. Le peuple de Gênes composait alors une armée. On battait la caisse dans la ville au nom du peuple, et on ordonnait, sous peine de la vie, à tous les citoyens de sortir en armes hors de leurs maisons, et de se ranger sous les drapeaux de leurs quartiers. Les Allemands furent attaqués à la fois dans le faubourg de Bisagno et dans celui de Saint-Pierre des Arènes. Le tocsin sonnait en même temps dans tous les villages des vallées. Les paysans s'assemblèrent au nombre de vingt mille. Un prince Doria, à la tête du peuple, attaqua le marquis de Botta dans Saint-Pierre des Arènes; le général et ses neuf régiments s'enfuirent de tous côtés. Ils laissèrent quatre mille prisonniers et près de mille morts, tous leurs magasins, tous leurs équipages, et se retirèrent en désordre au poste de la Bocchetta, poursuivis sans cesse par les paysans, et forcés enfin d'abandonner ce poste et de fuir jusqu'à Gavi. C'est ainsi que * les Autrichiens perdirent Gênes pour avoir trop méprisé et accablé le peuple, et pour avoir eu la simplicité de croire que le sénat se joindrait à eux contre les habitants qui défendaient le sénat même. L'Europe vit * avec surprise qu'un peuple faible, nourri loin des armes et que ni son enceinte de rochers ni les rois de France, d'Espagne, de Naples n'avaient pu sauver du joug des Autrichiens, l'eût brisé sans secours, et eût chassé ses vainqueurs.

Il y eut dans ces tumultes beaucoup de brigandages. Le peuple pilla plusieurs maisons appartenant aux sénateurs soupçonnés de favoriser les Autrichiens; mais ce qui fut plus étonnant dans cette révolution, c'est que ce même peuple, qui avait quatre mille de ses vainqueurs dans des prisons, ne tourna point ses forces contre ses maîtres : il avait des chefs, mais ils étaient indiqués par le sénat, et parmi eux il ne s'en trouva point d'assez considérable pour usurper longtemps l'autorité [6]. Le peuple choisit trente-six citoyens pour le gouverner; mais il y ajouta quatre sénateurs, Grimaldi, Scaglia, Lomellini, Fornari; et ces quatre nobles rendaient compte au sénat qui paraissait ne se mêler plus du gouvernement, mais il gouvernait en effet. Il faisait désavouer à Vienne la révolution qu'il fomentait à Gênes, et dont il redoutait la plus terrible vengeance. Son ministre dans cette cour déclara que la noblesse génoise n'avait aucune part à ce changement qu'on appelait « révolte » [7]. Le conseil de Vienne, agissant encore en maître et croyant être bientôt en état de reprendre Gênes, lui signifia que le sénat eût à faire payer incessamment les huit millions restants de la somme à laquelle on l'avait condamnée, à en donner trente pour les dommages causés à ses troupes, à rendre tous les prisonniers, à faire justice des séditieux. Ces lois, qu'un maître irrité aurait pu donner à des sujets rebelles et impuissants, ne firent qu'affermir les Génois dans la résolution de se défendre * et dans l'espérance de repousser de leur territoire ceux qu'ils avaient chassés de la capitale. Quatre mille Autrichiens dans les prisons de Gênes étaient encore des otages qui les rassuraient.

C'est d'ordinaire dans ces temps de calamité et de désespoir que l'esprit de patriotisme et la grandeur de courage semblent se déployer avec plus de force, soit que ces vertus brillent davantage dans la désolation commune, soit qu'en effet l'amour de la patrie opprimée ranime la vigueur de l'âme et élève l'homme au-dessus de lui-même. On en vit dans ces temps-là un exemple dans Augustin Adorno. Ce brave républicain commandait, avant la révolution de Gênes, dans la ville de Savone, qui est du territoire de la république. Il était assiégé par le roi de Sardaigne. Le sénat, qui s'était rendu, lui ordonna de se rendre. Il répondit qu'il ne connaissait d'ordres que du sénat libre, et tint assez longtemps pour qu'on pût venir à son secours. Mais ces secours ne purent venir : le peuple de Gênes victorieux dans ses foyers n'était point assez aguerri pour aller combattre en rase campagne, et la France, obligée de défendre la Provence, ne pouvait rien alors dans les Alpes. Ainsi la valeur d'Augustin Adorno ne servit qu'à le faire prisonnier de guerre dans le temps même que Gênes venait d'être délivrée. Mais elle lui mérita les louanges de sa patrie et celles du roi de Sardaigne auquel il se rendit [8].

Cette révolution de Gênes fut favorable pour la Provence : les Autrichiens, qui occupaient déjà le tiers de ce pays, ne recevaient plus de vivres et de munitions par la voie de Gênes comme dans les commencements; cependant, ils s'étaient avancés jusqu'à la rivière d'Argens, dans le dessein de tomber sur Toulon et sur Marseille à la faveur des flottes anglaises.

Ils prirent d'abord les îles de Sainte-Marguerite et de Saint-Honorat, où il n'y avait que des invalides pour garnison.

C'était dans ces îles qu'on gardait plusieurs prisonniers d'Etat. Ils espéraient que les Anglais leur procureraient leur liberté; mais le commandant capitula si vite qu'on lui permit d'emmener ses prisonniers avec les autres effets du roi, et sa petite garnison. Il est étrange que plusieurs journaux publics aient rapporté que ce commandant était le marquis de Dreux, lieutenant général et grand maître des cérémonies. La méprise vient de ce que le marquis de Dreux est seigneur de ces îles. Le commandant était un vieil officier, qui fut mis au conseil de guerre et condamné à la prison pour s'être rendu avec trop de précipitation.

Après la prise de ces îles, les ennemis commencèrent le siège d'Antibes. Il n'était pas aisé d'arrêter les progrès d'une armée qui avait soixante et onze bataillons, huit mille hommes de troupes irrégulières et huit mille chevaux. Le maréchal de Belle-Isle fut chargé de cette entreprise.

Il ne fut d'abord que le témoin de l'état déplorable et du découragement où étaient la province et les troupes. Il ne put empêcher ni ce passage du Var [9], ni protéger le pays dont les Autrichiens s'emparèrent; il attendait trente bataillons et seize escadrons, du canon, des vivres et des munitions. Les côtes n'étaient défendues que par des miliciens effrayés. Les troupes sans discipline s'arrachaient le foin et la paille; les mulets des vivres mouraient faute de nourriture. Les ennemis avaient tout rançonné et tout dévasté du Var à la rivière d'Argens et à la Durance. Leurs généraux avaient abandonné Vence et Grasse au pillage pendant six heures, parce que ces villes n'avaient pas payé assez tôt leurs contributions. L'infant don Philippe et le duc de Modène étaient dans la ville d'Aix-en-Provence, où ils attendaient les efforts que feraient la France et l'Espagne pour sortir de cette situation cruelle. Les ressources étaient encore éloignées, les dangers et les besoins pressaient : le maréchal de Belle-Isle commença par emprunter en son nom cinquante mille écus pour subvenir aux plus pressants besoins. Il fut obligé de faire les fonctions d'intendant et de munitionnaire. Ensuite à mesure que les secours venaient, il prenait des postes où il arrêtait les Autrichiens. D'un côté il couvrit Castellane, sur le Verdon, lorsque les Autrichiens allaient s'en rendre maîtres; de l'autre, il couvrait Draguignan et Brignoles.

Enfin, au commencement de janvier 1747, se trouvant fort de soixante bataillons et de vingt-deux escadrons, et secondé du marquis de La Mina qui lui fournit quatre à cinq mille Espagnols, il se trouva en état d'attaquer l'ennemi. Le comte de Browne qui commandait les Autrichiens, et le marquis d'Ormea qui était à la tête du corps des Piémontais, étaient beaucoup plus forts que lui; mais ils éprouvaient plus de difficultés pour les subsistances que le maréchal n'en avait d'abord essuyées. C'est là un point essentiel et ce qui rend la plupart des invasions infructueuses. Leur première déroute commença par un poste auprès de Castellane, dont un capitaine de Lyonnais, nommé Danfrenet, les chassa l'épée à la main (7 janvier 1747). Ils tenaient, depuis Senez jusqu'à Saint-Tropez, l'espace de quarante lieues; un corps considérable fut battu et chassé de Castellane par le comte de Maulévrier et par le marquis de Taubin, Espagnol. On chassa un autre corps auquel on fit repasser la rivière d'Argens. Le maréchal de Belle-Isle, par son esprit de conciliation, engageait les troupes espagnoles à le seconder partout. Le marquis de La Mina entra dans toutes ses vues, et ce parfait concert ne servit pas peu au succès. Les ennemis furent poursuivis de poste en poste, et toujours avec perte. Enfin, le maréchal de Belle-Isle leur fit repasser le Var, et mit la Provence en sûreté (24 janvier).

Il ne restait guère au roi de France d'entreprise difficile à exécuter, que celle de secourir Gênes. Il fut occupé, durant toute cette guerre, à protéger des alliés : d'abord l'empereur Charles VII, ensuite le prince d'Espagne don Philippe, puis le prétendant à la couronne d'Angleterre, et enfin les Génois et dans tout le cours de la guerre, il arriva que les succès faisaient naître des dangers.

Le maréchal de Belle-Isle venait de chasser de la Provence les Autrichiens et les Piémontais. Mais il était fort à craindre que ces mêmes ennemis, assez forts pour garder les passages des Alpes, ne le fussent assez pour retomber sur Gênes et ensuite sur Naples. Gênes, délivrée dans son enceinte, était toujours bloquée par mer et par terre. Le comte de Schulenbourg, remplaçant le marquis de Botta, menaçait continuellement la première enceinte; l'amiral Medley empêchait autant qu'il le pouvait que les secours n'entrassent dans le port. Le roi de France ne cessa de leur en envoyer. D'abord le maréchal de Belle-Isle leur fit tenir vingt mille louis d'or par huit officiers, qui avaient chacun une partie de cette somme. Il leur donna à tous l'ordre de jeter l'argent dans la mer en cas qu'ils ne pussent échapper heureusement. Les huit officiers arrivèrent avec l'argent, des provisions et des soldats, et surtout avec de grandes promesses. Les Génois, encouragés, résistèrent à toutes les attaques des Autrichiens, aussi bien qu'aux propositions de la cour de Vienne. Car cette cour avait encore la confiance de négocier avec ceux qu'un traitement si dur et une résolution si belle semblaient devoir rendre irréconciliables. Elle leur demandait de l'argent qu'ils n'avaient pas, et le roi de France leur en donnait.

C'était peu d'avoir forcé les Autrichiens et les Piémontais à repasser le Var; il fallait le passer après eux, les pousser hors des montagnes, rentrer dans l'Italie, mais surtout secourir promptement Gênes. On ne pouvait y porter des secours que par mer, et il fallait les dérober à la flotte anglaise, qui croisait sans cesse sur ces côtes. Il n'y avait alors à Toulon que huit vaisseaux désarmés, trois frégates et deux barques. On n'avait pu armer que six galères, faute de chiourme et de matelots. Cependant les Autrichiens, aidés des Piémontais, menaçaient Gênes de rentrer dans ses murs. Le comte de Schulenbourg, neveu du général de Venise, avait, par le moyen de cette république, renforcé son armée de soldats albanais. Ce sont les anciens Epirotes, qui passent encore pour être aussi bons guerriers que leurs ancêtres. Il avait repassé la Bocchetta; il resserrait Gênes d'assez près. La campagne à droite et à gauche était livrée à la fureur des troupes irrégulières, au saccagement et à la dévastation. Gênes était consternée, et cette consternation même y produisait des intelligences avec ses oppresseurs, et, pour comble de malheur, il y avait une grande division entre le sénat et le peuple [10]. La ville avait des vivres, mais il n'y avait plus d'argent; et il fallait dépenser dix-huit mille florins par jour pour entretenir les milices qui combattaient dans la campagne, ou qui gardaient la ville. La république n'avait ni aucunes troupes régulières aguerries, ni aucun officier expérimenté. Nul secours n'y pouvait arriver que par mer, et encore au hasard d'être pris par la flotte anglaise comme ceux qu'on avait envoyés au prince Edouard. On attendait ces secours de la France et de l'Espagne. S'ils tardaient, tout était perdu.

Le roi de France avait déjà fait tenir au sénat un million. Les galères de Toulon et de Marseille partent, chargées d'environ six mille hommes. On relâche en Corse et à Monaco à cause d'une tempête, et surtout de la flotte anglaise. Un patron étranger d'une barque de ce convoi prend ce temps pour faire une trahison. Il avertit l'amiral anglais, mais on ne perdit que six bâtiments qui portaient environ mille soldats. Enfin, le premier secours entre dans Gênes au nombre d'environ quatre mille cinq cents Français qui firent renaître l'espérance.

Bientôt après, le duc de Boufflers arrive et vient commander les troupes qui défendent Gênes, et dont le nombre augmente de jour en jour (le dernier avril). Il fallut que ce général

passât aussi dans une barque et trompât la flotte de l'amiral
Medley. Si les Anglais avaient eu autant de soin et autant
d'art que de grandeur dans leur entreprise, ils auraient eu des
barques armées, qui auraient fait ce que leurs vaisseaux ne
pouvaient faire, et qui auraient rendu les secours bien difficiles. Les détachements français, espagnols, suisses arrivaient
à Gênes les uns après les autres des côtes de France. Des
provisions venaient d'Italie; et les Anglais n'étaient que
spectateurs.

Le duc de Boufflers se trouvait ainsi à la tête d'environ
huit mille hommes de troupes régulières dans une ville bloquée, qui s'attendait à être bientôt assiégée. Il y avait peu
d'ordre, peu de provisions, point de poudre. Les chefs du
peuple étaient peu soumis au sénat. Les Autrichiens conservaient toujours quelques intelligences. Le duc de Boufflers
eut d'abord autant d'embarras avec ceux qu'il venait défendre qu'avec ceux qu'il venait combattre. Il mit de l'ordre partout; des provisions de toute espèce abordèrent en sûreté,
moyennant une rétribution qu'on donnait en secret à des capitaines de vaisseaux anglais; tant l'intérêt particulier sert toujours à faire ou à prévenir les malheurs publics. Les Autrichiens avaient quelques moines dans leur parti : on leur
opposa les mêmes armes avec plus de force. On engagea les
confesseurs à refuser l'absolution à quiconque balançait entre
la patrie et les ennemis. Un ermite se mit à la tête des milices,
qu'il encourageait par son enthousiasme en leur parlant, et
par * son exemple en combattant. Il fut tué dans un de ces
petits combats qui se donnaient tous les jours, et mourut
en exhortant les Génois à se défendre. Les dames génoises
engagèrent leurs pierreries pour subvenir aux frais des
ouvrages nécessaires.

Mais le plus puissant de ces encouragements fut la valeur
des troupes françaises, que le duc de Boufflers employait
souvent à attaquer les ennemis dans leurs postes * au delà de
la double enceinte de Gênes; il y en avait plusieurs autres
dont la possession eût mis l'ennemi à portée de faire aisément

le siège, un entre autres sur la côte de Rivarole, dont les Autrichiens et les Piémontais s'emparèrent, assez près de la montagne des Deux-Frères, et dont il fallut les chasser (21 mai 1747). Cette action conduite avec autant de sagesse que de vigueur, ranima toutes les espérances. Le comte de Lanion, le chevalier de Chauvelin qui fut blessé dans ce combat (13 juin), le marquis de Montail s'y distinguèrent. On y perdit le colonel La Faye, jeune homme qui avait hérité de son père, capitaine aux gardes très connu dans Paris, un extrême courage avec une grande application aux sciences, et qui tenait de son oncle [11] le talent de réussir dans ce que la littérature a de plus agréable. Je connaissais tout son mérite et je ne peux trop regretter sa perte. On réussit dans presque tous ces petits combats, dont le détail attirait alors l'attention, et qui se perdent ensuite parmi des événements innombrables. Mais ce qui sauva Gênes, et ce qui déconcerta toutes les mesures des Autrichiens en Italie, ce fut les progrès que faisait le maréchal de Belle-Isle. Il avait fait lever le siège d'Antibes; il avait fait reprendre par son frère les îles de Sainte-Marguerite à la vue de la flotte anglaise. Il était maître de Nice, de Villefranche, de Vintimille. Le roi de Sardaigne était obligé de rappeler ses troupes pour défendre ses Etats. Les Autrichiens, forcés de faire face à l'armée française, ne pouvaient assiéger Gênes dans les formes. La cour de Vienne ordonna enfin qu'on levât le blocus. Le duc de Boufflers ne jouit point de ce bonheur et de cette gloire : il mourut de la petite vérole [12] le jour même que les ennemis se retiraient (27 juin 1747). Il était fils du maréchal de Boufflers, général très estimé sous Louis XIV, homme vertueux, bon citoyen; et il avait les qualités de son père *.

Gênes n'était pas alors pressée [13], mais elle était toujours très menacée par les Piémontais maîtres de tous les environs, par la flotte anglaise qui bouchait ses ports, par les Autrichiens qui revenaient des Alpes fondre sur elle. Il fallait que le maréchal de Belle-Isle descendît en Italie, et c'est ce qui était d'une extrême difficulté [14].

CHAPITRE XXIII

Pour pénétrer en Italie malgré les armées d'Autriche et de Piémont, quel chemin fallait-il prendre? Le général espagnol voulait qu'on tirât à Final par ce chemin de la côte du Ponant, où l'on ne peut aller que un à un. Mais il n'avait ni canons ni provisions. Transporter l'artillerie française, garder une communication de près de quarante marches par une route aussi serrée qu'escarpée, où tout doit être porté à dos de mulets, être exposé sans cesse au canon des vaisseaux anglais, de telles difficultés paraissaient insurmontables. On proposait la route de Démont et de Coni; mais assiéger Coni était une entreprise dont tout le danger était connu. On se détermina pour la route du col de l'Exiles, à près de vingt-cinq lieues de Nice, et on résolut d'emporter cette place.

Cette entreprise n'était pas moins hasardeuse, mais on ne pouvait choisir qu'entre des périls. Le chevalier de Belle-Isle saisit avidement cette occasion de se signaler. Il avait autant d'audace pour exécuter un projet que de soin pour le conduire.

Homme infatigable dans le travail du cabinet et dans celui de la campagne, instruit de toutes les parties du gouvernement comme de toutes celles de la guerre, il avait une éloquence qui ressemblait à son courage; on y sentait quelque chose de violent sous un air profondément occupé. C'était un homme capable de tout faire et de tout imaginer. Il part donc, et prend son chemin en retournant vers le Dauphiné, et s'enfonçant ensuite vers le col de l'Assiette, sur le chemin d'Exiles. C'est là que vingt et un bataillons piémontais l'attendaient derrière des retranchements de pierre et de bois, hauts de dix-huit pieds, sur treize pieds de profondeur, et garnis d'artillerie [1].

Pour emporter ces retranchements, le chevalier de Belle-Isle avait vingt-huit bataillons et sept canons de campagne, qu'on ne put guère placer d'une manière avantageuse. On s'enhardissait à cette entreprise par le souvenir des journées de Mont-Alban et de Château-Dauphin, qui semblaient justifier tant d'audace. Il n'y a jamais deux entreprises qui se ressemblent entièrement, et il est plus difficile encore et plus meurtrier d'attaquer des palissades qu'il faut arracher avec les mains sous un feu plongeant et continu, que de gravir et de combattre sur des rochers; et enfin ce qu'on doit compter pour beaucoup, les Piémontais étaient très aguerris, et on ne pouvait mépriser des troupes que le roi de Sardaigne avait commandées. L'action dura deux heures, c'est-à-dire que les Piémontais tuèrent deux heures de suite, sans peine et sans danger, tous les Français qu'ils choisirent (19 juillet). M. d'Arnaud, maréchal de camp, qui menait une division, fut blessé à mort des premiers avec M. de Grille, major général de l'armée.

Parmi tant d'actions sanglantes qui signalèrent cette guerre de tous côtés, ce combat fut un de ceux où l'on eut le plus à déplorer la perte prématurée d'une jeunesse florissante, inutilement sacrifiée. Le comte de Goas, colonel de Bourbonnais, y périt. Le marquis de Donge, colonel de Soissonnais, y reçut une blessure dont il mourut six jours après. Le marquis de Brienne, colonel d'Artois, ayant eu un bras emporté, retourna aux palissades en disant : « Il m'en reste un autre pour le service du roi »; et il fut frappé à mort. On compta trois mille six cent quatre-vingt-quinze morts et mille six cent six blessés, fatalité contraire à l'événement de toutes les autres batailles où les blessés sont toujours le plus grand nombre. Celui des officiers qui périrent fut très grand. Tous ceux de Bourbonnais furent blessés ou périrent, et les Piémontais ne perdirent pas cent hommes.

Le chevalier de Belle-Isle, dans cette attaque si meurtrière, ne se rebuta pas. Il arrachait les palissades et, blessé aux deux mains, il les tirait encore avec les dents, quand enfin il reçut le coup mortel. Il avait dit souvent qu'il ne fallait pas qu'un général survécût à sa défaite et il ne prouva que trop que ce sentiment était dans son cœur.

Les blessés furent menés à Briançon où l'on ne s'était pas attendu au désastre de cette journée. M. Audiffret, lieutenant de roi, vendit sa vaisselle d'argent pour secourir les malades. Sa femme, prête d'accoucher, prit elle-même le soin des hôpitaux, pansa de ses mains les blessés, et mourut en s'acquittant de ce pieux office, exemple aussi triste que noble, et qui mérite d'être consacré dans l'histoire.

Ce désastre semblait devoir accabler Gênes, exposer le royaume de Naples, ôter toute espérance à don Philippe de s'établir en Italie, et laisser le duc de Modène sans ressource. Louis XV se chargea de tout le fardeau et le soutint.

Il envoya à Gênes le duc de Richelieu[2], de nouvelles troupes, de l'argent. Le duc de Richelieu arrive dans un petit bâtiment malgré la flotte anglaise (27 septembre 1747). Ses troupes passent. La cour de Madrid seconde ces efforts. Elle fait passer à Gênes environ trois mille hommes. Elle promet deux cent cinquante mille livres par mois aux Génois; mais le roi de France les donne. Le duc de Richelieu fatigue les ennemis dans plusieurs combats, fait fortifier tous les postes, met les côtes en sûreté. Alors l'Angleterre s'épuisait pour faire tomber Gênes, comme la cour de France pour la défendre. Le ministre anglais donna cent cinquante mille livres sterling à l'impératrice-reine, et autant au roi de Sardaigne pour entreprendre le siège de Gênes. Les Anglais perdirent leurs avances. Le maréchal de Belle-Isle, après avoir pris le comté de Nice, tenait les Autrichiens et les Piémontais en alarme. S'ils faisaient le siège de Gênes, il tombait sur eux; ainsi, étant encore arrêté par eux, il les arrêtait.

CHAPITRE XXIV

LES FRANÇAIS PRENNENT LE BRABANT HOLLANDAIS TANDIS QU'ON FAIT UN STATHOUDER. ILS GAGNENT LA BATAILLE DE LAUFELD. ILS PRENNENT D'ASSAUT BERG-OP-ZOM, ET LOUIS XV TOUJOURS VAINQUEUR PROPOSE TOUJOURS LA PAIX QU'ON REFUSE

D ANS ce fracas d'événements, tantôt malheureux, tantôt favorables, le roi, victorieux en Flandre, était le seul souverain qui voulût la paix. Toujours en droit d'attaquer le territoire des Hollandais, et toujours le ménageant, il crut les amener à son grand dessein d'une pacification générale, en leur proposant un congrès dans une de leurs villes. On choisit Bréda. Le marquis de Puisieux y alla des premiers en qualité de plénipotentiaire. Il avait comme ses ancêtres servi la France dans la guerre et dans le ministère. Longtemps ambassadeur à Naples, il avait passé en Hollande, et si les affaires dépendaient du caractère des hommes plutôt que des conjonctures, il eût bientôt porté les esprits à la concorde. Les Hollandais envoyèrent à Bréda M. de Vassenaer, comme ils l'avaient envoyé toujours, sans avoir de vues déterminées. La cour d'Angleterre, qui ne penchait pas à la paix, ne put pas paraître la refuser. Le comte de Sandwich, petit-fils par sa mère du fameux Wilmot, comte de Rochester, fut le plénipotentiaire anglais. Mais tandis que les puissances auxiliaires de l'impératrice-reine avaient des ministres à ce congrès, cette princesse n'y en eut aucun. Un des premiers effets du congrès fut qu'un parti autrichien arrêta un courrier du marquis de Puisieux, et prit ses dépêches que le général Bathiani lui renvoya quelque temps après, assez bien recachetées.

Les Hollandais devaient plus que tout autre puissance

presser l'heureux effet de ces apparences pacifiques. Un peuple tout commerçant, qui n'était plus guerrier, qui n'avait ni bons généraux ni bons soldats, et dont les meilleures troupes étaient prisonnières en France au nombre de près de trente mille hommes, semblait n'avoir d'autre intérêt que de ne pas attirer sur son terrain l'orage qu'il avait vu fondre sur la Flandre. La Hollande n'était plus même une puissance maritime. Ses amirautés ne pouvaient pas alors mettre en mer vingt vaisseaux de guerre. Les régents sentaient tous que si la guerre entamait leurs provinces, ils seraient forcés de se donner un stathouder et par conséquent un maître. Les magistrats d'Utrecht, de Dordrecht, de La Brille avaient toujours insisté pour la neutralité. Quelques membres de la république étaient ouvertement de cet avis. En un mot, il est certain que si les Etats Généraux avaient pris la ferme résolution de pacifier l'Europe, ils en seraient venus à bout. Ils auraient joint cette gloire à celle d'avoir fait autrefois d'un si petit pays un état puissant et libre; et cette gloire a été longtemps dans leurs mains; mais le parti anglais et le préjugé général prévalurent. Je ne crois pas qu'il y ait un peuple qui revienne plus difficilement de ses anciennes impressions que la nation hollandaise. L'irruption de Louis XIV et l'année 1672 étaient encore dans leurs cœurs, et j'ose dire que je me suis aperçu plus d'une fois que leur esprit, frappé de la hauteur ambitieuse de Louis XIV, ne pouvait concevoir la modération de Louis XV. Ils ne la crurent jamais sincère. On regardait toutes ses démarches pacifiques et tous ses ménagements, tantôt comme des preuves de faiblesse, tantôt comme des pièges.

Le roi, qui ne pouvait les persuader, fut forcé de conquérir une partie de leur pays [1]. Pendant la tenue d'un congrès inutile, il fit entrer ses troupes dans la Flandre hollandaise. C'est un démembrement des domaines de cette même Autriche dont ils prenaient la défense. Il commence une lieue au-dessous de Gand et s'étend à droite et à gauche, d'un côté à Middelbourg sur la mer, de l'autre jusqu'au-dessous d'Anvers sur l'Escaut. Il est garni de petites places d'un difficile accès, et qui auraient pu se défendre. Le roi, avant de prendre cette province, poussa encore les ménagements jusqu'à déclarer aux Etats Généraux qu'il ne regarderait ces places que comme un dépôt qu'il s'engageait à restituer sitôt que les Hollandais cesseraient de fomenter la guerre en accordant des passages et des secours d'hommes et d'argent à ses ennemis.

On ne sentit point cette indulgence. On ne vit que l'irruption, et la marche des troupes françaises fit un stathouder. Il arriva précisément ce que l'abbé de Laville, dans le temps qu'il faisait les fonctions d'envoyé en Hollande, avait dit à plusieurs seigneurs des Etats, qui refusaient toute conciliation et qui voulaient changer la forme du gouvernement : « Ce ne sera pas vous, ce sera nous qui vous donnerons un maître. »

Tout le peuple, au bruit de l'invasion, demande pour stathouder le prince d'Orange. La ville de Tervère, dont il était seigneur, commença et le nomma. Toutes les villes de la Zélande suivirent. Rotterdam, Delft le proclamèrent. Il n'eût pas été sûr pour les régents de s'opposer à la multitude. Ce n'était partout qu'un cri unanime. Tout le peuple de La Haye entoura le palais où s'assemblent les députés de la province de Hollande et de Vestfrise, la plus puissante des sept, qui seule paie la moitié des charges de tout l'Etat et dont le pensionnaire est regardé comme le plus considérable personnage de la république. Il fallut dans l'instant, pour apaiser le peuple, arborer le drapeau d'Orange au palais et à l'hôtel de ville; et deux jours après le prince fut élu. Le diplôme porta « qu'en considération des tristes circonstances où l'on était, on nommait stathouder, capitaine et amiral général Guillaume Charles Henri Frison, prince d'Orange, de la branche de Nassau-Diest » (qu'on prononce Dist). Il fut bientôt reconnu par toutes les villes et reçu en cette qualité à l'assemblée des Etats Généraux. Les termes dans lesquels la province de Hollande avait conçu son élection montraient trop que les magistrats l'avaient nommé malgré eux. On sait assez que tout prince veut être absolu et que toute république est ingrate. Les Provinces-Unies, qui devaient à la maison de Nassau la plus grande puissance où jamais un petit état soit parvenu, purent rarement établir ce juste milieu entre ce qu'ils devaient au sang de leurs libérateurs et ce qu'ils devaient à leur liberté. Elles se formèrent deux stathouders lorsque le fameux Guillaume de Nassau, le Taciturne, les eut sauvées du joug de la maison d'Autriche espagnole. Ce prince dont la race a été éteinte dans Guillaume III, roi d'Angleterre, eut la Hollande, la Zélande, Utrecht, Overyssel. Son cousin, le comte de Nassau-Diest, dont descend le prince d'Orange, eut Groningue et Frise qui resta toujours à sa branche, mais avec un pouvoir très borné. Guillaume le Taciturne joignit au titre de stathouder de cinq provinces celui de capitaine général sur terre et sur mer. Maître absolu par cette place des emplois de la guerre, nommant dans cinq provinces comme stathouder à toutes les magistratures sur la présentation des villes, chef du conseil d'Etat, revêtu du pouvoir de donner grâce aux criminels, il ne lui manquait guère que le titre de monarque.

Guillaume Second, son petit-fils, hérita de ses dignités, aspira au despotisme et rendit le stathoudérat odieux. Les magistrats de chaque ville et surtout ceux d'Amsterdam abolirent, après sa mort, le stathoudérat que le peuple les força de rétablir en 1672 en faveur de Guillaume III, depuis roi d'Angleterre, au temps que Louis XIV, en conquérant la moitié de leur Etat, fit par cette irruption même la grandeur de ce prince, et qu'il prépara la ruine de la maison des Stuart qu'il voulait affermir, tant les événements contredisent les desseins des hommes. Ainsi le peuple a rétabli deux fois le stathoudérat que la magistrature voulait détruire.

Guillaume, devenu roi d'Angleterre, eut dans les Provinces-Unies un pouvoir plus absolu que dans son royaume *. Le stathoudérat devint un patrimoine qui devait appartenir à tous les descendants mâles, mais il mourut sans enfants, en laissant pour son unique héritier le jeune prince de Nassau-Diest, stathouder de Frise et de Groningue, et possesseur comme lui de ces deux dignités. Les magistrats reprirent alors l'autorité. Ils ne firent point de stathouder, et pour affaiblir la maison de Nassau, qu'ils respectaient, mais qu'ils redoutaient, ils partagèrent les biens du prince de Nassau-Diest entre lui et la maison de Prusse qui les réclamait. Ce jeune prince, plein de valeur et de prudence et qui donnait les plus grandes espérances, périt en 1711 par un accident assez rare, en passant le petit bras de mer qu'on appelle le Mordick. Il se noya et tout l'espoir de cette maison fut dans un fils posthume, né trois mois après la mort de son père.

Les magistrats, depuis la perte de Guillaume III, roi d'Angleterre, avaient eu tout le temps de goûter la douceur de la puissance absolue. Ils soutinrent sans stathouder le poids d'une guerre de douze années contre Louis XIV et, sur la fin de cette guerre, ils soudoyèrent près de cent mille hommes. Ils eurent cinquante-quatre vaisseaux de ligne, montés de vingt mille matelots, sans compter les frégates et les galiotes à bombes. Ni Tyr, ni Carthage, ni Venise dans les temps de sa splendeur, n'avaient eu de si formidables armements. Des marchands voyaient à leur solde une foule de princes; ils dirigeaient les opérations des armées. Les généraux qu'ils payaient prenaient les ordres de quatre députés qui n'avaient jamais tiré l'épée et qui joignaient à leur frugalité et à toutes les apparences de la modestie, la hauteur du commandement, augmentée par l'orgueil que donnent les succès. Ils eurent la satisfaction de voir un secrétaire d'Etat de France venir à La Haye leur demander la paix [2], et leur fierté proposa des conditions plus dures que Louis XIV, maître de la moitié de leur pays, n'en avait faites en 1672. Ces régents d'ailleurs enrichissaient leurs parents de tous les emplois de la république, et les places de bourgmestres ne sortaient point d'un certain nombre de familles qu'ils commençaient à appeler patriciennes. Je me souviens d'avoir entendu des bourgmestres d'Amsterdam se servir du mot de sujets en parlant des habitants de cette ville. Enfin cette république prenait insensiblement la forme du gouvernement de Venise.

Ils avaient laissé autant qu'ils l'avaient pu le prince Henri Frison d'Orange dans l'éloignement des affaires, et même quand la province de Gueldre le choisit pour son stathouder en 1722, quoique cette place ne fût qu'un titre honorable, quoiqu'il ne disposât d'aucun emploi, quoiqu'il ne pût ni changer seulement une garnison ni donner l'ordre, les Etats de Hollande écrivirent fortement à ceux de Gueldre pour les détourner d'une résolution qu'ils appelaient funeste.

Un moment leur ôta ce pouvoir dont ils avaient joui pendant près de cinquante années [3].

Le nouveau stathouder commença par laisser d'abord la populace piller et démolir les maisons des receveurs, tous parents et créatures des bourgmestres, et quand on eut attaqué ainsi les magistrats par le peuple, on contint le peuple par les soldats.

Le prince, tranquille dans ces mouvements, se fit donner la même autorité qu'avait eue le roi Guillaume et assura mieux encore sa puissance à sa famille. Non seulement le stathoudérat devint l'héritage de ses enfants mâles, mais de ses filles et de leur postérité. Car quelque temps après, on passa en loi qu'au défaut de la race masculine, une fille serait stathouder et capitaine général, pourvu qu'elle fît exercer ces charges par son mari; et en cas de minorité, la veuve d'un stathouder doit avoir le titre de gouvernante, et nommera un prince pour faire les fonctions de stathoudérat.

Par cette révolution, les Provinces-Unies devinrent une espèce de monarchie mixte, moins restreinte à beaucoup d'égards que celle d'Angleterre, de Suède et de Pologne.

L'intérêt du stathouder n'était pas de continuer la guerre dans les commencements d'une autorité qu'il fallait affermir, et qui n'était encore soutenue d'aucun subside réglé. Ce n'était pas en détruisant les bureaux de recettes qu'il pouvait payer des armées. Le roi d'Angleterre, son beau-père, devait être satisfait. Le roi de France ne cessait d'offrir la paix;

cependant ses ennemis étaient loin de l'accepter. Le congrès de Bréda, auquel jamais la reine de Hongrie n'avait envoyé de ministre, était rompu; et le marquis de Puisieux avait déclaré en partant, au nom de son maître, qu'il persistait dans ses vues pacifiques, et qu'il demandait une assemblée de plénipotentiaires de toutes les parties intéressées, dans quelque ville plus éloignée du théâtre de la guerre.

Mais malgré tant de protestations et tant d'efforts, l'animosité contre la cour de France allait si loin, les anciennes défiances étaient si invétérées que le comte de Bentinck [4], en présentant le stathouder aux Etats Généraux le jour de l'installation, avait dit dans son discours : « que la République avait besoin d'un chef contre un voisin ambitieux et perfide, qui se jouait de la foi des traités ». Paroles bien étranges pendant qu'on traitait encore, et dont Louis XV ne se vengea qu'en le confondant par sa conduite et en n'abusant pas de ses victoires, ce qui est plus étrange encore. Cette aigreur violente était entretenue dans les esprits par le parti anglais qui dominait en Hollande. La cour de Londres, pendant les conférences de Bréda, remuait l'Europe pour faire de nouveaux ennemis à Louis XV. Elle ne pouvait faire déclarer l'empire d'Allemagne qui était constamment neutre. Seize mille Hanovriens, quelques régiments allemands, quelques Suisses, que la Hollande épuisée payait, ne suffisaient pas. Elle ne pouvait tirer des troupes de la Suède, qui était intimement liée à la France. On n'en pouvait avoir du Danemark, qui recevait des subsides de France pour ne fournir des soldats à personne. Enfin, le ministère de George Second fit paraître dans le fond du nord un secours formidable qui lui coûtait beaucoup moins que les seize mille Hanovriens soudoyés. L'impératrice des Russes, Elisabeth Pétrovna, fille du czar Pierre, fit marcher cinquante mille hommes en Livonie, et promit d'équiper cinquante galères. Tout cet armement devait se porter partout où voudrait le roi d'Angleterre, moyennant cent mille livres sterling seulement. Il en coûtait quatre fois autant pour les dix-huit mille Hano-

vriens qui servaient dans l'armée anglaise. Ce traité, entamé
longtemps auparavant, ne put être conclu que le mois de
juin 1747.

Il n'y a point d'exemple sur la terre d'un si grand secours
venu de si loin, et rien ne prouvait mieux que le czar Pierre
le Grand, en changeant tout dans ses vastes Etats, avait préparé de grands changements dans l'Europe. Mais pendant
qu'on soulevait ainsi les extrémités de la terre, le roi de
France avançait ses conquêtes. La Flandre hollandaise
fut prise aussi rapidement que les autres places l'avaient été.
Le grand objet du maréchal de Saxe était toujours de prendre
Mastricht. Ce n'est pas une de ces places qu'on puisse perdre
aisément après la conquête, comme presque toutes les villes
d'Italie. Après la prise de Mastricht, on allait à Nimègue, et
il était probable qu'alors les Hollandais auraient demandé
la paix avant qu'un Russe eût pu paraître pour les
secourir; mais on ne pouvait assiéger Mastricht qu'en
donnant une grande bataille, et en la gagnant complè-
tement.

Le roi était à la tête de son armée, et les alliés étaient
campés entre lui et la ville. Le duc de Cumberland les commandait encore. Le maréchal Bathiani conduisait les Autrichiens, le prince de Valdeck les Hollandais et le stathouder
n'y était pas.

Le roi voulut la bataille. Le maréchal de Saxe la donna
(11 octobre 1747). L'événement fut le même qu'à Rocroi. Les
Français furent vainqueurs et les alliés ne furent pas mis
dans une déroute assez complète pour que le grand objet du
siège de Mastricht pût être rempli. Ils se retirèrent sous cette
ville après avoir été vaincus, et laissèrent à Louis XV, avec
la gloire d'une seconde victoire, l'entière liberté de toutes ses
opérations dans le Brabant hollandais. Les Anglais furent
encore dans cette bataille ceux qui firent la plus brave résistance. Le maréchal de Saxe chargea lui-même à la tête de
quelques brigades [5]. Les Français perdirent le comte de
Bavière, frère naturel de l'empereur Charles VII, le marquis de

Froulai, maréchal de camp, jeune homme qui donnait les plus grandes espérances, le colonel Dillon, nom célèbre dans les troupes irlandaises, le brigadier d'Erlach, excellent officier, le marquis d'Autichamp, le comte d'Aubeterre, frère de celui qui avait été tué au siège de Bruxelles. Le marquis de Bonac, fils d'un homme qui s'était acquis une grande réputation dans ses ambassades, y perdit un bras. Le marquis de Ségur eut le même malheur. Il avait été longtemps sur le point de mourir des blessures qu'il avait reçues auparavant, et à peine était-il guéri qu'un bras emporté le mit encore en danger de mort. Le roi dit au comte de Ségur, son père : « Votre fils méritait d'être invulnérable. » La perte fut à peu près égale des deux côtés. Cinq à six mille hommes tués ou blessés de part et d'autre signalèrent cette journée. Le roi de France la rendit célèbre par le discours qu'il tint au général Ligonier qu'on lui amena prisonnier : « Ne vaudrait-il pas mieux, lui dit-il, songer sérieusement à la paix que de faire périr tant de braves gens ? »

Cet officier général des troupes anglaises était né son sujet [6] ; il le fit manger à sa table, et des Écossais au service de France avaient péri par le dernier supplice en Angleterre. La postérité apprendra avec surprise que Louis XV, à chaque victoire qu'il remportait, à chaque conquête qu'il faisait, offrait toujours la paix et ne fut jamais écouté. Les alliés comptaient sur le secours des Russes, sur des succès en Italie, sur le changement de gouvernement en Hollande qui devait enfanter des armées, sur les cercles de l'Empire, sur la supériorité des flottes anglaises, qui menaçaient les possessions de la France en Amérique et en Asie.

Il fallait à Louis XV un fruit de la victoire. On mit le siège devant Berg-op-Zom, place réputée imprenable, moins parce que le célèbre Cohorn [7] y avait épuisé son art, que parce qu'elle était continuellement rafraîchie par l'Escaut qui forme un bras de mer derrière elle. Outre ces défenses, outre une nombreuse garnison, il y avait des lignes auprès des fortifications, et dans ces lignes un corps de troupes qui pouvait à tout moment secourir la ville. De tous les sièges qu'on a jamais faits celui-ci peut-être a été le plus difficile. On en chargea le comte de Lovendal, qui avait déjà pris une partie du Brabant hollandais. Ce général, né en Danemark, avait servi l'empire de Russie. Il s'était signalé aux assauts d'Oczakof, quand les Russes forcèrent les janissaires dans cette ville. Il parlait presque toutes les langues de l'Europe, connaissant toutes les cours, leur génie, celui des peuples, leur manière de combattre; et il avait enfin donné la préférence à la France, où sa réputation le fit recevoir en qualité de lieutenant-général [8].

Les alliés et les Français, les assiégés et les assiégeants même crurent que l'entreprise échouerait. M. de Lovendal fut presque le seul qui comptât sur le succès. Tout fut mis en œuvre par les alliés : garnison renforcée, secours de provisions de toute espèce par l'Escaut, artillerie bien servie, sorties des assiégés, attaques faites par un corps considérable qui protégeait les lignes auprès de la place, mines qu'on fit jouer en plusieurs endroits; les maladies qui infectèrent les assiégeants campés dans un terrain malsain secondaient encore les espérances de la ville.

Ces maladies contagieuses mirent plus de vingt mille hommes hors d'état de servir, mais ils furent aisément remplacés. Enfin, après trois semaines de tranchée ouverte, le comte de Lovendal fit voir qu'il y a des occasions où il faut s'élever au-dessus des règles de l'art. Les brèches n'étaient pas encore praticables. Il y avait trois ouvrages faiblement endommagés, le ravelin d'Edem et deux bastions, dont l'un s'appelait la Pucelle et l'autre Cohorn. Le général résolut de donner l'assaut à la fois à ces trois endroits, et d'emporter la ville. Les Français en bataille rangée trouvent des égaux et quelquefois des maîtres dans la discipline militaire. Ils n'en ont point dans ces coups de main et dans ces entreprises rapides où l'impétuosité, l'agilité, l'ardeur renversent en un moment les obstacles. Les troupes commandées en silence, tout étant prêt, au milieu de la nuit, les assiégés se croyant en sûreté, on descend dans le fossé, on court aux trois brèches (17 septembre 1747). Douze grenadiers seulement se rendent maîtres du fort d'Edem, tuent ce qui veut se défendre, font mettre bas les armes au reste épouvanté. Les bastions la Pucelle et Cohorn sont assaillis et emportés avec la même vivacité. Les troupes montent en foule. On emporte tout. On pousse aux remparts, on s'y forme, on entre dans la ville, la baïonnette au bout du fusil. Le marquis de Lugeac se saisit de la porte du port; le commandant de la forteresse de ce port se rend à lui à discrétion. Tous les autres forts se rendent de même. Le vieux baron de Cromstrom, qui commandait dans la ville, s'enfuit vers les lignes. Le prince de Hesse-Philipstadt veut faire quelque résistance dans les rues avec un régiment écossais et suisse. Ils sont taillés en pièces. Le reste de la garnison fuit vers ces lignes qui devaient la protéger. Ils y portent l'épouvante. Tout fuit; les armes, les provisions, le bagage, tout est abandonné. La ville est en pillage au soldat vainqueur [9]. On s'y saisit au nom du roi de dix-sept grandes barques chargées dans le port de munitions de toutes espèces. Le roi, en apprenant cette nouvelle, fit le comte de Lovendal maréchal de France. La surprise fut grande à Londres, la consternation extrême dans les Provinces-Unies, et le découragement dans l'armée des alliés.

Malgré tant de succès, il était encore très difficile de faire la conquête de Mastricht. On réserva cette entreprise pour l'année suivante 1748. La paix est dans Mastricht, disait le maréchal de Saxe.

On ouvrit la campagne par les préparatifs de ce siège important. Il fallait faire la même chose à peu près qu'au siège de Namur, s'ouvrir et s'assurer tous les passages, forcer une armée entière à se retirer, et la mettre dans l'impuissance d'agir. Ce fut la plus savante manœuvre de toute cette guerre. On ne pouvait venir à bout de cette entreprise sans donner le change aux ennemis. Il était à la fois nécessaire de les tromper et de laisser ignorer son secret à ses propres troupes. Les marches devaient être tellement combinées que chaque marche abusât l'ennemi, et que toutes réussissent à point nommé. C'est là ce qui fut imaginé par le maréchal de Saxe, et arrangé par M. de Crémilles. On fait d'abord croire aux ennemis qu'on en veut à Bréda. Le maréchal va lui-même conduire un grand convoi à Berg-op-Zom, à la tête de vingt-cinq mille hommes, et semble tourner le dos à Mastricht. Une autre division marche en même temps à Tirlemont sur le chemin de Liège, une autre est à Tongres, une autre menace Luxembourg, et toutes enfin marchent vers Mastricht, à droite et à gauche de la Meuse.

Les alliés, séparés en plusieurs corps, ne voient le dessein du maréchal que quand il n'est plus temps de s'y opposer. La ville se trouve investie des deux côtés de la rivière. Nul secours n'y peut plus entrer. Les ennemis, au nombre de près de quatre-vingt mille hommes, sont à Mazeick, à Ruremonde. Le duc de Cumberland ne peut plus qu'être témoin de la prise de Mastricht.

Pour arrêter cette supériorité constante des Français, les Autrichiens, les Anglais et les Hollandais attendaient trente-cinq mille Russes au lieu de cinquante mille sur lesquels ils avaient d'abord compté. Ce secours venu de si loin arrivait enfin. Les Russes étaient déjà dans la Franconie. C'étaient des hommes infatigables, formés à la plus grande discipline. Ils couchaient en plein champ, couverts d'un simple manteau, et souvent sur la neige. La plus sauvage nourriture leur suffisait. Il n'y avait pas quatre malades alors par régiment dans leur armée; ce qui pouvait encore rendre ce secours plus important, c'est que les Russes ne désertent jamais. Leur religion, différente de toutes les communions latines, leur langue qui n'a aucun rapport avec les autres, leur aversion pour les étrangers rendent inconnue parmi eux la désertion, qui est si fréquente ailleurs. Enfin, c'était cette même nation qui avait vaincu les Turcs et les Suédois; mais les soldats russes, devenus si bons, manquaient alors d'officiers. Les nationaux savaient obéir, mais leurs capitaines ne savaient pas commander, et ils n'avaient plus ni un Munich, ni un Lascy, ni un Keith, ni un Lovendal à leur tête.

Tandis que le maréchal de Saxe assiégeait Mastricht, les alliés mettaient toute l'Europe en mouvement. On allait recommencer vivement la guerre en Italie et les Anglais avaient attaqué les possessions de la France en Amérique et en Asie [10].

CHAPITRE XXV

L A France ni l'Espagne ne peuvent être en guerre avec l'Angleterre, que cette secousse qu'elles donnent à l'Europe ne se fasse sentir aux extrémités du monde. Si l'industrie et l'audace de nos nations modernes ont un avantage sur le reste de la terre et sur toute l'antiquité, c'est par les expéditions maritimes. On n'est pas assez étonné peut-être de voir sortir des ports de quelques petites provinces, inconnues autrefois aux anciennes nations civilisées, des flottes dont un seul vaisseau eût détruit tous les navires des anciens. D'un côté, ces flottes vont au-delà du Gange se livrer des combats à la vue des plus puissants empires, qui sont les spectateurs tranquilles d'un art et d'une fureur qui n'ont point encore passé jusqu'à eux. De l'autre, elles vont au-delà de l'Amérique se disputer des esclaves dans un nouveau monde.

Rarement le succès est-il proportionné à ces entreprises, non seulement parce qu'on ne peut prévoir tous les obstacles, mais parce qu'on n'emploie presque jamais d'assez grands moyens.

L'expédition de l'amiral Anson [1] est une preuve de ce que peut un homme intelligent et ferme, malgré la faiblesse des préparatifs et la grandeur des dangers.

On se souvient que quand l'Angleterre déclara la guerre à l'Espagne en 1739, le ministère de Londres envoya l'amiral Vernon vers le Mexique, qu'il y détruisit Porto-Bello, et qu'il manqua Carthagène. On destinait dans le même temps George

Anson à faire une irruption dans le Pérou par la mer du Sud, afin de ruiner, si on pouvait, ou du moins d'affaiblir par les deux extrémités, le vaste empire que l'Espagne a conquis dans cette partie du monde. On fit Anson commodore, c'est-à-dire chef d'escadre. On lui donna cinq vaisseaux, une espèce de petite frégate de huit canons, portant environ cent hommes, et deux navires chargés de provisions et de marchandises. Ces deux navires étaient destinés à faire le commerce à la faveur de cette entreprise, car c'est le propre des Anglais de mêler le négoce à la guerre. L'escadre portait quatorze cents hommes d'équipage, parmi lesquels il n'y avait de soldats qu'environ deux cent soixante vieux invalides et deux cents jeunes gens de recrue. C'était trop peu de forces, et on les fit encore partir trop tard. Cet armement ne fut mis en haute mer qu'à la fin de septembre 1740. Il prend sa route par l'île de Madère qui appartient au Portugal. Il s'avance aux îles du Cap-Vert et range[2] les côtes du Brésil. On se reposa dans une petite île nommée Sainte-Catherine, couverte en tout temps de verdure et de fruits, à vingt-sept degrés par-delà l'autre tropique; et après avoir ensuite côtoyé le pays froid et inculte des Patagons, le commodore entra, sur la fin de février 1741, dans le détroit de Le Maire, ce qui fait plus de cent degrés de latitude franchis en moins de cinq mois. La petite chaloupe ou frégate de huit canons nommée *le Trial* (l'Epreuve) fut le premier navire de cette espèce qui osa doubler le cap Horn. Elle s'empara depuis, dans la mer du Sud, d'un bâtiment espagnol de six cents tonneaux, dont l'équipage ne pouvait comprendre comment il avait été pris par une barque venue d'Angleterre dans l'océan Pacifique.

Cependant, en doublant le cap Horn, après avoir passé le détroit de Le Maire, des tempêtes extraordinaires battent les vaisseaux d'Anson et les dispersent. Un scorbut d'une nature affreuse fait périr la moitié de l'équipage. Le seul vaisseau du commodore aborde l'île déserte de Fernandez, dans la mer du Sud, en remontant vers le tropique du Capricorne. Un lecteur raisonnable, qui voit avec quelque horreur ces soins prodigieux que prennent les hommes pour se rendre malheureux, eux et leurs semblables, apprendra peut-être avec satisfaction que George Anson, trouvant dans cette île déserte le climat le plus doux et le terrain le plus fertile, y sema des légumes et des fruits dont il avait apporté les semences et les noyaux et qui bientôt couvrirent l'île entière. Des Espagnols qui y relâchèrent quelques années après, ayant été faits depuis prisonniers en Angleterre, jugèrent qu'il n'y avait qu'Anson qui eût pu réparer par cette attention généreuse le mal que fait la guerre, et ils le remercièrent comme leur bienfaiteur. On trouva sur la côte beaucoup de lions de mer [3], dont les mâles se battent entre eux pour les femelles, et on fut étonné d'y voir dans les plaines des chèvres qui avaient les oreilles coupées, et qui par là servirent de preuve aux aventures d'un Anglais, nommé Selkirk [4], qui, abandonné dans cette île, y avait vécu seul plusieurs années. Qu'il soit permis d'adoucir par ces petites circonstances la tristesse d'une histoire qui n'est qu'un récit de huit années de meurtres et de calamités.

Anson, qui montait un vaisseau de soixante canons, ayant été rejoint par un autre vaisseau de guerre et par cette petite frégate nommée l'Epreuve, fit, en croisant vers cette île de Fernandez, plusieurs prises assez considérables; mais bientôt après, ayant avancé jusque vers la ligne équinoxiale, il osa attaquer la ville de Payta, sur cette même côte de l'Amérique. Il ne se servit ni de ses vaisseaux de guerre, ni de tout ce qui lui restait d'hommes pour tenter ce coup hardi. Cinquante soldats dans une chaloupe à rames firent l'expédition. Ils abordent pendant la nuit. Cette surprise subite, la confusion et le désordre que l'obscurité redoublent, multiplient et augmentent le danger. Le gouverneur, la garnison, les habitants fuient de tous côtés. Le gouverneur va dans les terres rassembler trois cents hommes de cavalerie et la milice des environs. Les cinquante Anglais cependant font transporter paisiblement, pendant trois jours, les trésors qu'ils trouvent dans la douane, et dans les maisons. Des esclaves nègres qui n'avaient pas fui, espèce d'animaux appartenant au premier qui s'en saisit, aident à enlever les richesses de leurs anciens maîtres. Les vaisseaux de guerre abordent. Le gouvernement n'eut ni le courage de redescendre dans la ville et d'y combattre, ni la prudence de traiter avec les vainqueurs pour le rachat de la ville et des effets qui restaient encore. Anson fit réduire Payta en cendre (novembre 1741), et partit, ayant dépouillé aussi aisément les Espagnols que ceux-ci avaient autrefois dépouillé les Américains. La perte pour l'Espagne fut de plus de quinze cent mille piastres, le gain pour les Anglais d'environ cent quatre-vingt mille, ce qui, joint aux prises précédentes, enrichissait déjà l'escadre. Le grand nombre enlevé par le scorbut laissait encore une plus grande part aux survivants. Cette petite escadre remonte ensuite vis-à-vis Panama la côte où l'on pêche les perles, et s'avance devant Acapulco, au revers du Mexique. Le gouvernement de Madrid ne savait pas alors le danger qu'il courait de perdre cette grande partie du nouveau monde.

Si l'amiral Vernon, qui avait assiégé Carthagène sur la mer opposée, eût réussi, il pouvait donner la main au commodore Anson. L'isthme de Panama était pris à droite et à gauche par les Anglais, et le centre de la domination espagnole perdue. Le ministère de Madrid, averti longtemps auparavant, avait pris des précautions qu'un malheur presque sans exemple rendait inutiles. Il prévint l'escadre d'Anson par une flotte plus nombreuse, plus forte d'hommes et d'artillerie sous le commandement de don Joseph Pizarro. Les mêmes tempêtes qui avaient assailli les Anglais dispersèrent les Espagnols avant qu'ils pussent entrer dans le détroit de Le Maire. Non seulement le scorbut, qui fit périr la moitié des Anglais, attaqua les Espagnols avec la même furie, mais des provisions qu'on attendait de Buenos Aires n'étant point venues, la faim se joignit au scorbut. Deux vaisseaux espagnols qui ne portaient que des mourants furent fracassés sur les côtes. Deux autres échouèrent. Le commandant fut obligé de laisser son vaisseau amiral à Buenos

Aires. Il n'y avait plus assez de mains pour le gouverner, et ce vaisseau ne put être réparé qu'au bout de trois années, de sorte que le commandant de cette flotte retourna en Espagne en 1746 avec moins de cent hommes qui restaient de deux mille sept cents dont sa flotte était montée : événement funeste, qui sert à faire voir que la guerre sur mer est plus dangereuse que sur terre, puisque sans combattre on y essuie presque toujours les dangers et les calamités les plus horribles.

Les malheurs de Pizarro laissèrent Anson en pleine liberté dans la mer du Sud; mais les pertes qu'Anson avait faites de son côté le mettaient hors d'état de faire de grandes entreprises sur les terres, et surtout depuis qu'il eut appris, par les prisonniers, le mauvais succès du siège de Carthagène, et que le Mexique était rassuré.

Anson réduisit donc ses entreprises et ses grandes espérances à se saisir d'un galion immense, que le Mexique envoie tous les ans dans les mers de la Chine à l'île de Manille, l'une des Philippines, ainsi nommées parce qu'elles furent découvertes sous le règne de Philippe Second.

Ce galion, chargé d'argent, ne serait point parti si on avait vu les Anglais sur les côtes, et il ne devait mettre à la voile que longtemps après leur départ. Le commodore va donc traverser l'océan Pacifique et tous les climats opposés à l'Afrique, entre notre tropique et l'équateur. L'avarice, devenue honorable par la fatigue et le danger, lui fait parcourir le globe avec deux vaisseaux de guerre. Le scorbut poursuit encore l'équipage sur ces mers et l'un des deux vaisseaux faisant eau de tous côtés, on est obligé de l'abandonner et de le brûler au milieu de la mer, de peur que ses débris ne soient portés dans quelques îles des Espagnols et ne leur deviennent utiles. Ce qui restait de matelots et de soldats sur ce vaisseau passe dans celui d'Anson, et le commodore n'a plus de son escadre que son seul vaisseau nommé le Centurion, monté de soixante canons, suivi de deux espèces de chaloupes. Le Centurion, échappé seul à tant de dangers, mais délabré lui-même et ne portant que des malades, relâcha pour son bonheur dans une des îles Mariannes qu'on nomme Tinian, alors presque entièrement déserte, peuplée naguère de trente mille âmes, mais dont la plupart des habitants avaient péri par une maladie épidémique, et dont le reste avait été transporté dans une autre île par les Espagnols. Le séjour de Tinian sauva l'équipage. Cette île, plus fertile que celle de Fernandez, offrait de tous côtés en bois, en eaux pures, en animaux domestiques, en fruits, en légumes tout ce qui peut servir à la nourriture, aux commodités de la vie et au radoub d'un vaisseau. Ce qu'on trouva de plus singulier, c'est une espèce d'arbre dont le fruit ressemble pour le goût au meilleur pain [5], trésor réel qui transplanté, s'il se pouvait, dans nos climats, serait bien préférable à ces richesses de convention qu'on va ravir parmi tant de périls au bout de la terre.

De cette île, en rangeant celle de Formose, il cingla vers la Chine à Macao, à l'entrée de la rivière de Canton, pour radouber le seul vaisseau qui lui reste. Macao appartient depuis cent cinquante ans aux Portugais. L'empereur de la Chine leur permit de bâtir une ville dans cette petite île qui n'est qu'un rocher, mais qui leur était nécessaire pour le commerce. Les Chinois n'ont jamais violé depuis ce temps les privilèges accordés aux Portugais [6]. Cette fidélité devait, il me semble, désarmer l'auteur anglais qui a donné au public l'histoire de l'expédition de l'amiral Anson. Cet historien, d'ailleurs judicieux, instructif et bon citoyen, ne parle des Chinois que comme d'un peuple méprisable, sans foi, et sans industrie. Quant à leur industrie, elle n'est en rien de la nature de la nôtre. Quant à leurs mœurs, je crois qu'il faut plutôt juger d'une puissante nation par ceux qui sont à la tête que par la populace des extrémités d'une province. Il me paraît que la foi des traités, gardée par le gouvernement un siècle et demi, fait plus d'honneur aux Chinois qu'ils ne reçoivent de honte de l'avidité et de la fourberie d'un vil peuple d'une côte de ce vaste empire. Faut-il insulter la nation la plus ancienne et la plus policée de la terre parce que quelques malheureux ont voulu dérober à des Anglais, par des larcins et par des gains illicites, la vingt millième partie tout au plus de ce que les Anglais allaient dérober par force aux Espagnols dans la mer de la Chine ? Il n'y a pas longtemps que les voyageurs éprouvaient des vexations beaucoup plus grandes dans plus d'un pays de l'Europe. Que dirait un Chinois si, ayant fait naufrage sur les côtes de l'Angleterre, il voyait les habitants courir en foule s'emparer avidement à ses yeux de tous ses effets naufragés [7].

Le commodore, ayant mis son vaisseau en très bon ordre à Macao par le secours des Chinois, et ayant reçu sur son bord quelques matelots indiens et quelques Hollandais, qui lui parurent des hommes de service, il remet à la voile, feignant d'aller à Batavia, le disant même à son équipage, mais n'ayant en effet d'autre objet que de retourner vers les Philippines à la poursuite de ce galion qu'il présumait être alors dans ces parages. Dès qu'il est en pleine mer, il fait part de son projet à tout son monde. L'idée d'une si riche prise les remplit de joie et d'espérance, et redoubla le courage. Enfin, le 9 juin 1743, on découvre ce vaisseau tant désiré. Il avançait vers Manille, monté de soixante et quatre canons, dont il y en avait vingt-huit qui n'étaient que de quatre livres de balles à cartouche. Cinq cent cinquante hommes de combat composaient l'équipage. Le trésor qu'il portait n'était que d'environ quinze cent mille piastres en argent avec de la cochenille, parce que tout le trésor qui est d'ordinaire le double avait été partagé, et que la moitié avait été portée sur un autre galion.

Le commodore n'avait sur son vaisseau le Centurion que deux cent quarante hommes. Le capitaine du galion, ayant aperçu l'ennemi, aima mieux hasarder le trésor que perdre sa gloire en fuyant devant un Anglais, et fit force de voiles hardiment pour le venir combattre.

La fureur de ravir des richesses, plus forte que l'envie de les conserver, l'expérience des Anglais, et les manœuvres savantes du commodore lui donnèrent la victoire. Il n'eut que deux hommes de tués dans le combat. Le galion perdit soixante et sept hommes tués sur les ponts, et il eut quatre-vingt-quatre blessés. Il lui restait encore plus de monde qu'au commodore; cependant il se rendit. Le vainqueur retourna à Canton avec cette riche prise. Il y soutint l'honneur de sa nation en refusant de payer à l'empereur de la Chine les impôts que doivent tous les navires étrangers. Il prétendait qu'un vaisseau de guerre n'en devait pas. Sa conduite en imposa. Le gouverneur de Canton lui donna une audience à laquelle il fut conduit à travers deux haies de soldats au nombre de dix mille; après quoi, il retourna dans sa patrie par les îles de la Sonde et par le cap de Bonne-Espérance. Ayant ainsi fait le tour du monde en victorieux, il aborda en Angleterre le 4 juin 1744, après un voyage de trois ans et demi.

Il fit porter à Londres en triomphe, sur trente-deux chariots, au son des tambours et des trompettes, et des acclamations de la multitude, les richesses qu'il avait conquises. Ses prises se montaient, en argent et en or, à dix millions de notre monnaie, qui furent le prix du commodore, de ses officiers, des matelots et des soldats, sans que le roi entrât en partage du fruit de leurs fatigues et de leur valeur. Ces richesses circulant bientôt dans la nation contribuèrent à lui faire supporter les frais immenses de la guerre.

De simples corsaires firent des prises encore plus considérables. Le capitaine Talbot prit avec son seul vaisseau deux navires français qu'il crut d'abord venir de la Martinique, et ne porter que des marchandises communes; mais ces deux bâtiments malouins avaient été frétés par les Espagnols avant que la guerre eût été déclarée entre la France et l'Angleterre. Ils croyaient revenir en sûreté *. Tous les deux rapportaient des trésors en or et en argent, en diamants et en marchandises précieuses. Cette prise était estimée vingt-six millions. L'équipage du corsaire fut si étonné de ce qu'il voyait qu'il ne daigna pas prendre les bijoux que chaque passager espagnol portait sur soi; il n'y en avait presque aucun qui n'eût une épée d'or, un diamant au doigt. On leur laissa tout, et quand Talbot eut amené ses prises au port de Kingsale en Irlande, il fit présent de vingt guinées à chacun des matelots et des domestiques espagnols. Le butin fut partagé entre deux vaisseaux corsaires dont l'un qui était compagnon de Talbot avait poursuivi en vain un autre vaisseau nommé l'Espérance, le plus riche des trois. Chaque matelot de ces deux corsaires eut huit cent cinquante guinées pour sa part. Les deux capitaines eurent chacun trois mille cinq cents guinées. Le reste fut partagé entre les associés, après avoir été porté en triomphe de Bristol à Londres sur quarante-trois chariots. La plus grande partie de cet argent fut prêtée au roi même, qui en fit une rente aux propriétaires. Cette seule prise valait au-delà d'une année de revenu de la Flandre entière. On peut juger si de telles aventures encourageaient les Anglais à aller en course, et relevaient les espérances d'une partie de la nation, qui envisageait dans les calamités publiques des avantages si prodigieux.

CHAPITRE XXVI

AUTRES EXPÉDITIONS MARITIMES IMPORTANTES

UNE entreprise qui montre de quoi est capable une nation commerçante à la fois et guerrière, est le siège de Louisbourg. Ce ne fut point une opération du cabinet des ministres de Londres; ce fut le fruit de la hardiesse des marchands de la Nouvelle-Angleterre. Cette colonie, l'une des plus florissantes de la nation anglaise, est éloignée d'environ quatre-vingts lieues de l'île de Louisbourg ou du Cap-Breton, île importante pour les Français, située vers l'embouchure du fleuve Saint-Laurent et qui est la clef de leurs possessions dans le nord de l'Amérique. Ce territoire avait été confirmé à la France par la paix d'Utrecht. La pêche de la morue, qui se fait dans ces parages, est l'objet d'un commerce utile qui emploie par an plus de cinq cents petits vaisseaux de Bayonne, de Saint-Jean-de-Luz, du Havre-de-Grâce, et d'autres villes. On en rapporte au moins trois mille tonneaux d'huile nécessaire pour les manufactures de toutes espèces. C'est une école de matelots; et ce commerce, joint à celui de la morue, fait travailler dix mille hommes, et circuler dix millions [1].

Un négociant, nommé Vaugan, propose à ses concitoyens de la Nouvelle-Angleterre de lever des troupes pour assiéger Louisbourg. On reçoit cette idée avec acclamation. On fait une loterie, dont le produit soudoie une petite armée de quatre mille hommes. On les arme, on les approvisionne, on leur fournit des vaisseaux de transport, tout cela aux dépens des

habitants. Ils nomment un général, mais il leur fallait l'agrément de la cour de Londres, et surtout des vaisseaux de
guerre. Il n'y eut de perdu que le temps de demander. La
cour envoya l'amiral Warren avec quatre vaisseaux protéger
cette entreprise de tout un peuple.

Louisbourg est une place qui pouvait se défendre, et rendre
tous ces efforts inutiles, si on avait eu assez de munitions;
mais le sort de la plupart des établissements éloignés est qu'on
leur envoie rarement d'assez bonne heure ce qui leur est
nécessaire. A la première nouvelle des préparatifs contre la
colonie, le ministre de la marine de France fait partir un
vaisseau de soixante-quatre canons, chargé de tout ce qui
manquait à Louisbourg. Le vaisseau arriva pour être pris
à l'entrée du port par les Anglais. Le commandant de la
place, après une vigoureuse défense de cinquante jours, fut
obligé de se rendre. Les Anglais lui firent les conditions :
ce fut d'amener eux-mêmes en France la garnison et tous les
habitants au nombre de deux mille. On fut étonné à Brest
de recevoir, quelques mois après, une colonie entière de
Français, que des vaisseaux anglais laissèrent sur le rivage.

La prise de Louisbourg fut encore fatale à la Compagnie
française des Indes. Elle avait pris à ferme le commerce des
pelleteries du Canada, et ses vaisseaux, au retour des Grandes-
Indes, venaient souvent mouiller à Louisbourg. Deux gros
vaisseaux de la compagnie y abordent immédiatement après
sa prise, et se livrent eux-mêmes. Ce ne fut pas tout : une
fatalité non moins singulière enrichit encore les nouveaux
possesseurs du Cap-Breton. Un gros bâtiment espagnol,
nommé l'*Espérance* [2], qui avait échappé à des armateurs,
croyait trouver sa sûreté dans le port de Louisbourg comme
les autres : il y trouva sa perte comme eux. La charge de ces
trois navires qui vinrent ainsi se rendre eux-mêmes du fond
de l'Asie et de l'Amérique allait à vingt-cinq millions de
livres. Si dès longtemps on a appelé la guerre un jeu de
hasard, les Anglais gagnèrent en une année à ce jeu plus de
soixante millions.

Non seulement les vainqueurs comptaient garder à jamais Louisbourg [3], mais ils firent les préparatifs pour s'emparer de toute la Nouvelle-France. La tentative était plus difficile On l'avait faite déjà sans succès, dans la longue guerre de 1701. Le Canada est plus peuplé et mieux défendu qu'il ne l'était alors. On y peut mettre près de quarante mille hommes sous les armes. Le général Sinclair, destiné à aller attaquer le Canada, reçut ordre de faire la descente en Bretagne, dont on a vu le mauvais succès.

Il semble que les Anglais dussent faire de plus grandes entreprises maritimes. Ils avaient alors six vaisseaux de cent pièces de canon, treize de quatre-vingt-dix, quinze de quatre-vingts, vingt-six de soixante-dix, trente-trois de soixante. Il y en avait trente-sept de cinquante à cinquante-quatre canons; et au-dessous de cette forme, depuis les frégates de quarante canons jusqu'aux moindres, on en comptait jusqu'à cent quinze. Ils avaient encore quatorze galiotes à bombes et dix brûlots. C'était en tout deux cent soixante et trois vaisseaux de guerre, indépendamment des corsaires et des vaisseaux de transport. Cette marine avait le fonds de quarante mille matelots. Jamais aucune nation n'a eu de pareilles forces. Tous ces vaisseaux ne pouvaient être armés à la fois. Il s'en fallait beaucoup : le nombre des soldats était trop disproportionné; mais enfin, en 1746 et 1747, les Anglais avaient à la fois une flotte dans les mers d'Ecosse et d'Irlande, une à Spithead [4], une aux Indes Orientales, une vers la Jamaïque, une à Antigoa [5], et ils en armaient de nouvelles selon le besoin.

Il fallut que la France résistât pendant toute la guerre n'ayant en tout qu'environ trente-cinq vaisseaux de roi à opposer à cette puissance formidable. Il devenait plus difficile de jour en jour de soutenir les colonies. Si on ne leur envoyait pas de gros convois, elles demeuraient sans secours à la merci des flottes anglaises. Si les convois partaient ou de France ou des îles, ils couraient risque, étant escortés, d'être pris avec leurs escortes. En effet, les Français essuyèrent quel-

quefois des pertes terribles; car une flotte marchande de quarante voiles, venant en France de la Martinique sous l'escorte
de quatre vaisseaux de guerre, fut rencontrée par une flotte
anglaise (octobre 1745). Il y en eut trente de pris, coulés à fond
ou échoués. Deux vaisseaux de l'escorte, dont l'un était
de quatre-vingts canons, tombèrent au pouvoir de l'ennemi.

En vain on tenta d'aller dans l'Amérique septentrionale
pour essayer de reprendre le Cap-Breton ou pour ruiner la
colonie anglaise d'Annapolis dans la Nouvelle-Ecosse. Le
duc d'Enville, de la maison de La Rochefoucauld, y fut
envoyé avec quatorze vaisseaux (juin 1746). C'était un
homme d'un grand courage, d'une politesse et d'une douceur
de mœurs que les Français seuls conservent dans la rudesse
attachée au service maritime; mais la force de son corps ne
secondait pas celle de son âme. Il mourut de maladie sur le
rivage barbare de Chiboctou, après avoir vu sa flotte dispersée
par une violente tempête (septembre 1746) [6]. Plusieurs vaisseaux périrent, d'autres, écartés au loin, tombèrent entre les
mains des Anglais.

Cependant, il arrivait souvent que des officiers habiles,
qui escortaient les flottes marchandes françaises, savaient les
conduire en sûreté malgré les prodigieuses flottes ennemies.

On en vit un exemple heureux dans les manœuvres de
M. Dubois de la Motte, capitaine de vaisseau, qui conduisant un convoi d'environ quatre-vingts voiles aux îles françaises de l'Amérique, et attaqué par une escadre entière, sut,
en attirant sur lui tout le feu des ennemis, leur dérober le
convoi, le rejoindre et le conduire à Fort-Royal, à Saint-
Domingue, combattre encore, et ramener plus de soixante
voiles en France; mais il fallait bien qu'à la longue la marine
des Anglais anéantît celle de France, et ruinât son commerce.

Un de leurs plus grands avantages sur mer fut le combat
naval de Finistère, combat où ils prirent six gros vaisseaux de
roi et sept de la Compagnie des Indes armés en guerre,
dont quatre se rendirent dans le combat, et trois autres
ensuite. Le tout portant quatre mille hommes d'équipage.

Londres est remplie de négociants et de gens de mer qui s'intéressent beaucoup plus aux succès maritimes qu'à tout ce qui se passe en Allemagne ou en Flandre. Ce fut dans la ville un transport de joie inouï quand on vit arriver dans la Tamise le même vaisseau le *Centurion*, si fameux par son expédition autour du monde. Il apportait la nouvelle de la bataille de Finistère gagnée par ce même Anson, devenu à juste titre vice-amiral, et par l'amiral Warren (16 mai 1747). On vit arriver vingt-deux chariots chargés de l'or, et de l'argent et des effets pris sur la flotte de France. La perte de ces effets et de ces vaisseaux fut estimée plus de vingt millions. On employa l'argent de cette prise à frapper des espèces sur lesquelles on voyait pour légende *Finistère*, monument flatteur à la fois et encourageant pour la nation, et imitation glorieuse de l'usage qu'avaient les Romains de transmettre ainsi sur la monnaie courante, comme sur les médailles, les grands événements de leur empire.

Cette victoire était plus heureuse et plus utile qu'étonnante. Les amiraux Anson et Warren avaient combattu avec dix-sept vaisseaux de guerre contre six vaisseaux de roi, dont le meilleur ne valait pas, pour la construction, le moindre navire de la flotte anglaise.

Ce qu'il y avait de surprenant, c'est que le marquis de la Jonquière, chef de cette escadre, eût soutenu longtemps le combat et donné encore à un convoi qu'il amenait de la Martinique le temps d'échapper. Le capitaine de vaisseau le *Windsor* s'exprimait ainsi dans sa lettre sur cette bataille. « Je n'ai jamais vu une meilleure conduite que celle du commodore français, et pour dire la vérité, tous les officiers de cette nation ont montré un grand courage ; aucun d'eux ne s'est rendu que quand il leur a été absolument impossible de manœuvrer. »

Il ne restait plus aux Français sur ces mers que sept vaisseaux de guerre pour escorter les flottes marchandes aux îles de l'Amérique sous le commandement de M. de l'Estanduère. Ils furent rencontrés par quatorze vaisseaux anglais. On se battit comme à Finistère avec le même courage et la même fortune (14 octobre 1747). Le nombre l'emporta et l'amiral Hawke amena dans la Tamise six vaisseaux, des sept qu'il avait combattus.

CHAPITRE XXVII

P ENDANT que les Anglais portaient leurs armes victorieuses sur tant de mers, et que tout le globe était le
théâtre de la guerre, ils en ressentirent les effets dans
leur colonie de Madras, et M. de la Bourdonnais vengea
l'honneur du pavillon de France au fond de l'Asie.

Madras, ou le fort de Saint-George sur la côte de Coromandel, est pour l'Angleterre ce que Pondichéry est pour la
France. Ces deux villes rivales ne sont qu'à sept ou huit
lieues l'une de l'autre; et le commerce est si vaste dans cette
partie du monde, l'industrie européenne si supérieure à celle
des Asiatiques, que ces deux colonies peuvent s'enrichir sans
se nuire. La factorerie anglaise gagne environ quarante mille
livres sterling par année, tous frais faits, par le seul commerce
d'Inde en Inde, indépendamment des profits immenses
qu'elle fournit à la Compagnie des Indes de Londres.
M. Dupleix, gouverneur de Pondichéry, et chef de la nation
française dans les Indes, avait proposé la neutralité à la
compagnie anglaise. Rien n'était plus convenable à des
commerçants. L'humanité et la raison avaient fait ces offres;
la fierté et l'avarice les refusèrent. Les Anglais se flattaient,
non sans vraisemblance, d'être aisément vainqueurs sur les
mers de l'Inde comme ailleurs, et d'anéantir la compagnie
de France.

M. de la Bourdonnais était, comme les Duquesne, les Bart,
les Duguay-Trouin, capable de faire beaucoup avec peu, et

aussi intelligent dans le commerce qu'habile dans la marine. Il était gouverneur des îles Bourbon et Maurice [1], nommé à ces emplois par le roi et gérant au nom de la compagnie. Ces îles étaient devenues florissantes sous son administration [2].

Il sort enfin de l'île de Bourbon avec neuf vaisseaux armés en guerre, chargés d'environ deux mille trois cents blancs et de huit cents noirs qu'il a disciplinés lui-même, et dont il a fait de bons canonniers. Une escadre anglaise, sous l'amiral Bernet, croisait dans ces mers, défendait Madras, inquiétait Pondichéry, et faisait beaucoup de prises. Il attaque cette escadre et la disperse, et se hâte d'aller mettre le siège devant Madras (6 juillet 1746). Des députés vinrent lui représenter qu'il n'était pas permis d'attaquer les terres du Grand Mogol. Ils avaient raison ; c'est le comble de la faiblesse asiatique de le souffrir, et de l'audace européenne de le tenter. Les Français débarquent sans résistance. Leur canon est amené devant les murailles de la ville, mal fortifiée et défendue par une garnison de cinq cents soldats. L'établissement anglais consistait dans le fort Saint-George où étaient tous les magasins, dans la ville qu'on nomme Blanche, qui n'est habitée que par des Européens, et dans celle qu'on nomme Noire, peuplée de négociants et d'ouvriers de toutes les nations de l'Inde, juifs, banians, mahométans, idolâtres, nègres de différentes espèces, Indiens rouges, Indiens de couleur bronzée. Cette multitude allait à cent cinquante mille âmes et dans ce nombre il y avait à peine un homme de service. Le canon tira neuf jours contre la place, au bout desquels le gouverneur Morse demanda à capituler.

Le commandant français avait reçu dans ses instructions du ministre une défense expresse « de s'emparer d'aucun établissement ou comptoir des ennemis pour le conserver ». C'étaient les propres termes de ses ordres, termes équivoques qui semblaient ordonner la destruction de tout ce qu'il prendrait, mais qui paraissaient aussi permettre une composition.

Le conseil souverain de Pondichéry lui manda qu'il était suffisamment autorisé à traiter. Il accorda donc une capitulation, et elle fut, ce semble, aussi avantageuse et aussi glorieuse qu'elle pouvait l'être. D'abord la garnison devait être prisonnière de guerre, ensuite rachetée, et le gouvernement devait rendre autant de Français sans rançon; et s'il n'en avait pas un pareil nombre, les Anglais devaient le compléter de toutes les prises qu'ils pourraient faire dans les mers des Indes. Tous les magasins du fort Saint-George, évalués à cinq millions de livres (ceux de la ville Noire ayant été transportés dans les terres) devaient être conduits à Pondichéry, comme ils le furent en effet. La rançon de la ville fut évaluée à onze cent mille pagodes qui valent environ neuf millions. Cette somme devait être payée à Londres par la compagnie anglaise et pour sûreté le commandant Morse donna ses deux enfants en otages, deux conseillers, trois marchands et leurs épouses. A ces conditions, les Anglais rentraient en possession de leur ville, après que les drapeaux de France auraient été arborés sur les bastions (10 septembre 1746).

Le gouverneur de Pondichéry apprend cette capitulation; il s'y oppose, soit qu'il croie son autorité blessée, soit qu'il pense que le vainqueur a traité trop favorablement les vaincus, séduit par de secrets avantages[3], soit qu'il se défie du paiement des onze cent mille pagodes, ou qu'enfin la jalousie lui grossisse tous ces objets; ou plutôt par toutes ces raisons ensemble. Il casse la capitulation; et le conseil de guerre de la Bourdonnais casse le jugement de Pondichéry. On envoie signifier les arrêts au vainqueur, et celui-ci fait mettre aux arrêts ceux qui lui apportent cet ordre.

Enfin, le gouverneur de Pondichéry l'emporte; il rompt le traité, ses troupes s'emparent de Madras, en dispersent les habitants, saisissent les effets qui restent; mais les onze cent mille pagodes sont perdues et alors tout l'avantage consista dans l'affaiblissement de l'ennemi. Le commandant Morse est conduit prisonnier à Pondichéry, où le chef de la nation française le reçoit, entouré d'éléphants, avec un faste asiatique. Cependant, il accuse le vainqueur de Madras auprès du Ministère de France. La Bourdonnais retourne en France se justifier. Il est obligé de relâcher à la Martinique; il s'y rembarque sur un vaisseau hollandais, mais ce vaisseau aborde en Angleterre; il y est reconnu, fait prisonnier, traité avec l'honneur et la distinction dues à la valeur et à la générosité. Mais enfin de retour en France, il y est arrêté sur l'accusation de ses ennemis, et enfermé à la Bastille sans pouvoir communiquer avec sa femme et ses enfants, pendant qu'on instruit son procès. C'était le punir avant de l'avoir jugé. Le ministre des finances, celui de la marine, l'un comme étant à la tête de la Compagnie des Indes, l'autre comme chargé de la conduite des officiers de mer, furent ceux qui le traitèrent ainsi. Le premier était le contrôleur général Orri, homme d'ailleurs équitable, et à qui on ne peut guère reprocher que cette injustice. L'autre le comte de Maurepas. Lorsque dans une monarchie les ministres usent ainsi du pouvoir suprême, ils ne songent pas que les mêmes coups peuvent un jour retomber sur eux-mêmes [4]; qu'il est de leur intérêt, ainsi que de celui de la nation, et de la justice et de la gloire de leurs maîtres, que le châtiment ne précède pas la conviction, et que le pouvoir respecte les lois. La commission établie par le roi jugea l'accusé innocent, au bout de trois ans d'une détention cruelle. Il était non seulement innocent, mais il avait bien mérité de la patrie. Ce jugement fut reçu dans Paris avec les démonstrations d'une joie universelle.

Le public pardonna à M. Dupleix en faveur des signalés services qu'il rendit lui-même. Car il sauva Pondichéry, que les Anglais assiégeaient avec des forces qui devaient détruire ce grand établissement.

Cette ville, peuplée à peu près comme Madras, était mieux fortifiée. Quatre cent cinquante canons bordaient ses remparts; il y avait de bons officiers, d'excellents ingénieurs, une garnison exercée, d'environ quinze cents Français et de deux mille Asiatiques disciplinés et affectionnés. Elle florissait depuis l'année 1725. La Compagnie, par la balance de 1743, s'était trouvée en possession de cent soixante millions d'effets.

La prise de Pondichéry eût été une plaie à la France que vingt ans de soins n'auraient pu fermer.

L'amiral Boscawen vint l'assiéger avec environ quatre mille soldats anglais ou hollandais, et autant d'indiens, renforcés encore de la plupart des matelots de sa flotte, composée de vingt et une voiles. Les Français ne se tinrent pas dans leurs murs. Ils firent plusieurs sorties vigoureuses, et obligèrent, après cinquante jours de siège, les ennemis à se retirer (25 septembre 1748). Depuis ce jour le gouverneur de Pondichéry, toujours maître de Madras, devint le protecteur des vicerois de la côte de Coromandel. Lui-même fut honoré du titre de vice-roi par l'empereur des Indes. Il reçut de son maître le grand cordon de Saint-Louis, honneur qu'on n'avait jamais fait en France à aucun homme placé hors du service militaire, mais honneur encore au-dessous d'un homme qui rendait le nom français respectable dans les Indes.

CHAPITRE XXVIII

PRISE DE MASTRICHT. PAIX GENERALE

DANS ce flux et ce reflux de succès et de disgrâces qui faisaient le malheur public, tout le monde avait besoin de la paix, et le roi de France seul la voulait. Le commerce et les campagnes souffraient dans une grande partie de l'Europe. Près de sept mille vaisseaux marchands français, espagnols, anglais, hollandais avaient été pris dans le cours de la guerre, la moitié de l'Allemagne, les Pays-Bas, l'Italie presque entière ravagés, les sept Provinces-Unies exposées; et le siège de Nimègue devait suivre celui de Mastricht. L'argent de l'Angleterre et de la Hollande faisait venir enfin une armée de trente-quatre mille Russes complets. Elle était déjà dans la Franconie et devait s'avancer sur le Rhin. On allait voir vers les frontières de la France les mêmes troupes qui avaient combattu dans la Crimée. Il était vraisemblable que le roi de Prusse ne souffrirait pas que des hommes si longtemps étrangers à l'Europe fissent pencher la fortune en Allemagne. Ainsi les nuages grossissaient de tous côtés et semblaient rendre interminable cette tempête universelle, sans que depuis l'avènement de François Ier à l'Empire, il y eût aucune raison qui pût excuser cette guerre générale. Ces grands troubles avaient commencé pour établir un équilibre en Allemagne par l'élévation de la maison de Bavière. Ce projet avait échoué, mais il y avait un autre équilibre plus ferme établi par le roi de Prusse. Les Hollandais n'avaient eu aucun intérêt dans la guerre, et ils en avaient été les victimes parce qu'ils n'avaient su ni conserver la paix ni faire la guerre. Les Anglais n'y étaient réellement intéressés que par leur commerce, et ils s'épuisaient en dépenses et en subsides, au point que l'État devait près de quatre-vingt millions de livres sterling [1].

Les Autrichiens, qui avaient manqué le moment de s'emparer du royaume de Naples pour faire une irruption inutile en Provence, ne pouvaient plus réparer cette faute. Le maréchal de Belle-Isle les suivait dans les Alpes. Le duc de Richelieu avait non seulement mis Gênes et tous les environs en sûreté, mais il tenait la campagne à la tête d'une armée de dix-huit mille hommes. Il venait de battre la droite de l'armée du comte de Browne commandée par le général Androssi, et ce furent ces services [2] qui lui méritèrent la statue que la république de Gênes lui a érigée, honneur qu'elle n'avait fait à personne depuis l'immortel André Doria.

Voilà dans quelle situation étaient les affaires lorsque la constance de Louis XV à proposer la paix et sa parole, tant de fois donnée et soupçonnée toujours, de ne tirer aucun avantage de ses conquêtes ouvrirent enfin les yeux de tant de puissances. Le ministère anglais sentit le premier [3] qu'il était temps d'écouter enfin des propositions qui n'avaient été rejetées que par cette seule raison que, dans la politique ordinaire, la générosité passe pour une faiblesse ou pour un artifice *. Mais il y a une politique très supérieure, c'est celle de maintenir dans sa splendeur un royaume assez vaste, assez puissant pour inspirer la crainte, et de ne pas y ajouter quelques faibles acquisitions qui inspirent l'envie et la haine, de protéger ses alliés, et de tenir inviolablement sa parole à ses ennemis. L'Europe est aujourd'hui sur un tel pied que la force et la modération sont devenues également nécessaires.

Un nouveau congrès était donc assemblé à Aix-la-Chapelle, pendant que le maréchal de Saxe assiégeait et pressait Mastricht. Le marquis de Bissy, jeune officier de la plus grande espérance, chevalier de l'ordre avant l'âge, et dont l'ambition était justifiée par son mérite, fut le seul homme de distinction qui fut tué à ce siège, lorsque les préliminaires de la paix générale étaient prêts d'être signés.

Mastricht se rendit (7 mai 1748), et de toutes les villes défendues par les Hollandais, ce fut la seule dont la garnison sortit avec les honneurs de la guerre, parce que la paix était prochaine.

En effet, les préliminaires étaient déjà signés, et la paix fut entièrement conclue quelques mois après (18 octobre 1748). Les Français et les Anglais en dressèrent les articles. Le comte de Saint-Séverin, plénipotentiaire de France, avait commencé par déclarer qu'il venait accomplir les paroles de son maître, qui voulait faire la paix non pas en marchand mais en roi. Il aurait pu très aisément garder quelques villes des Pays-Bas. Il n'avait qu'à parler, et les Anglais en convenaient ; mais il n'exigea pas un village. La restitution de tant de provinces et du Brabant hollandais ne fut pas même un objet de dispute. Il insista seulement que Dunkerque restât fortifié du côté de la terre, et consentit sans difficulté que, selon les anciens traités, le port restât fermé. L'infant d'Espagne don Carlos, gendre de Louis XV, fut mis en possession des duchés de Parme, Plaisance et Guastalla, à condition que ces duchés retourneraient à la maison impériale si l'investi devenait jamais roi d'Espagne, ou si sa postérité mâle s'éteignait. Il fut expressément inséré dans le traité que ces souverainetés étaient données au nouveau duc de Parme en échange de la cession que Louis XV faisait de ses acquisitions. Ainsi ce monarque finit en effet la guerre comme il l'avait commencée, par des conquêtes pour autrui. Il avait d'abord procuré la Bohême et la haute Autriche à l'électeur de Bavière, et il procura Parme à l'infant don Philippe.

Le duc de Modène rentra dans son Etat, Gênes dans tous ses droits. La Silésie fut garantie au roi de Prusse ; le roi de Sardaigne resta maître de tout ce que la reine de Hongrie lui avait cédé. Les droits du roi de Naples ne furent pas en compromis. Le commerce de l'Angleterre avec l'Espagne resta dans l'état stipulé par le traité de l'assiente de 1713 ; et ces intérêts particuliers, qui n'auraient jamais dû être l'objet d'une guerre, furent soumis ensuite à de nouvelles conventions. Le Cap-Breton fut rendu à la France et Madras à l'Angleterre; mais pour la restitution du Cap-Breton, le roi de la Grande-Bretagne donna deux pairs en otage au roi de France. Quelques historiens anglais, séduits par ces écrivains de parti qui soutiennent à Londres la liberté et qui défigurent la vérité, prétendent que ce fut un affront pour les Anglais, parce que leur roi, disent-ils, fut obligé de donner des otages pour Louisbourg sans en recevoir pour Madras. Mais cette différence venait de la différence des gouvernements de France et d'Angleterre. La prise de Louisbourg avait été le fruit de l'entreprise et des avances d'une compagnie anglaise. Il fallait que le Parlement la remboursât, et ce n'était pas au roi de France à entrer dans ces discussions. On n'avait d'ailleurs aucune défiance de la bonne foi du ministère anglais, qui n'a jamais manqué à sa parole, et il est certain que les deux nations traitèrent avec une franchise et une générosité qui a peu d'exemples. Il est impossible que chez deux peuples si vifs et si éclairés il n'y ait eu beaucoup d'esprits hardis et difficiles, qui jugent avec une critique sévère toutes les actions des rois, en France par des discours, en Angleterre par des libelles que la liberté autorise. Beaucoup de ces censeurs blâmèrent la paix à Londres et à Paris [4]. On reprochait aux deux ministères de trop grands sacrifices, et c'était une preuve que l'un et l'autre avait fait son devoir.

Voici la situation où demeura l'Europe après ce bouleversement de huit années qui unit et qui divisa tant d'intérêts divers, et qui produisit tant de dévastations.

Le prince qui avait eu le moins d'intérêt à la querelle générale, le roi de Prusse, fut celui qui en retira le principal avantage. Il conserva l'importante conquête de la Silésie, dans un temps où toutes les puissances avaient pour maxime de ne souffrir l'agrandissement d'aucun prince. Cette acquisition lui fut assurée par les mêmes causes qui l'avaient produite, par la discipline rare de ses troupes, et la vigilance encore plus rare de leur maître sous qui elles avaient été invincibles.

On vit alors un électorat de l'Allemagne, qui au commencement du siècle passé avait entretenu à peine quinze mille soldats en temps de guerre, avoir une armée de cent cinquante mille hommes en temps de paix, et jamais il ne fut un plus grand exemple qu'il y a des royaumes qui rendent leurs maîtres grands, et qu'il y a des souverains qui font grands leurs royaumes.

Cette puissance singulière, élevée au milieu de l'Empire, n'en détruisit pas l'harmonie, et sembla même en assurer la liberté. Il parut difficile que dans un temps où le roi d'Angleterre, électeur d'Hanovre, le roi de Pologne, électeur de Saxe, le roi de Prusse, électeur de Brandebourg, restaient puissamment armés, on vît renouveler les temps où l'Allemagne craignit le despotisme de Charles Quint et de ses successeurs.

Cependant, l'impératrice-reine de Hongrie conserva près de deux cent mille hommes sous le drapeau, elle qui n'en avait pu rassembler trente mille contre le roi de Prusse au commencement de la guerre. Cette guerre même lui créa un nouveau royaume. La Hongrie, qui n'avait été que dangereuse et onéreuse à ses pères, fut pour elle une source de richesses et une pépinière de soldats. Les finances de toutes ses provinces furent mieux administrées par les conseils de l'empereur qu'elles ne l'avaient jamais été sous aucun de ses prédécesseurs, et il faut observer que * les troupes coûtent beaucoup moins pendant la paix qu'en campagne.

La France conserva deux cent vingt mille soldats. Ses frontières plus que jamais furent en sûreté. On construisit de nouvelles places comme celle de Bitche en Lorraine. On acheva les immenses fortifications de Metz, et autour de tant de fortes citadelles, on ne voyait dans le pays ennemi que des ruines : tous les ouvrages de Menin démolis, une partie de ceux de Tournai, les fortifications de Mons, d'Ath, d'Oudenarde, Saint-Guillain, Charleroi rasées. Le Vieux-Brisach n'existait plus, Rhinfeld, Fribourg et ses châteaux étaient entièrement ouverts.

L'Angleterre, qui n'avait eu d'autre intérêt réel à cette

guerre que celui d'un vaisseau [5], y perdit beaucoup de trésors et de sang, et la querelle de ce vaisseau resta dans le même état où elle était avant la guerre.

Le duc de Savoie, roi de Sardaigne, fut, après le roi de Prusse, celui qui gagna le plus. La reine de Hongrie ayant acheté son alliance par la cession du Vigévanasque, du Pavesan et du comté d'Anghiera. Ainsi il arriva tout le contraire de ce qu'on avait vu jusqu'alors dans les grandes guerres. Les principales puissances ou perdirent beaucoup ou n'eurent aucun avantage, et des princes moins puissants, absolument étrangers dans la querelle, en recueillirent les fruits.

Ce traité de paix fut le premier qui fut uniquement rédigé en langue française. Rien n'est plus convenable et plus commode. De douze langues qu'on parle en Europe, il faut bien qu'on en choisisse une qui soit commune. Les nations ont insensiblement choisi le français comme la langue qui porte avec elle le plus de clarté, celle qui a fourni le plus de livres d'usage, la seule dans laquelle on ait recueilli tous les derniers traités, et enfin celle d'un pays situé entre l'Espagne, l'Allemagne, l'Angleterre et l'Italie [6].

APPENDICE

SITUATION DES AFFAIRES DE L'EUROPE
ET ABREGE DE CELLES
QUI PRECEDERENT LA GUERRE DE 1741
(CHAPITRE PREMIER DE L)

J'AI toujours considéré l'Europe chrétienne comme une grande république[1] dont toutes les parties se correspondent, lors même qu'elles cherchent mutuellement à se détruire; un consentement unanime y a établi des usages qu'on appelle les lois de la guerre, lois inconnues chez les autres nations. On y a réglé les rangs de presque tous les princes; les catholiques y ont deux villes en commun dont l'une est Malte, centre d'une guerre perpétuelle contre les ennemis du nom chrétien, l'autre est Rome qui est tellement, à plus d'un égard, la capitale de tous les royaumes catholiques, que chacun d'eux a le droit d'y nommer un des ministres principaux du souverain, et que leurs causes ecclésiastiques (même temporelles) y sont jugées par le tribunal de la Rote, composé de juges tirés de chaque nation. Dans toutes les frontières catholiques, les souverains ont des territoires qui sont sous la juridiction ecclésiastique d'un évêque étranger; rien n'est plus ordinaire que de voir les prérogatives, les honneurs, les ordres de chevalerie d'un pays donnés aux citoyens d'un autre; la plupart même des princes ont des souverainetés au milieu des autres Etats; ainsi * le souverain pontife possède Avignon en France, et Bénévent dans le royaume de Naples; les Vénitiens ont des souverainetés au milieu du Milanais. Il n'y a

---

1. « Il y avait déjà longtemps qu'on pouvait regarder l'Europe chrétienne (à la Russie près) comme une espèce de grande république... » (*Œuvres historiques*, p. 620).

point de prince en Allemagne dont plusieurs pays ne soient enclavés dans le terrain d'un autre prince.

L'ancien droit romain a force de loi dans tous ces Etats; ils ont tous la même langue savante, et toutes les cours ont adopté la même langue vivante. Tant de liens sont toujours resserrés par le commerce; les négociants entretiennent une correspondance si intime, même pendant la guerre, que les Anglais ont toujours été intéressés dans le commerce espagnol, lors même qu'ils armaient pour les ruiner, et quand leurs corsaires faisaient une prise, ils ravissaient en effet le bien de leurs compatriotes. Enfin, les guerres que se font les Européens chrétiens sont tellement des guerres civiles que dans celle de 1701 le roi de Savoie Victor * était armé contre ses deux gendres : le prince de Vaudemont commandait pour les Espagnols dans le Milanais, et son fils qui avait suivi le parti de la maison d'Autriche fut sur le point de prendre son père prisonnier. Dans la guerre que le duc d'Orléans, régent de France, fit en 1718 à son cousin Philippe V, roi d'Espagne, le duc de Liria servait contre son père, le maréchal de Berwick *. Dans la guerre dont j'écris l'histoire, les rois de France, d'Espagne, de Pologne et l'électeur de Bavière étaient les plus proches parents de la reine de Hongrie qu'ils attaquaient; et l'électeur de Bavière ne fondait son droit de la dépouiller que sur cette parenté même. Nous avons vu, dans le cours de cette guerre, l'empereur François 1er * entretenir à Paris un envoyé, le marquis de Stainville, dont les enfants servaient contre cet empereur *, nous avons vu dans nos armées tous les fils du chef de la régence de Toscane. Mille exemples de cette nature étaient sous nos yeux et ne nous étonnaient pas. Tous les souverains des différents états de cette partie du monde sont alliés par le sang ou par les traités, et ils n'ont guère fait de mariage, ni de traité qui n'ait été une source de discorde. Le commerce qui les lie encore nécessairement, les divise presque toujours; ces deux sujets de guerre sont inconnus dans le reste du monde; on n'y voit point de femme qui apporte en dot la guerre à son époux par des prétentions sur une province éloignée, point d'acte de confraternité entre des princes, point de réversion d'une famille à une autre qui lui est étrangère, point de petits fiefs relevant à la fois de plusieurs grands souverains qui se disputent l'hommage et le fief même, comme il arrive si souvent en Allemagne et en Italie. C'est ce qui fait que, si on excepte les invasions des conquérants, plus cruelles encore en Asie qu'en Europe, et les querelles inévitables au sujet des frontières, surtout entre les Turcs et les Persans, l'Asie est presque toujours en paix.

Ceux qui portent une vue attentive sur tous les grands événements de la terre peuvent remarquer qu'on a essuyé quarante guerres considérables en Europe depuis l'an 1600 et qu'il n'y en a eu qu'une considérable dans la grande Tartarie, dans la Chine et dans les Indes, pays beaucoup plus vastes, plus peuplés et plus riches que l'Europe; enfin il n'y a eu aucune guerre, ni en Asie, ni en Afrique, ni en Amérique, au sujet du commerce, que celle que les Européens y ont fait naître [2].

Le mariage de Maximilien premier (depuis empereur d'Allemagne) avec Marie de Bourgogne avait été, depuis trois siècles, le principe d'une division perpétuelle entre la maison de France et celle d'Autriche. Le commerce de l'Amérique et de l'Asie fut depuis un nouveau sujet de discorde dans l'Europe; ce fut dans les temps des grandes querelles entre Charles Quint et François premier que se développa le système de la balance de l'Europe, qui est aujourd'hui la cause et le prétexte de tant de ligues et de guerres. Le roi d'Angleterre Henri VIII qui se voyait entre deux rivaux puissants voulut empêcher l'un et l'autre de trop prévaloir; il prit pour sa devise un archer ayant un arc tendu avec ces mots : « Qui je défends est maître. » Mais si Henri VIII tint la balance, il la tint bien inégalement.

La reine Elisabeth secourut constamment Henri IV opprimé par la maison d'Autriche; et les Provinces Unies durent leur

---

2. Dans sa réponse à La Beaumelle, d'avril 1753, Voltaire refusera l'explication « matérialiste » des guerres (*Œuvres historiques*, p. 1252).

liberté à la protection d'Elisabeth et à ce même Henri IV ; l'Angleterre et la Hollande continuèrent d'être les alliés de la France, tandis que la maison d'Autriche était à craindre pour ces trois puissances. Si le lien de leur union fut relâché quelquefois, il ne fut jamais rompu ; leurs véritables intérêts étaient trop sensibles.

Les Etats protestants d'Allemagne étaient aussi les amis naturels de la France, parce que depuis Charles Quint, ils craignaient que la maison d'Autriche trop puissante ne fît de l'Empire un patrimoine, et ne les opprimât ; les Suédois furent appelés en Allemagne par eux, par la France et par Rome même, qui redoutait l'autorité des empereurs, toujours disputée en Italie et toujours prédominante. L'Angleterre et la Hollande virent alors avec plaisir, vers le milieu du siècle passé, la branche impériale d'Autriche forcée de céder la Lusace aux électeurs de Saxe, la préfecture de l'Alsace à la France, et le Roussillon conquis par Louis XIII sur la branche d'Autriche espagnole.

Cromwell, usurpateur de l'Angleterre, ne démentit point ce système ; et quoique meurtrier du beau-frère de Louis XIII et de l'oncle de Louis XIV, il fut attaché à la France. Les vœux de tous les peuples furent presque toujours pour elle contre les Autrichiens jusqu'au temps où Louis XIV parut redoutable par ses conquêtes (dont il les relevait) [3] par le choix des plus grands généraux et des plus habiles ministres, et par la faiblesse de ses ennemis. Il avait pris en 1667 la moitié de la Flandre, et l'année d'après, la Franche-Comté sur la maison d'Autriche ; alors les Hollandais qui s'étaient élevés en peu de temps * par leur courage dans la guerre, et par leur industrie dans le commerce, ne craignirent plus les Autrichiens leurs anciens maîtres, et redoutèrent les Français leurs anciens protecteurs. Ils obligèrent par leurs négociations Louis XIV à faire la paix d'Aix-la-Chapelle, et s'en vantèrent.

Ce fut l'origine de la célèbre irruption que fit ce monarque

---

3. Texte inintelligible. Le copiste a vraisemblablement sauté une ligne.

en Hollande l'an 1672. Il fit aisément entrer dans ce projet Charles II roi d'Angleterre qui manquait d'argent, et qui avait à se plaindre des Sept-Provinces. Il aima mieux punir la Hollande que de conquérir la Flandre, sur laquelle il avait des droits, et qui peut-être lui fût demeurée; mais bientôt après les Anglais et les Hollandais se réunirent, et depuis ce temps ils furent toujours contraires aux intérêts de la France. La gloire et la puissance de Louis XIV augmentèrent, et le nombre de ses ennemis s'accrut.

Ce même système d'équilibre, embrassé si longtemps contre les Autrichiens, le fut dès lors contre les Français. Guillaume, stathouder des Provinces Unies et roi d'Angleterre, fut depuis 1689 l'âme d'un parti qui réunissait contre Louis XIV l'Espagne, l'Allemagne, l'Angleterre, la Hollande, la Savoie et même jusqu'au pape Innocent XI. Le roi de France se soutint contre tant d'ennemis. Il eut longtemps près de quatre cent mille hommes sous les armes, et plus de cent vaisseaux de ligne, lui qui à son avènement à la couronne, n'avait pas dix * vaisseaux de guerre; et quoique la marine eût reçu un violent échec à la Hougue, quoique la compagnie des Indes, établie par le célèbre Colbert, eût été anéantie, cependant il fit à Rysvick une paix qui ne fut ni honteuse ni infructueuse. Ce même système d'équilibre général, composé de tant de vues particulières, produisit cette paix, et enfanta une politique jusqu'alors inouïe.

Le dernier prince de la branche autrichienne qui régnait en Espagne, était menacé d'une mort prochaine et n'avait point d'enfants; le conseil d'Angleterre et celui de La Haye firent avec Louis XIV qu'ils n'aimaient pas, un traité par lequel ils disposaient pourtant avec lui des royaumes d'Espagne. Ils les partagèrent entre plusieurs têtes; on en donnait * quelque démembrement à Louis XIV, de peur que ce prince ne se mît en état de recueillir tout l'héritage. Charles II, roi d'Espagne, indigné qu'on insultât à sa faiblesse en partageant sa succession de son vivant, nomma le fils de l'électeur de Bavière héritier de tous ses Etats. Cet enfant était arrièrepetit-fils de Philippe III ; le choix paraissait juste et sage : la maison d'Autriche pouvait en murmurer, mais non s'en venger ; les dissensions inévitables qui auraient suivi le partage, s'évanouissaient ; l'équilibre de l'Europe était conservé. Mais ce jeune prince mourut trois mois après avoir été déclaré successeur au trône d'Espagne.

On proposa alors un second traité de partage, par lequel, entre autres conventions, on donnait le Milanais à la maison de Lorraine, et la Lorraine au roi de France, projet dont nous avons vu depuis exécuter une partie. Alors le roi d'Espagne, qui se voyait mourir à la fleur de son âge, voulut donner tous ses Etats à l'archiduc Charles, neveu de sa femme, second fils de l'empereur Léopold ; il n'osait les laisser au fils aîné, tant ce système de l'équilibre prévalait, et tant il était sûr que la crainte de voir l'Espagne, les Indes, l'Empire, la Hongrie la Bohême, la Lombardie dans les mêmes mains, armerait le reste de l'Europe. Il demandait que l'empereur Léopold envoyât son second fils Charles à Madrid, à la tête de dix mille hommes. Mais ni la France, ni l'Angleterre, ni la Hollande, ni l'Italie ne l'auraient alors souffert ; toutes voulaient le partage. L'empereur ne voulait point envoyer son fils seul à la merci du conseil d'Espagne, et ne pouvait y faire passer dix mille hommes. Il arriva, pour le plus important intérêt entre deux grands rois, ce qui arrive tous les jours entre des particuliers pour des affaires légères ; on disputa, on s'aigrit ; la fierté allemande révolta la hauteur espagnole ; la comtesse de Perlitz qui gouvernait la femme du roi mourant, aliénait les esprits qu'elle eût dû gagner à Madrid, et le conseil de Vienne les éloignait encore davantage par ses hauteurs.

Le jeune archiduc appelait toujours les Espagnols d'un nom injurieux. Il apprit alors combien les princes doivent peser leurs paroles. Un évêque de Lérida, ambassadeur de Madrid à Vienne, mécontent des Allemands, releva ces discours, les envenima dans ses dépêches, et écrivit lui-même des choses plus injurieuses pour le conseil d'Autriche que l'archiduc n'en avait prononcées contre les Espagnols. « Les ministres de

Léopold, écrivait-il, ont l'esprit fait comme les cornes des taureaux de mon pays, petit, dur et tortu. » Cette lettre devint publique. L'évêque de Lérida fut rappelé, et à son retour à Madrid il ne fit qu'accroître l'aversion des Espagnols contre les Autrichiens [4].

Toujours aux affaires importantes plusieurs petitesses qui se mêlent * contribuèrent au grand changement qui arriva en Europe, et préparèrent la révolution qui fit perdre pour jamais à la maison d'Autriche les Espagnes et les Indes. Le cardinal Portocarrero et les grands d'Espagne les plus accrédités, se réunissant pour prévenir le démembrement de la monarchie, persuadèrent à Charles II de préférer un petit-fils de Louis XIV à un prince éloigné d'eux et hors d'état de les défendre. Ce n'était point anéantir les renonciations solennelles de la mère et de la femme de Louis XIV à la couronne d'Espagne, puisqu'elles n'avaient été faites que pour empêcher les aînés de leurs descendants de réunir sous leur domination les deux royaumes *, et qu'on ne choisissait point un aîné. C'était en même temps rendre justice aux droits du sang, c'était conserver la monarchie espagnole sans partage. Le roi scrupuleux fit consulter des théologiens qui furent de l'avis de son conseil; ensuite tout malade qu'il était, il écrivit de sa main au pape Innocent XII et lui fit la même consultation. Le pape, qui croyait voir dans l'affaiblissement de la maison d'Autriche la liberté de l'Italie, écrivit au roi que les lois

---

4. Voltaire, à son habitude, se plaît à attribuer au « petit fait » — la lettre de l'évêque de Lérida — une importance déterminante. Il abandonne cette explication du revirement espagnol dans les éditions du *Siècle de Louis XIV* postérieures à 1752; il fait état d'une pression militaire de la France : « Alors le roi de France, menaçant à son tour, assembla une armée vers les frontières d'Espagne, et ce même marquis d'Harcourt fut rappelé de son ambassade pour commander cette armée. Il ne reste à Madrid qu'un officier d'infanterie, qui avait servi de secrétaire d'ambassade, et qui fut chargé des affaires, comme le dit le marquis de Torci » (*Œuvres historiques*, p. 800). Ce n'est qu'en 1752, en effet, que les *Mémoires* de l'ancien ministre de Louis XIV lui furent communiqués.

d'Espagne et le bien de la chrétienté exigeaient de lui qu'il donnât la préférence à la maison de France. La lettre du pape était du 16 juillet 1700. Il traita sagement ce cas de conscience d'un souverain comme une affaire d'Etat, tandis que le roi d'Espagne, qui voulait avec raison mettre tous les droits de son côté, faisait de cette grande affaire d'Etat un cas de conscience.

Louis XIV en fut informé. C'est toute la part que le cabinet de Versailles eut à cet événement; on n'avait pas même alors d'ambassadeur à Madrid et le maréchal d'Harcourt avait été rappelé depuis six mois de cette cour, parce que le traité de partage que la France voulait soutenir par les armes, n'y rendait plus son ministère agréable. En vain toute l'Europe a pensé que le testament de Charles II avait été dicté à Versailles; le roi mourant n'avait consulté que l'intérêt de son royaume et les vœux de ses sujets. Ce testament, qui devait changer la face de l'Europe, était si secret que le comte d'Harrach, ambassadeur de l'empereur, se flattait encore que l'archiduc était reconnu successeur; il attendit * longtemps l'issue du grand conseil qui se tint immédiatement après la mort du roi.

Le duc d'Abrantès vint à lui les bras ouverts : l'ambassadeur ne douta plus dans ce moment que l'archiduc ne fût roi, quand le duc d'Abrantès lui dit ces paroles en l'embrassant : « *Vengo a despedir me de casa de Austria :* je viens de prendre congé de la maison d'Autriche. »

Ainsi, après deux cents ans de guerre et de négociations pour quelques frontières des Etats espagnols, la maison de France eut d'un trait de plume la monarchie entière sans traité, sans intrigues, et sans même avoir l'espérance de cette succession. On s'est cru obligé de faire connaître la simple vérité d'un fait jusqu'à présent obscurci par tant de ministres et d'historiens séduits par leurs préjugés et par les apparences qui séduisent presque toujours *. Tout ce qu'on a débité dans tant de volumes, d'argent répandu par le maréchal d'Harcourt et des ministres espagnols gagnés pour parvenir à ce testament, est au rang dès mensonges politiques et des erreurs populaires. Le ministre qui gouvernait alors les Affaires étrangères en France a rendu un témoignage authentique à cette vérité par un écrit qu'on a de sa main; mais le roi d'Espagne, en choisissant pour son héritier le petit-fils d'un roi, si longtemps son ennemi, pensait toujours aux suites que l'idée d'un équilibre général pouvait entraîner. Le duc d'Anjou, petit-fils de Louis XIV, n'était appelé à la succession d'Espagne que parce qu'il ne devait pas espérer celle de France; et le même testament qui, au défaut des princes du sang de Louis XIV, rappelait l'archiduc Charles, lequel fut depuis empereur Charles VI, portait expressément que l'Empire et l'Espagne ne seraient jamais réunis sous un même souverain.

La branche autrichienne qui possédait le trône impérial, se voyant privée de cette succession d'Espagne à laquelle elle n'était que substituée, arma presque toute l'Europe contre le sang de France. Ce même Léopold, qui n'avait ni voulu ni pu envoyer dix mille hommes en Espagne pour assurer la couronne à l'archiduc son fils, en mit bientôt cent mille en campagne. Le duc de Savoie, beau-père du duc de Bourgogne et du nouveau roi d'Espagne, prit quelque temps après parti contre ses gendres.

L'Angleterre et la Hollande, qui se déclarèrent pour l'archiduc, soutinrent surtout le fardeau de cette longue guerre, jusqu'à ce qu'enfin l'équilibre qui avait été le prétexte de tant de dissensions fut celui même de la paix. Le cas prévu par le roi d'Espagne Charles II arriva : l'archiduc à qui la monarchie d'Espagne était substituée, et pour qui on faisait cette guerre sanglante, devint empereur en 1711 par la mort de son frère aîné Joseph. La faction des torys en Angleterre, ennemie du ministère whig, saisit cette occasion de déterminer la reine Anne à ne plus prodiguer le sang et les trésors des Anglais pour donner au nouvel empereur Charles VI beaucoup plus de puissance que n'en avait eu Charles Quint, et pour aller directement contre les vues même et contre les intérêts réels de l'Angleterre, et du reste de l'Europe, qui avait craint * de voir l'Espagne et l'Empire dans les mêmes mains. Mais ce qui contribua le plus au grand événement de la paix fut une très petite chose *.

La fierté d'une femme allemande avait été une des causes principales du testament de Charles II; la hauteur d'une anglaise avec la reine Anne donna la paix à l'Europe [5]. La duchesse de Malborough avait révolté l'esprit de la reine et lassé sa patience; les torys en profitèrent. La reine changea de ministres et de maximes; l'Angleterre, si longtemps acharnée contre la France, fut donc * la première à faire sa paix; quelque temps après, la victoire utile que remporta le maréchal de Villars à Denain auprès de Landrecies détermina les Hollandais et enfin * l'empereur Charles VI à une paix générale.

Louis XIV, après dix ans consécutifs de revers, après avoir été réduit, en 1710, à la douleur de consentir d'abandonner son petit-fils le roi d'Espagne et à l'affront de n'être pas écouté à moins qu'il ne se joignît lui-même aux alliés contre son propre sang, vit enfin son petit-fils affermi sur le trône d'Espagne.

Mais cette monarchie, qui n'avait été donnée à Philippe V

---

5. « Si la duchesse de Malborough, écrit-il à Frédéric de Prusse le 5 août 1738, n'avait pas jeté l'eau d'une jatte au nez de Milady Masham, et quelques gouttes sur la reine Anne, la reine Anne ne se fût point jetée entre les bras des torys et n'eût point donné à la France une paix sans laquelle la France ne pouvait plus se soutenir. » Cette vision, ou cette dérision de l'histoire sera illustrée dramatiquement par Scribe dans le *Verre d'eau* créé au Théâtre-Français le 17 novembre 1840. Les thèmes voltairiens abondent : « Je devins ministre, déclare milord Bolingbrocke, parce que je savais danser la sarabande, et je perdis le pouvoir parce que j'étais enrhumé. Les grands effets produits par de petites causes, c'est mon système. » Ce qui est moins voltairien, c'est de transformer milady Masham en jeune enseigne au régiment des Gardes pour les besoins de la rivalité amoureuse; et surtout d'insinuer une leçon de conformisme et d'égoïsme. Du mauvais usage de Voltaire à l'époque de Louis-Philippe.

que dans l'espérance qu'elle ne serait point démembrée, le fut nécessairement : l'empereur garda, par le traité de Rastadt et de Bade, fait en 1714, tous les pays qu'on nomme autrichiens avec le duché de Milan et le royaume de Naples, malgré l'ancienne loi qui porte que le royaume de Naples sera toujours incompatible avec l'Empire. Charles Quint s'était soumis à cette loi en recevant du pape l'investiture de Naples, avant qu'il eût la couronne impériale; mais ce vassal tout puissant d'un pontife n'eut pas de peine à se faire relever de son serment, et Charles VI trouva depuis autant de complaisance dans la cour de Rome que Charles Quint.

La Sicile, autre démembrement de la monarchie espagnole, fut donnée alors au duc de Savoie qui eut depuis la Sardaigne en échange. Enfin, l'île de Minorque et Gibraltar pris par les Anglais restèrent à cette nation. Le roi de Prusse gagna la haute Gueldre à cette paix. Les Hollandais eurent une barrière composée de Namur, de Tournai, de Menin *, Furnes, Warneton, Ypres, Dendermonde, etc... L'empereur, leur laissant ces places à garder, leur a toujours payé deux millions cinq cent mille livres de notre monnaie par an, convention presque unique dans l'histoire, de donner ses places et son argent à ses alliés, au lieu d'avoir ses propres troupes dans ses villes.

L'électeur de Bavière, père de celui qui a été fait depuis empereur sous le nom de Charles VII, et l'électeur de Cologne, son frère, furent rétablis dans leurs principautés et dans leurs droits, qu'ils avaient perdus pour avoir pris le parti de la France, et pour avoir été malheureux; l'empereur Joseph les avait mis de sa seule autorité au ban de l'Empire sans le consentement des trois collèges.

Ainsi toutes les puissances recueillirent de grands avantages. Le principal, et celui qu'on ne compte pas assez, fut la conservation de l'espèce humaine : une guerre, pendant laquelle il y eut au moins six cent mille combattants de part et d'autre, tant en Italie qu'en Espagne, en Allemagne et en Flandre, coûtait environ cent mille hommes par année. Il est indubitable que l'Europe méridionale avait perdu en dix ans plus d'un million d'hommes à la fleur de leur âge.

Chaque peuple répara ses pertes pendant les vingt années qui suivirent la paix d'Utrecht, années heureuses, dont la félicité ne fut que faiblement traversée par quelques mouvements passagers. L'Angleterre augmenta son commerce, et par la cession que lui fit la France de Terre-Neuve et de l'Acadie, et par le traité de l'Assiento qui la mit en possession de la traite des nègres dans l'Amérique espagnole, et par la permission enfin qu'elle arracha de l'Espagne d'envoyer tous les ans à Porto-Bello un vaisseau qui devint l'entrepôt d'un commerce clandestin et immense.

La France qui n'avait que trois cents vaisseaux marchands à la paix d'Utrecht, en avait plus de dix-huit cents en 1740. Son commerce, ses manufactures florissaient *. Un système de finances, qui ruina en 1719 une partie de la nation et enrichit l'autre, laissa de ses débris une nouvelle compagnie des Indes qui avait en 1725 cent millions de fonds prêtés à l'Etat et trente-neuf millions en vaisseaux, ateliers et effets commerçables. Cette compagnie rebâtit et agrandit dans les Indes la ville de Pondichéry, peuplée aujourd'hui de près de cent mille habitants, fortifiée régulièrement et défendue par quatre cent cinquante pièces de canons; elle nettoya le port de Lorient en Bretagne, et fit de ce village une ville de commerce; elle avait soixante vaisseaux du poids * de quatre cents à huit cents tonneaux; enfin pendant vingt-huit années, elle avait été une école de matelots et une source continuelle d'abondance; car tandis que tous les actionnaires recevaient un produit considérable de la ferme du tabac, tous les profits de la compagnie étaient employés à faire de nouveaux établissements. On ne pouvait lui reprocher que des dépenses superflues qui sont des preuves de richesse. Le commerce de nos colonies faisait seul une circulation de cent millions et enrichissait encore l'Etat par les denrées qu'on portait dans les deux hémisphères. Il y avait telle de ces colonies où les habitants s'étaient accrus jusqu'au double depuis 1712.

Presque toutes les villes s'embellissaient et le royaume était sensiblement plus peuplé. La France ne reçut dans ce long espace de temps aucune * secousse d'aucune guerre étrangère. Une rupture du duc d'Orléans, régent de France, avec l'Espagne en 1718 ne fut ni malheureuse, ni longue*. Elle n'était point de nation à nation : elle était de prince à prince [6], on n'y pensait pas même à Paris, où tous les particuliers étaient occupés de ce grand jeu des actions qui fit et qui ruina tant de fortunes.

Les vues de l'Espagne étaient de recouvrer les démembrements de la monarchie; mais alors elle voulut en vain les reprendre. En vain les troupes d'Espagne avaient fait une descente dans la Sardaigne qui était alors à l'empereur, et ensuite dans la Sicile dont le duc de Savoie était en possession par les traités d'Utrecht; tout le fruit de ces armements fit que l'empereur Charles VI, aidé d'une flotte anglaise et même des soins du régent [7] de France, prit pour lui l'île de Sicile qu'on avait cédée par les traités d'Utrecht à la

---

6. Voltaire est plus explicite dans *le Précis du Siècle de Louis XV* : « Le duc d'Orléans, régent de France, quoique irréprochable sur les soins de la conservation de son pupille, se conduisit comme s'il eût dû lui succéder. Il s'unit étroitement à l'Angleterre, réputée l'ennemie naturelle de la France, et rompit ouvertement avec la Branche de Bourbon, qui régnait à Madrid; et Philippe V, qui avait renoncé à la couronne de France par la paix, excita, ou plutôt prêta son nom pour exciter des séditions en France, qui devaient lui donner la régence d'un pays où il ne pouvait régner » (*OH*, pp. 1301 et 1302).

7. Ses soins allèrent jusqu'à faire la guerre au petit-fils de Louis XIV; une armée française pénétra en Espagne sous le commandement du maréchal de Berwick. Dans *le Précis du Siècle de Louis XV*, Voltaire jugera sévèrement « cette guerre civile, que le jeune roi de France fit sans le savoir » (*OH*, p. 1304). Ici, il passe très rapidement sur tous les événements diplomatiques et militaires jusqu'en 1727, parce que ces mouvements passagers lui semblent aberrants, contraires à « l'ordre naturel », et aussi par pudeur d'historiographe. Même discrétion dans *le Tableau de l'Europe* des éditions de 1751 et 1752.

maison de Savoie dont les princes, après avoir été quatre ans rois de Sicile, furent rois de Sardaigne et le sont encore.

Jamais il n'y eut tant de négociations que dans ce temps. Jamais plus de traités et plus de jalousies : les intérêts de chaque nation semblaient avoir changé avec les intérêts particuliers. Le gouvernement anglais était * uni intimement avec le ministère, qui du temps de Louis XIV avait tout fait pour affermir Philippe V sur le trône [et qui] lui [était] devenu contraire; les affaires étaient sorties de leurs routes naturelles, au point que la cour de Madrid se jeta dans les bras de celle de Vienne, sa rivale et son ennemie, qui lui ayant si longtemps disputé l'Espagne, était demeurée maîtresse de Naples, et venait d'emporter sur elle l'île de Sicile.

Enfin ce même empereur Charles VI, qui n'avait jamais d'autres intentions que de fermer à la nouvelle maison d'Espagne l'accès dans l'Italie, se laissa entraîner au delà de ses propres sentiments au point de consentir qu'un fils de Philippe V et d'Elisabeth de Parme, sa seconde femme, fût introduit avec six mille Espagnols dans le duché de Parme et de Plaisance dont la succession n'était pas encore ouverte. Il en donna l'investiture éventuelle aussi bien que du grand duché de Toscane au prince don Carlos, en 1725, par un traité solennel entamé longtemps auparavant, et il reçut deux cent mille pistoles d'Espagne pour prix de cet engagement, qui devait un jour lui coûter plus cher. Tout était étrange dans cet accord. C'était deux maisons ennemies qui s'unissaient sans se lier l'une à l'autre; c'étaient les Anglais qui, ayant tout fait pour détrôner Philippe V et lui ayant arraché Minorque et Gibraltar dont ils jouissaient malgré l'indignation de l'Espagne, étaient les médiateurs du traité; c'était un Hollandais, Ripperda, devenu tout puissant en Espagne qui le signait et qui fut disgrâcié après l'avoir signé.

Tandis que la branche espagnole de Bourbon acquérait ainsi des Etats par une union passagère avec son ennemi, elle était en mésintelligence avec la branche de France, malgré tous les liens du sang et de l'intérêt qui devaient tôt ou tard les réunir. C'est ainsi que les deux branches d'Autriche avaient été autrefois divisées; la France s'alliant alors avec l'Angleterre n'avait point de véritables alliés. Mais dès l'année 1727 tout commença à rentrer dans l'ordre naturel. Le ministère de France resserra d'abord les liens de l'amitié entre les deux maisons de France, et ce ministère paraissant équitable et désintéressé, il devint insensiblement le conciliateur de l'Europe. L'Angleterre et l'Espagne commençaient une guerre ouverte pour la querelle de leur commerce. Les Espagnols assiégeaient Gibraltar, et consumaient leur temps et leurs forces devant cette ville que les Anglais ont mise hors de toute atteinte. La France fut la médiatrice; elle ménagea la gloire des Espagnols en faisant cesser le siège et en conciliant les intérêts par des traités (1728).

L'empereur éludait la promesse qu'il avait faite de donner la Toscane, Parme et Plaisance à don Carlos (1729).

Le ministère de France l'engagea à tenir sa parole. Il porta adroitement les Anglais tout ennemis qu'ils étaient de la grandeur de la maison des Bourbons, à transporter eux-mêmes en Italie les six mille Espagnols qui devaient assurer à Don Carlos ses nouveaux Etats; et en effet ce prince y passa quelque temps après, avec ses troupes, sur une flotte anglaise. Il fut reconnu souverain de Parme en 1731 et héritier de Toscane. Le grand duc de Florence, dernier prince de la maison de Médicis, accepta l'héritier qu'on lui donnait sans l'avoir consulté.

Le ministère français, quelque temps auparavant, avait achevé de déterminer l'empereur à casser lui-même la compagnie des Indes Orientales qu'il avait établie à Ostende; c'était l'intérêt de toutes les nations commerçantes, et la France n'était pas alors la moins considérable. Elle jouissait de cette gloire tranquille d'être la conciliatrice de ses voisines [8], quand la mort d'Auguste II roi de Pologne changea la face de l'Europe (1733).

8. En fait, le traité de Séville, du 9 novembre 1729, avait marqué le triomphe de la politique anglaise de « la balance ».

Le cardinal de Fleury, âgé de près de quatre-vingts ans, ne pensait qu'à maintenir la France et l'Europe dans cette paix heureuse. Son goût, son caractère, son âge, sa gloire qu'il mettait dans la modération, tout le détournait de la guerre. Le principal ministre de l'Angleterre Walpole était dans les mêmes principes. L'Espagne avait obtenu ce qu'elle avait demandé : tout le nord était tranquille, quand la mort d'Auguste II, roi de Pologne, replongea l'Europe dans ces malheurs dont elle est rarement exempte dix années de suite.

Le roi Stanislas, beau-père de Louis XV, déjà nommé roi de Pologne en 1704, fut élu roi de la manière la plus légitime et la plus solennelle; mais l'empereur Charles VI fit procéder à une autre élection, appuyée par ses armes et par celles de Russie. Le fils du dernier roi de Pologne, électeur de Saxe, neveu de Charles VI, l'emporta sur son concurrent. Ainsi la maison d'Autriche, qui n'avait pas eu le pouvoir de se conserver l'Espagne et les Indes Occidentales, eut le crédit d'ôter la Pologne au beau-père de Louis XV. La France vit renouveler ce qui était arrivé au prince Armand de Conti qui, solennellement élu mais n'ayant ni argent ni troupes et plus recommandé que soutenu, perdit le royaume où il avait été appelé. Le roi Stanislas alla à Dantzig soutenir son élection; le grand nombre qui l'avait choisi céda bientôt au petit nombre qui lui était contraire. Ce pays où le peuple est esclave, où la noblesse vend ses suffrages, où il n'y a jamais dans le trésor public de quoi entretenir les armées, où les lois sont sans vigueur, où la liberté ne produit que des divisions, ce pays, dis-je *, se vantait en vain d'une noblesse belliqueuse qui peut monter à cheval au nombre de cent mille hommes. Dix mille Russes firent d'abord disparaître tout ce qui était assemblé en faveur de Stanislas. La nation polonaise, qui un siècle auparavant regardait les Russes avec mépris, était alors intimidée et conduite par eux. L'empire de Russie était devenu formidable, depuis que Pierre le Grand l'avait formé. Dix mille esclaves russes disciplinés dispersèrent toute la noblesse de Pologne, et le roi Stanislas, renfermé dans la ville de Dantzig, y fut bientôt assiégé par une armée russe de plus de quarante mille hommes. L'empereur d'Allemagne uni avec la Russie était sûr du succès. Il eût fallu pour tenir la balance égale que la France eût envoyé par mer une nombreuse armée; mais l'Angleterre n'aurait pas vu les préparatifs immenses sans se déclarer. Le cardinal de Fleury, qui ménageait l'Angleterre, ne voulut ni avoir la honte d'abandonner entièrement le roi Stanislas, ni hasarder de grandes forces pour le secourir. Il fit partir une escadre avec quinze cents hommes commandés par un brigadier. Cet officier ne crut pas que la commission fût sérieuse; il jugea, quand il fut près de Dantzig, qu'il sacrifierait sans fruit ses soldats, et il alla relâcher au Danemark. Le comte de Plélo, ambassadeur de France auprès du roi de Danemark, vit avec indignation cette retraite qui lui paraissait humiliante. C'était un jeune homme qui joignait à l'étude des belles lettres et de la philosophie des sentiments héroïques dignes d'une meilleure fortune; il résolut de secourir Dantzig contre une armée avec cette petite troupe, ou d'y périr. Il écrivit avant de s'embarquer * une lettre au comte de Maurepas, ministre d'Etat, laquelle finissait par ces mots : « Je suis sûr que je n'en reviendrai pas; je vous recommande ma femme et mes enfants. » Il arriva à la rade de Dantzig, débarqua * et attaqua l'armée russe : il y périt, percé de coups, comme il l'avait prévu, et ce qui ne fut pas tué de sa troupe * fut prisonnier de guerre; sa lettre qui était très touchante arriva avec la nouvelle de sa mort; elle tira des larmes des yeux du conseil; tout Paris le plaignit et l'admira. Je me souviens que quand sa veuve parut quelque temps après aux promenades publiques avec ses enfants, la multitude l'entourait avec des acclamations d'attendrissement, et lui témoignait la vénération qu'elle avait pour la mémoire de son mari.

Dantzig fut prise; l'ambassadeur de France auprès de la Pologne *, qui était alors dans cette place, fut prisonnier de guerre, malgré les privilèges de son caractère. Le roi Stanislas n'échappa qu'à travers beaucoup de dangers et à la faveur de plus d'un déguisement, après avoir vu sa tête mise à prix par le général des Moscovites, dans un pays libre, dans sa propre patrie, et au milieu de la nation qui l'avait élu suivant toutes les lois.

Le ministère de France eût entièrement perdu cette réputation nécessaire au maintien de la grandeur, si elle n'eût tiré vengeance d'un tel outrage; mais cette vengeance n'était rien, si elle n'était pas utile. L'éloignement des lieux ne permettait point qu'on tirât raison des Moscovites, et la politique voulait que la vengeance tombât sur l'empereur. On l'exerça efficacement en Allemagne et en Italie; la France s'unit avec l'Espagne et la Sardaigne. Ces trois puissances avaient leurs intérêts divers, qui tous concouraient au même but d'affaiblir l'Autriche. Les ducs de Savoie avaient depuis longtemps accru petit à petit leurs Etats *, tantôt en vendant leurs secours aux empereurs, tantôt en se déclarant contre eux. Le roi Charles Emmanuel espérait le Milanais, et il lui fut promis par les ministres de Versailles et de Madrid.

Le roi d'Espagne Philippe V, ou plutôt la reine Elisabeth de Parme, son épouse, espérait pour ses enfants de plus grands établissements que Parme et Plaisance. Le roi de France n'envisageait aucun avantage pour lui que sa propre gloire, l'abaissement de ses ennemis et les succès de ses alliés. Personne ne prévoyait alors que la Lorraine dût être le fruit de cette guerre. On est presque toujours mené par les événements, et rarement on les dirige. Jamais négociation ne fut plus promptement terminée que celle qui unissait ces trois monarques. L'Angleterre et la Hollande, accoutumés depuis longtemps à se déclarer pour l'Autriche contre la France, l'abandonnèrent en cette occasion [9]. Ce fut le fruit de cette réputation d'équité et de modération que la cour

---

9. Une crise intérieure, économique et politique, paralysa le gouvernement anglais à partir de 1731 (Muret, *op. cit.*, p. 151).

de France avait acquise. L'idée de ses vues pacifiques et dépouillées d'ambition enchaînait encore ses ennemis naturels, lors même qu'elle faisait la guerre; et rien ne fit plus d'honneur au cardinal de Fleury que d'être parvenu à faire comprendre à ces puissances que la France pouvait faire la guerre à l'empereur sans alarmer la liberté de l'Europe. Tous les potentats regardèrent donc tranquillement ses succès rapides; une armée de Français fut maîtresse de la campagne sur le Rhin, et les troupes de France, d'Espagne, de Savoie jointes ensemble furent les maîtresses de l'Italie; le maréchal de Villars finit sa carrière à quatre-vingt-quatre ans après avoir pris Milan. Le maréchal de Coigny, son successeur, gagna deux batailles, tandis que le duc de Montemar, général des Espagnols, remporta une victoire dans le royaume de Naples à Bitonto dont il eut le surnom. Don Carlos, qui avait été reconnu successeur de Toscane, fut bientôt roi de Naples et de Sicile. Ainsi l'empereur perdit presque toute l'Italie pour avoir donné un roi à la Pologne; et un fils du roi d'Espagne eut en deux campagnes ces deux Siciles *, prises et reprises tant de fois auparavant, et l'objet continuel des prétentions de la maison d'Autriche pendant plus de deux siècles.

Cette guerre d'Italie est la seule qui se soit terminée avec un succès solide pour les Français depuis Charlemagne. La raison en est qu'ils avaient pour eux le gardien des Alpes, devenu le plus puissant prince de ces contrées, qu'ils étaient secondés des meilleures troupes d'Espagne et que les armées furent toujours dans l'abondance.

L'empereur fut alors trop heureux de recevoir des conditions de paix que lui offrit la France victorieuse. Le cardinal de Fleury qui avait eu la sagesse d'empêcher l'Angleterre et la Hollande de prendre part à cette guerre, eut aussi celle de la terminer heureusement sans leur intervention.

Par cette paix don Carlos fut reconnu roi de Naples et de Sicile. L'Europe était déjà accoutumée à voir donner et changer des Etats. On assigna à François, duc de

Lorraine, désigné gendre de l'empereur, l'héritage des Médicis qu'on avait auparavant accordé à Don Carlos, et le dernier grand duc de Toscane, près de sa fin, demandait : « si on ne lui donnerait pas un troisième héritier, et quel enfant l'Empire et la France voulaient lui faire ».

Ce n'est pas que le grand duché de Toscane se regardât comme un fief de l'Empire, mais l'empereur le regardait comme tel, aussi bien que Parme et Plaisance, revendiqués toujours par le Saint-Siège, et dont le dernier duc de Parme avait fait hommage au pape, tant les droits changent selon les temps. Par cette paix les duchés de Parme et de Plaisance que les droits du sang donnaient à don Carlos, fils de Philippe V et d'une princesse de Parme, furent cédés à l'empereur Charles VI en propriété.

Le roi de Sardaigne, duc de Savoie, qui avait compté sur le Milanais, auquel sa maison, toujours agrandie par degrés, avait depuis longtemps des prétentions, n'en obtint qu'une petite partie comme le Navarrois, le Tortonnois, les fiefs des Langhes : il tirait ses droits sur le Milanais d'une fille de Philippe II, roi d'Espagne dont il descendait. La France avait aussi ses anciennes prétentions par Louis XII, héritier naturel de ce duché; Philippe V avait les siennes par les inféodations renouvelées à quatre rois d'Espagne ses prédécesseurs. Mais toutes ces prétentions cédèrent à la convenance et au bien public; l'empereur garda le Milanais, malgré la loi générale des fiefs de l'Empire, qui veut que l'empereur, seigneur suzerain, en donne toujours l'investiture, sans quoi les empereurs pourraient engloutir à la longue toutes les mouvances de leur couronne [10].

---

10. Dans *le Précis du Siècle de Louis XV*, Voltaire corrigera cette affimation : « L'empereur garda le Milanais; ce n'est pas un fief dont il doive toujours donner l'investiture : c'était originairement le royaume de Lombardie annexé à l'Empire, devenu ensuite un fief sous les Viscontis et sous les Sforces, et aujourd'hui c'est un Etat appartenant à l'empereur » (*Œuvres historiques*, Gallimard, p. 1328).

Par ce traité le roi Stanislas renonçait au royaume qu'il avait eu deux fois, et qu'on n'avait pu lui conserver; il gardait le titre de roi. Il lui fallait * un autre dédommagement, et ce dédommagement fut pour la France encore plus que pour lui. Le cardinal de Fleury se contenta d'abord du Barois, que le duc de Lorraine devait donner au roi Stanislas avec la reversion à la couronne de France; et la Lorraine * ne devait être cédée que lorsque son duc serait en pleine possession de la Toscane. C'était faire dépendre cette cession de la Lorraine de beaucoup de hasards; c'était peu profiter * des plus grands succès et des conjonctures les plus favorables; on encouragea le cardinal de Fleury à se servir de ses avantages. Il demanda la Lorraine aux mêmes conditions que le Barois, et il l'obtint; il n'en coûta que quelque argent comptant et une pension de quatre millions cinq cent mille livres faite au duc François jusqu'à ce que la Toscane lui fût échue. Ainsi la Lorraine * fut réunie à la couronne irrévocablement, réunion tant de fois inutilement tentée. Par là un roi polonais fut transplanté en Lorraine, la maison régnante des princes lorrains en Toscane, le second fils du roi d'Espagne à Naples, et on aurait pu * renouveler la médaille de Trajan : « *Regna assignata.* Les trônes donnés [11]. »

L'empereur Charles VI crut encore gagner beaucoup à ce traité. Il avait depuis l'an 1713 tâché d'engager tous les Etats de l'Empire et les princes ses voisins, à garantir la succession indivisible de ses états héréditaires à sa fille aînée Marie-Thérèse, qui épousa depuis le duc de Lorraine, grand duc de Toscane, au commencement de 1736 *.

L'empereur Charles VI espérait qu'un fils de sa fille aînée ferait renaître sa race prête à s'éteindre, conserverait * le patrimoine de la maison d'Autriche, et y rejoindrait l'Empire; dans cette espérance il avait contribué à placer

---

11. Tout ce récit, de la ligne 395 à la ligne 548, a été reproduit presque intégralement dans le *Tableau de l'Europe* des éditions de 1751 et 1752.

l'électeur de Saxe, mari d'une de ses nièces, sur le trône de Pologne à main armée, et on avait obtenu la garantie de ce fameux acte de succession, appelée *la sanction pragmatique Caroline;* il avait celle de l'Angleterre, de la Hollande, de la Russie, du Danemark et des États de l'Empire. Il se flattait même d'avoir tiré de l'électeur de Bavière l'équivalent d'une acceptation formelle, quand il aurait marié cet électeur à sa nièce, la * seconde fille de l'empereur Joseph; il crut enfin assurer tout en obtenant la garantie de la France, quoique le prince Eugène, quelque temps avant de mourir *, lui dit * qu'il fallait avoir deux cent mille soldats et point de garantie.

Cependant il pressa le ministre français d'assurer par le traité cet ordre établi dans la succession autrichienne : on y consentit. L'électeur de Bavière qui croyait avoir des droits légitimes à la succession des États autrichiens, au préjudice des filles de l'empereur Charles VI, implora aussitôt la protection de la cour de France, qui alors était en possession de concilier tous les droits. Le ministère, dès l'année 1737, fit entendre à l'empereur que par cette garantie on n'avait pas voulu nuire aux prétentions de la maison de Bavière, on fit souvenir l'empereur qu'en 1732, lorsqu'il fit enfin signer aux États de l'Empire cette pragmatique, il avait déclaré formellement lui-même qu'il ne préjudiciait aux droits de personne. On le pria de rendre justice à la maison de Bavière. On s'en tint * à ces remontrances secrètes; ces étincelles qui devaient bientôt causer un si grand embrasement, furent cachées sous la cendre.

Tout resta paisible entre les princes chrétiens, si on en excepte les querelles naissantes de l'Espagne et de l'Angleterre pour le commerce de l'Amérique; la cour de France continua d'être regardée comme l'arbitre de l'Europe.

L'empereur faisait la guerre aux Turcs sans consulter l'Empire. Cette guerre lui * fut malheureuse. La France le tira de ce précipice par sa médiation, et M. de Villeneuve, son ambassadeur à la Porte Ottomane, alla en Hongrie conclure en 1739 avec le grand vizir la paix dont l'empereur avait besoin.

La France, presque dans le même temps, pacifiait l'Etat de Gênes menacé d'une guerre civile; elle soumettait et adoucissait les Corses qui avaient secoué le joug de Gênes; le comté de Corse, qui prend depuis longtemps le titre de royaume, avait été soumis vers la fin du xiiie siècle au pays de Gênes, plus petit que la Corse, moins belliqueux, mais plus riche. Les Corses toujours indisciplinés s'étaient toujours plaints d'être tyrannisés *. Leur dernière rébellion durait depuis 1725. Un gentilhomme allemand du comté de la Marck, nommé Théodore de Neuhauff, ayant voyagé et cherché la fortune * dans toute l'Europe, se trouva à Livourne en 1736. Il eut des correspondances avec les mécontents. Il leur offrit ses services *, s'embarqua pour Tunis, y négocia de leur part, en rapporta des armes, des munitions et de l'argent, entra dans la Corse avec ce secours, et enfin s'y fit proclamer roi. Il fut couronné d'une couronne de laurier et, reconnu dans l'île, il maintint la guerre *. Le sénat de Gênes mit sa tête à prix, mais, n'ayant pu ni faire assassiner Théodore ni soumettre les Corses, il avait imploré la protection de l'empereur; cette protection paraissait dangereuse, parce que l'empereur, qui se croit seigneur suzerain de toute l'Italie, s'établissait juge suprême entre Gênes et les rebelles. Le sénat eut enfin recours à la France qui envoya successivement le comte de Boissieux et le marquis, depuis maréchal de Maillebois *. Théodore fut chassé, l'île soumise, au moins pour quelque temps, et tout pacifié *. La France était à la fois la bienfaitrice de Gênes et de la Corse *.

Elle interposait ses bons offices entre l'Espagne et l'Angleterre qui commençaient à se faire sur mer une guerre plus ruineuse que les droits qu'elles se disputaient, n'étaient avantageux. On l'avait vue même auparavant en 1735, médiatrice entre l'Empereur et le Portugal *. Aucun voisin n'avait à se plaindre de la France, et toutes les nations la regardaient comme leur mère commune, leur médiatrice et leur exemple *.

VARIANTES

VARIANTES

Page 3

* *Comme introduction aux campagnes du roi, Voltaire avait d'abord rédigé un Plan de l'Europe, c'est-à-dire un résumé de la politique européenne depuis le début du XVIIᵉ siècle. Ce chapitre premier de L, devenu inutile après la publication du siècle de Louis XIV, fut remplacé dans A par cet avant-propos. Nous donnons en appendice le texte de ce chapitre, p. 301.*

Page 5

* *Ce chapitre premier de A et de P correspond au chapitre II de L.*
* *La frénésie... dans toute l'Europe manque dans L. A la place on lit :* Si la mort du roi de Pologne, Auguste II, avait causé de grands mouvements, celle de Charles VI, dernier prince de la maison d'Autriche, devait entraîner bien d'autres révolutions.

Page 8

* La politique des princes chrétiens... des peuples *manque dans L.*

Page 11

* Ce moment décida... répara le désordre *manque dans L. A la place on lit :* On vit alors ce que valait l'infanterie prussienne; la cavalerie du roi, moins forte de près de moitié que l'autrichienne, fut entièrement rompue; la première ligne de son infanterie fut prise en flanc, on crut la bataille perdue, tout le bagage du roi fut pillé, et ce prince en danger d'être pris, fut entraîné par tous ceux qui l'environnaient; la seconde ligne de l'infanterie rétablit tout...

Page 12

* *A la place de* Et dans ce temps-là même la victoire se déclara pour lui, *la 1ʳᵉ rédaction de A était :* Environné d'ennemis de tous côtés et ne pouvant rentrer dans ses Etats que par la Pologne, il délibérait sur le parti qu'il devait prendre après cette défaite, lorsqu'un courrier vint lui apprendre que la bataille était gagnée. *Phrase barrée et corrigée.*

Page 13

* *Le chapitre II de A et de P correspond au chapitre III de L.*

Page 17

* Le cardinal de Fleury... vous revoir bientôt *manque dans L.*
* *A la place de* dans votre constance, *on lit dans L :* dans ma constance. *Texte du Précis du siècle de Louis XV.*

Page 18

* : C'était un de ces coups décisifs... l'entrée dans cette province était aisée, *manque dans L. A la place on lit :* C'était le sentiment du roi de Prusse; mais soit que la saison parût trop avancée, soit qu'on voulût établir un équilibre de pouvoir entre les maisons de Bavière et d'Autriche,

en laissant Vienne et la Hongrie à l'une, et le reste des possessions d'Allemagne à l'autre, on n'assiégea point Vienne...

Page 19

* *Après* qui ne le connaissait pas encore assez, *on lit dans L :* Pour se faire une idée du caractère du comte de Saxe, dont le nom doit aller à la postérité, il suffit de dire qu'étant alors accusé auprès du roi de Prusse d'être entré dans ces petites querelles qui divisent presque toujours les généraux des armées alliées, il écrivit au général Schmettau ces propres mots : « Ceux qui me connaissent savent que je suis plus propre à rompre une lance qu'à filer une intrigue. » *Paragraphe barré dans A.*

Page 20

* répandue ... fit son entrée, *texte différent dans L :* répandue. L'électeur de Bavière, qui venait d'arriver au camp, rendit compte au roi de ce succès, comme un général qui écrit à celui dont il commande les armées; il fit son entrée... *C'est le texte de L qui a été rétabli dans le Précis (Œuvres Historiques,* p. 1339).

* La fermeté de Marie-Thérèse... dans une guerre avec la Suède *manque dans L. Ce passage manquait aussi dans la première rédaction de A, comme l'indique l'insertion de deux pages intercalaires, 34* bis *et 34* ter.

Page 22

* *A :* le 4 janvier 1741 *Erreur du copiste.*

Page 23

* *Le chapitre III de A et de P correspond à la fin du chapitre III de L.*

Page 24

* *Après* de Francfort, *on lit dans L :* « On laisse, disait-il, dans la haute Autriche des troupes qui seront infailliblement coupées. » Il écrivait à M. de Breteuil, alors secrétaire d'Etat de la guerre, le 17 décembre 1741 : « Je ne me relâcherai point sur ce point important; je peux vous assurer que le malheur que je prévois arrivera; la première source de nos maux viendra du mélange des nations et de la dispersion des troupes. » *Barré dans A.*

Page 25

* *Après* sous ses ruines, *on lit dans L :* on lui envoya M. du Châtel, lieutenant-général, mort depuis peu avec toute la réputation que peuvent donner la valeur, l'esprit et la probité. Le grand-duc lui dit qu'il voulait qu'on se rendît prisonnier de guerre. « Eh bien, lui dit enfin M. du Châtel, recommencez donc à brûler, et nous allons recommencer à tirer. » Le prince s'adoucit. *Barré dans A.*

Page 27

* *Le chapitre IV de A et de P correspond à la première moitié du chapitre IV de L.*

* Le roi de Prusse... victoire de Czaslau *manque dans* L; *ajouté par* V *dans* A.

Page 28
* *Après* la brigade de Navarre, *on lit dans* L : Ce n'était pas une grande bataille, mais c'était une action entre les généraux français et autrichiens, dans laquelle chaque combattant fit des prodiges, et qui pouvait donner aux armes françaises une grande considération, si elle ne pouvait leur donner une grande supériorité. Tout cela devint... *Passage barré dans* A *et* Tout cela *corrigé en* : cette victoire.

Page 30
* *Les deux paragraphes :* La veille de la signature... où je me trouve *manquent dans* L. *Manquaient aussi dans le texte primitif de* A, *comme l'indique l'insertion de deux pages intercalaires,* 51 *bis et* 51 *ter.*

Page 33
* *Après* à la tête de son armée victorieuse, *on lit dans* L : On était même si sûr dans tous les Etats de la reine de Hongrie de prendre Prague en peu de temps, qu'un général des Pays-Bas autrichiens envoya de Bruxelles un homme à lui devant Prague pour savoir le premier, par lui, la nouvelle de la prise.

Page 36
* *Après* les plus habiles, *on lit dans* L : Le maréchal de Puységur représenta les difficultés et les dangers; le maréchal de Noailles avoua l'un et l'autre, mais il insista sur la nécessité. Le maréchal d'Asfeld pensa de même. *Barré dans* A.
* *Après* vers les défilés arides de la Bohême, *on lit dans* L : Le maréchal de Puységur, voyant qu'il fallait absolument que cette armée marchât, était d'avis qu'elle allât au moins du côté où le maréchal de Maillebois voulait la diriger. *Barré dans* A.
* Le roi avait pour objet... faites pour lui *manque dans* L. *Ajouté vraisemblablement par* V, *quand il coupe ici le chapitre IV de* L.

Page 37
* *Ce chapitre V de* A *et de* P *correspond à la seconde partie du chapitre IV de* L.

Page 42
* *On lit dans* L : le Lord Carteret vint à La Haye pour les précipiter à cette démarche *(barré dans* A*).* Le lord Stair *(corrigé dans* A *en* : le comte de) qui commandait l'armée anglaise à Bruxelles alla aussi exciter *(corrigé dans* A *en* excitait en vain) les Hollandais. Le duc d'Aremberg non moins empressé y ajouta ses sollicitations vagues. *(barré dans* A*).*

Page 43
* *Après* dans la cour de Francfort, *on lit dans* L : L'empereur goûta encore une joie passagère, quand le prince des Deux-Ponts, frère du duc régnant,

lui apporta les drapeaux qu'on avait pris aux Autrichiens dans ces sorties qui avaient été autant de grands combats, et où ce prince s'était signalé. *Barré dans A.*

Page 44

* On s'attendait... d'une campagne *manque dans L. A la place on lit* : Bien plus le maréchal de Broglie avait posté à Leutmeritz le marquis d'Armentières avec quelques troupes. Leutmeritz, petite ville où l'Eger tombe dans l'Elbe, est environ à moitié chemin de Caden à Prague. C'était donc du poste de Caden que tout dépendait; on s'épuisait dans Paris en conjectures et en critiques sur cette opération de guerre. Jamais on ne jugea avec plus de précipitation et de sévérité la conduite des généraux, et on a toujours depuis mis en problème si les troupes avaient été, ou non, jusqu'à Caden.

Voici le fait, tel qu'il est avéré incontestablement par le général de l'armée. Ce détail ne sera pas bien important pour la postérité, mais il est intéressant aujourd'hui. Le vingt-deux octobre le comte de Saxe détacha quelques troupes pour aller à Caden et pour y couper le pont sur l'Eger, par où les ennemis pouvaient passer; une compagnie franche entre déjà dans Caden. On coupe le pont, mais à peine est-il coupé que les Autrichiens arrivent, le rétablissent et s'emparent de Caden; alors toute communication est interdite entre l'armée du maréchal de Broglie et celle du maréchal de Maillebois. Celui-ci ne recevait point de nouvelle de Leutmeritz; il ne pouvait aller à Caden que par un défilé qui parut impraticable.

* *Après* ne put passer, *on lit dans L* : Les conducteurs de chariots désertèrent tous; on leur substitua des soldats; on n'avança pas davantage. *Barré dans A.*

* *Après* de rétrograder, *on lit dans L* : Le comte d'Estrées qui était dans Egra envoya son opinion par écrit : « Je ne vois, dit-il, de parti à prendre que de tout rassembler, de combattre, ou de ne pas aller plus loin. » *Barré dans A.*

Page 47

* *L* : dont le tiers était malade *corrigé dans A en* : dont les deux tiers étaient malades.

Page 49

* *Le chapitre VI de A et P correspond au chapitre V de L.*

Page 50

* Cette différence... de quelques autres généralités *manquent dans L. A la place, on lit* : ce qui devait faire regarder cette province comme la plus peuplée.

Page 52

* *L* : quatre-vingt-quinze mille. *Dans A,* quatre-vingt mille *rectifié par V en* : quatre-vingt-dix mille.

Page 54

* *Dans la première rédaction de A après* de sa patrie, *on lit :* c'est ainsi qu'une médaille avait annoncé la ruine et la prise de Dieppe lorsqu'elle fut bombardée en 1694. *Barré par V.*

Page 61

* *A :* qu'avec la Bavière; et l'Espagne, Naples... *Texte absurde; nous avons adopté le texte de L.*

Page 63

* *A la place de :* On excitait ainsi... sous les armes, *on lit dans L :* Rien ne contribua davantage à échauffer les Hollandais; on avait proposé d'augmenter les troupes de la république de vingt mille hommes, pour donner des secours efficaces à la reine de Hongrie; les députés d'Amsterdam balançaient encore. Ils reçurent une lettre au nom d'un quartier de la ville qu'on appelle le Jourdain, qui a toujours été assez tumultueux. Elle était conçue à peu près dans ces termes : « Messieurs du Jourdain mandent à Messieurs les députés qu'ils pourront bien être égorgés, s'ils ne consentent à la levée des vingt mille hommes. » En effet, cette levée fut ordonnée quelques mois après (2 mars 1743), et les Hollandais eurent quatre-vingt mille hommes sous les armes. *Passage barré par V. dans A.*

Page 64

* *A la place de :* et il avait commencé... sans être magnifique, *on lit dans L :* On doit le regarder comme un homme heureux, si on fait seulement réflexion que par les dénombrements et les calculs les plus justes, il est prouvé que la nature ne permet pas que de cent quarante contemporains, il y en ait plus d'un seul qui parvienne à l'âge de quatre-vingt-dix ans. Mais, si on considère que dans le nombre de ceux qui atteignent cet âge, il y en a rarement un sur mille qui conserve la santé, et une tête capable de travail, si enfin on se souvient que le cardinal de Fleury avait commencé les fonctions de premier ministre à l'âge de soixante et treize ans, c'est-à-dire dans une saison où la plupart des hommes renoncent aux affaires, on conviendra qu'il n'y a point de carrière plus singulière et plus fortunée.

Si cette fortune fut unique, sa modération le fut aussi. Le cardinal Ximenés, conservant l'habit de cordelier avec les richesses d'un souverain, levait des armées à ses dépens. Le cardinal d'Amboise voulut être pape. Volsey dans sa disgrâce déplorait l'état où il était réduit de n'être plus servi dans ses voyages que de cent quatre-vingts domestiques. On connaît le faste imposant du cardinal de Richelieu, les richesses immenses que laissa Mazarin. Il restait au cardinal de Fleury la distinction de la modestie.

* *Dans L, après* cet esprit d'agrément, *on lit :* Toutes les dames de la cour faisaient son éloge, sans que les hommes en fussent jaloux. Louis XIV

lui refusa longtemps un évêché. Je lui ai entendu conter qu'ayant enfin obtenu celui de Fréjus, quand il n'en espérait plus, le roi lui dit : « Je vous ai fait attendre un peu longtemps, parce que vous aviez trop d'amis qui demandaient pour vous, et j'ai voulu avoir la satisfaction que vous ne dussiez rien qu'à moi. »

Page 66

* *L :* l'y placèrent enfin comme malgré lui, et il montra en effet que les esprits doux et patients sont faits pour gouverner les hommes. Son administration...

* *Dans L, après* de leurs ministères, *on lit :* Sa place ne changea rien dans ses mœurs. On fut étonné que le premier ministre fût sans exception le plus aimable des courtisans et le plus désintéressé. Le bien de l'Etat s'accorda longtemps avec sa modération. On avait besoin...

Page 67

* tous *manque dans L.*
* ce qui fut à la fin très préjudiciable *manque dans L.*

Page 69

* *Le chapitre VII de A correspond au chapitre VI de L.*
* Il songea à réparer... onéreuse et très difficile *manque dans L.*

Page 72

* *Après* et de ses ennemis, *on lit dans L les trois paragraphes suivants, qui ont été reproduits dans A et barrés par V. Voici le texte de L :* La querelle de ce prince et celles qu'elle faisait naître occupaient à la fois dix armées, cinq en Allemagne et cinq en Italie. Il y avait premièrement, en Allemagne, l'armée du maréchal de Broglie qui défendait la Bavière. Elle était composée du fonds de tous les régiments qui avaient fait la route de Bohême, de la moitié des troupes du maréchal de Belle-Isle, qui jointes aux Bavarois composaient une armée formidable. La seconde était celle du prince Charles qui poussait le maréchal de Broglie et qui accablait la Bavière. La troisième celle du maréchal de Noailles vers le Rhin, augmentée encore des troupes et des recrues du maréchal de Belle-Isle ; il avait en tête les Hanovriens, les Autrichiens réunis, au nombre de plus de cinquante mille hommes, ce qui faisait la quatrième armée sous le roi Georges second. La cinquième était celle de quatorze mille Hollandais qui s'avançaient lentement vers le Mein pour venir joindre les Anglais trop tard.
Les cinq armées d'Italie étaient celle de l'infant don Philippe qui avait soumis la Savoie, celle du roi de Sardaigne, dont une partie gardait les Alpes, et l'autre était jointe aux Autrichiens. Cette armée d'Autrichiens s'étendait depuis le Milanais jusqu'auprès de Bologne. Elle avait en tête le comte de Gages, flamand de naissance, que son mérite avait élevé au généralat des Espagnols à la place du duc de Montemar. La cinquième

armée était celle de Naples retenue dans l'inaction par une neutralité expirante. On pourrait encore à ces dix armées en ajouter une onzième : c'était celle de Venise levée seulement pour se garantir des autres. Tous ces grands appareils tenaient l'Europe en suspens. C'était un jeu que les princes jouaient d'un bout de l'Europe à l'autre, hasardant avec assez d'égalité le sang et les trésors de leurs peuples, et balançant longtemps la fortune par une compensation de belles actions, de fautes et de pertes. On gagne du terrain difficilement en Italie, car du côté du Piémont un rocher peut coûter une armée entière, et vers la Lombardie tout est entrecoupé de rivières et de canaux.

Le comte de Gages avait passé le Tanaro et attaqué le comte de Traun. On avait donné une bataille en février 1742 à Campo-Santo, pour laquelle on chanta des Te Deum à Madrid et à Vienne; et cette bataille qui coûta beaucoup de braves soldats aux deux partis, ne laissait à aucun la supériorité. On attendait en Allemagne des actions plus décisives.

Page 74

* *Après* la position des ennemis, *on lit dans L :* La plupart des officiers disaient qu'il eût mieux fait de rester à la tête de l'armée pour se faire obéir, mais si la journée eût été heureuse on ne lui eût pas imputé cette faute. Quoi qu'il en soit, il envoya occuper le poste... *Barré dans A.*

Page 75

* *Après* ce qu'il pouvait, *on lit dans L :* et en tua de sa main quelques-uns qui ne voulaient plus suivre et qui criaient « Sauve qui peut ». *Barré dans A.*

* Le duc... d'Aubeterre. *Le paragraphe manque dans L. Dans A, il continue ainsi :* qui malgré le désordre et le feu croisèrent un moment leurs baïonnettes avec celles des ennemis. On en vient rarement à ces approches dans les batailles, où la mousqueterie décide aujourd'hui de tout pour l'ordinaire. *Barré par V.*

Page 76

* *Après* et de barbarie, *on lit dans L :* Les deux généraux s'écrivirent des lettres qui font voir jusqu'à quel point on peut pousser la politesse et l'humanité au milieu des horreurs de la guerre. Milord Stair écrivit de Hanau au maréchal le 30 juin ces propres mots : « J'ai renvoyé tous les prisonniers français dont j'avais connaissance, et j'ai donné ordre de relâcher ceux qui étaient entre les mains des Hanovriens. Vous me permettrez de vous remercier de vos manières généreuses d'agir, lesquelles sont conformes aux sentiments que j'ai toujours fait profession d'avoir pour M. le duc de Noailles. Je vous rends grâce, Monsieur, du soin que vous avez pris si généreusement de nos blessés. » Cette grandeur d'âme n'était pas particulière au comte de Stair et au duc de Noailles. *Passage barré dans A par V.*

Page 77

* *Après* de leurs ennemis, *on lit dans L deux phrases, reproduites dans A et barrées par V :* Cette bataille fut à peu près comme celle de Czaslau en Bohême, et comme celle de Campo-Santo en Italie. Il se fit de très belles actions; il y eut beaucoup de sang versé, et les deux partis n'en recueillirent aucun avantage.

Page 81

* *Le chapitre VIII de A et de P correspond au chapitre VII de L.*

Page 83

* *Dans L, après* d'Espagne, *on lit :* Le roi, non content de secourir ses alliés, et d'assurer ses frontières voulut dès lors se mettre à la tête de son armée d'Alsace; il avait fait préparer ses équipages. Il le manda au maréchal de Noailles qui lui répondit ces propres mots : « Vos affaires ne sont ni assez bonnes, ni assez mauvaises pour que votre majesté fasse à présent cette démarche. Il lui allégua d'autres raisons auxquelles le roi se rendit, bien déterminé à faire la campagne suivante. *Passage reproduit dans A avec deux modifications, et barré par V.*

* *Dans L, après* des vivres, *on lit :* Le marquis Desalleurs envoya des provisions aux Français d'Egra, mais elles furent pour les assiégeants; il fallut...

Page 84

* L'orage... terres du pape *manque dans L. Ajouté par V dans la marge de A.*

Page 87

* entrèrent... vers Dunkerque. *Dans L, on lit :* allèrent entre les îles d'Ouessant et les Sorlingues, sous le commandement de M. de Roquefeuille, où cinq autres vaisseaux de guerre vinrent aussi du port de Rochefort, sous les ordres de M. du Barail. De là, la flotte entra dans le canal d'Angleterre, et se partagea en trois escadres. La plus forte, qui était de quatorze vaisseaux, cingla vers les côtes de Kent, la seconde se plaça entre Calais et Boulogne, et la troisième s'avança vers Dunkerque. Le comte de Saxe...

Page 89

* *Dans L, après* corps de bataille, *on lit :* Il ne faut pas s'imaginer que ces divisions soient sur trois lignes; elles ne sont que sur une seule. L'avant-garde est à la droite, l'arrière-garde à la gauche, le corps de bataille au milieu de façon que les vaisseaux ne présentent jamais qu'un flanc.

Page 90

* *A la place de* tomba sur eux... qu'il comptait, *on lit dans L :* tomba sur eux avec sa division. On ne doit pas laisser plus de soixante toises entre ses vaisseaux; et quand il n'y a que cet intervalle, on est aussi serré qu'il le faut, et on n'a point à craindre qu'un seul vaisseau soit attaqué par plusieurs; mais il est fort difficile que toute une flotte puisse gouverner de façon que cette distance de vaisseau soit toujours la même. Les navires espagnols se trouvèrent trop écartés les uns des autres. Il y en eut d'abord deux désemparés par les coups de canon, et l'amiral Matthews eut la liberté d'attaquer l'amiral espagnol avec plusieurs vaisseaux anglais ; ce vaisseau amiral que montait don Navarro s'appelait le *Royal,* et il était percé de cent dix pièces de canon et monté d'environ mille hommes. Ses œuvres étaient si fortes que les planches avec les courbes qui composent ce qu'on appelle gabarit, étaient d'environ trois pieds d'épaisseur, et quand le canon donnait dans ces endroits, il ne pouvait percer. Il faut savoir d'ailleurs que les Anglais tirent toujours plus à la voilure qu'au corps des vaisseaux, aimant mieux les désemparer et s'en rendre maîtres que de les couler à fond. L'amiral espagnol fut assailli à la fois par l'amiral anglais et par quatre autres vaisseaux de ligne, qui tous ensemble faisaient sur lui un feu épouvantable. Matthews comptait aisément...

* *A la place de* il espérait... à cinq vaisseaux anglais, *on lit dans L :* Il lui détache enfin un vaisseau à feu. C'est ce que nous appelons brûlot. Ces navires chargés de feux d'artifice, de grenades, et de matières combustibles, se joignent par des grappins aux vaisseaux ennemis. Dans l'instant qu'un brûlot a ainsi accroché un navire, on met le feu aux mèches du brûlot. L'équipage en hâte se jette dans la chaloupe où le capitaine entre le dernier. Cependant, le brûlot embrasé est détruit dans un instant par l'effort de la poudre, met en flammes et fait sauter avec lui le vaisseau auquel il s'est attaché.

Cette machine de destruction n'était qu'à quinze pas du Royal-Philippe. Quelques officiers parlèrent d'amener le pavillon et de se rendre. M. de Lage leur dit : « Vous avez donc oublié que je suis ici. » Il fait tirer trois coups de canon au brûlot et le perce au point qu'il est près de couler bas. Le capitaine du brûlot voyant sa perte sûre, veut au moins la venger en périssant. Il ordonne de mettre le feu aux mèches, espérant encore aborder et faire sauter le Royal; mais il n'en eut pas le temps. Le brûlot prend feu et vole en mille débris à sept ou huit pieds de l'espagnol; tout le tillac du Royal fut couvert de débris embrasés. M. de Lage dit qu'il vit les corps du capitaine anglais et de quelques officiers réduits en un instant en charbons, n'ayant pas plus de deux pieds de long, et devenus plus légers que du liège; le Royal-Philippe, ne fut point endommagé de cette secousse violente. M. de Court qui montait le Terrible...

Page 91

* *A la place de* Les dissensions... s'étant levé, *on lit dans L :* Leur arrière-garde, commandée par le contre-amiral L'Estoc, était à plus de quatre milles; soit que le contre-amiral L'Estoc, peu content de Matthews, eût voulu lui faire perdre la gloire de cette journée, soit qu'au contraire l'amiral Matthews n'ait pas voulu partager avec lui cette gloire. Enfin, un vent d'Ouest s'étant levé pendant la nuit, les escadres furent obligées...

Page 92

* *Après* de la puissance anglaise, *on lit dans L :* Il parut surtout de quelle importance il était pour les Anglais d'avoir conservé l'île de Minorque, et combien il était préjudiciable à l'Espagne de l'avoir perdue. Il était triste que des insulaires de l'Océan eussent enlevé à la monarchie espagnole, un port plus utile encore que celui de Gibraltar, et qui les mettait à portée d'inquiéter à la fois l'Espagne, l'Italie et toutes les côtes méridionales de France. L'Espagne qui avait des ports en Afrique, malgré les Africains, ne pouvait empêcher que les Anglais n'en eussent en Espagne malgré elle.

Page 93

* *Le chapitre IX de A et P correspond au chapitre VIII de L.*

* *Dans L, après* dans une campagne, *on lit :* Il ne connaissait pas encore l'Italie, où la guerre se fait tout autrement que dans les pays unis et ouverts : mais il s'était préparé à cette entreprise par une étude continuelle, et un travail de dix heures par jour pendant l'hiver qu'il avait passé à Paris. Il connaissait jusqu'aux moindres rochers, et il savait tout ce qui s'était fait sous le maréchal de Catinat, et sous le duc de Vendôme, comme s'il y avait été présent. *Barré dans A.*

Page 95

* *Dans L, après* de cette journée, *on lit :* Le comte de Choiseul porta au roi la nouvelle de cette victoire, dans laquelle il s'était distingué. *Barré dans A.*

Page 97

* *Le chapitre X de A et P correspond au chapitre IX de L.*

* ménagée par les soins du comte d'Argenson ministre de la guerre *manque dans L.*

Page 98

* *Après* les Pays-Bas autrichiens, *on lit dans L :* Comme on n'avait point su qu'il avait été prêt d'aller en personne à la tête de ses armées l'année précédente, on ignora longtemps qu'il devait partir pour la Flandre, tant il mettait de secret jusque dans les choses que d'ordinaire on annonce avec quelque faste. Il est naturel à un peuple, gouverné depuis huit cents ans par la même maison, d'aimer son roi; il n'avait qu'un dauphin, qui n'était point encore marié; toutes ces circonstances rassemblées excitèrent dans Paris des mouvements de zèle et d'attendrissement peu communs, mêlés de joie et de crainte.

Page 99

* *A la place de :* Mais quel fruit... de la prise de Courtrai, *on lit dans L :* Ce député tint au roi de France le langage le plus respectueux et le plus insinuant, lui demandant la paix pour l'Europe, et sa protection pour lui. Le roi lui répondit : « Le choix que les Etats Généraux ont fait de vous, Monsieur, ne pouvait que m'être très agréable par la connaissance que j'ai de vos qualités personnelles. Toutes mes démarches envers votre république, depuis mon avènement à la couronne, ont dû lui prouver combien je désirais d'entretenir avec elle une sincère amitié et une parfaite correspondance. J'ai fait connaître assez longtemps mon inclination pour la paix. Mais plus j'ai différé de déclarer la guerre, moins j'en suspendrai les effets. Mes ministres me feront le rapport de la commission dont vous êtes chargé; et après l'avoir communiqué à mes alliés, je ferai savoir à vos maîtres quelles seront mes dernières résolutions. » Le 18 mai, le roi s'empara de Courtrai, petite ville...

* *Après* la place, *on lit dans L* : Il s'approchait de la palissade, à la portée du pistolet, avec le maréchal de Noailles, le comte d'Argenson et toute sa cour; il fit ouvrir la tranchée le 29 mai. Il encouragea les travailleurs par ses libéralités, faisant donner cent cinquante louis à ceux qui travaillaient à l'attaque du côté de la porte d'Ypres, et cent à ceux qui étaient du côté de la porte de Lille. A l'attaque commandée par le prince de Clermont, on emporta rapidement tous les ouvrages...

Page 100

* *Après* fit investir Ypres, *on lit dans L* : et pendant qu'on en préparait le siège, il assista dans Lille à un Te Deum, tel qu'on n'en avait point encore vu de pareil sur la frontière. Trois princesses du sang, dont les maris, les frères, les enfants ou les gendres combattaient en des lieux différents pour le roi, faisaient l'ornement singulier de cette cérémonie. La duchesse de Modène avait accompagné en Flandre son neveu le duc de Chartres et le duc de Penthièvre, qui allait devenir son gendre, pendant que le duc de Modène, son époux, était à la tête des Espagnols en Italie. La duchesse de Chartres avait suivi son mari; et la princesse de Conti, dont le fils était alors sur les Alpes, et dont la fille avait épousé le duc de Chartres, était venue avec ces deux princesses. *Passage reproduit dans A avec une correction à la fin :* était venue sur la frontière ainsi que plusieurs autres dames de la cour. *Mais barré par V.*

Page 102

* *Dans L, après* sans opposition, *on lit* : Le maréchal de Coigny qui apprend ce désastre, envoie son fils et le marquis de Croissi en hâte avec des dragons; le marquis du Châtelet-Lomont les suit avec dix bataillons des meilleurs régiments; on arrive dans le temps que les ennemis se formaient entre des marais, et qu'ils n'avaient de ressource que leurs ponts, s'ils étaient battus. Ces trois officiers pressèrent le général Seckendorff d'attaquer; ils lui représentèrent l'importance du moment, l'avantage du terrain, l'ardeur des troupes. Le comte de Seckendorf promet

d'abord au comte de Coigny de marcher aux ennemis; il change ensuite d'avis; on a beau insister, il répond qu'il est mieux instruit qu'eux, et qu'il faut qu'il aille écrire à l'empereur. Il les laissa avec ces paroles remplis d'indignation et de surprise.

Page 103

* *Après* en Allemagne, *on lit dans L :* Le zèle de la nation fut d'autant plus excité que dans tout ce que le roi écrivait, comme dans ses lettres pour faire chanter le Te Deum, dans ses déclarations aux puissances étrangères, dans ses lettres à sa famille, le désir de la paix et l'amour de ses peuples étaient toujours ses principaux objets. Ce style nouveau, dans un monarque absolu, attendrissait la nation, et l'animait.

Page 107

* *Le chapitre XI de A et P correspond au chapitre X de L.*
* *Dans L, après* sans aucune préparation, *on lit :* L'habitude où la reine avait toujours été de faire des libéralités de son argent, ne lui laissait pas de quoi partir; on fut obligé au milieu de la nuit d'envoyer chercher mille louis chez le receveur-général des finances de Paris; les dames du palais suivent la reine sans domestiques.
* *Dans L, après* de la reine, *on lit :* les uns en poussant des cris douloureux, les autres dans le silence de la consternation; le bruit s'en répandait déjà dans Paris...

Page 108

* *Dans L, après* à notre secours, *on lit :* En effet, le soleil qu'il avait eu longtemps sur la tête dans une marche, avait contribué à sa maladie; et le coup de soleil dont il avait été frappé lui brûla la cuisse par sa violence. On se représentait ce qu'il avait fait dans sa première campagne. *Barré dans A.*
* *Dans L, après* agissait, *on lit :* il allait jusqu'à l'aliénation d'esprit.
* *Dans L, après* pour le roi, *on lit :* Ils portaient aux pieds des autels l'argent qu'ils recevaient. Il y eut dans Paris des personnes qui s'évanouirent en apprenant qu'il était en danger de mort, et d'autres qui tombèrent malades.
* *Dans L, après* toutes les villes voisines, *on lit :* Néanmoins, il était sagement traité par ses médecins, à qui de telles maladies étaient familières et qui joignant la raison à l'expérience, savaient que tout ne consiste qu'à débarrasser la nature; quand cette voie ne réussit pas, il faut abandonner ses jours à celui qui les a comptés, tout le reste n'étant qu'un faux art, qui en impose à la faiblesse des hommes. *Barré dans A.*

Page 111

* Le roi, encore affaibli... jamais données. *Dans L, on lit :* Tous les médecins conseillaient au roi de ne pas s'exposer à l'air malsain de ce canton

après une maladie mortelle, et de retourner à Versailles. Il ne les écouta point, et voulut finir la campagne. Lorsqu'il fut à Strasbourg, où sa réception fut une des plus brillantes fêtes qu'on ait jamais données, le marquis de Bissy...

Page 113

* *Le chapitre XII de A et P correspond au chapitre XI de L.*
* *Dans L, après* par l'effet des mines, *on lit :* Le marquis de Brun, lieutenant-général, commandait cette attaque, avec M. le duc de Randan, et M. de Courtomer, maréchaux de camp, et M. de Berville, brigadier. Le duc d'Agen y était en qualité d'aide de camp du roi; et le comte de Lovendal, qui voulut y assister comme volontaire, y fut blessé à la tête d'un coup de fusil. Cet étranger, né en Danemark, avait servi l'empire de Russie. C'était lui qui avait pris Ozakou sur les Turcs. Il parlait presque toutes les langues de l'Europe, connaissait bien toutes les cours, leur génie, celui des peuples, leurs manières de combattre; il avait enfin préféré la France, où sa réputation le fit recevoir en qualité de lieutenant-général.

Page 114

* *Dans L, après* le 6 novembre, *on lit :* après un siège de deux mois. Le comte d'Argenson fit dresser les articles de la capitulation, qui facilitèrent bientôt la prise des châteaux de Fribourg. Il fit valoir comme une grâce du roi au général Damnitz la permission de se retirer avec sa garnison, ses malades et ses blessés dans les châteaux. Le commandant de Fribourg ne s'aperçut qu'après la signature que cette permission lui était funeste, que les châteaux ne pouvant contenir ce nombre d'hommes, ils y seraient entassés et exposés; que ses malades périraient; il demanda qu'on voulût bien ne lui pas faire une grâce si dangereuse; mais alors la permission devint une nécessité : on accorda une suspension d'armes de vingt jours. Ce temps expiré, on ne mit que sept jours au siège des châteaux. Le roi usa...

Page 115

* *Le chapitre XIII de A et P correspond au chapitre XII de L.*
* *Dans L, après* trente mille hommes, *on lit :* Et la reine lui céda une partie de la Silésie qu'elle espérait reprendre, et sur laquelle il faisait valoir quelques anciens droits, comme tous les princes d'Allemagne en ont sur le territoire de leurs voisins.

Page 117

* *Dans L, après* entre les mains des Allemands, *on lit :* Francfort surtout, si longtemps le séjour de la cour impériale, de tant de ministres, de princes et de généraux, avait fait des gains immenses. Dresde, qui avait longtemps fourni tour à tour les subsistances des armées de France et d'Autriche, s'y était enrichi, et au fond...

Page 118

* Novati entre... la même chose qu'à Crémone. *Dans L, on lit :* Le général Novati entre dans celle du duc de Modène; il y trouve le ministre de ce prince, M. Sabatini, qui avait été autrefois dans le même régiment que lui : « N'est-il pas vrai, lui dit ce ministre, que vous me donnez la vie, et que vous vous contenterez de me faire prisonnier ? » Pendant qu'ils renouvelaient leur ancienne connaissance, il arriva la même chose...

* *Dans L, après* reprenaient la ville, *on lit :* M. Sabatini, qui voyait ce changement par sa fenêtre, dit au général autrichien : « C'est moi à présent qui vous donne la vie, et c'est vous qui êtes mon prisonnier. »

Page 121

* *Le chapitre XIV de A et P correspond au chapitre XIII de L.*

* *Dans L, après* les étrangers, *on lit les trois paragraphes suivants :* Le roi, au retour de sa campagne, n'avait point de ministre des affaires étrangères; il avait été lui-même son ministre à l'armée. Il choisit successivement, pour remplir cette place, deux hommes qui n'y pensaient pas. Le premier fut M. de Villeneuve, qui dans son ambassade à la Porte Ottomane avait moyenné la paix entre le Turc et le dernier empereur de la maison d'Autriche; c'était un vieillard infirme, qui joignait à la sagesse de sa vie passée celle de sentir son état présent, et qui, n'ayant pas l'ambition de se tromper soi-même et de se croire supérieur à sa vieillesse, refusa le ministère. Le second fut le marquis d'Argenson, frère aîné du ministre de la guerre. Le roi surprit les deux frères par cette grâce.

La réputation de probité fut la seule sollicitation que le roi écouta pour donner une place, qui selon les maximes de la politique ordinaire semble exiger, dans plus d'une cour de l'Europe, moins de vertu que de finesse. Ces deux ministres étaient d'une des plus anciennes maisons de Touraine, dans laquelle les dignités de la robe étaient jointes, depuis quelques années, aux anciens honneurs de la guerre; leur père, garde des sceaux et ministre des finances, fut un génie capable de commander des armées comme de policer un Etat. Homme d'un esprit perçant, d'une âme intrépide et d'un travail infatigable; tranchant le nœud des affaires, ennemi des petites formalités, dont les petits esprits sont idolâtres; au-dessus de la cabale, de la crainte et de l'intérêt. Il avait, dans un temps où le gouvernement manquait d'argent, renvoyé au trésor royal cent mille écus, qui étaient un des droits de sa charge de ministre des finances; et quand il en usa ainsi, il n'était pas riche, et il avait une famille nombreuse. Cette action, que le roi savait, ne servit pas peu à l'élévation de ses enfants.

Une des premières affaires du ministre d'Etat fut une aventure dans laquelle on crut que le droit des gens, les prérogatives des ambassadeurs, les constitutions de l'empire, étaient plus violées que le droit de la guerre n'était exercé.

Page 126

* *Dans L, après* la France, *on lit* : Un des mécontentements de ce général venait de ce que la cour de France ne lui avait pas donné en dernier lieu vingt-quatre mille florins d'Allemagne, qu'il demandait encore après les sommes immenses que le roi lui avait fait remettre pour le paiement des Bavarois, et il avait pris en gage la vaisselle d'or du feu empereur Charles VII, lorsqu'il commandait son armée, et il se plaignait qu'après l'avoir remise à la maison électorale, on ne lui payait pas un reste d'argent qu'il redemandait. On sait qu'ayant été longtemps attaché au dernier empereur de la maison d'Autriche, et ayant été mis en prison, il avait, après la mort de ce prince, quitté la reine de Hongrie pour la maison de Bavière, et qu'il n'est guère dans le cœur humain d'être attaché à aucun parti, quand on change si souvent de maître. Il écrivit le 24 mars...

Page 127

* *Dans L, après* en Flandre, *on lit* : et il faisait l'espérance et la consolation d'une mère qui, ayant été très longtemps les délices de la cour de France, ne tenait plus au monde que par ce fils qu'elle aimait tendrement.

Page 129

* *Dans L, après* avec son père, *on lit* : Avant ce départ, le maréchal de Saxe alla se mettre à la tête de l'armée de Flandre, qui devait être de cent six bataillons et de cent soixante-douze escadrons complets avec dix-sept compagnies franches.

Page 131

* *Le chapitre XV de A et P correspond au chapitre XIV de L.*

Page 132

* *Dans L, à la place de* : Il se lève et s'écarte quelque temps, *on lit* : Il se ressouvint qu'il avait promis d'aller passer une partie de la nuit avec M. de Meuse. Il y va malgré M. de Talleyrand qui veut l'arrêter. A peine...

Page 134

* *Après* le six à Douai, *on lit dans L* : il reçut en se couchant un courrier du maréchal, qui lui mandait que l'armée ennemie s'approchait, et qu'on serait bientôt en présence. « Messieurs dit-il à ses aides de camp et à ses officiers, il n'y aura pas de temps perdu ; je pars demain matin à cinq heures ; qu'on laisse dormir M. le Dauphin. » Le lendemain 7 de mai le roi se rendit à Pont-à-Chin.

Page 135

* *Dans L, après* Calonne, *on lit* : Le maréchal dit à l'officier envoyé par le comte d'Argenson qu'il fallait faire avancer les gardes du roi, dont il avait assigné le poste à la réserve avec les carabiniers, comme une ressource sûre. C'était une méthode nouvelle de poster ainsi les troupes qui en imposent le plus aux ennemis. Mais il ajouta qu'on ne fit passer les gardes que quand le roi et le dauphin auraient repassé le pont. Le maréchal, étant étranger, sentit bien qu'il lui convenait moins qu'à personne d'exposer à la destinée d'un combat incertain deux têtes aussi précieuses. L'officier auquel il avait fait ces réponses eut peine à les rapporter au roi ; mais ce prince s'en étant fait enfin instruire, « On peut, dit-il, faire passer mes gardes du corps dès à présent, car assurément je ne repasserai pas » ; et bientôt après, il alla prendre son poste...

Page 136

* *Dans L, à la place de* On prit... les deux villages, *on lit :* De tant de mesures, qui toutes se prêtaient un secours mutuel sans pouvoir s'entre-nuire, une seule dans laquelle on se méprit pouvait rendre la journée funeste. Le soir qui précéda la bataille, on dit au général qu'il y avait un chemin creux et profond, et impraticable, qui prenait sans discontinuer d'Anthoin à Fontenoy, et auquel on pouvait appuyer l'armée ; il avait reconnu lui-même une partie de ce fossé, tout affaibli qu'il était ; et on l'assurait que le reste était plus inaccessible encore. Il ordonna la disposition en conséquence ; mais ce terrain, qui était très profond auprès de Fontenoy et auprès d'Anthoin, devenait très uni entre ces deux villages. Cette circonstance, si petite en d'autres cas, était là d'une importance extrême ; l'armée aurait pu être prise en flanc. Le maréchal mieux informé par M. de Crémilles, maréchal des logis, fit élever à la hâte trois redoutes en cet endroit entre les villages.

Page 139

* *Dans L, après* de part et d'autre *on lit :* Le maréchal de Saxe dit au maréchal de Noailles que les ennemis s'en tiendraient à cette canonnade ; il leur supposait un dessein plus habile que celui qu'ils avaient. Il pensait qu'ils feraient ce qu'il aurait fait en leur place, qu'ils tiendraient continuellement en échec et en alarme l'armée française, et que par cette manœuvre, ils retarderaient la prise de Tournai, et peut-être la rendraient impossible. En effet, ils étaient postés de façon qu'ils ne pouvaient être attaqués avec avantage, et ils pouvaient continuellement inquiéter l'armée des assiégeants. C'était le sentiment du vieux général Kœnigseck ; mais le courage ardent du duc de Cumberland et la confiance des Anglais ne recevaient aucun conseil. *Reproduit dans A sauf la dernière phrase, et barré par V.*

Page 140

* *Dans L, après* on l'emporta, *on lit :* M. de la Peyronie qui le rencontra sur le chemin de Fontenoy le trouva déjà expirant. Il en alla rendre compte au roi, qui s'écria avec douleur : « Ah ! il y en aura encore bien d'autres cette journée. »

* *L :* ils y jetaient des bombes, dont une tomba aux pieds du maréchal de Saxe, qui parlait alors au comte de Lovendal.

Page 141

* *Dans L, après* à pleine volée *on lit :* La mousqueterie y portait : un domestique du comte d'Argenson fut atteint au front d'une balle de fusil fort loin derrière le roi.

* *Dans L, après* et du dauphin *on lit :* Un officier nommé M. d'Arbaud, depuis colonel, y fut tout couvert de terre d'un boulet à ricochet. Le caractère des Français est la gaieté, dans le danger même. Le roi et ceux qui l'entouraient étaient inondés de la boue que ce coup de canon avait fait voler; on riait; le roi...

Page 142

* *Dans L, à la place de* Ce coup important... il les forme *on lit :* Mais malgré ce contretemps, les Anglais ne franchirent pas moins le ravin. Ils le passèrent sans presque déranger leurs rangs, traînant leurs canons à bras par les sentiers, et ils se formèrent sur trois lignes...

Page 143

* *Dans L, après* d'infanterie *on lit :* Il était difficile que leur vue ne fût pas éblouie de la profondeur du corps anglais, et leurs oreilles étonnées d'un feu continuel. Dix-neuf officiers...

Page 146

* *Dans L, à la place de* Il y avait... y court, *on lit :* L'ordre de bataille n'était plus alors comme il avait été au commencement : de la première ligne de cavalerie, il n'y en avait que la moitié. La division du comte d'Estrées était près d'Anthoin sous le duc d'Harcourt, faisant tête avec ses dragons et Crillon aux Hollandais qu'on avait craint qu'ils ne pénétrassent par ce côté, tandis que les Anglais de l'autre, commençaient à être victorieux; l'autre moitié de cette première ligne, qui était naturellement la division du duc d'Harcourt, restait sous le comte d'Estrées. Cette ligne courut aux Anglais. M. de Fienne menait...

Page 147

* *Dans L, après* sur eux, *on lit :* Le roi ne changea pas de visage; il était affligé; mais il ne montrait ni colère ni inquiétude; il remarqua environ deux cents cavaliers épars derrière lui vers Notre-Dame-aux-Bois; il dit à un chevau-léger : « Allez-vous en de ma part rallier ces gens-là, et les ramenez. » Le chevau-léger y courut, et les ramena ensuite aux ennemis. Ce chevau-léger s'appelait de Jouy; il ne croyait pas avoir fait une action distinguée, et le ministre le fit chercher longtemps pour le récompenser, sans pouvoir le trouver. Pendant ce désordre...

Page 148

* *Dans L, à la place de* Comment... victorieuses, *on lit :* « Voilà qui est admirable, s'écria-t-il. »

Page 150

* *Dans L, après* du succès de la journée *on lit :* Les plus grands événements dépendent des circonstances les plus légères, d'une méprise, d'un coup inattendu.

Ceux qui étaient auprès du roi devaient croire la bataille perdue, sachant que l'on n'avait plus de boulets dans Fontenoy; que la plupart de ceux qui servaient l'artillerie étaient tués, qu'on manquait aussi de boulets au poste de M. de Chambonna, que le village d'Anthoin allait être évacué.

Ceux qui étaient auprès du duc de Cumberland devaient avoir mauvaise opinion de cette journée, car ils se croyaient toujours exposés au feu croisé de Fontenoy et de la redoute de Barri. Ils ne savaient pas que l'on ne tirait plus sur eux qu'avec de la poudre; les Hollandais qui ne pouvaient être instruits de l'ordre d'évacuer Anthoin, n'avançaient pas; la cavalerie anglaise, qui aurait pu achever le désordre que la colonne anglaise avait mis dans la cavalerie de France, ne paraissait point; elle n'aurait pu passer qu'auprès de Fontenoy ou de la redoute dont le feu paraissait toujours égal. On demandera ici pourquoi le duc de Cumberland n'avait pas fait d'abord attaquer cette redoute, dont il aurait tourné le canon contre l'armée de France, ce qui aurait assuré la victoire. C'était précisément ce qu'il avait voulu faire. Il avait dès huit heures du matin ordonné au brigadier Ingolsby d'entrer dans les bois de Barri avec quatre régiments pour s'emparer de ce poste. Le Brigadier avait obéi; mais, voyant de l'artillerie pointée contre lui, et quelques bataillons couchés sur le ventre qui l'attendaient il alla demander du canon. Le général Campbell lui en promit; mais ce général fut blessé à mort dans le commencement même, d'un coup tiré de la redoute; le canon ne fut pas assez tôt prêt. Ce fut alors que le duc de Cumberland, ne craignant que de perdre du temps, avait pris la résolution de passer avec son infanterie, en affrontant le feu de la redoute, et cette entreprise qui devait lui être funeste, lui avait jusque-là réussi. On tenait...

Page 151

* *A la place de* on les trouve *on lit :* un capitaine du régiment de Touraine, nommé Issards, âgé de vingt et un ans, aperçut quatre pièces de canon qu'on ramenait; il en donna avis, et le soir même il eut la croix de Saint-Louis. Le roi...

* *Les quatre escadrons...* se précipitent. *Dans L on lit :* Les quatre escadrons de la gendarmerie, avançant à la droite de la maison du roi, les grenadiers à cheval à la tête, sous M. de Grille, leur capitaine, les mousquetaires, commandés par M. de Jumilhac, se précipitent. Le Dauphin courait déjà l'épée à la main pour se mettre à la tête de la maison, on l'arrêta; on lui dit que sa vie était trop précieuse. « Ce n'est pas la mienne qui est précieuse, dit-il, c'est celle du général le jour d'une bataille. » Dans ce moment...

Page 153

* *Dans L, après* les mousquetaires, *on lit* : Tous les pages y étaient l'épée
à la main.

* *Dans L, après* les troupes hollandaises, *on lit* : Il avait envoyé déjà M. de
Boisseuil, premier page de la grande écurie, dire au roi que tout allait
bien de son côté, et qu'il lui répondait de tout. Le marquis d'Harcourt,
fils du duc d'Harcourt, courut d'un autre côté annoncer au roi de la part
de son père que l'ordre était rétabli de tous les côtés, et que la victoire
était sûre. Le comte de Castellane...

* *Dans L, à la place de* Ainsi cette bataille... sur toutes les autres *on lit* : On
est entré dans tout ce détail sur la bataille de Fontenoy; son importance le
méritait. Cette action décida du sort de la guerre, prépara la conquête
des Pays-Bas, et servit de contrepoids à tous les événements malheureux.
La présence du roi et de son fils, le danger que ces deux princes et la
France coururent, augmentent encore l'intérêt qu'on prendra longtemps
à cette journée.

Page 172

* *A* : par le duc de la Weissenfelds *barré et corrigé en* par un frère du maréchal de Saxe.

Page 174

* *Dans A, après* pour les y engager *les trois paragraphes suivants ont été barrés
par Voltaire :*
Les mœurs changent avec les intérêts. La cour, tandis que l'électeur de
Bavière était sur le trône impérial, fit valoir toutes les raisons qui pouvaient empêcher l'Allemagne d'armer pour Charles VII. Elle fit valoir
aussitôt après toutes celles d'armer pour François Ier. Elle avait reconnu,
elle avait déclaré dans ses protestations à la diète contre Charles VII
qu'un empereur, même légitimement élu, n'est pas fondé à envelopper
l'Empire dans ses querelles particulières. Alors elle soutenait le contraire :
elle alléguait que l'Empire était attaqué dans les Pays-Bas, que ces pays
font partie du cercle de Bourgogne. Elle ne disait pas que ce cercle
était détaché de l'Empire, que du temps de Philippe second même
l'Empire et les Pays-Bas n'avaient rien de commun, que si dans les traités de Westphalie, qui sont la loi perpétuelle de l'Allemagne, le cercle de
Bourgogne était encore réputé membre de l'Empire, il était expressément stipulé qu'en cas de guerre dans ce cercle, « l'empereur ni l'Empire
ne s'en mêleraient en aucune manière ».
Elle alléguait enfin que l'Empire avait pris parti dans la dernière guerre
de 1733, et que la diète tenue n'ayant pas ratifié solennellement le traité
de paix, la guerre devait être renouvelée ou plutôt continuée.
On employait, comme on voit, les plus petits subterfuges pour faire
prendre les plus grandes résolutions. C'est ainsi que presque tous les
partis en ont usé dans toutes les guerres. Les hommes se conduisent dans

les grandes affaires comme dans les petites, et les manifestes des princes ne sont pas souvent plus raisonnables que les plaidoiries des particuliers. La cour de France répondait plus solidement qu'elle n'était nullement en guerre avec l'Empire et qu'offrant toujours la paix à la reine de Hongrie, elle ne devait pas s'attendre que l'Allemagne se voie offensée.

Page 179

* *Le manuscrit A porte :* elle. Nous avons corrigé.

Page 193

* frère du duc d'Athole *ajouté dans A.*

Page 228

* *Le texte primitif de A était :* La reine d'Espagne, mère de don Philippe, lui ordonna expressément de faire le siège du château de Milan. *Barré et corrigé par Voltaire qui transporte ici un passage rayé plus bas.*

Page 229

* *Dans A, après* au commencement de mars, *on lisait :* La reine d'Espagne, émule de la reine de Hongrie, opposait sa fermeté à la constance qui avait sauvé la fille de Charles VII. Elle croyait tout facile. Elle écrivit à son fils au commencement de janvier : « Je vous ordonne, sous peine de ma plus grande indignation, d'entreprendre un siège d'importance. » C'était celui du château de Milan. Un secrétaire de son fils, homme de confiance de la reine, dirigeait les opérations de guerre, et *Barré par V.*

Page 235

* *Dans A, après* l'arrière-garde, *on lisait :* On fut trois fois dans le plus grand danger à trois endroits différents. Au premier M. de Senneterre rétablit tout avec M. de Larnage et de (illisible) qui secondés de la cavalerie espagnole taillèrent en pièces le régiment qui porte le nom de Savoie. Au second endroit par où les ennemis pressaient l'armée en flanc, M. de Vigier, le chevalier de Beauveau les arrêtèrent. Au troisième M. de Pontaret avec deux cents hommes du régiment de Foix soutint l'effort d'un corps considérable qui allait percer de ce côté. Ils allaient périr quand le marquis d'Argouges accourut à leur secours avec de la cavalerie. On poursuivit son chemin toujours en combattant. *Barré par V. et remplacé par* Cette bataille... que de continuer sa route.

Page 239

* *Pour ce chapitre, outre les manuscrits L et A, nous avons un brouillon de Voltaire, conservé à Leningrad. Nous désignons par Br 1 la première rédaction, et par Br 2 les corrections et additions faites par Voltaire sur cette première rédaction.*

* *A la place de* Cette guerre... que la Provence, *on lit dans Br 1 :* Dans le même temps que les Autrichiens et les Hollandais, maîtres de Gênes et de toute la côte, faisaient leurs dispositions pour entrer en Provence, la

Bretagne était menacée par une flotte anglaise commandée par l'amiral L'Estoc, le même qui avait servi en qualité de contre-amiral à la bataille de Toulon. La Bretagne n'était pas plus en défense que la Provence. Le port de la ville de Lorient entre (illisible) et le Port-Louis était l'objet de la descente des Anglais; c'était le magasin de la compagnie des Indes, et il y avait de quoi dédommager les Anglais des frais de l'armement.

* *Dans Br 2 : avant* dans le même temps, *V. ajoute :* Cette guerre... de la France.

Page 240

* *Br. 1 :* je ne peux m'empêcher de rapporter la lettre d'un vieil officier qui commandait au Port-Louis. *Corrigé dans Br 2 en :* Un vieil officier, qui commandait au Port-Louis, mande à la cour...
* *Après* de Poulduc, *on lit dans Br 1 :* malgré une batterie de canon. *Rayé par V.*
* *Après* d'une méprise, *on lit dans Br 1 et Br 2 :* On avait ordonné de battre la chamade dans la ville. Les tambours des miliciens...
* *Br 1 :* demanda à une fille du pays qu'il avait prise *corrigé dans Br 2 en :* à des gens du pays.
* *Br 1 :* la fille lui répondit *corrigé dans Br 2.*

Page 241

* Gênes captive... la misère *manque dans Br 1. Ajouté en marge dans Br 2.*

Page 242

* *Br 1 :* Le sénat de Gênes fomenta *Corrigé dans Br 2 en* Quelques sénateurs. *Dans A erreur du copiste :* forment *corrigé par V.* en fomentèrent.

Page 243

* *Dans A, on lit* dans la place. *C'est une erreur du copiste qui a échappé à V. Nous restituons le texte de Br 1, Br 2 et L.*
  Après populace, *on lit dans Br 1* et la conduit à la porte Saint-Thomas avec des canons; la garde allemande est chassée de cette porte et de celle de Saint-Michel. *Barré dans Br 2.*

Page 244

* *Br 1 :* Voilà comment *corrigé dans Br 2 :* C'est ainsi que.
* L'Europe vit... ses vainqueurs *manque dans Br 1, ajouté en marge dans Br 2.*

Page 245

* *Dans Br 1, après* de se défendre, *on lit :* il était vraisemblable que dans ces troubles le sénat perdrait l'île de Corse, dont toute la nation était aussi irritée contre le gouvernement génois que les Génois l'étaient contre les Autrichiens. Le roi de Sardaigne avait déclaré au commencement de sa guerre contre Gênes qu'il prenait la Corse sous sa protection. Les Anglais pouvaient y débarquer des troupes. Ils ne le firent pas. Gênes conserva sa liberté et la Corse. *Cette première rédaction fut complétée, en fin de page, par le paragraphe suivant :* o n ne reconnaissait plus

Théodore Neuhauff dans cette île. Le colonel Rivarola s'était saisi de son pouvoir, et était à la tête des révoltés depuis plusieurs années. Il avait pris la Bastia, capitale de l'île, le 17 novembre 1745 à la faveur d'une flotte anglaise, qui bombardait la ville pendant qu'il l'assiégeait. Mais les Anglais, trop occupés en Flandre et en Ecosse, négligèrent depuis cette entreprise. Rivarola perdit ensuite la ville que les Génois conservèrent.

Dans cette première rédaction le texte continuait directement par les mots : Cette révolution de Gênes... *Désirant insérer l'anecdote de la résistance héroïque de Savone, Voltaire barre le développement.* Il était vraisemblable... conservèrent, *et intercale entre les deux pages du brouillon la feuille où il avait recueilli l'histoire d'Augustin Adorno.*

Page 250

* *Fin de L, dont les dernières pages ont été égarées.*

* *Après* dans leurs postes, *on lit dans Br :* Ils s'avançaient vers le rivage de la mer du côté de Bisagno, et vinrent recevoir de la grosse artillerie que la flotte anglaise leur amena de Savone. Ils s'emparèrent d'un poste important, nommé Notre-Dame-del-Monte. Gênes fut absolument investie. Le duc de Boufflers les chassa de ce poste de Notre-Dame-del-Monte dans un combat de cinq heures, dans lequel on perdit le colonel de La Faye, jeune homme plein de génie pour la guerre, qui avait été volontaire pendant toutes les occasions. *Et c'est la fin de Br.*

Page 251

* *Fin de 55-56.*

Page 260

* *Dans A, après* dans son royaume, *on lit :* On l'appelait, comme on sait, stathouder d'Angleterre et roi de Hollande. *Barré par V.*

Page 278

* *Dans A, après* en sûreté, *on lit :* un Espagnol qui avait été gouverneur du Pérou, était sur l'un de ces vaisseaux. *Barré par V.*

Page 294

* A : piège *corrigé en* artifice.

Page 297

* A : et enfin *corrigé en* et il faut observer que.

EDITIONS 1755-1756

CHAPITRE I DE L

Nous donnons ici, à titre d'exemple, toutes les corrections faites directement sur L à l'occasion de la première édition. Nous signalons en même temps les erreurs de lecture et autres variantes, elles aussi répétées par l'ensemble des éditions 55-56.

Page 301
* ainsi *corrigé en* c'est ainsi que.

Page 302
* le roi de Savoie Victor *corrigé en* Victor, duc de Savoie.
* son père le maréchal de Berwick *corrigé en* le maréchal de Berwick son père.
* l'empereur François Ier *corrigé en* François, grand-duc de Toscane, aujourd'hui empereur.
* cet empereur *corrigé en* ce prince.

Page 304
* dont il les relevait *barré; le texte était en effet inintelligible.*
* de temps *omis.*

Page 305
* six *mauvaise lecture de* dix.
* on en donnait *corrigé en* et en donnèrent.

Page 307
* Toujours aux affaires importantes plusieurs petitesses qui se mêlent *corrigé en* Plusieurs petitesses qui se mêlent toujours aux affaires importantes.
* de réunir sous leur domination les deux royaumes *corrigé en* de réunir les deux royaumes sous leur domination.

Page 308
* et il attendit.
* qui séduisent presque toujours *barré.*

Page 310
* avait craint *corrigé en* avait appréhendé.

* une très petite chose *corrigé en* un incident dont on n'aurait pas attendu des suites de cette conséquence.

* donc *barré.*

* enfin *barré.*

Page 311

* de (Tournay), de (Menin) *barré.*

Page 312

* et ses (manufactures)... florissaient *corrigé en* fleurissaient.

* du port *mauvaise lecture de* du poit.

Page 313

* aucune *corrigé en* nulle.

* ni malheureuse ni longue *corrigé en* ni longue ni malheureuse.

Page 314

* Le gouvernement anglais uni intimement avec le ministère, qui du temps de Louis XIV avait tout fait pour affermir Philippe V sur le trône, lui devint contraire. *Correction absurde.*

Page 316

* dis-je *barré.*

Page 317

* il écrivit avant de s'embarquer *corrigé en* avant que de s'embarquer il écrivit.

* y débarqua.

* ce qui ne fut pas tué de sa troupe fut *corrigé en* ceux de sa troupe qui ne furent pas tués furent.

* auprès de la Pologne *corrigé en* en Pologne.

Page 318

* accru petit à petit leurs Etats *corrigé en* accru leurs Etats petit à petit.

Page 319

* les (deux Siciles) *mauvaise lecture de* ces.

Page 321

* Mais il lui fallait.

* et (la Lorraine) *barré.*

* c'était en même temps peu profiter.

* Ainsi la Lorraine... tentée *corrigé en* Ainsi la réunion de la Lorraine à la France, réunion tant de fois inutilement tentée, fut consommée irrévocablement.

* et le second fils du roi d'Espagne à Naples; on aurait pu alors renouveler.
* au commencement de 1736 *omis.*
* que ce fils conserverait le patrimoine.

Page 322
* la *barré.*
* avant que de mourir.
* lui dît *corrigé en* lui eût dit.
* Et l'on s'en tint pour lors.
* lui *(barré)* fut malheureuse. Mais la France.

Page 323
* s'étaient toujours plaints d'être tyrannisés *corrigé en* s'étaient alors révoltés ouvertement sous prétexte qu'ils étaient tyrannisés.
* la (fortune) *barré.*
* Il leur offrit *corrigé en* et leur offrit ses services, il s'embarqua.
* où il maintint la guerre.
* le marquis depuis maréchal de Maillebois *corrigé en* le marquis de Maillebois, depuis maréchal de France.
* l'île fut soumise au moins pour quelque temps, et tout fut pacifié.
* La France était à la fois la bienfaitrice de Gênes et de la Corse. Elle interposait *corrigé en* Pendant que la France était ainsi la bienfaitrice de Gênes et de la Corse, elle interposait en même temps
* on l'avait même vue auparavant en 1735 médiatrice *corrigé en* on avait même vu cette couronne en 1735 employer sa médiation.
* comme leur mère, leur médiatrice et leur exemple *corrigé en* comme leur médiatrice et leur mère commune. *Correction faite par Voltaire lui-même dans* le Siècle de Louis XIV, *paru en 1751.*

CHAPITRE PREMIER

Page 5, ligne 6
qui le conduisit au tombeau, et l'Empire au bord de sa ruine *corrigé en* qui, le conduisant au tombeau, mit l'Empire au bord de sa ruine.

Page 8, lignes 29-30
à les peupler, à bâtir des villes *corrigé en* à bâtir des villes et à les peupler.

Page 10, ligne 6

Plus les aïeux de l'archiduchesse-reine avaient été loin d'exécuter de tels engagements, plus elle fut chère à la Hongrie *corrigé en* Plus les aïeux de l'archiduchesse-reine avaient montré d'éloignement pour l'exécution de tels engagements, plus aussi la démarche prudente, dont je viens de parler, rendit cette princesse extrêmement chère aux Hongrois.

Page 12, dernière phrase '

corrigé d'après le texte du Siècle de Louis XIV *paru en 1751* : La bataille fut gagnée, et cet événement devint le signal d'un embrasement universel.

CHAPITRE II

Page 16

Les présents de narration sont corrigés : On arriva à Linz...

CHAPITRE III

Page 23, ligne 7

qui à leur tour les accusaient *corrigé en* qui à leur tour se répandaient en plaintes contre eux.

CHAPITRE IV

Page 27, ligne 5

lui rendre sa Bavière *corrigé en* lui faire rendre ses Etats.

Page 30, ligne 14

par les armées du prince Charles et du prince Lobkovitz réunies *corrigé en* par les armées réunies.

Page 35, ligne 27

prêtes d'être *corrigé en* près d'être. *Voir R. Pomeau, OH, p. 39.*

CHAPITRE V

Page 47, ligne 13
partagé en cinq divisions son armée *corrigé en* partagé son armée en cinq divisions.

CHAPITRE VII

Page 70
les présents de narration sont corrigés : — remporte d'abord...

CHAPITRE VIII

Page 81
pour comble *corrigé en* pour comble de disgrâce.

CHAPITRE X

Page 101
les présents de narration sont corrigés : la nouvelle vient...

CHAPITRE XV

Page 145, ligne 10
Les officiers qui les ralliaient rencontrèrent M. de Lutteaux, qui revenait entre Anthoin et Fontenoy : « Ah, Messieurs, dit-il, ne me ralliez point, je suis mortellement blessé et obligé de me retirer. » *devient, par suite d'une mauvaise lecture,* Les officiers qui les raillaient... « Ah, Messieurs, dit-il, ne me raillez point... »

Page 150, ligne 27
Eh bien! Thésée *devient* Eh bien! Resce. *Mauvaise lecture de* « tesee ».

NOTES

NOTES

AVANT-PROPOS

1. Dans le premier chapitre de L *(Appendice)*, Voltaire explique pourquoi « il a toujours considéré l'Europe chrétienne comme une grande
   république ».
2. « L'avant-propos, très court, est écrit du style noble et confiant ordinaire à Voltaire », remarque le marquis de Paulmy (A, p. III).

Page 5 CHAPITRE PREMIER

1. Dans ses *Mémoires*, Voltaire précise que l'indigestion de champignons
   « lui causa une apoplexie ». C'est à Charles VI et à la querelle de la
   succession d'Autriche que songe manifestement Voltaire quand il
   rédige l'article Guerre du *Dictionnaire philosophique* : « Cette maison
   avait des prétentions éloignées sur une province dont le dernier possesseur est mort d'apoplexie. »
2. Texte de L et de tous les manuscrits.
3. Sur la *Sanction pragmatique Caroline* voir le premier chapitre de L
   (Appendice).
4. Le marquis de Paulmy trouve cet exposé superficiel : « Il y fait
   entrer de prétendues prétentions de l'Espagne et de la France que je ne
   crois pas qui aient jamais été attaquées et qui sont ridicules » (A, p. III).
   Voltaire veut, sans aucun doute, montrer le ridicule de la guerre, mais
   il n'invente pas ces détails : « Pendant ce temps tous les généalogistes
   d'Europe recherchent si leurs souverains sont aptes à recueillir la succession fabuleuse. En France, M. Linck, habitant de Strasbourg,
   prouve facilement que Louis XV peut faire remonter sa filiation à
   Maximilien II, fils aîné de Ferdinand Ier. Maximilien a eu une fille
   qui a épousé Philippe II, aïeul et bisaïeul d'Anne d'Autriche et de
   Marie-Thérèse, toutes deux reines de France » (Vicomte Fleury, *Le
   Secret du maréchal de Belle-Isle*, p. 21).
5. Frédéric II selon notre notation. Pour nous, Frédéric le Grand est le
   successeur de Frédéric Ier (1701-1713) et de Frédéric-Guillaume Ier
   (1713-1740); pour Voltaire, de Frédéric Ier et de Frédéric II.
6. Dans une lettre à Cideville du 13 mars 1741, Voltaire se montre
   moins indulgent : « Il est vrai que l'invasion de la Silésie est un

héroïsme d'une autre espèce que celui de la modération tant prêchée dans l'*Anti-Machiavel*. La souris métamorphosée en femme court aux souris dès qu'elle en voit, et le prince jette son manteau de philosophe et prend l'épée dès qu'il voit une province à sa bienséance » (*Best.* 2290).

7. L'adoration fut moins immédiate que se plaît à le dire Voltaire. Les magnats l'accueillirent mal et réclamèrent leurs privilèges (*Histoire de France* de Lavisse, tome huitième, p. 128).

8. Neipperg (Wilhelm Reinhard), né en 1684, était un comte d'Empire, ami intime de François de Lorraine.

9. Le récit de L était beaucoup plus succinct *(variantes)*. Lors de son séjour à Berlin, Voltaire le rend plus dramatique et plus significatif des incertitudes de l'histoire.

10. « Le prince d'Anhalt, qu'on peut appeler un mécanicien militaire, introduisit les baguettes de fer; il mit les bataillons à trois hommes de hauteur... Un bataillon prussien devint une batterie ambulante, dont la vitesse de charge triplait le feu, et donnait aux Prussiens l'avantage d'un contre trois » (*Œuvres historiques de Frédéric*, Hachette, tome I, p. 24). En France, on avait commencé, dès 1738, à mettre en service quelques fusils à baguette de fer, dits fusils-grenadiers; et en juillet 1741, le ministre prescrivit la transformation des anciens fusils. Mais ce n'est qu'en janvier 1744 qu'un certain nombre de fusils du nouveau modèle seront distribués aux corps.

Page 13   CHAPITRE II

1. Les partisans de cette grande entreprise étaient les bureaux des ministères, fidèles à la politique traditionnelle, et les jeunes officiers de l'armée royale. Dans son *Précis*, Voltaire note qu'ils furent « aidés par une dame alors trop puissante », Mme de Mailly, la future duchesse de Châteauroux (*Œuvres historiques*, Gallimard, pp. 1335 et 1741).

2. Dans ce plan de campagne, le comte de Belle-Isle, petit-fils de Fouquet, appliquait les idées du chevalier de Folard, dont il était le protecteur et le disciple. Le chevalier de Folard proposait la stratégie d'offensive, fondée sur la pointe à travers le pays ennemi : le raid à la manière de Charles XII. (Sur l'influence du chevalier de Folard, voir *The Background of Napoleonic warfare,* par Robert S. Quimby, New York, 1957 et l'*Armée et ses problèmes au XVIIIe siècle* par Emile G. Léonard, Paris, 1958.)

3. Frédéric II écrivait à Voltaire le 2 mai 1741 : « Le maréchal de Belle-Isle a été ici avec une suite de gens très sensés. Je crois qu'il ne reste plus guère de raison aux Français, après celle que ces messieurs de

l'ambassade ont reçue en partage. On regarde en Allemagne comme un phénomène très rare de voir des Français qui ne soient pas fous à lier. » (*Best.* 2321.)

4. Kevenhüller, petit-fils de Montecuculli, avait pris une part active aux guerres de succession d'Espagne et de succession de Pologne.

5. Une ancienne loi de Hongrie excluait les femmes du trône; aussi la diète avait-elle proclamé « le roi » Marie-Thérèse. C'était un subterfuge et non un usage.

6. Voltaire ne dit mot des marchandages qui précédèrent et suivirent la séance du couronnement; la diète n'accorda un secours en soldats — et non en argent comme le demandait prudemment Marie-Thérèse — qu'après la restitution de ses privilèges. Il prête à l'impératrice-reine un langage pathétique, qui ne rend nullement compte du ton de sa harangue officielle. Enfin il résume dans une scène unique des débats qui n'avaient pas duré moins de trois mois : « Des trois journées, du couronnement, du vote de la levée en masse et du serment de corégence, Voltaire en a fait une seule dont l'effet magique paraît dû à une inspiration soudaine de Marie-Thérèse. Il a procédé absolument comme s'il eût été un peintre obligé de faire tenir tout un grand sujet sur une seule toile, ou comme s'il eût préparé pour le théâtre une tragédie classique, astreinte à l'unité de temps et de lieu » (duc de Broglie, *Frédéric II et Marie-Thérèse*, tome II, p. 60). Récit « exagéré », note lui aussi M. Tapié; mais il estime que Voltaire a bien rendu le climat d'enthousiasme et de chevalerie dans lequel s'est déroulé le séjour à Poszony; il ne faut pas « oublier que la reine obtint un succès personnel » (*Les Etats de la Maison d'Autriche de 1657 à 1790*, deuxième partie, p. 63).

7. Ce passage a été ajouté par Voltaire en 1752.

8. La paysannerie tchèque, travaillée par les émissaires bavarois, était favorable à Charles-Albert; mais il hésitait à supprimer le servage pour ne pas éloigner de lui la noblesse, profondément divisée, tandis que les préférences de la bourgeoisie allaient à la Saxe. Le partisan le plus déterminé de la cause bavaroise fut l'archevêque de Prague, le Rhénan Manderscheit : « Il alla très loin dans cette complaisance, demandant à l'intendant français Séchelles de lui signaler les prêtres auxquels on attribuerait des prêches ou des propos séditieux » (Victor L. Tapié, *op. cit.*, p. 60).

9. Cette « réponse mémorable » a été ajoutée en 1752 : Voltaire tenait l'anecdote de Frédéric. Mais il en donne la lettre plus que l'esprit; dans ses *Mémoires*, Frédéric II commente ainsi sa conduite : « Ce ministre était une espèce d'enthousiaste à l'égard de la reine de Hongrie : il négociait avec l'emphase dont il aurait harangué dans une

chambre basse. Le roi, assez enclin à saisir les ridicules, prit le même ton... Robinson fut étourdi de ce discours, auquel il ne s'attendait pas » (*op. cit.*, pp. 134 et 135).

10. C'est au cours de l'été de 1741 que les Suédois, à l'instigation de la diplomatie française, avaient attaqué les Russes en Finlande. Leur offensive tourna au désastre; et en août 1743 ils durent céder à la Russie, par le traité d'Abo, les districts méridionaux de la Finlande.

Page 23   CHAPITRE III

1. Voici l'explication qu'en donne Voltaire dans son *Précis :* « Toujours en action, toujours plein de projets, son corps pliait sous les efforts de son âme » (*Œuvres historiques*, p. 1335). Montesquieu était moins admiratif : « Je disais qu'il était comme les singes, qui montent toujours jusques au haut de l'arbre, jusqu'à ce qu'arrivés au bout ils montrent le c... » (*Œuvres complètes*, Gallimard, tome I, p. 1397).
2. *Cf. variantes.*
3. Le duc de Broglie (né en 1672) avait été l'un des meilleurs lieutenants généraux dans la guerre de Succession d'Espagne; mais ni son caractère ni son état de santé ne le destinaient à la mission qui lui était confiée : « Les amis de M. de Broglie, note le duc de Luynes, ne peuvent aussi s'empêcher d'avouer qu'il a de l'humeur et de la vivacité; d'autres ajoutent que, quoiqu'il ait été brillant, les années et les attaques d'apoplexie ont fait tort à sa mémoire et à sa tête » (*Mémoires du duc de Luynes sur la cour de Louis XV*, tome IV, p. 259).

Page 27   CHAPITRE IV

1. Frédéric II écrivait à Voltaire le 12 avril 1742 : « C'est aux cris de M. de Broglie que je suis accouru à son secours et que la Moravie restera en friche jusqu'à l'automne. » (*Best.* 2434.) En fait le roi de Prusse haïssait le maréchal de Broglie, qui l'avait mal reçu à Strasbourg, lorsqu'il y vint incognito en 1740. Aussi Voltaire, félicitant Frédéric de sa victoire, ajoute-t-il : « Je ne me doutais pas, quand le comte du Four [nom pris par Frédéric] allait voir le maréchal de Broglie, et qu'il n'en était pas trop content, qu'un jour ce comte du Four aurait la bonté de marcher avec une armée triomphante au secours du maréchal et le délivrerait par une victoire. » (*Best.* 2441.)
2. La mise au point de Voltaire n'est pas inutile; Frédéric II note dans ses *Mémoires :* « Les Français firent valoir l'affaire de Sahay comme la

plus grande victoire; la bataille de Pharsale ne fit pas plus de bruit à Rome que ce petit combat n'en fit à Paris » (*op. cit.*, tome I, p. 196).

3. Pilsen était à cent kilomètres environ au sud-ouest de Prague; Béraun à trente.

4. Elle ne fut pas admirée par son ennemi Frédéric II, si l'on en juge par ces vers adressés à Voltaire (*Best.* 2450) :

> Enfin le vieux Broglie a perdu,
> Non pas sa culotte salie
> Dont personne n'aurait voulu;
> Mais, brusquement tournant le cu
> Devant les Pandours de Hongrie,
> Fuyant avec ignominie,
> Il perd tout sans être battu,
> Et sous Prague il se réfugie.

5. Ces deux paragraphes ont été ajoutés en 1752 (*cf.* la lettre au comte d'Argenson, *Best.* 4405). Voltaire n'était pas mécontent de justifier sa « scandaleuse » lettre du 30 juin 1742 (*cf. Introduction*) en faisant connaître les raisons de Frédéric II.

6. « Soit que la cour ne soit pas suffisamment instruite, ou qu'elle ne veuille pas ajouter foi à ce qu'elle apprend, l'on a envoyé d'ici une patente à M. de Broglie pour commander toutes les armées. Douze à quinze jours après que M. de Broglie eut reçu cet ordre, il fit défendre de rendre compte d'aucun détail à M. de Belle-Isle » (duc de Luynes, *op. cit.*, tome IV, p. 259).

7. Barbier, dans son *Journal*, donne une version différente : « On se plaint fort des procédés de la reine de Hongrie depuis peu. Un parti de deux mille hussards a retourné à Munich en Bavière pour piller. Sur la résistance qui a été faite par les habitants, on dit qu'ils ont brûlé un faubourg de la ville, massacré vieillards, femmes et enfants, violé dans les couvents » (*Chronique de la Régence et du règne de Louis XV (1718-1763)*, troisième série, p. 348). Le même Barbier rapportera, en 1744, que les houssards et pandours autrichiens « ont tué et massacré, violé des couvents de religieuses qu'ils renvoyaient toutes nues au milieu des champs » (*ibidem*, p. 532). Ces témoignages infirment quelque peu la thèse récente de M. Roger Caillois sur la douceur de la guerre au dix-huitième siècle.

8. Dans une lettre à Mme de Solar (5 septembre 1742), Voltaire commentait ainsi cette sortie : « On dit le prince de Deux-Ponts blessé à mort, le duc de Biron prisonnier, un nombre à peu près égal de morts des deux côtés, mais beaucoup plus d'officiers français que d'autrichiens, par la raison qu'il y a toujours plus d'officiers dans nos troupes

que chez les étrangers, et qu'ainsi nous jouons des pistoles contre de la monnaie. » (*Best.* 2479.)

9. Une compagnie franche est une troupe irrégulière qui ne fait pas partie des cadres de l'armée. Les hommes qu'on y engage font le service de troupes légères, d'éclaireurs et en même temps d'espions : « La plupart sont gens de sac et de corde, contrebandiers, repris de justice, évadés qui cherchent à se faire gracier » (J. Colin, *Les Campagnes du maréchal de Saxe*, tome I, p. 22).

10. Ce parti était celui du maréchal de Noailles et du maréchal d'Asfeld (*variantes*).

Page 37   CHAPITRE V

1. Dans le *Supplément au siècle de Louis XIV*, publié en 1753, Voltaire rapporte un de ses entretiens avec le cardinal de Fleury : « Il me dit qu'il avait toujours eu l'ascendant sur le ministre anglais. Il avait grande raison : il avait fait alors la guerre et la paix sans l'intervention de ce ministre » (*Œuvres historiques*, p. 1243). Fleury avait omis de dire que cet ascendant lui coûtait cher : « Je paie, écrivait Walpole au cardinal, un subside à la moitié du parlement pour le tenir dans les bornes pacifiques; mais comme le roi n'a pas assez d'argent, et que ceux à qui je n'en donne point, se déclarent ouvertement pour la guerre, il conviendrait que votre éminence me fît passer trois millions tournois pour diminuer la voix de ceux qui crient le plus fort. L'or est un métal qui adoucit le sang le plus belliqueux » (Flassan, *Histoire générale et raisonnée de la diplomatie française*, tome V, p. 185).

2. Horace, *Epîtres*, I, 1, 61.

3. Voltaire est bien aise de montrer le « vieux renard » pris à ses propres habiletés. Il caricature la seconde lettre de Fleury, dont voici le texte : « Je ne devais pas m'attendre, ce me semble, qu'un témoignage de politesse et de confiance à un ministre de votre réputation, de la part surtout duquel j'avais reçu souvent des assurances d'estime et de bonté, dût avoir un pareil sort; et vous m'apprenez un peu durement aujourd'hui que je m'étais trompé. C'est une leçon dont je vous remercie et dont je tâcherai de profiter, mais que j'aime encore mieux avoir reçue que de l'avoir donnée » (duc de Luynes, *op. cit.*, tome IV, Appendice à l'année 1742, pièce 31).

4. Le marquis de Paulmy (A, VI) trouve « très curieux » les détails donnés par Voltaire sur la politique de la Hollande en 1742. C'est que Voltaire a fréquenté longuement les officiels de La Haye, lors de sa mission secrète.

5. A son retour d'Aix-la-Chapelle, en septembre 1742 (*cf. Best.* 2489).

6. Pure calomnie, si l'on en croit les *Mémoires*, romancés, du baron François de Trenck : « Mes Pandours firent à Champ un très riche butin. Mais assurément mon intention ne fut pas qu'il se commît des excès dont je dusse être responsable en personne. Une certaine nuit ils en vinrent aux mains pour le partage de quelques vases d'argent qu'ils avaient, selon toute apparence, enlevés d'une église à mon insu. Etant accouru au bruit, je voulus les séparer; mais je ne trouvai d'autre expédient pour les mettre d'accord, que de leur distribuer 150 Hongrois. Je renvoyai ces vases sacrés à l'évêque de Passau en lui exposant le fait, et ce que j'avais déboursé pour empêcher leur profanation. De son côté il me remboursa sur-le-champ mon argent » (*Mémoires de François, baron de Trenck, commandant des Pandours*, Paris, Maradan, 1789, p. 101).

7. « Si l'on avait donné carte blanche au maréchal — estime Frédéric II — le destin de la Bohême aurait pu changer; mais de Versailles le cardinal le menait en lisière » (*op. cit.*, tome I, p. 209). Le cardinal de Fleury attendait beaucoup de la négociation qu'il venait de proposer au cabinet de Vienne.

8. Sur la tentative faite par le comte de Saxe pour s'emparer de Caden, voir les *variantes*.

9. Le chevalier de Folard, qui se tenait en liaison avec le maréchal de Belle-Isle par une correspondance très active et très détaillée, lui avait envoyé de Paris un « ordre à observer dans une retraite en présence de l'ennemi » (*cf.* Léonard, *op. cit.*, p. 129).

10. Ce qui permit de chansonner ainsi le maréchal :
> Quand Belle-Isle partit une nuit
> De Prague à petit bruit,
> Il dit, voyant la lune :
> Lumière de mes jours,
> Astre de ma fortune,
> Conduisez-moi toujours.

(Frédéric II, *op. cit.*, p. 223.)

11. Selon Frédéric II (*op. cit.*, p. 224), les Français apprécièrent différemment cette évacuation : « Il y eut des fanatiques qui par zèle la comparèrent à la retraite des Dix Mille de Xénophon; d'autres trouvaient que cette fuite honteuse ne pouvait se comparer qu'à la défaite de Guinegate. » Dans le *Dictionnaire philosophique* (article Xénophon), Voltaire se range parmi les fanatiques. « Si j'osais attaquer le préjugé, j'oserais préférer la retraite du maréchal de Belle-Isle à celle des Dix Mille. » Est-ce l'ami de Vauvenargues qui parle?

1. Les milices avaient été supprimées à la fin du règne de Louis XIV; elles furent rétablies en 1719, à l'occasion de la guerre d'Espagne. Une ordonnance de février 1726 en fit une réserve permanente de 100 à 125 bataillons de 600 hommes que désignait le tirage au sort. Voltaire, hostile au système du racolage, est partisan de l'établissement des milices, tandis que La Beaumelle y voit « le malheur de la France » (*Œuvres historiques*, p. 1247). Songe-t-il au comportement peu glorieux des milices de Bretagne (chapitre XXII)?

2. Ou Nadir-Chach. Ce condottiere turcoman avait déposé l'empereur d'Iran, Thamasp II, en 1735. Il libéra la Perse des Afghans, des Russes et des Turcs; puis occupa Kandahar, Kaboul, Delhi, soumit Boukhara et Khiva. Il fut assassiné en 1747.

3. C'est en 1731 que le brick *Rebecca*, commandé par Robert Jenkins et transportant des marchandises de contrebande, fut arraisonné par les Espagnols; à son arrivée en Angleterre, Jenkins se plaignit vainement au roi de la saisie de sa cargaison et de la mutilation qui lui avait été infligée (*Encyclopaedia Britannica*, vol. 12, p. 1004). Il ne devint un martyr national que sept ans plus tard, quand les milieux d'affaires et le « country party » organisèrent une campagne contre l'Espagne : défilé de pétitionnaires, dépositions dramatiques sur les forfaits espagnols, manifestations aux portes du Parlement. On fit déposer Jenkins devant une commission de la chambre des communes. Tenait-il son oreille à la main, comme on le prétend parfois? En ce cas elle devait être en cire, ainsi que l'observe M. Gaxotte. Voltaire ne semble connaître cet incident que par les récits des journalistes ou des pamphlétaires anglais.

4. Si Voltaire écrit à lord Hervey : « Je fais compliment à votre nation sur la prise de Porto-Bello (*Œuvres historiques*, p. 608), il confie à Formont ses vrais sentiments : « On dit que ces Anglais ont pillé Porto-Bello et Panama; c'est bien là une vraie tragédie (allusion à l'*Edouard III* de Gresset). Si le dénouement de cette pièce est tel qu'on le dit, il y aura beaucoup de négociants français et hollandais ruinés. Je ne sais quand finira cette guerre de pirates. » (*Best.* 2066.)

5. Le 25 mars 1734, les Espagnols vainquirent et firent prisonnière dans Bitonto une armée autrichienne.

6. Le marquis de Paulmy remarque : « Il passe de là aux neutralités qui furent alors si à la mode... Dans tout cela il y a de la hardiesse, mais de l'éclat, de l'esprit, du style, etc. C'est du vrai Voltaire » (A, p. VII).

7. C'était aussi l'avis de Voltaire; en avril 1744 il déclarait à Amelot qu'il ne lui transmettrait plus les inutiles dépêches de Van Hoey :

« L'orateur hollandais qui dit rarement ce qu'il faut dire, et qui vous fait toujours dire ce que vous n'avez pas dit. » (*Best.* 2758.)

8. Lors de sa mission secrète de 1743, Voltaire avait entrepris de séduire le jeune Van Haren, ennemi passionné de la France mais admirateur du poète français; d'après le marquis de Fénelon, il lui aurait même offert de le faire désigner pour le poste d'ambassadeur à Paris (*Frédéric II et Louis XV*, 1742,1744, par le duc de Broglie, pp. 73 et 74). Van Haren ne se laissa pas séduire; mais il resta l'ami de Voltaire.

9. Le portrait était un des ornements traditionnels de l'histoire. Voltaire le conserve — les portraits sont nombreux dans le *Siècle de Louis XIV* — mais réduit à quelques lignes, à la manière de Tacite. Ici il va le développer pendant cinq ou six pages. Il tenait à faire la preuve de son impartialité : « Je n'aimais pas plus le cardinal qu'il ne m'aimait; cependant j'ai parlé de lui dans le tableau de l'Europe, à la fin du *Siècle de Louis XIV*, comme s'il m'avait comblé de bienfaits. Quand l'historien parle, l'homme doit se taire » (*Œuvres historiques*, p. 1243). Le parti pris de bienveillance est plus net dans la première rédaction, celle de L.

10. « Mme de... disait du cardinal de Fleury qu'il connaissait les hommes assez pour les tromper, mais pas assez pour les choisir » (Montesquieu, *Œuvres complètes*, Gallimard, tome I, p. 1396).

11. « Ce morceau, remarque le marquis de Paulmy, est beau au point d'inspirer l'enthousiasme. Il n'est pas si poétique qu'il est naturel, juste et lumineux; il y a dans cinq ou six pages de quoi faire la fortune d'un gros volume. Cependant rien n'y est singulier. La sagesse et la douceur de l'original y donnent le ton au peintre » (A, p. VII). Même admiration de Grimm pour ce « morceau d'une très grande beauté », lorsqu'il le lit dans l'édition frauduleuse de 1755 (*Correspondance littéraire, philosophique et critique*, par Maurice Tourneux, Paris, 1877, tome II, p. 140).

Page 69   CHAPITRE VII

1. Louis XV décida de ne pas remplacer Fleury. Les secrétaires d'Etat, Maurepas à la Marine, le comte d'Argenson à la Guerre, Orri aux Finances, Amelot aux Affaires étrangères, reçurent l'ordre de s'adresser directement au roi. Le Conseil d'En-haut se réunit seul désormais, sous la présidence royale.

2. Voir dans L un tableau détaillé de la situation des armées en Allemagne et en Italie (*variantes*).

3. Le duc de Grammont croyait conquérir ainsi son bâton de maréchal de France. Aussi fut-il surnommé, après la défaite, M. de Grammont du « bâton rompu ».

4. De Vallière avait été chargé, en 1732, par le secrétaire d'Etat Le Blanc de réorganiser l'artillerie française. Il avait notamment réduit le nombre des calibres : canons de 4, 8 et 12 livres pour l'artillerie de campagne; canons de 16 et 24 livres pour l'artillerie de siège.

5. Il en tua même quelques-uns (*variantes*).

6. A la nouvelle de la bataille de Dettingen, Frédéric écrivait à Voltaire : « Vos Français se laissent battre comme des lâches; je ne reconnais plus cette nation; la volupté les a amollis, c'est Hannibal au sortir de Capoue. » (*Best.* 2598.) Voltaire répond : « Il paraît que les Français n'ont pas manqué de courage; les seuls mousquetaires, au nombre de deux cent cinquante, ont percé cinq lignes des Anglais, et n'ont guère cédé qu'en mourant; la grande quantité de notre noblesse tuée ou blessée est une preuve de valeur assez incontestable. » (*Best.* 2603.) On retrouve chez l'historien le même souci de défendre l'honneur national.

7. Frédéric II écrit dans ses *Mémoires :* « Je sais d'un officier qui se trouva sur les lieux que le roi d'Angleterre se tint pendant toute la bataille devant son bataillon hanovrien, le pied gauche en arrière, l'épée à la main et le bras étendu, à peu près dans l'attitude où se mettent les maîtres d'escrime pour pousser la quarte » (*op. cit.*, tome premier, p. 237). Mais Frédéric n'aimait pas son oncle.

8. Du mardi 2 au vendredi 5 juillet, rapporte Barbier dans son *Journal,* des rumeurs contradictoires circulèrent dans Paris; car le ministère français s'était efforcé de retarder la nouvelle de la défaite : « Ce qui intrigue le plus tout le monde, c'est que personne ne reçoit de lettres, et il est vrai qu'il y a eu ordre à la poste de l'armée à Strasbourg, à Dunkerque même, d'arrêter tous les courriers » *(op. cit.,* troisième série, p. 454).

9. Il écrivait au roi : « Cette démarche trop audacieuse, et qui ne partait que d'une trop grande volonté, est cause que nous n'avons pas eu le succès que nous pouvions nous promettre » (*Campagne de M. le maréchal duc de Noailles en Allemagne,* à Amsterdam, 1760, tome I, p. 244).

Page 81   CHAPITRE VIII

1. « Quel exemple inouï, écrit Frédéric à Voltaire, que la manière dont la France abandonne l'empereur, sacrifie la Bavière » (*Best.* 2641). L'indignation cache mal l'inquiétude : une paix avec la France permettrait à Marie-Thérèse de reconquérir la Silésie.

2. Ce fut lord Carteret qui projeta ce traité; la négociation fut difficile à cause de la résistance de Marie-Thérèse, à qui l'alliance anglaise imposait le démembrement du Milanais.

3. Les manuscrits donnent : Navarrois. Erreur qui a échappé à Voltaire. C'est au traité de Vienne, signé le 18 novembre 1738, que le roi de Sardaigne avait « gagné » Novare.

4. Voltaire fut toujours favorable au projet du débarquement en Angleterre. Le 14 janvier 1744, il écrivait à Amelot : « C'est bien dommage de n'avoir dans ces circonstances qu'un prétendant qui est à Rome. » (*Best.* 2718.) Le 21 février, il confiait à l'ambassadeur de Prusse, Podevils : « Le projet en faveur du fils aîné du chevalier de St-George, paraît très sérieux et très bien conduit. Il y a actuellement à Dunkerque quatre-vingts grandes barques que le roi paie à quatorze cents francs par mois, et qui peuvent porter neuf mille hommes... Je vous supplie de n'instruire personne d'ici à quelques jours de ces nouvelles, et de ne les apprendre qu'au roi, votre maître. » (*Best.* 2736.)

5. Le comte de Saxe avait été investi du commandement par une patente du 13 janvier, malgré l'opposition du maréchal de Noailles au projet.

6. En mars 1705. La flotte anglaise était commandée par le comte de Toulouse, fils naturel de Louis XIV.

7. On peut lire dans L un récit détaillé de cet incident (*variantes*).

8. A Paris même, rapporte Barbier, on faisait bien des raisonnements : « Les uns disent que nous nous entendons avec la nation anglaise et qu'on n'a point voulu de combat sérieux; d'autres nous reprochent de nous entendre avec le roi d'Angleterre même et d'avoir trahi les Espagnols. Jusque-là qu'on disait hier que la reine d'Espagne avait demandé ici par son ministre la copie des ordres que le roi avait envoyés à M. de Court, commandant la flotte » (*op. cit.*, troisième série, p. 499).

Page 93   CHAPITRE IX

1. Par le « pacte de famille » de Fontainebleau (28 octobre 1743), Louis XV avait accepté de conquérir une principauté en Lombardie pour l'infant don Philippe, de garantir le royaume de Naples à don Carlos, de concourir à la reprise de Gibraltar et de Minorque. L'invasion du Piémont était destinée à détourner les Autrichiens de Naples.

2. Le fort de Montalban (222 m d'altitude) est accessible directement par le col de Villefranche. La tactique des Français fut de déborder cette défense en s'emparant des hauteurs de l'arrière-pays, et du plateau Saint-Michel.

3. Le Mont Leuze (577 m).
4. Le Mont Gros (370 m).

Page 97   CHAPITRE X

1. Le marquis d'Argenson donne une autre explication : « Il fut donc
   visible que la flatterie seule imagina alors de conquérir en Flandre, au
   lieu d'attaquer en Allemagne. L'intérêt des sieurs Pâris, multimillion-
   naires, celui des favoris, des intendants, des régisseurs, des tireurs de
   contributions, l'avidité, la friponnerie, la cabale de cour présidèrent
   aux affaires de tous côtés » (*op. cit.,* tome IV, p. 233). Plus coûteuse
   une guerre de siège permettait des profits plus importants et plus sûrs.
   Le 13 janvier 1758, Voltaire confiera à Tronchin : « J'ai été témoin
   des déprédations et du brigandage de la finance dans la guerre de
   1741. » (*Best.* 6882.)
2. L'inspirateur de ces règlements fut le maréchal de Saxe. Dans le
   Traité des légions, écrit au camp de Courtrai, son chef d'état-major,
   D'Hérouville de Claye, fait un tableau suggestif de l'indiscipline de
   l'armée française : « On ne saurait faire comprendre à la plupart des
   officiers l'ordre dans lequel doit marcher une troupe; ils n'en ont
   aucune idée parce qu'effectivement ils ne l'ont jamais vu en France, et
   c'est leur parler un langage inconnu de leur dire de ne pas laisser écarter leurs soldats, mais ce n'est pas peu difficile à exécuter pour eux;
   peu se donnent la peine d'y veiller, et il y en a à qui des soldats qu'ils
   veulent faire rentrer dans la colonne répondent des paroles injurieuses qu'ils n'auraient peut-être osé dire à leurs camarades; d'autres,
   loin de punir eux-mêmes leurs soldats prennent leur parti contre des
   officiers supérieurs, en présence et à la tête de leurs troupes; on les a
   vus même demander raison, l'épée à la main, à des officiers majors ou
   à leurs camarades qui avaient frappé leurs soldats qui s'étaient trouvés en faute » (J. Colin, *Les Campagnes du maréchal de Saxe,* tome 1,
   p. 170).
3. On trouve dans L le récit de l'audience accordée par le roi (*variantes*).
4. Ce qui aurait dû lui valoir l'indulgence du public pour ses autres acti-
   vités au jugement de Barbier du moins : « Que n'a-t-on pas dit contre
   lui l'année dernière? Et le tout à cause de Mademoiselle Le Duc, sa
   maîtresse? Le public sera le sot de cette affaire; car quand un prince
   est brave et s'expose lui-même, qui pourrait s'en dispenser par sa qualité d'abbé de Saint-Germain-des-Prés, il lui est permis de faire ce qu'il
   veut à la ville » (*op. cit.,* troisième série, p. 523).

5. Il s'agit vraisemblablement de Knocke, situé à huit kilomètres à l'est de Courtrai.

6. En menaçant plusieurs endroits à la fois pour faire naître des inquiétudes chez l'ennemi, selon la définition de Littré.

7. Du nom d'une ville de Croatie, Warajdin (en hongrois Varasd), qui était le chef-lieu d'un comitat hongrois.

8. On abandonna aussi Saverne, comme l'apprend une lettre de la marquise du Châtelet à Cideville : « M. du Châtelet s'en est retiré en bon ordre; c'est tout ce qu'il pouvait faire; et sa retraite lui a fait honneur » (*Best.* 2805). Mais elle ne lui valut ni une promotion, comme l'espérait la marquise, ni même une mention dans l'*Histoire de la guerre de 1741*.

9. Frédéric II avait pris l'initiative de la négociation, fin 1743 : « M. de Rottembourg arriva de Berlin pour traiter ici secrètement la nouvelle alliance du roi de Prusse; il conféra sous main avec Mme de Châteauroux et M. de Richelieu. Celui-ci avait pour principale passion de faire disgracier M. de Maurepas; il disait que c'était toujours lui crever un œil que de faire chasser M. Amelot; on le fit demander de la part du roi de Prusse » (marquis d'Argenson, *op. cit.*, tome IV, p. 241). Même présentation des faits par Frédéric II : « M. le cardinal Tencin, le maréchal de Belle-Isle, d'Argenson, ministre de la guerre, Richelieu et la maîtresse du roi se déclarèrent pour le comte de Rottembourg » (*op. cit.*, tome I, p. 274).

Page 107   CHAPITRE XI

1. Cependant, au chevet du roi, se déroulait une indécente lutte d'influences. Le duc de Richelieu avait fait venir Mme de Châteauroux et interdit au reste de la cour l'accès de la chambre. Les princes du sang, le comte de Clermont et le duc de Chartres, prirent alors le parti de forcer la porte; appelé par eux, le grand aumônier, l'évêque de Soissons, François de Fitz-James, obligea Louis XV à éloigner la duchesse de Châteauroux; Richelieu fut menacé. L'historiographe a tu ces incidents; l'auteur du *Précis* y fera allusion : « Les moments de crise où il parut expirant furent ceux qu'on choisit pour l'accabler par les démarches les plus indiscrètes, qu'on disait inspirées par des motifs religieux, mais que la raison réprouvait et que l'humanité condamnait » (*Œuvres historiques*, p. 1365).

2. Dans L (*variantes*), Voltaire attribue cette fièvre à un coup de soleil qui « lui brûla la cuisse » alors qu'il se portait en hâte au secours de son peuple. Frédéric II croit à une indigestion, ce que semble

confirmer Barbier : « Il avait fait aussi un grand souper avec toute sa cour, dans lequel on avait beaucoup bu à la santé du roi de Prusse » (*op. cit.*, troisième série, p. 533). Il s'agissait vraisemblablement d'une grippe.

3. Voir dans L les idées de Voltaire sur la médecine; elles ressemblent fort à celles de Montaigne (*variantes*). Ce qui ne l'empêchait pas d'abuser des drogues et des pilules.

4. Le marquis de Paulmy note : « La description de l'effet que firent dans le royaume la maladie et la guérison du roi est très touchante et très bien écrite » (A, p. IX). Même admiration de la part de Grimm (*op. cit.*, p. 140).

5. Le duc de Richelieu ne pouvait se consoler de l'échec du projet; le 27 octobre 1752, il écrivait à Voltaire : « Je vous soutiens que la marche du roi en Allemagne, partant de Flandre est au-dessus du Rhin, et aurait eu de plus grandes suites et aurait fait plus d'éclat ainsi que ses batailles, si la fatalité qui nous arrêta à Metz n'avait renversé toutes les fortunes de ce pays. Il semble qu'un enchanteur nous attendait dans cette affreuse ville pour répandre tout d'un coup des poisons dans l'air et changer la face de notre univers. Je ne puis me rappeler ces cruels moments sans un serrement de cœur dont je ne suis pas le maître. Croyez, mon cher Voltaire, que peu de circonstances pouvaient rendre ce siècle-ci plus grand que celui de Louis XIV et vous donner plus de choses à embellir de votre pinceau. » (*Best.* 4422.)

Page 113   CHAPITRE XII

1. Dans ses Mémoires, Frédéric II avoue : « Aucun général ne commit plus de fautes que n'en fit le roi dans cette campagne » (*op. cit.*, tome premier, p. 326). Dans une lettre à Maurice de Saxe il précise : « A vingt ans, Boileau estimait Voiture; à trente ans, il lui préférait Homère. Dans les premières années que je pris le commandement de mes troupes, j'étais pour les pointes... Ce sont ces pointes qui m'ont fait manquer la campagne de 1744 » (Léonard, *op. cit.*, p. 137).

2. Les manuscrits portent : qui assurent à Prague. Y a-t-il une omission, qui a échappé, comme d'autres, à Voltaire? La leçon, « assurent Prague », est peu satisfaisante : on assurait un pont ou une position de faible importance, mais non une ville.

Page 115   CHAPITRE XIII

1. Auguste III s'était rapproché de l'Autriche dès 1742. Son ministre Bruhl projetait un démembrement de la Prusse.

2. Même remarque dans les *Pensées* de Montesquieu (2 février 1742) : « Quand la France et l'Angleterre auraient tous les trésors de l'Univers, ces gueux d'Allemands les leur tireraient » (*Œuvres complètes*, Gallimard, tome I, p. 1398). Le pacifisme des philosophes du dix-huitième siècle se fonde sur l'idée que, dans l'état actuel des mœurs et de l'économie, la guerre ne paie plus : « Les Romains portaient à Rome dans les Triomphes toutes les richesses des Nations vaincues. Aujourd'hui les victoires ne donnent que des lauriers stériles. Quand un Monarque envoie une Armée dans un pays ennemi, il envoie en même temps une partie de ses trésors pour le faire subsister ; il enrichit le pays qu'il a commencé de conquérir, et très souvent il le met en état de le chasser lui-même » (Montesquieu, *op. cit.*, tome II, p. 19).

3. Le 2 février 1702, le prince Eugène était entré dans Crémone au milieu de la nuit ; il fit prisonnier le maréchal de Villeroi, tua le gouverneur espagnol ; mais le régiment des Vaisseaux et deux régiments irlandais réunissaient à le contenir : « Le prince Eugène, après avoir combattu tout le jour, toujours maître de la porte par laquelle il était entré, se retire enfin, emmenant le maréchal de Villeroi et plusieurs officiers généraux prisonniers, mais ayant manqué Crémone » (Voltaire, *Œuvres historiques*, Gallimard, p. 818).

4. Dans L (*variantes*), Voltaire rapportait un dialogue entre ce général autrichien et le ministre du duc de Modène, Sabatini, qui avait été officier dans le même régiment que lui. Dans sa nouvelle rédaction, il supprime le dialogue, en oubliant de supprimer cette phrase.

Page 121   CHAPITRE XIV

1. Dans L, Voltaire consacrait trois paragraphes à la nomination du marquis d'Argenson (*variantes*).

2. Ce n'était pas l'opinion du marquis d'Argenson : « Il est certain que la paix se fût signée avant l'ouverture de la campagne, si l'empereur Charles VII ne fut pas venu à décéder subitement » (*op. cit.*, tome IV, p. 260).

3. « J'ai représenté... la guerre au sujet de la pragmatique devenue comme une maladie qui change trois ou quatre fois de caractère, et qui de fièvre devient paralysie, et de paralysie convulsion » (*Best.* 3172).

4. Dans L (*variantes*), Voltaire précisait que ce jeune homme faisait la consolation d'une mère qui avait été très longtemps les délices de la

cour de France. Et, pendant quelque temps, les délices de Voltaire. Il s'agit, en effet, de la marquise de Rupelmonde, que Voltaire accompagna en 1722, dans un bref voyage aux Pays-Bas. Née en 1688, elle avait été mariée, en 1705, à un seigneur flamand, tué à Villaviciosa au service du roi d'Espagne. C'est pour elle que fut composée l'*Epître à Uranie.* On comprend l'animosité de Saint-Simon qui la décrit « rousse comme une vache » et « d'une effronterie sans pareille ».

5. Il satisfaisait aussi sa passion de gloire militaire; il veut briller en Flandre : « Quand son ministre lui propose, comme le seul moyen d'arriver à la paix, de rester sur la défensive en Flandre, il lui répond brusquement qu'il n'entend rien à la guerre » (E. Zévort, *Le Marquis d'Argenson et le ministère des affaires étrangères,* p. 236).

6. « Le chapitre quatorze contient à l'occasion de la mort de Charles VII et de la défection de la Bavière, du refus de l'empire fait par le roi de Pologne des réflexions hardies mais bien écrites. La situation des affaires pendant l'hiver de 1744 à 1745 y est exposée et développée à merveille. Ce chapitre est beau » (Remarques du marquis de Paulmy, A, p. X).

Page 131   CHAPITRE XV

1. Le cavalier était un massif de terre et de gabionnages que l'on élevait aux extrémités de la tranchée d'approche, jusqu'à ce qu'il domine le chemin couvert de la place ennemie.

2. Les six gentilshommes attachés à la personne du dauphin.

3. Voltaire utilise ici la relation que lui envoya le 15 mai le marquis d'Argenson : « Jamais je n'ai vu d'homme si gai de par cette aventure qu'était le maître; nous discutâmes justement ce point historique que vous traitez en quatre lignes [*cf. Best.* 2889], quels de nos rois avaient gagné les dernières batailles royales... De là on alla coucher sur la paille; il n'y a point eu de nuit de bal plus gaie, jamais tant de bons mots... Le roi chanta une chanson qui a beaucoup de couplets et qui est fort drôle. » (*Best.* 2890.)

4. La toise équivaut à 1,949 m.

5. C'est pourtant à cet endroit — Voltaire en avertit discrètement le lecteur — que le duc de Cumberland percera le front français. Faute du maréchal de Saxe ou piège tendu aux ennemis (Quimby, *op. cit.,* p. 58)?

6. L'opinion publique ne les unit pourtant pas dans la même admiration, si l'on en croit l'abbé Raynal : « Comme le maréchal de Noailles, actuellement vivant, ne passe pas pour brave, on dit que, durant la

bataille de Fontenoy, le duc de Biron changea trois fois de cheval, le maréchal de Saxe trois fois de chemise, et un de Noailles trois fois de culottes » (*Correspondance littéraire, philosophique et critique*, tome I, p. 200).

7. « Il est vrai que le canon a eu l'honneur de cette affreuse boucherie ; jamais tant de canon ni si gros n'a tiré à une bataille générale qu'à celle de Fontenoy. » (Marquis d'Argenson, *Best.* 2890.)

8. Dans L (*variante*), Voltaire expliquait qu'Ingoldsby exécuta les ordres du duc de Cumberland mais fut arrêté, à la lisière du bois du Barry, par « quelques bataillons couchés sur le ventre » (le fameux régiment des Grassins). C'est la version française. Les Anglais attribuaient la défaite de Fontenoy aux hésitations d'Ingoldsby qui « négligea » les ordres reçus. C'est cette thèse, plus satisfaisante pour l'honneur britannique, que soutient encore de nos jours Fortescue (*cf.* Quimby, *op. cit.*, pp. 85 et 86). Pourquoi Voltaire adopte-t-il, dans A et P, la version anglaise des faits ? On peut penser qu'elle s'accordait mieux à sa démonstration des incertitudes et des hasards de la guerre. Ingoldsby, pourtant, avait été acquitté par la cour martiale à laquelle on le déféra.

9. Cette « politesse » était vraisemblablement un effet des ordres du maréchal de Saxe. Dans ses *Rêveries ou Mémoires sur l'art de la guerre*, écrits quinze ans avant Fontenoy, il expliquait : « Que deux bataillons s'attaquant marchent l'un à l'autre sans flottement, sans se doubler, sans se rompre, lequel emportera l'avantage, de celui qui s'est amusé à tirer, ou de celui qui n'aura pas tiré ? Les gens habiles me diront que c'est celui qui aura conservé son feu, et ils auront raison : car outre que celui qui a tiré est décontenancé, s'il voit marcher à lui, à travers la fumée, des gens qui ont conservé leur feu, il faut qu'il s'arrête pour recharger, ou du moins qu'il marche bien lentement ; or il est perdu lorsque l'autre marche à lui d'un grand pas et avec célérité » (édition de Dresde, par M. de Viols, 1757, pp. 53 et 54).

10. Grimm accuse Voltaire d'injustice envers le héros qui sauva la France : « Tout le monde sait... qu'ayant passé auprès du roi dans un moment où tout le monde croyait la bataille perdue, et le roi lui ayant demandé si cela était vrai, le maréchal lui répondit dans des termes beaucoup plus énergiques et militaires que la bienséance ne permet d'employer ici : « Quel est le poltron, sire, qui vous a dit cela ? » (*op. cit.*, tome II, p. 142).

11. Une ordonnance royale du 17 décembre 1743 prescrivait à tous les cavaliers, y compris les officiers généraux, de porter une cuirasse à l'épreuve de la balle et une calotte de fer battu dans la coiffe du chapeau. Des sanctions étaient prévues contre ceux qui désobéiraient « par une fausse délicatesse ». C'est vraisemblablement pour donner

l'exemple que le maréchal de Saxe portait ce bouclier fait de plusieurs épaisseurs d'étoffe.

12. « Vous saurez qu'il y a eu une heure terrible, où nous vîmes le second tome de Dettingen, nos Français humiliés devant cette férocité anglaise... Alors on désespéra de la république. Quelques-uns de nos généraux, qui ont plus de courage de cœur que d'esprit, donnèrent des conseils fort prudents, on envoya des ordres jusqu'à Lille, on doubla la garde du pont, on fit emballer, etc. » (marquis d'Argenson, *Best.* 2890.)

13. En 1755, Grimm s'étonne de voir Voltaire enlever au maréchal de Saxe le mérite de la victoire pour le donner tout entier au maréchal de Richelieu : « On ne peut songer à cette indigne et basse flatterie sans mépriser le sentiment vil et rampant qui l'a dictée à M. de Voltaire » (*op. cit.,* tome II, p. 142). Mais Voltaire ne fait que suivre la relation envoyée par d'Argenson : « Votre ami, M. de Richelieu, est un vrai Bayard; c'est lui qui a donné le conseil, et qui l'a exécuté de marcher à l'infanterie anglaise, comme les chasseurs ou des fourrageurs, pêle-mêle, la main baissée, le bras raccourci, maîtres, valets, officiers, cavaliers, infanterie tout ensemble. » Il est évident que l'idée — contraire aux bienséances militaires — de marcher à l'ennemi pêle-mêle appartient bien à Richelieu; Voltaire respecte la vérité. Mais il l'orne d'un petit dialogue dramatique et l'agrandit en attribuant à son ami l'idée de canonner la colonne anglaise. Il n'est pas vrai, comme le prétend Grimm, qu'en 1755, Richelieu s'inscrivit en faux contre tout ce que son panégyriste lui fait dire; il ne récuse que le dialogue. « Permettez-moi seulement, lui écrit Voltaire, de vous représenter qu'en vous tuant de dire qu'il n'y a pas un mot de vrai dans la conversation rapportée, vous semblez donner un prétexte à vos envieux de dire que ce qui suit cette conversation n'est pas plus véritable. Je n'ai pas inventé le Thésée, et par parenthèse cela est assez dans le ton de M. le maréchal de Noailles. C'est encore une fois votre écuyer Féraulas qui me l'a conté : c'est une circonstance inutile sans doute, mais ces bagatelles ont un air de vérité qui donne du crédit au reste, et si vous me contestez le Thésée publiquement, vous affaiblissez vous-même les vérités qui sont liées à cette conversation; on présumera que j'ai hasardé tout ce que je rapporte de cette journée si glorieuse pour vous » (*Best.* 6050).

14. Au chapitre XVIII (*Œuvres historiques,* Gallimard, p. 827). C'est au XVIIIᵉ siècle que naît et se développe la controverse sur le feu et le mouvement. Le chevalier de Folard est partisan de l'attaque à l'arme blanche par formations massives. Voltaire, au contraire, estime que l'efficacité des armées modernes dépend de leur puissance de feu.

Aussi propose-t-il au ministère, en novembre 1756, la création de chars de combat.

15. Il s'est trop étendu sur celle-ci de l'avis de tous les lecteurs. « Le chapitre quinze, note le marquis de Paulmy, contient une description très et même trop étendue de la bataille de Fontenoy » (A, p. X). Et Grimm lui reproche « l'inutilité de ces détails minutieux » (*op. cit.,* tome II, p. 141).

Page 155   CHAPITRE XVI

1. Tels sont les méfaits de la culture classique; le kilt primitif n'était que la partie inférieure du manteau de tartan dans lequel s'enveloppaient les montagnards écossais. On estime que le mot est d'origine scandinave.

2. L'un des quatre fils d'un aubergiste dauphinois. Tandis que son frère, Montmartel, était le banquier de la cour, il s'occupait de l'approvisionnement des troupes royales. On voit son influence : « En ordonnant la marche des convois, il ordonnait celle des armées », note M. Léonard (*op. cit.,* p. 198). Il pouvait compter, de plus, sur l'appui de la marquise de Pompadour, dont il avait employé le père, le commissaire aux vivres Poisson. En décembre 1745, il allait obtenir le renvoi d'un ministre des Finances trop honnête : « M. Orry, contrôleur général, en place depuis quatorze ans, a eu une dispute avec les sieurs Pâris, qui ont la conduite des vivres de Flandre et d'Allemagne, gens puissants... Cette dispute avec Pâris Duverney était au sujet d'un supplément que celui-ci demandait sur le marché des entrepreneurs de vivres qui perdaient, disait-on, c'est-à-dire qui ne gagnaient pas autant qu'ils auraient voulu. M. Orry a refusé avec opiniâtreté... Il y a eu à cette occasion brigue de cour de la part du duc de Richelieu, même de Madame la marquise de Pompadour qui règne plus que jamais, on dit aussi de M. d'Argenson, ministre de la guerre » (Barbier, *op. cit.,* quatrième série, pp. 105 et 106).

3. Cet éloge est démenti quelques lignes plus bas. Voltaire suggère ce qu'affirme le marquis d'Argenson : « Il eût pu facilement poursuivre l'ennemi après Fontenoy; il eût pu accomplir, dès la campagne de 1745, tout ce qu'il fit dans la suivante et même en 1747 » (*op. cit.,* tome IV, p. 262).

4. Ce régiment avait été constitué, en janvier 1744, par la réunion de cinq compagnies franches. En 1745, il était formé, à l'exemple des troupes irrégulières de l'Autriche, de 900 fantassins et de 300 cavaliers.

5. Ce que l'on voyait en général, dans les hôpitaux, un mémoire de Langeron nous l'apprend. Voici le récit d'une visite à l'hôpital de Donnawerth, le 5 janvier 1745 : « Je trouvai tous les aliments mauvais, deux officiers couchés sur une paillasse sans draps ni couvertures, toutes les fournitures pourries, point de linge, une puanteur horrible ; deux soldats entre autres étaient tellement mangés de vermine qu'un en fut étouffé ; et l'autre avait les reins tout rongés par les vers » (J. Colin ; *Les Campagnes du maréchal de Saxe*, tome I, p. 240).

6. *Cf.* J. Colin, *Les Campagnes du maréchal de Saxe*, tome III, p. 151.

7. Le secours d'une carte n'aurait pas été inutile. Striegau et Hohen-Friedeberg sont au pied des montagnes de Bohême, dans la Basse-Silésie, et Ratibor dans la Haute-Silésie, à plus de 150 km de là, sur l'Oder. Cette erreur fut relevée par un auteur allemand du dix-huitième siècle (*Vie de Frédéric II*, Strasbourg, Treuttel, 1788, tome I, p. 279).

8. Montalembert (Marc René marquis de), né à Angoulême en 1714, prit part aux guerres de succession de Pologne et de succession d'Autriche avant de devenir le théoricien de *La fortification perpendiculaire* (ouvrage publié à Paris en 1776).

9. Voltaire trouve ainsi l'occasion de diminuer les mérites du maréchal de Saxe. Est-ce sous l'influence du marquis d'Argenson, qui remarquait lui aussi : « Le combat de Mesle, en juin 1745, fut donné par les soldats et un pur effet du hasard... » (*op. cit.*, tome IV, pp. 262 et 263)? Ou par antipathie personnelle? En 1756, en effet, il déclare à Gabriel Sénac de Meilhan : « Tout ce que vous m'envoyez sur ce général me paraît très conforme à son caractère. Il est étrange qu'il ait fait la guerre avec une intelligence si supérieure, étant très chimérique sur tout le reste. » (*Best.* 6239.)

10. Le marquis de Spinola (1571-1630) reçut la capitulation d'Ostende le 22 septembre 1604.

Page 167   CHAPITRE XVII

1. Voltaire écrivait au marquis d'Argenson, le 4 juillet : « Vous allez donc, monseigneur, faire le siège d'Oudenarde ; mais on dit que tout va mal en Allemagne, et que vous allez repasser le Rhin. Si cela est, vous avez quitté le solide pour le brillant, et ce n'était pas la peine de donner l'exclusion au grand-duc pour le voir empereur dans trois mois. » (*Best.* 2931.)

2. Elle avait été suspendue en 1741, sous prétexte qu'une femme ne pouvait donner un suffrage (chapitre II).

3. Dans cette bataille de Soor, le plan de bataille du prince Charles fut admiré des connaisseurs, confirme Treuttel : « Il prit bien toutes ses mesures, fit une marche forcée pour les attaquer dans le camp de Staudenz du côté de Prausnitz, et le matin du 20 septembre, il parut à une demi-lieue de leur camp. L'attaque fut vive et précipitée » (*Vie de Frédéric II*, tome I, p. 139).

4. « On ne douta point à Vienne ni à La Haye que cette démarche du grand-Turc ne fût une suite des intrigues secrètes de la France dans le Divan » (*Vie de Frédéric II*, Strasbourg, Treutell, tome I, p. 298).

5. « Les gazetiers du parti autrichien dirent alors que nous avions pris la défection du roi de Prusse en philosophes chrétiens; et certes il n'avait pas tenu aux ministres du conseil que nous ne lui en eussions marqué le mécontentement le plus vif, même en nous tournant contre lui » (marquis d'Argenson, *op. cit.*, tome IV, p. 367). D'Argenson défendit Frédéric II. Son indulgence, comme celle de Voltaire, se fondait sur une vue très lucide de la politique prussienne : « Il a besoin d'appui plus solide que le nôtre, ou d'avoir au moins ce qu'on appelle deux cordes à son arc. Il ne trouvera cette solidité que dans une alliance fondamentale avec les puissances maritimes » (*ibid.*, p. 374).

6. « Dans le chapitre dix-septième, il est beaucoup question du roi de Prusse, des batailles qu'il gagna en 1745, en 1746, sa prise de Dresde, enfin sa paix. Tout cela est traité par le chambellan de Sa Majesté prussienne avec adresse, noblesse et philosophie » (marquis de Paulmy, A, pp. XI-XII).

Page 177   CHAPITRE XVIII

1. Ce fut l'Ecossais Aeneas Macdonald, établi banquier à Paris, qui mit le prince en relation avec Antoine Walsh, armateur à Nantes. Pour dérouter les espions anglais, les préparatifs se firent non à Nantes, mais dans le petit port de Paimbeuf, à l'entrée de la Loire.

2. L'archipel des Hébrides à l'ouest de l'Ecosse comprend deux îles de ce nom : Wist du Nord et Wist du Sud. C'est dans *South Wist* que débarque Charles-Edouard, ce qui explique « au sud-ouest de l'Ecosse ».

3. Frère aîné en réalité; mais il avait été privé de son titre et de ses biens au profit du cadet après la rébellion de 1715. Dans le *Précis*, le lord Murray est corrigé en : marquis de Tullibardine. Quant au septième, dont Voltaire a omis de donner le nom, il s'agit d'un gentilhomme écossais, Buchanan.

4. C'était le cinquième frère du marquis de Tullibardine. Il avait pris part, comme lui, à la rébellion de 1715, avait gagné le continent et servi quelque temps dans l'armée du roi de Sardaigne. Plus tard, grâce au crédit de son frère rallié, le duc d'Athole, il avait obtenu son pardon. Nommé lieutenant général par Charles-Edouard, il fut le véritable chef de l'armée.

5. Dans le *Précis*, Voltaire ajoute en note : « C'était un frère du marquis d'Argens, très connu dans la littérature » (*Œuvres historiques*, p. 1450). Il s'agit d'Alexandre Jean-Baptiste de Boyer, marquis d'Eguilles, qui sera fait prisonnier à Inverness (note 6 du chapitre XIX). Il fit le récit de sa mission secrète dans les *Archives littéraires de l'Europe* (tome I, p. 80). Quant à son frère, le marquis d'Argens, qui se trouvait alors en Hollande, il était surtout connu par ses *Lettres juives* et ses *Lettres chinoises*, d'esprit très philosophique. On sait qu'il fut appelé à Potsdam par Frédéric II.

6. A la demande du marquis d'Argenson, Voltaire rédigea la protestation du gouvernement français : *Représentations aux Etats Généraux de Hollande*.

7. Voltaire, en effet, reporte à plus tard (chapitres XX et XXI) le récit des événements militaires, en Flandre et en Italie, de l'année 1746. On retrouve cette phrase dans le chapitre XXIV du *Précis* (*Œuvres historiques*, p. 1432), où elle n'est plus justifiée, le récit des événements européens de 1746 et de 1747 précédant ici celui des malheurs de Charles-Edouard.

8. Il s'agit de la Compagnie de la mer du Sud, fondée en 1713, et de la Compagnie des Indes orientales, réorganisée en 1708. Ces organismes qui rassemblaient, dans leur conseil de direction, banquiers, armateurs, négociants, affairistes de la *gentry*, et hommes politiques, « conditionnaient » presque entièrement l'opinion publique qui faisait de leur prospérité le signe même de la prospérité de la nation. Voltaire n'invente rien; il puise dans les gazettes anglaises envoyées par sir Falkener.

9. Voltaire a été séduit par le pouvoir évocateur de ce nom propre. C'est ainsi que dans l'*Histoire des voyages de Scarmentado*, publiée en 1756, il imagine une signora Fatelo « courtisée par le révérend père Poignardini », flanqué — le fer n'allant pas sans le poison — du « père Aconiti ».

10. Le cardinal de Tencin et le marquis d'Argenson, qui, le 24 octobre 1745, signa avec le prétendant le traité secret de Fontainebleau. Une lettre de Voltaire au duc de Richelieu laisse supposer qu'on avait primitivement fixé au 25 octobre le départ d'une expédition française en Angleterre : « Je n'ai pas osé troubler mon héros; il faut le chanter, et ne le pas importuner. S'il part, on lui prépare des lauriers; s'il ne

part point, on lui prépare des plaisirs. Il est toujours sûr d'avoir des Anglaises ou des Françaises à son service; et, quelque chose qui arrive, il aura l'honneur d'avoir entrepris l'expédition la plus glorieuse du monde, et assurément contre vents et marées... Je vous verrai faisant un roi et rendant le vôtre l'arbitre de l'Europe. Tout cela serait fait si on avait pu partir le vingt-cinq. Voilà à quoi tiennent les destinées des empires! » (*Best.* 2997, 1ᵉʳ novembre 1745.)

11. « Quant aux secours à envoyer en Ecosse, tous les ministres n'ont pas été du même avis... Le maréchal de Noailles et M. d'Argenson l'aîné sont presque toujours de sentiments opposés dans les petites assemblées ou comités qui précèdent les conseils » (duc de Luynes, *op. cit.*, tome VIII, p. 125).

12. « Le tout devait passer la nuit de Noël, mais rien ne se trouva prêt... Les Anglais, bien avertis, placèrent trente-cinq vaisseaux de guerre devant Calais et Boulogne » (marquis d'Argenson, *op. cit.*, tome IV, p. 318).

13. On lit dans les manuscrits A et P : quelques piquets *et* trois compagnies du régiment Royal-Ecossais. Le texte du *Précis* a semblé préférable, puisqu'il n'est fait mention que de « trois piquets du régiment de milord Jean Drummond » dans le rapport sur la bataille de Falkirk adressé par le marquis d'Eguilles à la cour de France (L. Dumont-Wilden, *Le Prince errant*, A. Colin, p. 118). Le piquet est le groupe constitué des soldats de la compagnie de jour qui se tiennent prêts à marcher au premier ordre. Pourquoi Voltaire n'a-t-il pas écrit : les piquets de trois compagnies (une par bataillon)?

14. *Le Manifeste du roi de France en faveur du prince Charles-Edouard* fut rédigé par Voltaire.

15. Le comte de Ligonier, d'une famille protestante de Castres, s'était exilé en Angleterre. Fait prisonnier à Laufeld, il fut traité généreusement par Louis XV (chapitre XXIV).

Page 193   CHAPITRE XIX

1. « Il était encore possible de rompre par une retraite rapide. C'était l'avis des principaux chefs et du marquis d'Eguilles qui, raconte-t-il dans son rapport, demanda une audience particulière au prince pour se jeter à ses pieds en le suppliant de ne pas risquer sa fortune sur un coup de dés et dans les conditions les plus défavorables. L'infériorité numérique des Jacobites était écrasante à ce moment-là. Or l'arrivée des Mac Pherson de Cluny, des Mac Gregor de Glengyle, des Mac

Kenzie et d'un fort parti de Glenngarry était imminente » (L. Dumont-Wilden, *op. cit.*, p. 134).

2. Des clans écossais s'étaient soulevés en 1649, après l'exécution de Charles Ier; son fils, Charles II, vint prendre la tête de l'insurrection. Cromwell débarqua avec 16 000 hommes et détruisit son armée à Worcester, le 3 septembre 1650.

3. L'île Lewis probablement, où se trouve la ville de Stornoway.

4. Condamnation par contumace semble impropre; il s'agit d'une sorte de mise hors la loi par un vote du parlement, qui exerce directement le pouvoir judiciaire. Voici comment Montesquieu, dans ses *Pensées*, décrit cette procédure extraordinaire, utilisée pour la première fois en 1459 : « Si un homme présumé coupable de haut crime avait trouvé moyen d'écarter les témoins de façon qu'il fût impossible de le faire condamner par la loi, on peut porter contre lui un bill particulier d'*attainder*, c'est-à-dire une loi particulière sur sa personne; et voici comment on procède. Un membre de la chambre des communes déclare qu'un homme a commis un crime, et se fait fort de le prouver et propose de faire un *bill d'attainder* contre lui. Et là on procède à ce bill comme pour les autres bills » (*Œuvres complètes*, Gallimard, tome I, p. 1480).

5. « Toutes ces particularités furent écrites en 1748, sous la dictée d'un homme qui avait accompagné longtemps le prince Edouard dans ses prospérités et dans ses infortunes » (note du *Précis*, *Œuvres historiques*, p. 1448).

6. Voir la lettre de d'Argenson dans l'édition de la correspondance de Voltaire par M. Besterman (vol. XIV, appendice 2). De son côté, Voltaire recommandait à sir Falkener le chevalier d'Eguilles, l'agent secret du ministère fait prisonnier à Inverness (*Best.* 3104 et 3133).

7. « Je suis Charles-Edouard, roi d'Angleterre... on a arraché le cœur à huit cents de mes partisans, et on leur en a battu les joues » (*Candide*, Nizet, p. 205). Exagération si l'on s'en tient au chiffre officiel des exécutions, cent soixante-six. Mais la répression judiciaire avait été précédée du massacre systématique des blessés et des fugitifs, de l'incendie des maisons, de déportation en masse aux colonies. Le duc de Cumberland mérita d'être appelé « le boucher ».

8. Le sénéchal était un officier chargé de gouverner la maison d'un roi, d'un prince ou d'un riche particulier. Le grand sénéchal de France avait des attributions financières, militaires et judiciaires. Philippe Auguste laissa s'éteindre la charge en 1191.

9. Derwentwater (James), né en 1689, avait été décapité le 24 février 1716.

10. *Odes*, III, 2.

11. Dans sa lettre du 8 septembre 1748, Voltaire avait demandé à sir Falkener de lui envoyer des ouvrages sur la vie de lord Lovat.

12. Peut-être Voltaire songe-t-il à l'ouvrage, traduit de l'anglais, paru en 1747, *Ascanius ou le jeune aventurier*, où on reprochait à Charles-Edouard d'avoir désespéré trop facilement (*Nouvelles littéraires* de l'abbé Raynal, *op. cit.*, tome I, p. 71). Le reproche était d'autant plus injustifié que Charles-Edouard avait eu contre lui dans sa tentative — ce qui n'apparaît pas chez Voltaire — l'indifférence, et parfois l'hostilité, d'une grande partie des Ecossais. Les Macleod étaient restés fidèles au roi George; et le clan Gordon, sollicité par le détachement français débarqué à Montrose, avait refusé de bouger (Charles Garnier, *Histoire d'Ecosse*, p. 156).

13. L'apparente partialité de Voltaire pour Charles-Edouard a des raisons essentiellement littéraires : goût du héros singulier, recherche de l'intérêt dramatique par l'animation du récit. C'est ce qu'a fort bien vu le marquis de Paulmy : « Ces deux chapitres sont écrits hardiment, vivement et un peu poétiquement. On voit que Voltaire a retrouvé Charles XII et en est charmé. Il est à son aise avec de tels héros assortis à son style et à son génie. Le chapitre dix-neuf est très touchant et très philosophique. Voltaire y est Jacobite outré, peut-être uniquement par singularité » (A, pp. XII et XIII).

Page 209   CHAPITRE XX

1. Antoine de Kaunitz-Rietburg, né à Vienne en 1711, avait été ambassadeur à Turin de 1742 à 1744; après avoir négocié le traité d'Aix-la-Chapelle, il sera ambassadeur à la cour de France, puis chancelier, et dirigera pendant trente ans la politique autrichienne.

2. Voltaire revient sur les événements de l'année précédente. Après la prise de Gand, en juillet 1745, on avait décidé de lever des contributions dans tout le pays compris au nord de Gand et Bruges jusqu'aux places hollandaises de l'Ecluse, le Sas de Gand, Axel et Hulst. Le maréchal de Saxe demanda aux députés hollandais de marquer les limites du territoire des Etats, pour les préserver de la réquisition. Malgré cela, les Etats Généraux décidèrent de protéger leur pays par des inondations. Cette tactique de la terre brûlée, ou plutôt inondée, ne plut pas aux populations. Le commandant hollandais de l'Ecluse, ayant envoyé un ingénieur et des soldats pour crever les digues du canal de Bruges, les paysans massacrèrent le premier et remirent les seconds aux Français. Le lendemain, 200 Grassins gardèrent le canal.

3. Le 9 mai 1746, le marquis d'Argenson avait dressé un projet de paix en 23 articles. Il fut approuvé, le 20 mai, par le grand pensionnaire Van der Heim et envoyé à Londres. Ainsi commencèrent les négociations de Bréda, que le cabinet britannique fit traîner en longueur.

4. Front bastionné s'appuyant à deux retranchements nommés ailes ou branches.

5. En juin 1692, Louis XIV assista à la prise de Namur; Boileau célébra cette victoire, dont le mérite revenait au maréchal de Luxembourg qui réussit à contenir au-delà de la Méhaigne l'armée de secours, commandée par Guillaume d'Orange. Trois ans plus tard la ville, défendue par le maréchal de Boufflers, était reconquise par Guillaume.

6. Le maréchal de Saxe n'avait-il rien déguisé dans son rapport au ministre? Un des correspondants de Voltaire lui écrivait du camp de Tongres : « Si nous avions été maîtres alors des villages de Liers et de Rocoux, nous les aurions coupés et toute la cavalerie se serait trouvée prise de toutes parts et entourée de façon qu'elle aurait été toute prisonnière ou hachée. Mais les dispositions de M. le marquis de Clermont-Gallerande qui était chargé de l'attaque de Liers ne furent pas faites assez promptement » (*Best.* 3140). De retour à Paris, des officiers français n'hésitèrent pas à dire plus, en plein Opéra, ainsi que le rapporte Barbier dans son *Journal :* « Il n'y a qu'une voix sur la conduite de M. de Clermont-Gallerande, lieutenant général, qui était chargé de l'attaque du village de Liers, le plus près de Liège et de la Meuse, et par derrière lequel on pouvait couper les ennemis dans leur retraite; ils conviennent tous qu'il n'a attaqué que deux heures plus tard que les autres, que le maréchal lui a envoyé jusqu'à cinq ou six aides de camp... On ne paraît pas douter qu'il n'y ait eu mauvaise intention de sa part » (*op. cit.,* quatrième série, p. 195).
Certains généraux français, en effet, étaient prêts à tout pour diminuer la gloire du maréchal étranger, favori de Louis XV. Les bienséances comme la prudence voulaient que l'on tût ce refus d'obéissance; le maréchal de Saxe se contente d'observer que le rôle de M. de Clermont-Gallerande fut « d'amuser » l'ennemi; l'ironie est à peine perceptible. Cette discrétion convenait à Voltaire : « ... c'est assurément lui qu'il faut croire. » Et il transcrit tout au long ce rapport, assez informe. Il n'en sera que plus à l'aise pour déplorer ce « sang inutilement répandu ».

7. Liers (*cf.* note précédente).

8. Le prince de Clermont, abbé de Saint-Germain-des-Prés.

9. Il faut certainement lire : de jour. Il s'agit des officiers généraux désignés, à tour de rôle, pour être à la disposition du commandant en chef.

10. C'est à La Haye, en 1741, que Voltaire avait connu le marquis de Fénelon et obtenu de précieux renseignements sur l'oncle : « L'archevêque de Cambrai (qui le croirait!) parodia ainsi un air de Lulli :

> Jeune, j'étais trop sage
> Et voulais trop savoir;
> Je ne veux en partage
> Que badinage,
> Et touche au dernier âge
> Sans rien prévoir.

Il fit ces vers en présence de son neveu le marquis de Fénelon, depuis ambassadeur à La Haye; c'est de lui que je les tiens » (*Œuvres historiques*, p. 1097).

Page 223   CHAPITRE XXI

1. Le 13 septembre 1743, la Grande-Bretagne, l'Autriche Hongrie et la Sardaigne signaient le traité de Worms dont l'article X stipulait : « Comme il importe à la cause publique que S. M. le Roi de Sardaigne ait une communication immédiate de ses Etats avec la mer et avec les puissances maritimes, S. M. la reine d'Hongrie et de Bohême lui cède tous les droits qui peuvent lui compéter en façon quelconque, et à tel titre que ce soit, sur la ville et marquisat de Final... » En réalité, la reine Marie-Thérèse n'avait plus aucun droit sur le marquisat de Final qui appartenait depuis trente ans à la république de Gênes. Après cette spoliation il ne restait plus à Gênes qu'à chercher à s'allier à l'Espagne et à la France. Ce qu'elle fit par le traité d'Aranjuez, du 1er mai 1745. Voir le chapitre VIII.
2. L'armée du comte de Gages — environ vingt-cinq mille hommes — marcha en trois corps à travers l'Apennin, de Modène et Bologne à La Spezzia, où elle arriva le 6 mai.
3. Voltaire a su dépouiller les archives du ministère de la guerre. C'est un résumé brillant du rapport envoyé par le maréchal de Maillebois au comte d'Argenson au début de la campagne de 1745, ainsi que du Mémoire adressé par la cour de France au roi d'Espagne : « On ne parle point de cette ville (Milan), parce qu'on y entre comme dans un village, et qu'elle est dans l'usage de porter ses clefs à l'ennemi supérieur... mais cette conquête, même celle du château, ne présente aucun obstacle qui puisse empêcher l'ennemi s'il reste maître de Pizichettone et de Gera, par conséquent du cours de l'Adda » (De Vault, *Guerre de la succession d'Autriche*, tome I, p. 355).

4. L'oncle, Jean-Mathias, comte de Schulenbourg (1661-1747), avait envoyé le journal de ses campagnes à Voltaire. Celui-ci l'en remercia, en août 1740, par une lettre où il faisait l'éloge d'un roi « philosophe sur le trône » : il s'agissait de Frédéric II (*Œuvres historiques*, p. 299).

5. C'est sur l'ordre de la cour d'Espagne que le comte de Gages, au lieu de seconder Maillebois, marcha sur Milan : « Pour la galerie, un grand coup moral était porté! L'infant était, ou du moins avait l'air d'être le maître de toutes les terres qu'il avait revendiquées, l'ambition de sa mère était satisfaite... » (Gaston-E.Broche, *La République de Gênes et la France*, tome II, p. 85).

6. « Tandis qu'il (Maurice de Saxe) temporise inutilement, prétend-on, ses rivaux font dans la Péninsule de ces pointes hardies et hasardeuses qui ont valu les succès et les revers de la campagne de Bohême et d'Allemagne » (Léonard, *op. cit.*, p. 136).

7. La note, apportée par Champeaux, précisait que le roi de Sardaigne aurait le Milanais qui est à la rive gauche du Pô, et à droite jusqu'à la Scrivia; l'infant recevrait toute la rive droite depuis et y compris l'Etat de Parme, le Crémonois et la partie de Mantouan qui est entre l'Oglio et le Pô. La note était signée de Louis XV.

8. En réalité, le gouvernement anglais s'efforçait, depuis le début de l'année, de rapprocher Charles-Emmanuel et l'Autriche; une conférence secrète s'ouvrait en février 1746 entre Sardes et Autrichiens au moment même où Charles-Emmanuel hébergeait Champeaux, déguisé en abbé. N'avait-il continué les pourparlers avec la France que pour éviter l'attaque d'Alexandrie?

9. Le marquis d'Argenson rend le maréchal de Noailles responsable de l'entêtement de la reine d'Espagne : « Il m'a desservi moi et les miens, dans cette cour étrangère » (*op. cit.*, tome IV, p. 311). Et dans sa rage il rencontrait le trait voltairien. Parlant du fils du maréchal qui l'accompagnait à Madrid, il écrit : « Ce jeune seigneur est dévot, dit son bréviaire, et aime les garçons » (*ibid.*).

10 « M. de Montal, premier lieutenant général de notre armée, est un brave homme, mais d'une sottise extrême » (marquis d'Argenson, *op. cit.*, tome IV, p. 303).

11. « L'infant, ne se résignant pas, décidément, à abandonner les territoires qui lui étaient destinés, venait le 12 mai de réitérer au maréchal de Maillebois l'ordre de le rejoindre à Plaisance au lieu d'aller le rejoindre lui-même à Novi. L'absurdité de cet ordre était plus flagrante encore au milieu de mai que fin mars... La concentration franco-espagnole sous Plaisance se fit donc, lentement d'ailleurs, au sacrifice de toutes les lignes de communication avec Gênes » (Gaston-E. Broche, *op. cit.*, p. 96).

12. Ferme ou habitation isolée, où l'on peut se retrancher ou s'embusquer.

13. Sur le « démembrement » de l'Espagne aux traités d'Utrecht et la cession de Naples et Sicile à don Carlos en 1738, voir l'*Appendice*. L'expédition contre Oran eut lieu en 1732. C'est le 10 janvier 1724 qu'abdiqua Philippe V; le règne de don Luis ne dura que onze mois.

14. Ferdinand VI, sous l'influence de sa femme Barbara, sœur de la reine de Portugal, alla bien plus loin que le suggère Voltaire. Il choisit comme ministre des Affaires étrangères un Portugais de naissance, José Carvajal, partisan de la neutralité. Des négociations eurent lieu à Lisbonne entre un émissaire anglais, Keene et le duc de Sotomayor, ambassadeur d'Espagne. Elles furent reprises à Londres entre Newcastle lui-même et l'envoyé de Carvajal.

15. Quand la fille de Pierre le Grand, Elisabeth, détrôna Ivan VI, le 5 décembre 1741, l'opinion parisienne fit honneur à La Chétardie de « ce grand coup » (Barbier, *op. cit.*, troisième série, p. 323). En novembre 1743 encore, on espérait beaucoup de l'activité de notre ambassadeur, amant présumé de l'impératrice : « L'Italie sera le théâtre de la guerre, à moins que le traité que l'on espère de M. de La Chétardie avec la czarine, le roi de Prusse et la Pologne, ne force la reine de Hongrie à céder » (*ibidem*, p. 478). Mais les partisans de l'Autriche et de l'Angleterre l'emportèrent, et La Chétardie fut rappelé.

16. Le 4 septembre, le consul général de France écrivait aux échevins de Marseille : « On ne peut exprimer la consternation qui règne ici. La ville fourmille de pauvres misérables qui se sont échappés des montagnes avec le peu qu'ils ont pu sauver... » (Gaston-E. Broche, *op. cit.*, tome II, p. 104).

17. On n'avait d'abord prévu que quatre sénateurs, comme Louis XIV en 1685. Mais il s'agissait d'une impératrice-reine, on perfectionna la formule de la capitulation : « Le sérénissime Doge et six des principaux sénateurs partiront d'ici à un mois, afin de lui demander pardon des fautes qu'ils ont commises en dernier lieu et pour implorer la clémence Royale Impériale. » Refuser ces excuses n'était sans doute qu'un raffinement d'orgueil. Voltaire s'est laissé séduire par son goût des antithèses et par son préjugé d'une Marie-Thérèse « affable ».

Page 241   CHAPITRE XXII

1. Dans le brouillon de ce chapitre, conservé à Leningrad, Voltaire avait écrit : « demanda à une fille du pays qu'il avait prise ». Mélange des genres : ces détails suggestifs ne conviennent qu'au conte.

2. Contre-amiral à la bataille de Toulon, *cf.* chapitre VIII.

3. Dans la presqu'île de Quiberon. Le but des Anglais n'était pas de se saisir d'un gage, comme ils le firent en 1760 en descendant dans Belle-Isle (*Œuvres historiques,* Gallimard, p. 1509).

4. Sur les événements de Corse, voir les *variantes.*

5. Couleur locale ou souvenirs scolaires ? Il est des lieux qui invitent à la rhétorique. C'est ainsi que le duc de Boufflers, dans son discours au sénat de Gênes, évoquera l'ombre d'Annibal, et conclura par une antithèse à la Tacite : « Ne perdez donc jamais de vue vos véritables intérêts : d'un côté la honte et l'esclavage, de l'autre la gloire et la liberté. »

6. De Bréquigny avait insisté sur cette modération du peuple (*Histoire des révolutions de Gênes depuis son établissement jusqu'à la conclusion de la paix de 1748,* Paris, 1750). Mais il semble que la source principale de Voltaire soit les rapports adressés à Paris par M. de Guymont, envoyé extraordinaire de la France à Gênes (*Archives des affaires étrangères,* citées par Gaston-E. Broche, *op. cit.,* tome III, pp. 12-16). C'est ainsi que dans sa dépêche arrivée à Versailles le 18 décembre, M. de Guymont notait : « L'humanité et la modération qu'il (le peuple) fait paraître avec les prisonniers est admirable. » Et dans une dépêche datée du 17 décembre, il écrivait : « Le bon ordre et la tranquillité commencent à se rétablir entièrement dans la ville, et ce qu'il y a encore de plus heureux, c'est que pour le moment présent, le peuple et ses chefs paraissent respecter le gouvernement et vouloir agir de concert avec lui... Un des chefs va tous les matins au palais rendre compte de ce qui se passe à leur quartier général et prendre des ordres. »

7. C'est ainsi que Spinola déclarait le sénat génois « innocentissimo » de ce « popolare tumulto ». Attitude qui déconcerta un bref moment le gouvernement français (G.-E. Broche, *op. cit.,* tome II, p. 16).

8. Cette résistance de Savone est indépendante des événements de Gênes ; Voltaire ne l'avait pas mentionnée dans sa première rédaction. Mais il avait besoin d'un « petit fait » et d'un héros singulier pour démontrer et célébrer l'héroïsme de tout un peuple.

9. Le 30 novembre au matin. Cette offensive des Autrichiens sera stoppée en grande partie grâce au soulèvement génois de décembre, ce qu'indique plus nettement le *Précis :* « Mais la révolution inouïe qui se faisait pour lors dans Gênes... les priva d'un secours nécessaire et les força de retourner en Italie » (*Œuvres historiques,* p. 1411).

10. Il y avait eu, en janvier 1747, une tentative de révolution populaire. Un canon fut amené devant le palais du doge ; mais le patricien Giacomo Lomellini réussit à calmer la foule (G.-E. Broche, *op. cit.,* tome III, p. 16).

11. Jean-François Lérigot de La Faye (1674-1731), élu académicien en

1730, passe effectivement pour avoir réussi dans la poésie légère; mais on ne peut en juger, ses poèmes n'ayant pas été réunis.

12. On ignore en réalité de quoi est mort le duc de Boufflers. « Sa maladie a trompé les médecins », écrivait l'ambassadeur de France, ils diagnostiquèrent à tout hasard « une petite vérole mal connue et qui a rentré » (G.-E. Broche, *op. cit.*, tome III, p. 36).

13. Le blocus fut levé dans la première quinzaine de juillet. Un chapelain autrichien attribua cette retraite subite à un châtiment du ciel. Une raison immédiate était l'offensive française dans les Alpes, qui avait obligé les Piémontais à rappeler douze de leurs bataillons.

14. « Le chapitre vingt-deux traite de l'affaire de Lorient et de celles de Provence et de Gênes. La première est traitée plaisamment et légèrement, la seconde d'après des mémoires très favorables au maréchal de Belle-Isle mais fort succinctement; pour le morceau de Gênes, il m'a paru très bien fait » (marquis de Paulmy, A, p. XIV). Car c'était un morceau à faire, l'engouement étant fort grand, dans les salons parisiens, pour le peuple de Gênes. Montesquieu s'en aperçut. Le marquis de Pallavicini, ambassadeur de Gênes à Paris, avait jugé déplaisantes certaines remarques de *l'Esprit des lois* sur la Banque de Saint-Georges; dans une lettre du 2 avril 1749, Mme Geoffrin rappelle Montesquieu aux convenances : « ... il croit que les Français doivent être contents des Génois, et, par conséquent, il est très persuadé que votre intention n'a pas été d'offenser une république qui s'est sacrifiée pour nous et dont nous avons reçu bien réellement des services et des secours bien essentiels » (G.-E. Broche, *op. cit.*, tome I, p. 7).

Page 255   CHAPITRE XXIII

1. Il semble établi que les Piémontais n'avaient aucun canon à leur disposition.

2. « M. de Richelieu vient de passer par Paris, allant remplacer M. le duc de Boufflers à Gênes. Le roi l'en a requis; il y vole avec joie et fierté; il y entrevoit de grandes choses pour son élévation » (marquis d'Argenson, *op. cit.*, tome V, p. 87).

Page 259   CHAPITRE XXIV

1. Le 10 janvier 1747, Louis XV avait renvoyé le marquis d'Argenson, qui tenait à ménager les Hollandais. Maurice de Saxe reçut la dignité

de maréchal-général de camp que personne n'avait obtenue depuis Turenne. Enfin, le 17 avril, la guerre fut déclarée à la Hollande.

2. *Le Siècle de Louis XIV* fait un récit détaillé de cette négociation secrète : « Torci, sous un nom emprunté, va jusque dans La Haye (22 mai 1709). Le grand-pensionnaire Heinisius est bien étonné quand on lui annonce que celui qui est regardé chez les étrangers comme le principal ministre de France est dans son antichambre » (*Œuvres historiques*, Gallimard, p. 860).

3. « Le chapitre vingt-quatre commence par le détail de la révolution qui rendit le prince d'Orange stathouder. Ce morceau est beau et bien détaillé. Il fait à cette occasion un abrégé net et bien écrit, en peu de pages, de toute l'histoire de Hollande et des stathouders. C'est une belle digression et digne d'un grand historien » (marquis de Paulmy, A, p. XV).

4. Un Bentinck, John William, comte de Portland (1649-1709), était passé au service de l'Angleterre, lors de l'accession au trône de Guillaume III d'Orange. Ce qui explique l'attitude farouchement anti-française de la branche demeurée hollandaise. On sait que Mme de Bentinck vint souvent apporter des consolations à Voltaire, lors de son séjour à Berlin, au témoignage de Collini, et que Voltaire la récompensa de cette « sensibilité » en prenant son parti dans le procès qu'elle faisait à son mari. Ce qui ne plut guère à Frédéric II (Aubrey Le Blond, *Charlotte Sophie countess Bentinck*, Londres, 1912).

5. Prié par la duchesse du Maine de chanter Laufeld, comme il avait chanté Fontenoy, Voltaire la renvoya au récit en prose que ferait l'historiographe (*Best.* 3202). Mais ce récit il ne le fit pas : lassitude, peur d'ennuyer le lecteur?

6. *Cf.* note 15 du chapitre XVIII.

7. Le baron de Cohorn (1641-1704), surnommé le Vauban hollandais, avait dessiné les fortifications de Nimègue, Groningue, Berg-op-Zoom et Bréda.

8. Comme le maréchal de Saxe, Lovendal cherchait en France honneurs et profits. « Des gens qui reviennent de Flandre, écrit en 1748 le marquis d'Argenson, m'ont conté une partie des friponneries exercées par le comte de Saxe et le maréchal de Lovendal dans cette conquête. Cartouche n'en aurait pas fait davantage » (*op. cit.*, tome V, p. 280).

9. Il y apporta la même ardeur qu'au combat, au témoignage de Barbier qui s'en indigne : « Ils ont passé au fil de l'épée plus de trois mille hommes et fait quinze cents prisonniers. Ils ont massacré, violé et pillé la ville... Le pillage a été si considérable qu'on dit qu'un régiment a eu pour sa part cinquante mille écus; plusieurs grenadiers ont

eu pour eux seuls quatorze ou quinze mille livres, et l'on dit que tous les effets pillés ont été vendus à grand marché, tant vaisselle d'argent, bijoux qu'équipages et toutes sortes d'effets; il y a des juifs qui suivent l'armée, et qui dans ces occasions font de gros gains, car les officiers ne sont pas en argent pour acheter des soldats » (*op. cit.*, quatrième série, pp. 259 et 260).

10. Transition assez artificielle. Au printemps de 1748, la France n'avait guère à craindre ni en Italie, où la brouille était complète entre l'Autriche et la Sardaigne, ni même dans les colonies; selon l'expression d'un historien anglais, elle était « le dictateur en Europe ». Dès janvier 1748, Marie-Thérèse offrit une paix séparée à Louis XV. En mars ce fut au tour des Anglais : « Il n'y a plus un instant à perdre, écrivait Bedfort, pour terminer la guerre » (P. Muret, *La Prépondérance anglaise (1715-1763)*, pp. 458 à 460).

Page 271   CHAPITRE XXV

1. Voltaire utilise l'ouvrage de Richard Walter, chapelain de l'expédition, *A voyage round the world in the years 1740, 41, 42, 43, 44 by George Anson* (Londres, 1748). Traduit en français dès 1750, ce récit était très connu : c'est sur le vaisseau de l'amiral Anson que le héros de Rousseau, Saint-Preux, fait le tour du monde (*Julie ou la Nouvelle Héloïse*, édition Garnier, pp. 375, 394 et 395).

2. Terme de marine qui signifie passer auprès. Le Littré donne un exemple d'Amyot (*Péric*, II) : « Il alla avec le demourant de ses galleres renger de rechef la coste de la Pamphylie. »

3. Il s'agit d'otaries. L'expression est calquée sur l'anglais « sea-lions ».

4. Une trentaine d'années auparavant, les boucaniers avaient abandonné sur l'île l'un des leurs, l'Ecossais Alexandre Selkirck. Cette aventure aurait fourni à Daniel Defoe le sujet de *Robinson Crusoé*.

5. Au cœur d'artichaut, écrit Walter (*op., cit.*, 3ᵉ édition, p. 417). Il s'agit de l'artocarpe, dont les fruits peuvent être mangés cuits au four comme du pain.

6. Mais ils s'efforçaient de les rendre inopérants par des litiges perpétuels; car la Chine considérait le Portugal comme son vassal pour le comptoir de Macao.

7. Les récits des missionnaires Jésuites avaient créé le mythe du « bon Chinois ». Richard Walter opposait à ce « galimatias élogieux » l'expérience faite par les Anglais, lors de leur escale à Macao, de la perfidie des marchands de Canton, et de la vénalité des magistrats « d'une matière aussi fragile que le reste de l'humanité ». Seuls, les mandarins s'étaient conduits avec quelque franchise et quelque hon-

nêteté; mais Walter mettait en doute la sagesse et l'efficacité de leur administration (*op. cit.*, pp. 462 à 483). L'ouvrage se terminait par un long parallèle entre Européens et Chinois : infériorité manifeste des Chinois dans l'industrie comme dans la littérature; quant à l'apparente supériorité de leurs mœurs, elle s'explique par « leur constante attention à supprimer toutes les manifestations des passions, et par le caractère efféminé de cette nation ». Et Walter se demande si l'hypocrisie et la ruse ne sont pas tout aussi nuisibles au genre humain que l'impétuosité et la violence du caractère (pp. 541 à 544). On comprend l'estime de Rousseau pour cet ouvrage.

Page 283   CHAPITRE XXVI

1. « Cela peut nous faire perdre le commerce de la pelleterie et du castor, notait Barbier, et nous ôter la pêche de la morue. On dit que c'est une perte de 15 millions pour la France » (*op. cit.*, quatrième série, p. 72).
2. C'est le navire dont Voltaire a parlé à la fin du chapitre précédent.
3. « Une des plus insurmontables difficultés, écrivait le ministre Chesterfield, que je prévois dans toute négociation avec la France est notre nouvelle acquisition du Cap-Breton, qui est devenu le plus cher objet de toute la nation, et qui est dix fois plus populaire que Gibraltar l'a été » (Muret, *op. cit.*, p. 444).
4. Mouillage situé derrière l'île Wight, non loin du port de Portsmouth.
5. Antigua, dans les Antilles, fait partie du groupe des îles Sous-le-Vent.
6. Chiboctou est aujourd'hui Halifax en Nouvelle-Écosse. Dans le *Précis*, Voltaire rend hommage à la veuve du duc d'Enville, qui lui rendit visite à Ferney et collabora à la réhabilitation de Calas (*Œuvres historiques*, p. 1464).

Page 289   CHAPITRE XXVII

1. Cette île avait été découverte en 1507 par un capitaine portugais; elle fut occupée en 1598 par l'amiral hollandais Van Neck, qui lui donna le nom de Mauritius en l'honneur du prince Maurice d'Orange. Abandonnée en 1710, elle fut occupée par les Français de l'île Bourbon qui l'appelèrent île de France.
2. La Bourdonnais développa la culture du maïs, du riz et du blé, il introduisit celle du coton, de la canne à sucre et de l'indigo.
3. « Il semble à peu près établi qu'une somme de 100 000 pagodes fut en effet remise à La Bourdonnais au moment de la signature de la convention » (G. Hanotaux, *Histoire des colonies françaises*, tome V, p. 158).

4. Ils étaient retombés, à la grande satisfaction de Voltaire, sur le ministre Maurepas, exilé par Louis XV le 30 avril 1749.

Page 295   CHAPITRE XXVIII

1. C'est le chiffre donné par les journaux, source probable de Voltaire : « Il est dit, dans les gazettes, qu'en Angleterre les dettes de l'Etat et de la nation montaient, à la fin de septembre 1747, à soixante-dix millions huit cent trente-huit mille quatre cent soixante-dix-huit livres sterling » (Barbier, *op. cit.*, quatrième série, p. 283, février 1748).
2. Services réels, car, malgré la signature des préliminaires de paix le 30 avril à Aix-la-Chapelle, l'Angleterre, la Sardaigne et l'Autriche faisaient un dernier effort contre la Corse et contre Gênes. Il s'agissait moins de vaincre peut-être que de piller : de la seule ville génoise de Gavi, les armées de Marie-Thérèse retirent, les 11 et 12 juin, cent soixante chariots de butin (G.-E. Broche, *op. cit.*, tome III, p. 70).
3. C'est inexact (*cf.* note 10 du chapitre XXIV) mais excusable : « La gravité du drame diplomatique qui s'est joué, remarque M. Muret, a échappé aux contemporains... La France pouvait, à son gré, opter pour la paix anglaise ou pour la paix autrichienne. Jusqu'au dernier moment, c'est avec Kaunitz que Saint-Séverin parut devoir s'entendre » (*op. cit.*, p. 460).
4. Surtout à Paris (*cf.* l'introduction). En 1768, dans une addition prévue pour la première édition du *Précis*, Voltaire ne se contente plus de louer « le désintéressement » de Louis XV; il essaie de le justifier : « On était maître de la Flandre, on était prêt à prendre Mastricht; mais on manquait de pain dans toutes les parties méridionales de la France, et il n'y avait plus de vaisseaux de guerre en état de protéger les navires qui pouvaient amener des blés; plus de secours, plus d'argent, plus de crédit » (*Œuvres historiques*, Gallimard, p. 1751).
5. En réalité, Voltaire a fort bien montré que l'Angleterre avait été poussée à la guerre pour de plus grands intérêts, par son expansion commerciale même. Mais contre ces dangers du progrès il fait confiance, malgré tout, à la raison des hommes; l'essentiel est de dénoncer la futilité fondamentale de la guerre.
Même état d'esprit chez Montesquieu : « La gravité du conflit colonial franco-anglais en Inde, peu compatible avec ses thèses sur les vertus pacifiques du grand commerce, semble du reste lui échapper », affirme Jean Ehrard (*Politique de Montesquieu*, Armand Colin, 1965, p. 28). Il est bien loin de cette naïveté. « L'Europe, qui a fait le commerce des trois autres parties du monde, observe-t-il dans ses

Pensées, a été le tyran de ces trois autres parties. La France, l'Angleterre et la Hollande, qui ont fait le commerce de l'Europe, ont été les
trois tyrans de l'Europe et du monde. » Mais le « philosophe » affirme
avec optimisme : « ... cela ne subsistera pas » (*Œuvres complètes*, Gallimard, tome I, p. 1357).

6. Ici se termine l'*Histoire de la guerre de 1741*. Dans *Le Siècle de
Louis XIV*, publié par M. de Francheville en 1751 et en 1752, Voltaire, à la fin du *Tableau de l'Europe depuis la paix d'Utrecht jusqu'en
1750*, exprimait plus nettement son opinion sur le traité d'Aix-la-
Chapelle :

« Après cette heureuse paix, la France se rétablit comme après la
paix d'Utrecht et fut encore plus florissante. Alors l'Europe chrétienne se trouva partagée entre deux grands partis, qui se ménageaient
l'un l'autre, et qui soutenaient, chacun de leur côté, cette balance, le
prétexte de tant de guerres, laquelle devrait assurer une éternelle paix.
Les Etats de l'impératrice-reine de Hongrie, et une partie de l'Allemagne, la Russie, l'Angleterre, la Hollande, la Sardaigne, composaient une de ces grandes factions. L'autre était formé par la France,
l'Espagne, les Deux-Siciles, la Prusse, la Suède. Toutes les puissances restèrent armées; et on espéra un repos durable, par la crainte
même que les deux moitiés de l'Europe semblaient inspirer l'une à
l'autre.
Louis XIV avait le premier entretenu ces nombreuses armées, qui forcèrent les autres princes à faire les mêmes efforts; de sorte qu'après la
paix d'Aix-la-Chapelle, les puissances chrétiennes de l'Europe ont eu
environ un million d'hommes sous les armes; et on s'est flatté que de
longtemps il n'y aurait aucun agresseur, parce que tous les Etats
étaient armés pour se défendre. »

Voltaire reprendra ces deux paragraphes dans le *Précis du siècle de
Louis XV*, en 1768, mais en modifiant le début : « Après cette paix
la France se rétablit faiblement »; et en corrigeant la fin : « ... sous
les armes, au détriment des arts et des professions nécessaires, surtout
de l'agriculture. On se flatta que de longtemps il n'y aurait aucun
agresseur, parce que tous les Etats étaient armés pour se défendre :
mais on se flatta en vain » (*Œuvres historiques*, Gallimard, p. 1475).

TABLE DES MATIÈRES

---

1. Dans la présente table, les titres en italiques sont ceux qui, dans le
manuscrit de Voltaire, figurent en tête des chapitres. Nous reproduisons
en romains les intertitres portés dans les marges du manuscrit.

Achevé d'imprimer par Corlet Numéric,
Z.A. Charles Tellier, Condé-en-Normandie (Calvados),
en décembre 2020
N° d'impression : 169458 - dépôt légal : décembre 2020
Imprimé en France